대한법률연구회가 만드는 생활법률 기본지식

일반인을 위한

소비자보호
생활법률의 기본지식

김성천 지음

가림 M&B

대한법률연구회가 만드는 생활법률 기본지식

일반인을 위한

소비자보호
생활법률의 기본지식

김성천 지음

가림 M&B

1980년 소비자보호법 제정과 함께 우리 사회에서 그 중요성이 한층 부각된 소비자보호는 그 동안 여러 소비자법의 제·개정과 한국소비자보호원, 소비자단체 등 소비자 관련 기관의 노력으로 많은 발전이 있었다. 특히 1986년 소비자보호법의 전면 개정을 계기로 약관의 규제에 관한 법률, 할부거래에 관한 법률, 방문판매 등에 관한 법률, 표시·광고의 공정화에 관한 법률, 제조물책임법, 전자상거래 등에서의 소비자보호에 관한 법률 등 다양한 영역에서 소비자법이 제·개정되었다.

그런데 21세기 들어서 세계화, 디지털화, 자유화 등 소비생활의 환경변화로 인해 소비자보호의 패러다임도 변화되고 있다. 이제는 단순한 "수혜의 대상, 보호의 객체로서의 소비자보호"에서 "자주적 역량을 가진 주체적·실질적 권리자로서의 소비자보호"로 재인식되어, 소비자보호를 더 이상 정부정책의 문제로서만이 아닌 소비자의 자율적 역량제고와 사업자의 자율적 규범확립에 초점을 두게 되었다.

변화의 핵심은 스스로 자신의 문제를 해결하고자 하는 소비자의 권리 및 책임의식이다. 피해자로서가 아닌 저항자, 참여자, 시민이라는 능동적인 소비자의 모습이다.

이미 인터넷의 급속한 확산에 이은 월드컵의 열기에서 단초를 찾을 수 있듯이 소비자는 변하고 있다. 그저 기업이나 정부가 무엇인가 해주기를 기대하기보다는 적극적으로 소비자의 권리를 실현하기 위한 행동과 참여를 실천하고 있다.

이 책은 스스로 권리를 찾고자 하는 일반 소비자를 위한 것이지만 정부부처, 소비자보호원, 소비자단체, 지방자치단체의 소비생활센터, 기업의 소비자상담실 등에서 소비자보호를 업무로 하는 사람들에게 필요한 소비자보호와 관련된 법규정 및 판례에 관한 정보를 담고 있다. 그러므로 소비자법과 정책을 공부하거나 소비자보호에 관심이 있는 대학생들에게도 유용한 자료가 될 것이다.

이 책을 출간하려는 지금 늦은 감은 있지만 해야 할 일을 했다는 후련함과 더불어 책임감도 느낀다.

내용상 오류가 있더라도 독자 여러분들이 사랑으로 지적해 준다면 지속적으로 내용을 보완해 갈 것을 약속드리며, 이 책이 나오기까지 격려해 주고 도와주신 분들에게 감사드린다.

2003년 7월

김성천

● 일러두기 ●

1. 이 책에서는 각주를 생략하고, 각 장을 좀더 자세하게 이해하는데 필요한 책과 논문들은 〈참고문헌〉에서 밝혔다.

2. 제2장에서 법, 영, 규칙은 설명하는 영역의 소비자법, 시행령, 시행규칙을 말한다.
   예를 들면, 제2장 1. 소비자보호법에서 '법'은 「소비자보호법」이고, '영'은 「소비자보호법 시행령」이다.
   또한 제2장 5. 방문판매 등에 관한 법률에서 '법'은 「방문판매 등에 관한 법률」이고, '영'은 「방문판매 등에 관한 법률 시행령」이며, '규칙'은 「방문판매 등에 관한 법률 시행규칙」이다.
   이 밖의 내용에서는 법률의 명칭을 구체적으로 기재했다.

3. 제2장 9. 민법에서의 소비자 피해의 구제는 「소비자시대」 : 2000년 11월호부터 2001년 11월호까지 연재한 '소비자문제전문강좌'의 내용을 재구성한 것이다.

4. 제3장은 판례공보, 하급심판결집, 언론 등에서 공개된 판례를 토대로 「소비자시대」 : 1999년 5월호부터 2003년 8월호까지 연재한 '재미있는 판례여행'의 내용을 재구성한 것이다.

5. 이 책은 2003년 7월 현재까지 제·개정된 법률, 시행령, 시행규칙, 고시 등을 근거로 서술된 것이다.

Contents

제2장 소비자법에서의 소비자보호

Contents

Contents

contents

Contents

제 1 장
소비자보호 일반

1 소비자 문제란?

소비자 문제(consumer affairs)란 시장경제체제하에서 소비자와 사업자간의 거래관계에서 발생하는 문제의 총체이다. 구체적으로는 사업자가 생산한 물품이나 용역을 소비하는 과정에서 나타나는 불만이나 피해, 이에 대한 사업자의 대응과정에서 파생하는 문제를 의미한다.

자유시장체제에서는 본래 누구도 시장을 지배할 수 없고, 거래당사자간의 대등한 대응능력이 있다는 것을 전제로 자유로운 계약을 허용하고 있다. 그러나 실제로 소비자는 사업자에 비해 거래조건, 상품관련 정보, 조직력, 선택능력 등에서 매우 열악한 지위에 처해 있어 이것으로부터 발생하는 소비자 문제는 소위 시장실패(market failure)의 전형적인 형태인 것이다. 따라서 이에 대한 적절한 보완장치가 있어야 시장경제체제는 유효하게 작용할 수 있다.

소비지출 비중은 국민경제에서 가장 큰 부분을 차지하고 있으며, 소비수준과 소비내용 및 그 과정에서의 소비자의 만족정도는 국민경제수준을 결정하는 중요한 요소로 되어 있다.

특히 소비지출과정에서 발생하는 소비자 문제를 정부와 사업자가 어떻게 인식하고 정책에 반영하느냐에 따라 국민경제의 질적 수준은 물론 산업 및 기업경쟁력에 지대한 영향을 미친다.

소비자 문제는 개개의 소비자가 소비과정에서 느끼는 단순한 불만에 국한하는 것은 아니다. 소비자 문제는 우선 물품 및 용역의 가격 · 품질 · 안전성 및 거래조건에 대하여 소비자가 제기하는 문제의식과 잠재적 욕구를 포괄한다. 나아가 기업경영에 있어서 소비자의 입장에서 제기되는 생산 · 판매 과정상의 제반문제점과 소비자의 잠재수요에 대한 사업자의 수용태도에 따라 기업경영의 방식과 경쟁력으로 집약되는 기업운영의 효율성에 크게 영향을 미치는 것이다.

이러한 소비자 문제는 소비자 · 사업자 양 당사자간의 문제에 그치지 않고 이를 둘러싸고 있는 정부의 경제운용방식과 경제정책 및 각종 제도 등 전반적인 경제구조와 밀접하게 관련되어 있다.

2 소비자 피해

1. 소비자 피해의 개념

소비자 피해(consumer damages)란 소비자가 물품이나 용역을 구입하여 사용하거나 이용하는 과정에서 품질의 하자 또는 결함, 사업자의 위법행위나 부당권유행위 등으로 인하여 소비자가 입는 생명·신체상의 손해와 재산상의 손해를 총칭한다.

이것은 소비자 불만과는 구별된다.

소비자 불만은 사업자와 거래한 물품 및 용역의 거래조건 및 방법과 내용 등에 관하여 소비자가 가졌던 합리적인 기대와 현실 사이에 불일치가 있는 상태, 즉 물품 및 용역의 사용이나 이용으로부터 소비자에게 귀속되는 효용수준이 기대수준보다 낮을 때 나타나는 심리적 불일치상태를 말한다.

소비자 피해는 시장기능 자체만으로는 해결할 수 없는 '시장기능의 한계영역'에 속하는 문제이므로, 이를 신속하고 공정하게 해소하여 소비자의 권리를 실현하기 위해 국가 및 지방자치단체나 공공단체 등이 직·간접적으로 소비자 피해 구제과정에 개입할 수밖에 없는 실정이다.

2. 소비자 피해의 유형

소비자가 사업자와의 거래과정에서 입는 소비자 피해의 유형은 크게 나누어 세 가지이다.

1) 제품의 하자 또는 결함

사업자가 인도하거나 공급한 물품 및 용역에 하자나 결함이 있는 경우이다.

하자는 상품의 적합성 문제로 피해의 내용은 재산상 손해이나, 결함은 상품의 안전성 문제로 피해의 내용은 신체상·재산상 확대손해이다. 전자에 대해서는 민법상 하자담보책임 또는 품질보증계약에 의해 구제되나, 후자에 대해서는 제조물책임법에 의해 구제된다.

2) 사업자의 위법행위

사업자가 계약 체결 후 채무불이행행위를 하거나 불법행위를 하여 손해를 발생시킨 경우이다. 이에 대해서는 민법상 채무불이행이나 불법행위에 의한 손해배상책임과 채무불이행에 의한 계약 해제·해지 등에 의해 구제한다. 더 나아가 사업자는 방문판매 등에 관한 법률 등 개별 소비자법의 규정을 위반하는 행위가 많은데, 이에 대해서는 시정조치, 영업정지, 과태료, 형사처벌 등이 부과될 수 있다.

3) 사업자의 부당권유행위

사업자의 부당권유행위에 의해 충동구매를 하는 경우이다. 소비자는 계약교섭 및 체결단계에서 부당권유행위로 인해 원치 않는 계약을 체결하게 되어 피해를 입는다. 이에 대해서는 민법상 무효, 취소와 소비자법상 청약철회권 등에 의해 구제한다.

3. 소비자 피해의 특징

현대사회에서의 소비자 피해는 대량생산·대량판매 및 대량소비로 대표되는 현대 경제구조에 기인한 구조적인 피해로서 다음과 같은 공통적인 특성을 갖고 있다.

1) 피해의 보편성

오늘날과 같이 대량생산 제제하에서는 생산공정이 분업화하고 품질관리가 표본검사에 의존할 수밖에 없기 때문에 생산공정의 각 단계에서 결함제품이 발생할 가능성이 잠재해 있으며, 복잡한 유통과정에서 제품의 보관이나 관리상의 잘못으로 결함제품이 생길 가능성이 있다.

또한 급속한 과학의 발달로 첨단기술을 이용한 상품이 판매되고 있는데 소비자는 첨단기술을 이용한 제품의 복잡·다양한 기능, 특성, 활용법 등을 제대로 이해하지 못하여 피해를 입기도 한다. 또한 기업이 개발한 상품

을 충분한 사전검사나 시험을 거치지 않은 상태에서 시장에 유통시키는데
서도 소비자 피해가 발생하고 있다.

한편, 오늘날 각 기업에서는 판매촉진을 위하여 약관에 의한 거래, 방
문·할부판매, 각종 금융 및 신용판매 등 여러 형태의 판매기법을 개발하
여 활용하고 있는데, 이에 대한 지식이나 정보가 부족한 소비자는 어떤 형
태로든지 직·간접의 피해를 입을 수밖에 없다.

2) 피해의 광범위한 파급

교통수단과 유통산업이 발달된 오늘날에는 소비자 피해가 일단 발생하
게 되면 그 피해는 광범위하게 파급된다. 그리고 고도기술상품의 경우에
는 피해원인의 규명 및 피해예방이 어렵고, 피해발생 후의 방지조치도 지
연되기 쉽기 때문에 소비자의 피해는 한층 확대된다.

그리고 오늘날의 시장상황은 기업의 합병을 통한 독과점화, 독과점을
통한 가격차별화, 이윤극대화를 위한 카르텔 형성 등으로 인하여 자유경
쟁활동이 제한되고 있기 때문에 기업이 판매촉진을 위한 부당거래, 부당
광고·표시 등의 행위를 할 경우 그로 인한 피해는 전 국민에게 파급된다.

3) 피해원인 규명의 곤란

현대의 물품과 용역은 고도로 분업화되어 있기 때문에 생산·공급에 많
은 사업자가 직·간접으로 관여하고 있는 것이 보통이다. 따라서 고도로

분업화된 생산공정과 복잡한 유통과정을 거쳐 제품이 소비자에게 제공되기 때문에 제품에 결함이 있는 경우에는 그 결함의 원인이 생산단계에 있었는지, 생산에 제공된 원자재에 결함이 있었는지, 판매점포에서 보관이 잘못되었는지, 유통단계에서 잘못되었는지를 파악하기가 곤란한 경우가 많다.

4) 소비자와 사업자간의 지위의 불균형

오늘날의 경제사회에서 소비자는 물품이나 용역에 대한 정보·경제력·전문성 등의 측면에서 사업자보다 열등한 지위에 놓여 있다. 따라서 소비자는 사업자가 일방적으로 제시하는 거래조건이나 가격 등에 대하여 충분한 검토와 교섭 없이 물품이나 용역을 구입하는 경우가 많다. 법적인 차원에서 보면 계약당사자간의 문제는 스스로 해결하여야 할 것이나 소비자는 사업자에 비해 약자의 지위에 놓여 있기 때문에 소비자 스스로 피해를 적절히 해결할 수 없다. 따라서 적법한 절차를 통해서 구체적인 형평과 정의가 실현되도록 해야 할 필요가 있다.

5) 피해의 심각성

소비자의 피해는 단순한 재산적 손실에 그치는 것이 아니라 소비자의 생명이나 신체에 치명적인 피해를 야기하는 경우가 많다.

불량식품이나 의약품으로 인한 피해, 결함제품으로 인한 피해 등은 소비자의 생명·신체에 중대한 결과를 초래한다. 특히 고도기술제품의 경우에는 피해의 원인이 규명되기까지는 상당한 시간이 걸리는 경우가 많아 방지의 수단이 강구되지 않은 채 심각한 사회문제로 대두되기도 한다.

4. 소비자 피해의 현황

2002년도 한국소비자보호원(이하 "소비자보호원"이라 한다)에 접수된 피해 구제 통계를 통해 소비자 피해의 현황을 보면 다음과 같다.

소비자 상담건 444,993건 중 약 7.5%인 23,225건이 피해 구제건으로 접수되어 관련 절차에 따라 처리되었다. 이 중 22,637건(97.5%)이 합의권고 단계에서 종결처리되었으며, 합의권고 단계에서 처리되지 않은 588건(2.5%)은 소비자분쟁조정위원회에 조정을 요청하였다.

물품 품목 중에서는 도서·음반이 2451건(24.6%)으로 가장 많았고, 그 다음으로 차량 및 승용물 1617건(16.2%), 의류·섬유신변용품 1144건(11.5%), 식료품 및 기호품 1085건(10.9%) 등의 순이었으며, 물품 관련 서비스 품목 중에서는 세탁 2820건(69.8%), 운수·보관·관리 925건(22.9%), 수리·보수·가공 205건(5.1%) 등의 순이었으며, 서비스 품목 중에서는 문화·오락 3412건(37.0%), 금융·보험 1893건(20.5%), 정보통신 1211건(13.1%), 교육 858건(9.3%) 등의 순으로 나타났다.

2002년 한해 동안 소비자보호원이 처리한 피해구제 상위 10대 품목을 품목 기준으로 살펴보면, 품목 전체로는 회원권이 3050건으로 1위를 차지하였고 그 다음으로 세탁 2758건, 학습교재 2110건, 자동차 1044건, 건강식품 1019건, 화물운송 828건 등의 순으로 나타났다.

물품 품목 중에서는 학습교재, 자동차, 건강식품, 자동차용품, 컴퓨터 및 주변기기, 서적 · 인쇄물 · 음반 등의 순이었으며, 물품 관련 서비스 품목은 세탁, 화물운송, 수리 · 정비, 여객운송, 렌탈 · 리스, 수선 · 염색, 보관 등의 순이었고, 서비스 품목의 경우에는 회원권, 신용카드, 병 · 의원 서비스, 이동통신, 알선 · 중개 · 번역, 사설강습 등의 순으로 나타났다.

피해 구제건을 청구이유별로 보면, 계약 관련 45.3%, 품질 관련 33.3%, 부당행위 관련 11.3%, A/S 관련 5.6% 등의 순으로 나타났고, 처리결과별로 보면, 계약해제 33.6%, 배상 13.0%, 수리 · 보수 7.7% 등의 순으로 나타났다.

3 소비자 보호규제

소비자 보호규제란 현대 자본주의사회의 구조적인 모순에서 기인하는 구조적 피해인 소비자의 피해를 효과적으로 구제하고 예방하기 위한 소비자정책의 일환으로 소비자의 권리를 실현하기 위한 정부규제이다.

소비자의 권리를 실현하기 위한 소비자 보호규제의 방법에는 행정규제, 민사규제, 형사규제 등이 있다.

1. 행정규제

행정규제는 허가제 · 등록제 등에 의한 진입규제, 결함제품 회수를 위한 리콜명령, 행정규정의 위반에 대한 영업정지 · 과태료 등의 행정제재 등 예방적 · 일반적 규제이며, 소비자행정의 일환으로 행사되고 있다.

행정규제는 주로 소비자안전분야에서 가장 많이 활용되고 있다. 또한 악질적이고 집단적인 소비자 피해에 대한 민사규제의 약점을 보완하기 위해서도 활용되고 있다. 예를 들면, 방문판매 등에 관한 법률과 전자상거래 등에서의 소비자보호에 관한 법률의 금지행위규정은 악질사업자의 근절을 위한 행정규제의 대표적인 예이다.

2. 민사규제

민사규제는 소비자 피해에 대해 소비자 스스로 피해구제, 분쟁조정, 민사재판 등을 통해 사업자에게 민사적 권리를 주장하여 수리·환급·배상 등의 구제를 받을 수 있는 가장 실효성 있는 규제방법이다.

대표적으로 소비자의 청약철회권, 사업자의 정보제공의무 및 계약서교부의무, 손해배상예정액의 제한, 계약해제권의 제한, 소비자의 항변권 등이 있다. 민사규제가 활성화되기 위해서는 소비자의 피해구제를 쉽게 하기 위한 집단소송제나 단체소송제 또는 징벌적 손해배상제도를 도입해야 한다.

3. 형사규제

형사규제는 소비자 보호규제의 마지막 보루이면서 가장 효과적인 규제방법이다. 행정기관의 시정조치의 실효성 확보는 물론 사업자의 위법행위에 대한 제재수단으로 위법사업자에 대한 징역, 벌금, 더 나아가 양벌 등이 있다.

4 소비자 피해구제

1. 소비자 피해구제의 의의

대량생산, 대량판매, 대량소비로 특징지어지는 현대사회에서 소비자는 사업자가 제공하는 물품 또는 용역을 사용하거나 이용하는 과정에서 불만을 갖게 되고 피해를 입게 된다. 물론 사전에 소비자 피해가 발생하지 않도록 방지하는 것이 바람직하지만, 소비자 피해는 예방하기 위하여 아무리 노력하더라도 발생하기 마련이다. 따라서 일단 발생한 소비자 불만 및 피해를 어떻게 하면 신속·공정하게 처리할 수 있는가 하는 소비자 피해구제의 문제는 국제적 논의과제이다.

한국에서의 소비자 피해구제는 기존의 여성단체와 더불어 전문적인 소비자단체들의 적극적인 소비자보호운동이 전개된 1970년대부터 시작되었다. 이 당시 정부는 성장위주의 경제정책하에서 소비자 피해 구제처리에 대해 관심을 두지 못했지만, 부분적이나마 중앙행정기관에 의한 소비자 피해구제기구는 설치되었다.

1972년 경제기획원에 소비자전담기구로 설치된 '새생활센터'는 소비자의 불만과 고발을 접수하는 유일한 행정창구였다.

그 후 1980년대에 들어서 소비자보호법의 제정을 계기로 정부가 소비자 피해구제안을 마련하게 되었고, 1986년 제2차 소비자보호법 개정을 전환점으로 소비자 피해구제에 관한 법적 기반과 소비자보호 주체들의 체계적이고 조직적인 소비자 피해구제체계가 확립되었다. 특히 소비자보호법 개정에 의하여 1987년 소비자보호 전문기관인 소비자보호원이 설립되면서 소비자의 피해구제가 국민후생적 차원에서 자리잡게 되었다.

1990년대에는 민간 소비자단체와 소비자보호원의 지속적인 활동과 더불어 소비자의 의식도 강화되어 소비자 피해구제는 실효성 있는 성과를 보여주었다.

소비자 피해구제에 관한 법적 근거는 소비자보호법이다.

소비자보호법은 소비자 피해구제와 관련한 소비자의 기본적 권리로서 "소비자는 물품 및 용역의 사용 또는 이용으로 인하여 입은 피해에 대하여 신속·공정한 절차에 의하여 적절한 보상을 받을 권리"가 있다고 천명하고, 이를 실현하기 위한 소비자보호 주체의 소비자 피해구제와 관련한 의무와 역할을 구체적으로 규정하고 있다.

우선 국가 및 지방자치단체는 필요한 행정조직의 정비 및 운영 개선과 소비자의 건전하고 자주적인 조직활동의 지원·운영 등의 의무를 지고, 더 나아가 소비자의 불만 및 피해를 신속·공정하게 처리할 수 있도록 필요한 조치를 강구해야 한다(법 제12조 제1항).

사업자는 그 공급하는 물품 또는 용역에 대하여 소비자보호를 위하여 필요한 조치를 강구하며, 소비자단체 또는 소비자보호원의 소비자보호업무의 추진에 필요한 자료 및 정보제공요청에 적극 협력하여야 한다.

소비자단체는 소비자의 피해 및 불만처리를 위한 상담·정보제공 및 당사자간 합의의 권고 업무를 수행한다.

소비자보호원은 소비자의 불만처리 및 피해구제 업무를 수행하고, 소비자보호원에 설치된 소비자분쟁조정위원회는 소비자분쟁에 대한 조정결정의 사항을 심의·의결한다. 그리고 이와 관련된 피해구제 및 분쟁조정에 관한 절차를 상세히 규정하고 있다.

2. 소비자 피해구제의 방법

1) 사업자에 의한 소비자 피해구제

소비자는 사업자가 제공하는 물품 또는 용역을 사용하거나 이용하는 과정에서 피해를 입게 되면 제1차적으로 원인제공자인 사업자에 대해 직접적으로 피해구제를 요청하고, 소비자와 사업자간의 상호교섭에 의해 소비자 피해가 구제된다.

대부분의 사업자는 소비자상담실, 고객만족실, 고객지원실, 고객상담실 등 다양한 형태의 소비자 피해구제 전담기구를 설치하고 담당직원을 통해 소비자 피해를 신속하게 구제하고 있다. 이것은 가장 바람직하고 빈번하게 이용되는 소비자 피해 구제방식이다. 현재 이들 기업 내의 담당직원들이 사단법인 기업소비자전문가협회를 결성하여 사업자에 의한 소비자 피해구제의 보다 체계적이고 전문적인 실천을 도모하고 있다.

그러나 일부 방문판매업자, 전화권유 판매업자, 다단계 판매업자 등 악질사업자는 소비자의 피해를 무시하거나 방치하여 소비자의 불만 및 피해의 또 다른 원인이 되는 등 사회문제가 되고 있다.

2) 소비자단체에 의한 소비자 피해구제

소비자들이 스스로의 권익보호를 위해 자주적으로 단체를 결성하고, 행정기관에 등록한 소비자단체는 소비자 피해구제를 위한 상담정보제공 및 당사자간의 합의권고를 행함으로써 소비자 피해를 구제한다.

이것은 우리나라에서 가장 오래된 소비자 피해 구제방식으로 전국적으로 170여 개의 민간소비자고발센터가 운영되고 있다(부록 참조). 소비자단체의 소비자보호운동을 효과적으로 전개하기 위해 1976년 결성된 사단법인 한국소비자단체협의회는 현재 한국여성단체협의회, 대한YWCA연합회, 대한주부클럽연합회, 소비자문제를 연구하는 시민의 모임, 전국주부교실중앙회, 한국소비자연맹, 한국소비자교육원, 한국YMCA전국연맹, 녹색소비자연대, 한국소비자생활연구원 등 전국규모의 10개 소비자단체가 회원으로 가입하여 활동하고 있다(부록 참조).

3) 행정기관 · 공공기관에 의한 소비자 피해구제

중앙행정기관 및 지방자치단체나 공공기관이 소비자보호법이나 관계 법률 등에 의해 소비자 피해구제 전담기구를 설치하여 소비자 피해를 구제하는 방식이다.

중앙행정기관의 경우 공정거래위원회가 부당광고 및 표시, 부당약관 등에 관한 소비자 피해를 구제하고 있고, 금융감독원은 금융서비스와 관련한 소비자 피해구제 전담기구를 설치 · 운영하고 있다. 이 밖에 관련 부처는 독립(산하)기관을 설치하거나(식품의약품안전청 등) 민원실을 통하여 소비자 피해를 구제하고 있다.

지방자치단체의 경우 소비자보호과나 지역경제과 또는 계 단위에서 소비자 피해를 구제하고 있다. 일부 지방자치단체의 경우에는 소비자보호 전담기구(소비생활센터, 소비자보호센터, 소비자정보센터, 소비자보호정보센터)를 설치하여 지역주민의 소비자 피해를 신속하게 구제하고 있다. 2003년 7월 현재 소비자보호 전담기구를 설치 · 운영하고 있는 지방자치단체는 서울특별시, 부산광역시, 인천광역시, 울산광역시, 대전광역시, 경기도, 경상남도, 충청남도, 강원도, 전라남도, 광주광역시 등이다(부록 참조).

한편 상수도 · 우편 · 철도운송 등 국가 또는 지방자치단체가 제공하는 공공서비스의 경우에는 해당 행정관청이 설치 · 운영하는 민원창구 등에서 해당 서비스에 대한 소비자 피해를 구제하고 있으며, 국가나 지방자치단체가 제공하는 행정서비스에 대한 피해 구제기구로서 법무부의 국가배상심의위원회가 설치 · 운영되고 있다.

그 밖에 국민고충처리위원회와 법률구조공단 등에서도 소비자 피해를 구제하고 있다.

건축 공사와 관련한 소비자 피해에 대해서는 건설교통부와 각 지방자치 단체의 건축분쟁조정위원회, 여행 소비자의 피해 구제를 위해 관광협회 등에 설치된 관광불편신고처리위원회, 부동산중개와 관련한 소비자 피해 구제기구로서 각 지방자치단체 내에 설치된 부동산중개업분쟁조정위원회 등이 있다.

그러나 행정기관에서의 소비자 피해 구제업무는 기관 본연의 업무라기 보다는 기관 고유 업무를 처리하는 과정에서 부수적으로 수행하는 업무이 기 때문에 소비자 피해구제를 위한 전문지식을 갖춘 인력이 부족하고, 객 관적인 심사절차나 판정권한이 없기 때문에 간접적인 공권력행사에 그치 고 있는 실정이다. 따라서 행정기관의 합의권고에 대해 양 당사자가 수락 하지 않는 등 자체적인 처리가 어려운 경우가 발생하고 있는데, 이때에는 소비자보호원에 피해구제를 이첩하고 있다.

4) 소비자보호원에 의한 소비자 피해구제

소비자보호원(www.cph.or.kr)은 소비자 피해를 보다 신속하고 공정하게 처리할 수 있도록 상담 – 피해구제(합의권고) – 분쟁조정의 3단계 절차를 거치도록 하고 있다.

먼저, 소비자상담팀에서 소비자 불만 및 피해를 접수하여 당사자간 자 율적 해결을 위한 정보를 제공하거나 타기관 알선, 피해 구제접수 등으로 처리한다. 피해구제로 접수된 사건은 분쟁조정1국과 2국의 사건처리 담당 직원이 사실 확인·전문가 자문 등을 통해 양 당사자에게 피해보상에 대한 합의를 권고하여 양 당사자가 이를 받아들이면 종결처리하게 되지만, 합의가 이루어지지 않는 경우에는 소비자분쟁조정위원회에 조정을 요청하여 피해구제를 처리하게 된다(자세한 것은 제2장 82쪽 이하 참조).

5) 다른 분쟁조정기구에 의한 소비자 피해구제

(1) 금융분쟁조정위원회

금융분쟁조정제도는 소비자보호제도의 일환으로 「금융감독기구의설치등에관한법률」 제51조에 의거 설립된 금융분쟁조정위원회가 각종 금융거래에서 발생하는 금융소비자의 부당한 피해를 구제하기 위한 장치이다.

금융분쟁조정위원회는 금융감독원(www.fss.or.kr)에 설치하고 있고, 금융거래에서 발생하는 분쟁에 대한 조정을 하는 독립적인 준사법기구라고 할 수 있다.

조정위원회의 조정안을 당사자가 수락하여 조정이 성립한 경우 그 조정내용은 재판상 화해와 동일한 효력을 가진다.

(2) 의료심사조정위원회

의료분쟁조정제도는 소비자보호제도의 일환으로 「의료법」 제54조의2에 의거하여 설립된 의료심사조정위원회가 의료행위로 인하여 발생하는 소비자의 부당한 피해를 구제하기 위한 장치이다.

의료심사조정위원회는 중앙의료심사조정위원회와 지방의료심사조정위원회가 있다.

위원회의 조정안을 수락한 경우 그 조정내용은 재판상 화해와 동일한 효력을 가진다.

(3) 전자거래분쟁조정위원회

전자거래분쟁조정제도는 전자거래의 고유한 특성, 즉 전자거래의 비대면성 · 비서면성 · 내용수정의 용이성 및 소액 다수의 거래로 인한 단기간의 광범위한 피해발생과 경우에 따라서는 국경을 넘는 피해의 발생에 따른 분쟁을 신속하고 공정하게 해결하기 위한 장치이다.

전자거래분쟁조정위원회는 한국전자거래진흥원(www.kebic.or.kr)에 설치하고 있다(전자거래기본법 제32조 및 동법 시행령 제15조).

조정 조서는 당사자간 합의와 동일한 효력이 있다.

6) 법원에 의한 피해구제

법원의 사법적 절차인 민사소송에 의해 소비자 피해를 구제하는 방법은 다른 방법에 의한 피해 구제의 기준이 되는 소비자 피해의 최종적인 구제 방법이라 할 수 있다. 그러나 이 방법은 그 설차가 까다롭고 복잡하며 시간과 비용이 많이 소요되기 때문에 소비자들이 외면하는 경우가 많으며, 또한 소비자들이 피해원인을 규명하기가 곤란한 경우가 많기 때문에 이용에 어려움이 있다는 단점이 있다. 현재도 「민사조정제도」와 「소액사건심판제도」 등 소비자 피해를 구제하는 사법적 절차가 있으나 소비자들의 이용이 활성화되어 있지 못한 실정이다.

(1) 소액사건심판제도

민사소송제도 가운데 소비자와 가장 밀접한 제도가 분쟁금액이 소액일 경우 사건을 심리한 후 바로 판결을 내리는 제도인 소액사건심판제도라고 할 수 있다.

소액사건심판제도는 2,000만원을 초과하지 않는 금전지급을 목적으로 하는 청구(대여금, 물품대금, 손해배상청구)와 같은 비교적 단순한 사건에 대하여 보통 민사소송보다 훨씬 간편하며 경제적으로 재판을 받을 수 있게 만든 제도이다.

소액사건심판제도는 1973년 제정된 「소액사건심판법」에 규정되어 있다.

(2) 민사조정제도

민사조정이란 민사에 관한 분쟁을 법관 또는 법원에 설치된 조정위원회가 간이한 절차에 따라 분쟁의 당사자로부터 각자의 주장을 듣고 관계자료를 검토한 후, 여러 사정을 참작하여 당사자들이 서로 양보하고 타협하여 합의를 하도록 주선, 권고함으로써 결과적으로 화해에 이르게 하는 법적 절차이다.

이 제도는 다른 민사분쟁 해결방법에 비하여 비용이 적게 들고, 간이·신속한 절차에 의하여 진행되므로 누구나 쉽게 이용할 수 있는 제도라고 할 수 있다.

민사조정제도는 1999년 제정된 「민사조정법」에 규정되어 있다.

(3) 지급명령제도

지급명령이란 채권자가 금전, 기타 대체물이나 유가증권 등을 지급해 주도록 법원에 신청하는 절차로 '독촉절차' 라고도 한다. 법원은 채권자의 신청에 의하여 서면심리를 거쳐 채무자에 대하여 지급명령을 내리고 채무자가 이에 대하여 일정기간 이내에 이의를 제기하지 않으면 그 명령에 확정력과 집행력을 부여하는 것을 목적으로 하는 특별소송 절차이다.

지급명령제도는 독촉절차라는 표제 아래 민사소송법 제462조 내지 제474조에 규정되어 있다.

3. 소비자 피해구제의 내용

소비자보호원의 합의권고에 사업자와 소비자가 수락하여 종결처리된 피해구제 사례를 보면 소비자 피해구제의 내용은 다음과 같다.

1) 수리 · 보수

수리 · 보수는 주로 차량 빛 승용물, 정보통신기기, 토지 · 건물 · 설비, 세탁, 정보통신 등의 분야에서 처리되는 피해구제의 내용이다.

① 결함제품을 정상제품으로 수리 또는 보완

② 사용도중 자연 발생한 고장에 대한 수리 · 보수

③ 애프터서비스

④ 건축물에 대한 보수공사

⑤ 염색 불량으로 인한 재염색

⑥ 세탁 불량으로 인한 재세탁 또는 수리

⑦ 건축물에 부착된 제품의 결함으로 인한 재시공

⑧ 도배, 장판 불량으로 인한 재시공

⑨ 봉재불량, 원단불량으로 인한 수선

2) 교 환

교환은 의류 · 섬유신변용품, 정보통신기기, 세탁 등의 품목에서 처리되는 피해구제의 내용이다.

① 결함제품을 동일한 신제품으로 바꾸어 주는 경우

② 제품교환시 동일 제품이 없어 동일한 가격의 다른 제품이나 동종의 제품으로 바꾸어 주는 경우

③ 용역의 경우 동질의 용역을 다시 제공하거나 동일가격, 동종의 다른 용역을 제공하는 경우

3) 환 급

환급은 의류·섬유신변용품, 정보통신기기, 보건·위생용품, 가구, 세탁, 정보통신, 문화·오락 등의 품목에서 처리되는 피해구제의 내용이다.
① 제품이나 용역의 대금 전부를 되돌려 받는 경우
② 채무불이행 분만큼의 차액을 되돌려 받는 경우

4) 계약이행 및 계약해제·해지

계약이행 및 계약해제·해지는 도서·음반, 식료품 및 기호품, 문화·오락, 교육 등의 품목에서 처리되는 피해구제의 내용이다.
① 사업자의 고의·과실로 인한 채무불이행(이행지체, 이행불능, 불완전이행)에 따른 계약의 해제·해지
② 사업자가 채무불이행 상태를 채무이행으로 바꿈. 예를 들면, 신제품을 중고품으로 배달, 신문·잡지·학습지 등의 배달 불이행

5) 배 상

배상은 식료품, 여행, 항공, 의료 등의 품목에서 처리되는 피해구제의 내용이다.
① 부작용, 용기 파손 등으로 인한 상해사고시 배상
② 위탁수하물의 분실·파손 등 사고시 배상

제 2 장

소비자법에서의 소비자보호

1 소비자법이란?

소비자법이란 산업사회 초기에는 예상하지 못했던 소비자 문제를 근대 사업에 의해서는 충분히 해결할 수 없다는 인식 아래 이에 효과적으로 대처하기 위해서 제정된 법률들을 말한다.

소비자법은 소비자의 피해를 예방하고 구제하거나 실질적으로 소비자의 권리를 보장하는 소비자 보호규제를 그 내용으로 하고 있다.

우리나라 소비자법의 역사는 선진국에 비해 그리 길지 않다.

1960년대 후반부터 소비자운동이 시작되었고, 1970년대 후반에 이르러 비로소 그 결과가 소비자보호법의 제정으로 이어졌다. 1980년 소비자보호법이 제정되면서 소비자보호의 기본방향이 제시되어, 그 후 소비자보호를 위한 소비자법이 활발하게 제정되었다. 1986년에 약관의 규제에 관한 법률이 제정되고 소비자보호법이 개정된 바 있고, 1991년 12월 할부거래에 관한 법률과 방문판매 등에 관한 법률이 국회를 통과, 1992년 7월부터 시행되어 소비자의 지위 향상을 위한 법적 장치가 강화되었다. 그 후 1999년 2월 표시 · 광고의 공정화에 관한 법률, 2000년 1월 제조물책임법, 2002년

3월 전자상거래 등에서의 소비자보호에 관한 법률 등이 제정되었다.

현재 소비자법은 100여 개가 넘는다. 그러나 그 대부분은 사업자의 육성이나 규제를 제1차적인 목적으로 하고, 간접적으로 각각의 행정목적 실현에 의하여 소비자의 이익을 보호하는 기능적 소비자법이다.

기능적 소비자법으로는 위해의 방지에 관한 법률(식품위생법, 약사법, 품질경영 및 공산품안전관리법, 전기용품안전관리법, 자동차관리법, 공중위생법 등), 계량 및 규격의 적정화에 관한 법률(계량에 관한 법률, 산업표준화법 등), 표시의 충실에 관한 법률(약사법, 상표법, 물가안정에 관한 법률, 부정경쟁방지 및 영업비밀보호에 관한 법률 등), 거래의 적정화에 관한 법률(독점규제 및 공정거래에 관한 법률, 증권거래법, 유통산업발전법 등), 광고의 기준에 관한 법률(의료법, 방송법 등), 피해의 구제에 관한 법률(민사소송법, 민사집행법, 소액사건심판법, 민사조정법 등) 등이 있다.

기능적 소비자법은 행정기관의 규제, 감독 권한의 행사에 의하여 반사적으로 소비자가 보호되는 이원적 구조이므로, 소비자의 권리가 주체적으로 보장되고 소비자의 이익을 적극적으로 보호하는 데에는 한계가 있다. 따라서 실효성 있는 소비자보호를 위해서는 소비자를 법적 주체로 인정하여 소비자의 권리를 적극적으로 보장하고, 사업자와 소비자간의 거래력의 격차를 시정하여 약화된 소비자의 지위를 강화시켜 주는 본래적 의미의 소비자법이 중요하다.

이미 우리나라에도 본래적 의미의 소비자법으로 소비자보호법, 약관의 규제에 관한 법률, 방문판매 등에 관한 법률, 전자상거래 등에서의 소비자보호에 관한 법률, 할부거래에 관한 법률, 제조물책임법 등이 있다.

2　소비자보호법

1968년 발생한 신진자동차공업주식회사의 폭리문제를 계기로 정부는 「소비자보호요강안」을 상정하였는데, 이것이 소비자보호법이 제정되기 이전의 소비자보호를 위한 최초의 공식 규범이라고 볼 수 있다. 이후 1971년 한국마케팅개발센터가 소비자보호기본법의 초안을 제시하였으나 채택되지 않았다. 그러나 이때에 비롯된 소비자 의식과 선진국 소비자단체의 활동 등에 의한 자극으로 소비자 스스로가 소비자 문제를 해결하기 위한 소비자운동이 시작되었다.

이에 각계에서는 소비자보호라는 통일적 관점에서 소비자정책을 효율적으로 추진하여 소비자의 기본권익을 확보하며, 기업과 소비자 사이의 거래의 불평등을 해소하여 소비자가 입은 피해를 신속하고 적절하게 구제할 수 있는 제도를 마련하며, 또한 소비자단체의 적극적인 활동전개를 위한 기반을 마련할 수 있는 소비자보호법을 제정해야 한다는 요구를 제기하였다.

정부는 이러한 사회변화에 대응하고 그 동안 경제성장 위주로 정책이 추진되면서 소비자보호가 등한시되어 온 점을 보완하기 위하여, 소비자보호업무를 담당할 총괄부서를 경제기획원에 설치하도록 하는 내용의 소비자보호기본법안을 1977년도 정기국회에 제출하였다. 즉 경제기획원장관을 위원장으로 하는 11인의 소비자보호위원회를 구성하여 소비자보호의 문제점을 제도적으로 심의 개선하기 위한 소비자보호기본법안을 마련하여 국회에 제출한 것이다.

이러한 소비자단체 및 정부의 소비자보호법안을 기초로 하여 당시의 공화당정책연구실에서 실질적인 입법단계를 밟기 시작하였다. 그 과정에서 경제단체와 관련 행정부처의 의견을 반영하고, 공청회를 열어 일반 소비자의 의견을 수렴하는 절차를 거쳐, 1979년 12월 제103회 정기국회에 상정함으로써 비로소 「소비자보호법」이 의원입법으로 제정되어 1980년 1월 4일 공포되었다.

이 법은 8개 장 32개 조문으로 구성되어 있었으며, 제정된 후 1년 8개월이 지난 1982년 9월 13일에 와서야 시행령이 제정됨으로써 비로소 시행되기에 이르렀다.

그 후 1986년 말에는 소비자보호를 더욱 강화하는 방향으로 소비자보호법을 전면 개정하였고, 1995년 12월, 1999년 2월, 2001년 3월에 이어 2003년 7월에 개정되어 오늘에 이르고 있다.

1. 소비자보호 주체의 권리와 의무

1) 소비자

(1) 소비자의 범위

소비자란 사업자가 제공하는 물품이나 용역을 소비생활을 위하여 사용하거나 이용하는 자 또는 대통령령이 정하는 자를 말한다(법 제2조 제2항).

여기서 대통령령이 정하는 자에는 사업자가 제공하는 물품이나 용역을 생산활동을 위하여 사용 또는 이용하는 자로서 ① 제공된 물품이나 용역을 최종적으로 사용하거나 이용하는 자〔다만, 제공된 물품을 원재료(중간재를 포함) 및 자본재로 사용하는 자를 제외〕, ② 제공된 물품을 농업(축산업을 포함) 및 어업 활동을 위하여 사용하는 자(다만, 축산법 제21조 제1항의 규정에 의하여 농림부령이 정하는 사육규모 이상의 축산업을 영위하는 자 및 수산업법 제41조 제1항의 규정에 의하여 해양수산부장관의 허가를 받은 원양어업자를 제외)를 포함시켜(영 제2조) 소비자의 개념을 확대하고 있다.

(2) 소비자의 권리

소비자의 권리는 소비자 보호규제의 출발점으로 소비자보호법에 규정하고 있다. 소비자 권리는 헌법에는 명문의 규정이 없지만 새로운 유형의 현대형 인권으로서 다양한 측면의 헌법적 근거를 가지고 있는 복합적 기본권으로 이해하고 있다.

① 안전할 권리

소비자는 모든 물품·용역으로 인한 생명·신체·재산상의 위해로부터 보호받을 권리를 가진다(법 제3조 제1호). 이 권리를 보장하기 위하여 국가와 사업자는 위해방지의무를 진다(법 제6조, 제16조).

② 알 권리

소비자는 물품 및 용역을 선택함에 있어서 필요한 지식 및 정보를 제공받을 권리를 가진다(법 제3조 제2호). 이 권리를 보장하기 위해 국가는 표시기준 제정의무를(법 제8조), 국가 및 지방자치단체는 소비자에 대한 정보제공의무를(법 제11조), 사업자는 적정표시의무를 지며(법 제16조 제2항), 소비자단체 및 한국소비자보호원에는 사업자 또는 사업자단체에 자료 및 정보의 제공을 요청할 수 있는 정보제공요청권을 부여하고 있다(법 제52조의6 제1항).

③ 선택할 권리

소비자는 물품 및 용역을 사용 또는 이용함에 있어서 거래의 상대방·구입장소·가격·거래조건 등을 자유로이 선택할 권리를 가진다(법 제3조 제3호). 이 권리를 보장하기 위해 국가는 거래의 적정화에 관한 의무를(법 제10조), 사업자는 부당거래행위의 금지의무를 진다(법 제16조 제4항).

④ 의견을 반영시킬 권리

소비자는 소비생활에 영향을 주는 국가 및 지방자치단체의 정책과 사업자의 사업활동 등에 대하여 의견을 반영시킬 권리를 가진다(법 제16조 제5

항). 이 권리를 보장하기 위해 소비자정책심의위원회에 소비자 대표가 참여하여 소비자의 의견을 소비자정책에 반영할 수 있도록 하고 있다(법 제22조 제2항).

⑤ 피해보상을 받을 권리

소비자는 물품 및 용역의 사용 또는 이용으로 인하여 입은 피해에 대하여 신속·공정한 절차에 의해 적절한 보상을 받을 권리를 가진다(법 제3조 제5호). 이 권리를 보장하기 위해 국가 및 지방자치단체는 소비자 피해구제를 위한 필요한 조치를 강구할 의무를 진다(법 제12조 제1항).

⑥ 교육을 받을 권리

소비자는 합리적인 소비생활을 영위하기 위하여 필요한 교육을 받을 권리를 가진다(법 제3조 제6호). 이 권리를 보장하기 위해 국가 및 지방자치단체에 소비자교육을 위하여 필요한 시책을 수립하고 이를 실시할 의무(법 제5조 제3호)와 소비자단체가 소비교육을 원활히 실시할 수 있도록 필요한 지원을 할 의무를 부과하고 있다(법 제18조 제1항, 제20조).

⑦ 단체를 조직·활동할 권리

소비자는 스스로의 권익을 옹호하기 위하여 단체를 조직하고 이를 통하여 활동할 수 있는 권리를 가진다(법 제3조 제7호). 이 권리를 보장하기 위해 소비자들이 소비자단체를 아무런 제한 없이 자유롭게 설립할 수 있도록 하고 있으며, 국가 및 지방자치단체로 하여금 등록 소비자단체에 보조금을 지급하는 등 소비자단체의 조직 및 활동권을 보장하도록 하고 있다

(법 제20조).

⑧ 쾌적한 환경에서 살 권리

소비자는 안전하고 쾌적한 소비생활환경에서 소비할 권리를 가진다(법 제3조 제8호). 이 권리를 보장하기 위해 국가 및 지방자치단체는 소비자가 물품 및 용역을 합리적으로 선택할 수 있도록 하기 위하여 물품 및 용역의 환경성 등에 관련된 사업자의 정보가 소비자에게 제공될 수 있도록 필요한 시책을 강구해야 하고(법 제11조 제2항), 사업자는 안전하고 쾌적한 소비생활환경을 조성하기 위하여 물품 및 용역을 제공함에 있어서 환경친화적인 기술의 개발과 자원의 재활용을 위하여 노력해야 한다(법 제15조 제4항).

2) 국가 및 지방자치단체의 의무

(1) 기본 의무

① 관계 법령 및 조례의 제정 및 개폐 의무

소비자 권리는 선언적 성격이 강하므로 실질적으로 소비자 권리를 보장하기 위해서는 구체적인 법령 등 제도적 장치가 필요하다. 따라서 국가 및 지방자치단체에 소비자의 기본적 권리를 실현시키기 위한 관계 법령 및 조례를 제정하고 개폐할 의무를 부과하고 있다(법 제5조 제1항).

② 행정조직의 정비 및 운영 개선 의무

소비자 권리를 실현하기 위해서는 행정의 역할이 중요하다. 따라서 국가 및 지방자치단체에 소비자 권리의 실현에 필요한 행정조직을 정비하고 운영을 개선하도록 의무를 부과하고 있다(법 제5조 제2항). 특히 지방자치단체에는 소비자의 불만 및 피해를 처리하기 위하여 전담기구를 설치하는 등 필요한 행정조직을 정비할 의무를 부과하고 있다(시행령 제9조).

국가는 지방자치단체에 설치된 소비자보호에 관련되는 행정조직의 운영 등에 관하여 대통령령이 정하는 바에 따라 필요한 지원을 할 수 있다(법 제5조의2). 이에 의하여 국가는 지방자치단체가 소비자보호업무를 원활하게 수행하기 위하여 법 제19조의 규정에 의하여 등록된 소비자단체의 장 또는 법 제26조의 규정에 의하여 설립된 한국소비자보호원의 원장에게 소속 직원의 파견을 요청하는 경우 파견에 소요되는 경비 등을 지원할 수 있다(영 제7조의2).

③ 소비자 보호시책의 수립 및 실시 의무

소비자의 지위를 강화하고 소비생활환경을 새로이 조성하는 것이 소비자정책의 목표라고 할 수 있다. 따라서 국가 및 지방자치단체에 소비자 권리가 실현되도록 필요한 시책을 수립하고 실시할 의무를 부과하고 있나(법 제5조 제3항).

이러한 국가의 의무를 이행하기 위해 각 중앙행정기관의 장은 매년 소관별로 소비자보호시책을 수립한다. 그리고 재정경제부장관은 각부의 소관별 소비자보호시책을 총괄하여 종합적인 소비자보호시책을 수립하고 이를 소비자정책심의위원회에서 확정하며, 이 종합시책에 따라 중앙행정기관의 장과 지방자치단체의 장은 각각의 소비자보호시책을 추진하게 된다(영 제3조).

또한 재정경제부장관은 각 중앙행정기관이 실시한 소관별 소비자보호
시책의 실적과 시·도지사가 실시한 지방소비자보호시책의 실적을 종합
하여 매년 소비자정책심의위원회에 부의한다(영 제6조).

④ 소비자의 조직활동 지원의무

국가 및 지방자치단체는 소비자의 건전하고 자주적인 조직활동을 지
원·육성해야 한다(법 제5조 제4호). 즉 국가 및 지방자치단체는 소비자단
체의 업무와 소비자협동조합이 행하는 사업 그리고 기타 소비자의 권익증
진을 위해 필요하다고 인정하는 소비자의 조직활동을 지원·육성해야 하
며, 예산의 범위 안에서 필요한 자금을 지원할 수 있다(영 제7조).

(2) 위해의 방지

① 안전기준의 제정

국가는 사업자가 제공하는 물품 또는 용역으로 인한 소비자의 생명·신
체 및 재산상의 위해를 방지하기 위하여 물품 및 용역의 성분·함량·구
조 등과 같은 중요한 내용, 물품 및 용역의 사용 또는 이용상의 지시사항
이나 경고 등 표시할 내용과 방법, 기타 위해를 방지하기 위하여 필요하다
고 인정되는 사항에 관하여 사업자가 지켜야 할 기준을 정해야 한다(법 제6
조 제1항). 그리고 중앙행정기관의 장은 이 기준을 정하거나 변경한 때에는
고시해야 하며, 사업자가 기준을 준수하는지 여부를 정기적으로 시험·검
사 또는 조사해야 한다(법 제6조 제2항 및 제3항).

② 위해정보 보고기관의 지정 · 운영

재정경제부장관은 각종 위해정보를 수집하기 위해 경찰서 · 소방서 · 보건소 등 위해정보의 수집이 가능한 행정기관, 등록 소비자단체, 종합병원 및 병원, 양호실을 운영하고 있는 학교 등을 위해정보 보고기관으로 지정 · 운영할 수 있다(법 제6조 제4항, 영 제8조 제1항).

위해정보 보고기관으로 지정된 기관은 재정경제부장관 및 당해 물품 또는 용역을 주관하는 중앙행정기관의 장에게 업무상 취득한 위해정보를 보고해야 한다(영 제8조 제2항). 또한 재정경제부장관은 예산의 범위 안에서 소요경비를 지원할 수 있으며, 위해정보의 수집 분석 · 위해정보 보고기관의 운영 등 효율적인 위해정보 관리를 위하여 한국소비자보호원 등에 필요한 업무를 위탁할 수 있다(영 제8조 제3항 및 제4항).

(3) 계량 및 규격의 적정화

국가 및 지방자치단체는 소비자가 사업자와의 거래에 있어서 계량으로 인하여 손해를 보는 일이 없도록 하기 위하여 물품 및 용역의 세량에 관하여 필요한 시책을 강구해야 하며, 물품의 품질 개선 및 소비생활의 합리화를 기하기 위하여 물품 및 용역의 규격을 정하고 이를 보급하기 위한 시책을 강구해야 한다(법 제7조).

(4) 표시의 기준

국가는 소비자가 물품의 사용이나 용역의 이용에 있어서 표시나 포장 등으로 인하여 선택을 잘못하는 일이 없도록 필요한 경우에는 그 주관하는 물품 또는 용역에 대하여 ① 상품명·용도·성분·재질·성능·규격·가격·용량·허가번호 및 용역의 내용, ② 물품을 제조·수입·가공하거나 용역을 제공한 사업자명(주소 및 전화번호를 포함한다) 및 물품의 원산지, ③ 사용방법·사용 및 보관상의 주의사항 및 경고사항, ④ 제조연월일, 품질보증기간 또는 식품이나 의약품 등 유통과정에서 변질되기 쉬운 물품은 그 유효기간, ⑤ 표시의 크기·위치·방법, ⑥ 물품 또는 용역에 대한 불만 및 소비자 피해가 있는 경우의 처리기구(주소 및 전화번호를 포함한다) 및 처리방법 등에 관한 표시기준을 제정·변경 고시해야 한다(법 제8조).

(5) 광고의 기준

국가는 물품 또는 용역의 잘못된 소비 또는 과다한 소비로 인한 소비자의 생명·신체 및 재산상의 위해를 방지하기 위해 ① 용도·성분·성능·규격·원산지 등의 광고에 있어서 허가 또는 공인된 내용만으로 광고를 제한할 필요가 있거나 광고함에 있어서 특정 내용을 반드시 소비자에게 알려야 할 필요가 있는 경우, ② 광고함에 있어서 소비자가 오인할 우려가 있는 특정용어 및 특정표현의 사용을 제한할 필요가 있는 경우, ③ 광고의 매체 및 시간대에 대하여 제한이 필요한 경우에는 광고 내용 및 방법에 관한 기준을 제정하거나 변경하여 고시해야 한다(법 제9조).

(6) 거래의 적정화

국가는 사업자의 불공정한 거래조건이나 방법으로 인하여 소비자가 부당한 피해를 입지 않도록 필요한 시책을 수립·실시해야 하며, 소비자의 합리적인 선택을 방해하고 소비자에게 손해를 끼칠 우려가 있다고 인정되는 사업자의 부당한 행위를 지정·고시할 수 있다(법 제10조 제1항 및 제2항). 또한 국가는 약관에 의한 거래 및 방문판매·다단계판매·할부판매·통신판매·전자거래 등 특수한 형태의 거래에 대하여는 소비자보호를 위하여 필요한 시책을 강구해야 한다(법 제10조 제3항).

국가 및 지방자치단체는 등록된 소비자단체 및 한국소비자보호원에 대하여 특수한 형태의 거래의 적정화를 위하여 필요한 조사·연구 등을 의뢰할 수 있다(법 제10조 제4항).

(7) 소비자에 대한 정보제공

국가 및 지방자치단체는 소비자의 기본적인 권리가 실현될 수 있도록 소비자보호와 관련된 주요 시책 및 주요 결정사항을 소비자에게 제공해야 하며, 소비자가 물품 및 용역을 합리적으로 선택할 수 있노록 하기 위하여 물품 및 용역의 거래조건·거래방법·품질·안전성 및 환경성 등에 관련되는 사업자의 정보가 소비자에게 제공될 수 있도록 필요한 시책을 강구해야 한다(법 제11조).

(8) 소비자 피해구제

국가 및 지방자치단체는 소비자의 불만 및 피해를 신속·공정하게 처리할 수 있도록 필요한 조치를 강구해야 한다(법 제12조 제1항). 이를 위해 국가는 한국소비자보호원에 소비자분쟁조정위원회를 설치·운영하고 있으며(법 제34조), 각 지방자치단체마다 소비자피해구제기구를 설치·운영하도록 하고 있다.

그리고 국가는 소비자와 사업자간의 분쟁을 원활하게 해결하기 위해 일반적 소비자피해보상기준에 따른 품목별 소비자피해보상기준을 제정할 수 있다(법 제12조 제2항 ; 소비자피해보상규정에 대해서는 87쪽 참조).

(9) 시험·검사 시설의 설치

국가 및 지방자치단체는 물품 및 용역의 규격·품질·안전성 등에 관하여 시험·검사 또는 조사를 실시할 수 있는 기구와 시설을 갖추어야 한다. 그리고 국가 및 지방자치단체 또는 소비자나 소비자단체는 필요하다고 인정될 때 또는 소비자의 요청이 있는 때에는 국가나 지방자치단체에 의하여 설치된 검사기관이나 한국소비자보호원에 시험·검사 또는 조사를 의뢰하여 시험 등을 실시할 수 있다. 시험·검사 또는 조사를 실시한 경우에는 그 결과를 공표하고 소비자보호를 위하여 필요한 조치를 해야 한다. 또한 국가 및 지방자치단체는 소비자단체가 물품 및 용역의 규격·품질·안전성 등에 관하여 시험·검사를 실시할 수 있는 시설을 갖출 수 있도록 지원할 수 있다(법 제13조).

국가 및 지방자치단체는 의뢰에 의하여 시험 등을 실시한 경우에는 그 결과를 공표하고 소비자보호를 위하여 필요한 조치를 해야 한다.

3) 사업자의 의무

(1) 소비자보호 협력의무

사업자는 물품 또는 용역을 공급함에 있어서 소비자의 합리적인 선택이나 이익을 침해할 우려가 있는 거래조건이나 방법을 사용해서는 안 되며 또한 자기가 공급하는 물품 또는 용역에 대하여 소비자보호를 위하여 필요한 조치를 강구해야 함은 물론이고, 국가 및 지방자치단체의 소비자보호시책과 소비자단체 또는 한국소비자보호원의 소비자보호업무의 추진에 필요한 자료 및 정보제공 요청에 적극 협력해야 한다(법 제15조). 그리고 사업자는 안전하고 쾌적한 소비생활환경을 조성하기 위하여 물품 및 용역을 제공함에 있어서 환경친화적인 기술 개발과 자원의 재활용을 위하여 노력해야 한다.

(2) 각종 기준 준수의무

사업자는 소비자의 권리를 보장하기 위해 국가가 지정·고시한 안전기준·표시기준·광고기준을 위반하거나 부당거래행위로 지정·고시된 행위를 해서는 안 된다(법 제16조). 그리고 사업자가 이 기준을 위반한 경우 재정경제부장관은 주무부장관에게 시정에 필요한 적절한 조치를 요청할 수 있으며(법 제16조의2), 주무부장관은 안전기준·표시기준,·광고기준을 위반한 사업자에게 법 위반사실의 공표를 명할 수 있다(법 제17조의5).

국가 및 지방자치단체는 위해의 방지기준, 표시기준, 광고기준 등을 위반하는지 여부를 판단하기 위하여 필요한 경우에는 등록 소비자단체에 조사를 의뢰하거나 한국소비자보호원에 조사·심의를 의뢰할 수 있다.

(3) 리콜 관련 의무

리콜제도는 유통된 제품 가운데서 불안전한 결함으로 인하여 소비자의 생명·신체를 침해할 위해·위험 요인이 발견된 경우, 그 제품의 제조업자 또는 판매업자가 자발적으로 또는 강제적으로 위해성을 소비자에게 알리고 제품 전체를 대상으로 교환, 수리, 환불 등의 적절한 시정조치를 취함으로써 소비자의 피해를 제거하는 소비자보호제도이다.

소비자보호법은 자동차관리법, 식품위생법, 품질경영 및 공산품안전관리법 등 개별법에 적용을 받지 않는 모든 소비재 및 용역을 대상으로 한 리콜제도를 운용하고 있으며, 세부적인 리콜절차는 「위해물품 및 용역의 결함시정절차 등에 관한 규정(재정경제부 고시 2001-10호)」에 규정되어 있다.

① 결함사실의 보고의무

사업자는 그가 소비자에게 제공하는 물품 및 용역에 소비자의 생명·신체 및 재산상의 안전에 위해를 끼치거나 끼칠 우려가 있는 제조·설계 또는 표시 등의 중대한 결함이 있는 사실을 알게 된 때에는 그 날로부터 5일 이내에 서면으로 그 결함의 내용을 소관 중앙행정기관의 장에게 보고해야 한다(법 제17조 제1항, 영 14조의2 제1항). 다만, 물품 또는 용역의 결함으로 인하여 소비자의 생명·신체 및 재산상의 안전에 긴급한 위해를 끼치거나 끼칠 우려가 있다고 판단되는 경우에는 지체 없이 구두로 당해 결함 사실을 보고해야 한다(영 제14조의2 단서).

결함의 내용을 보고해야 하는 사업자의 범위는 물품을 제조(가공 및 포장을 포함한다)·수입하거나 용역을 제공하는 자, 물품에 성명·상호 그 밖에 식별 가능한 기호 등을 부착으로써 자신을 제조자로 표시한 자, 유통산업발전법 시행령 제4조의 규정에 의한 대규모 점포의 업태 중 대형점·백화점·쇼핑센터·도매센터 및 기타 대규모 점포를 설치하여 운영하는 자 등이다(영 제14조 제1항).

사업자가 보고해야 하는 중대한 결함의 범위는 물품의 제조·설계·표시·유통 또는 용역의 제공에 있어서 통상적으로 기대할 수 있는 안전성을 결여한 결함으로서 사망, 골절·질식·화상·감전 등 심각한 신체적 부상 또는 질병, 2인 이상의 식중독 등의 위해를 끼치거나 끼칠 우려가 있는 결함과 물품 또는 용역이 관계 법령이 정하는 안전기준을 위반한 결함이다(영 제14조 제2항).

② 자발적 리콜

사업자는 소비자에게 제공한 물품 및 용역의 결함으로 인하여 소비자의 생명·신체 및 재산상의 안전에 위해를 끼치거나 끼칠 우려가 있는 경우에는 그 사업자가 자진해서 당해 물품의 수거·파기 또는 수리·교환·환급, 당해 용역의 제공금지, 그 밖에 필요한 조치를 취하여야 한다(법 제17조의2). 이때 사업자는 시정계획서를 소관 중앙행정기관의 장에게 제출해야 하며, 수거·파기 등의 조치를 완료한 때에는 그 결과를 중앙행정기관의 장에게 보고해야 한다(영 제14조의3).

③ 리콜권고

중앙행정기관의 장은 사업자가 제공한 물품 및 용역의 결함으로 인하여 소비자의 생명·신체 및 재산상의 안전에 위해를 끼치거나 끼칠 우려가 있다고 인정되는 경우에는 당해 사업자에 대하여 서면으로 당해 물품의 수거·파기 또는 수리·교환·환급, 당해 용역의 제공금지, 그 밖에 필요한 조치를 권고할 수 있다(법 제17조의3 제1항, 영 제14조의4 제1항). 이러한 권고의 통지를 받은 사업자는 당해 권고의 수락 여부를 7일 이내에 소관 중앙행정기관의 장에게 서면으로 통지해야 하며(법 제17조의3 제2항, 영 제14조의4 제2항), 사업자가 수거·파기 등의 권고를 수락하는 경우에는 물품 및 용역의 자진수거 등의 조치(자발적 리콜)해야 한다(법 제17조의3 제3항).

그러나 중앙행정기관의 장은 위의 권고를 받은 사업자가 정당한 사유 없이 그 권고를 따르지 아니하는 때에는 당해 사실을 신문·방송 등을 통하여 공표할 수 있다(법 제17조의3 제4항, 영 제14조의4 제3항).

④ 리콜명령 및 긴급리콜명령

중앙행정기관의 장은 사업자가 제공한 물품 및 용역의 결함으로 소비자의 생명·신체 및 재산상의 안전에 위해를 끼치거나 끼칠 우려가 있다고 인정되는 경우에는 청문을 거쳐(법 제52조의2) 당해 사업자에 대하여 당해 물품의 수거·파기 또는 수리·교환·환급, 당해 용역의 제공금지, 당해 물품 및 용역과 관련된 시설의 개수 기타 필요한 조치를 명할 수 있다(법 제17조의4 제1항). 이때에는 그 사유와 의무사항 및 이행에 필요한 상당한 기간을 정하여 문서로 사업자에게 통지해야 한다(영 제15조 제1항). 그러나 소비자의 생명·신체 및 재산상의 안전에 긴급하고 현저한 위해를 끼치거나 끼칠 우려가 있다고 인정되는 경우로서, 그 위해의 발생 또는 확산을 방지하기 위하여 불가피하다고 인정되는 때에는 위의 절차를 생략하고 바로 당해 물품의 수거·파기 및 용역의 제공금지 등 필요한 조치를 취할 수 있다(법 제17조의4 제2항).

사업자가 위의 명령을 따르지 아니하는 경우에는 중앙행정기관의 장은 직접 당해 물품의 수거·파기 및 용역의 제공금지 등 필요한 조치를 취할 수 있다(법 제17조의4 제2항).

4) 소비자단체

소비자단체란 소비자의 권익을 옹호 내지 증진하기 위하여 소비자가 조직한 단체를 말한다.

(1) 소비자단체의 업무

소비자는 스스로의 권익을 옹호하기 위해 단체를 조직하고 이를 통해 조직적인 활동을 전개할 수 있다. 이러한 소비자단체는 국가 및 지방자치단체에 대한 소비자보호시책에 관한 건의, 물품 및 용역의 규격·품질·안전성·환경성에 대한 시험 또는 용역에 대한 시험·검사 및 가격 등을 포함한 거래조건이나 거래방법에 대한 조사·분석, 소비자 문제에 관한 조사·연구, 소비자의 교육, 소비자 피해 및 불만처리를 위한 상담·정보 제공 및 당사자간 합의의 권고 등과 같은 업무를 행한다(법 제18조 제1항).

① 물품 및 용역에 대한 시험·검사 및 조사·분석

소비자단체는 물품 및 용역의 규격·품질·안전성에 대한 시험 또는 용역에 대한 시험·검사 및 가격 등을 포함한 거래조건이나 거래방법에 대한 조사·분석 등의 결과를 공표할 수 있다. 다만, 공표되는 사항 중 물품의 품질·성능 및 성분 등에 관한 시험·검사로서 전문적인 설비를 필요로 하는 시험 · 검사인 경우에는 국 · 공립검사기관, 한국소비자보호원, 산업자원부장관이 시험 · 검사를 할 능력이 있다고 인정한 시험 · 검사기관의 시험 · 검사를 거친 후 공표해야 한다(법 제18조 제2항, 영 제16조 제1항 및 제2항). 그러나 소비자단체가 지정된 시험 · 검사기관에서 행한 시험 · 검사결과를 공표할 경우에는 공표예정일 10일 전에 당해 사업자의 의견을 들어야 한다(영 제16조 제3항).

② 분쟁조정의 신청

소비자단체는 소비자 불만 및 피해를 처리함에 있어서 소비자와 사업자 간에 합의가 이루어지지 않을 때에는 소비자를 대리하여 소비자분쟁조정위원회에 분쟁조정을 신청할 수 있다(법 제18조 제3항).

(2) 자료 및 정보 제공요청

재정경제부 또는 지방자치단체에 등록된 소비자단체는 사업자 및 사업자단체에 대하여 그 업무를 추진함에 있어서 필요한 자료와 정보의 제공을 요청할 수 있고, 당해 사업자 또는 사업자단체는 정당한 사유가 없는 한 이에 응해야 한다(법 제52조의6 제1항).

사업자 또는 사업자단체가 정당한 사유 없이 이를 거부 · 방해 · 기피하거나 허위로 제출한 경우 소비자단체는 당해 사업자 또는 사업자단체의 이름(상호, 기타의 명칭을 포함한다), 거부 등의 사실과 사유를 「정기간행물의등록등에관한법률」에 의한 일반 일간신문에 게재할 수 있다(법 제18조 제4항).

소비자단체가 자료 및 정보의 제공을 요청할 때에는 그 자료 및 정보의 사용목적 · 사용절차 등을 미리 사업자 또는 사업자단체에 알려야 하며, 한국소비자보호원에 설치된 소비자정보요청협의회의 협의 · 조정을 거쳐야 하고, 이때 해당 사업자 또는 사업자단체에 대하여 의견진술의 기회를 주어야 한다(법 제52조의6 제2항 및 제3항, 영 제44조 제2항 및 제4항).

그리고 소비자단체가 요청할 수 있는 자료 및 정보는 ① 시험 · 검사 및 조사에 필요한 자료 및 정보, ② 시험 · 검사 기관이 중대한 하자 또는 결함이 있다고 판정한 물품 또는 용역에 대한 처리계획과 실적에 해당하는 자료 및 정보로서 사업자의 영업비밀에 해당하지 않는 것이어야 한다(영 제44조 제3항).

한편 소비자단체는 업무상 알게 된 정보를 소비자보호 목적 이외의 용도로 사용할 수 없다(법 제18조 제5항). 특히 소비자단체는 사업자 또는 사업자단체로부터 제공받은 자료 및 정보를 미리 사업자 또는 사업자단체에 알린 사용목적 · 사용절차 외의 용도로 사용해서는 안 된다(법 제52조의6 제5항).

소비자단체가 제공받은 자료 및 정보를 소비자보호 목적 외의 용도로 사용함으로써 사업자 또는 사업자단체에 손해를 끼친 때에는 그 손해에 관하여 배상할 책임이 있다(법 제18조 제6항).

(3) 자율적 분쟁조정

재정경제부에 등록한 소비자단체협의체는 다른 법률의 규정에 의하여 설치된 전문성이 요구되는 분쟁조정기구에서 관장하는 사항을 제외하고

는 소비자 피해 및 불만처리를 위해 자율적 분쟁조정을 할 수 있다(법 제19
조의2 제1항). 자율적 분쟁조정은 당사자가 이를 수락한 경우 민법상 화해
의 효력을 갖는다(법 제19조의2 제1항).

(4) 소비자단체의 등록 및 보조금의 지급

소비자보호법에 근거하여 소비자단체로 등록할 수 있는 단체는 ① 물
품·용역에 대한 시험·검사 및 조사·분석, ② 소비자 피해 및 불만처리
를 위한 상담, 정보제공 및 당사자간 합의의 권고업무를 하는 단체여야 한
다(법 제19조 제1항).

소비자단체 등록업무는 재정경제부와 지방자치단체가 맡고 있는데, 전
국적 규모의 소비자단체협의체와 3개 이상의 특별시, 광역시 또는 도에 지
부를 설치하고 있는 소비자단체는 재정경제부에, 그 밖의 소비자단체는 주
사무소가 위치한 시·도에 등록할 수 있다(법 제19조 제1항, 영 제17조 제3항).

그런데 등록된 소비자단체는 등록신청시 제출한 사항의 변경이 있는 경
우에는 그 변경이 있는 날로부터 20일 이내에 재정경제부장관 또는 시·도
지사에게 통보해야 하며(영 제17조 제4항), 등록을 하고자 하는 소비자단체는
그 활동을 하기에 적합한 설비와 인력을 갖추어야 한다(법 제19조 제2항).

국가 또는 지방자치단체는 등록된 소비자단체의 건전한 육성·발전을
위해 필요한 경우에는 보조금을 지급할 수 있다(법 제20조).

2. 종합적인 소비자보호시책추진기관

1) 소비자정책심의위원회

(1) 성격 및 구성

소비자정책심의위원회는 소비자보호 및 국민생활 향상에 관한 최고 심의의결기구로 비상설기구이다.

소비자정책심의위원회는 위원장 1인을 포함한 25인 이내의 위원으로 구성되는데, 위원장은 재정경제부장관이 되고, 위원은 당연직 위원과 위촉위원으로 구성된다.

당연직 위원은 관계 부처의 장 및 한국소비자보호원장이 되며, 위촉위원은 소비자문제에 대하여 전문지식이 있는 자, 소비자대표 및 경제계대표 중에서 재정경제부장관이 위촉하는 자이다. 위촉위원의 임기는 3년이다(법 제22조, 영 제20조).

한편 시·도지사는 지방자치단체의 소비자보호시책의 수립 및 시행에 관한 필요사항의 심의를 위해 지방소비자정책심의위원회를 설치할 수 있다(영 제26조).

(2) 운 영

소비자정책심의위원회는 업무를 효율적으로 수행하기 위해 실무위원회 또는 전문위원회를 둘 수 있다(법 제23조 제3항).

실무위원회는 심의위원회에 상정될 안건에 대한 실무적인 검토 및 조정을 한다. 실무위원회는 심의위원회의 당연직 위원인 관계부처의 장이 그 소속 공무원 중에서 임명하는 자와 소비자보호 업무에 관한 학식과 경험이 있는 자로서 심의위원회 위원장이 지명하는 자로 구성하며, 실무위원회의 위원장은 재정경제부장관이 그 소속 공무원 중에서 임명한다(영 제23조).

전문위원회는 심의위원회에 상정될 안건 중 전문성이 요구되는 사안에 대한 연구 검토를 한다.

전문위원회는 분야별로 20인 이내의 전문위원으로 구성한다.

전문위원은 당해 분야에 관한 학식과 경험이 풍부한 자 중에서 심의위원회 위원장이 위촉한다(영 제24조).

(3) 기 능

소비자정책심의위원회는 ① 국가 및 지방자치단체의 4가지 의무사항(법 제5조), ② 국가 등의 의무로 규정되어 있는 각종 기준의 제정·변경, ③ 사업자의 부당행위 지정 고시, ④ 소비자관련 분쟁조정기구의 설치 운영에 관한 사항, ⑤ 기타 재정경제부장관이 부의한 소비자보호관련 기본정책 중에서 대통령이 정하는 사항에 대하여 심의한다(법 제23조 제1항).

대통령령은 소비자보호종합시책의 수립과 위의 ② 내지 ⑤에 관한 사항에 대하여 심의위원회의 심의를 거치도록 하고 있다(시행령 제19조).

2) 한국소비자보호원

(1) 업 무

소비자보호원은 소비자보호시책을 효과적으로 추진하기 위해 설립된 소비자보호기관이다(법 제26조 제1항).

소비자보호원은 다음과 같은 업무를 담당하고 있다(법 제28조).

① 소비자의 불만처리 및 피해구제
② 소비자보호를 위하여 필요한 경우 물품 및 용역의 규격·품질·안전성·환경성 등에 관한 시험·검사 또는 조사 및 가격 등을 포함한 거래조건이나 거래방법에 대한 조사·분석의 실시
③ 소비자보호와 관련된 제도와 정책의 연구 및 건의
④ 소비생활의 합리화 및 안전을 위한 각종 정보의 수집과 제공
⑤ 소비자보호와 관련된 교육 및 홍보
⑥ 국민생활의 향상을 위한 종합적인 조사·연구
⑦ 국가 또는 지방자치단체가 소비자보호를 위하여 관계 법령의 규정에 의하여 의뢰한 조사·심의 등의 업무
⑧ 기타 소비자보호 관련업무

(2) 업무결과의 공표

소비자보호원은 소비자 권익의 보호 및 증진을 위해 그 업무의 결과를 공표해야 한다. 다만, 사업자 또는 사업자단체의 사업상의 비밀을 보호할 필요가 있다고 인정되거나 공익상 필요 있다고 인정할 때에는 업무결과를 공표해서는 안 된다(법 제28조 제3항).

(3) 시험 · 검사의 의뢰

소비자보호원장은 소비자의 불만처리 및 피해구제업무와 소비자보호를 위해 물품 및 용역의 시험 · 검사 또는 조사를 함에 있어서 필요하다고 인정될 때에는 국립 또는 공립시험검사기관에 관계 물품에 대한 시험 · 검사를 의뢰할 수 있다(법 제29조). 이 경우에 시험 · 검사를 의뢰 받은 검사기관은 특별한 사유가 있는 경우를 제외하고는 의뢰 받은 날부터 15일 이내에 그 시험 검사결과를 소비자보호원에 통보해야 한다. 만약 15일 이내에 통보할 수 없는 부득이한 사유가 있는 때에는 그 사유와 통보기한을 정하여 소비자보호원에 통지해야 한다.

시험 · 검사에 소요되는 비용은 소비자보호원이 부담한다(영 제29조).

(4) 피해구제

① 피해구제의 청구와 합의권고

소비자는 물품의 사용 및 용역의 이용으로 인한 피해의 구제를 소비자보호원에 청구할 수 있으며, 국가 · 지방자치단체 · 소비자단체 또는 사업자가 소비자로부터 피해구제청구를 받은 때에는 소비자보호원에 그 처리를 의뢰할 수 있다(법 제39조 제1항).

소비자보호원에 피해구제를 청구하고자 하는 사람으로 서면으로 해야 한다. 다만, 긴급을 요하거나 부득이한 경우에는 구두나 전화 등으로 할 수 있다(영 제36조).

피해구제의 청구를 받은 경우 소비자보호원장은 그 내용이 소비자보호원에서 처리하는 것이 부적합하다고 판단되는 때에는 청구인에게 그 사유를 통보하고 그 사건의 처리를 중지할 수 있다(법 제39조 제3항). 그러나 그 밖의 경우에는 피해에 관한 사실확인과 법령위반 사실 등을 확인한 후 피해구제청구의 당사자에 대하여 피해보상에 대한 합의를 권고할 수 있다(법 제42조). 이 경우 소비자보호원장은 피해구제청구를 받은 날로부터 30일 이내에 합의권고에 의한 합의 여부가 결정될 수 있도록 해야 한다(법 제43조).

한편 소비자보호원장은 피해구제청구사건을 처리함에 있어서 관계인의 법령위반 사실이 확인된 때에는 관계 기관에 이를 통보하고 적절한 조치를 의뢰하도록 하는 의무를 부과하고 있다(법 제41조).

② 분쟁조정의 신청

피해구제의 청구를 받은 날로부터 30일 이내에 소비자보호원장의 합의권고에 따른 합의가 이루어지지 아니할 때에는 지체 없이 소비자보호원장은 소비자분쟁조정위원회에 조정을 요청하고 그 결정에 따라 처리해야 한다.

또한 소비자와 사업자간의 분쟁에 대해 소비자단체나 소비자보호원장의 합의권고에 따른 합의가 이루어지지 않는 경우 관계 당사자도 분쟁조정위원회에 조정을 신청할 수 있다(법 제43조).

③ 피해구제처리의 중지

소비자보호원이 피해구제의 처리절차 중에 일방 당사자가 관할 법원에 소송을 제기한 경우 그 당사자는 소비자보호원에 피해구제처리의 중지를 요청할 수 있다. 이 경우 소비자보호원은 지체 없이 피해구제절차를 중지해야 하며 당사자에게 이를 통보해야 한다(법 제46조).

④ 피해구제처리 제외대상업무

소비자보호원은 다음에 해당하는 경우에는 피해구제처리 업무를 수행하지 않는다.

● 국가 또는 지방자치단체의 물품 또는 용역의 제공으로 인하여 발생한 피해구제(법 제28조 제2항 제1호)

● 다른 법률의 규정에 의하여 소비자분쟁조정위원회에 준하는 분쟁조정기구가 설치되어 있는 경우, 당해 분쟁조정기구에 피해구제가 청구되어 있거나 이미 그 피해구제 절차를 거친 사항과 동일한 내용의 피해구제(영 제28조 제1호)

● 소비자가 소비자보호원에 피해구제를 청구한 후 이와 동일한 내용으로 소비자분쟁조정위원회에 준하는 다른 분쟁조정기구에 피해구제를 청구한 경우의 당해 피해구제(영 제28조 제2호)

(5) 소비자분쟁조정위원회의 분쟁조정

소비자 분쟁을 조정하기 위해 소비자보호원에 소비자분쟁조정위원회를 둔다(법 제34조). 소비자분쟁조정위원회는 소비자보호원장으로부터 조정신청을 받은 때에는 원칙적으로 30일 이내에 분쟁조정을 해야 한다. 그러나 부득이한 사정으로 그 기간 안에 완료할 수 없을 때에는 기간을 연장할 수 있다(법 제44조).

분쟁조정이 이루어진 경우에는 소비자분쟁조정위원장은 지체 없이 그 결과를 당사자에게 통보해야 하며, 당사자가 이러한 통보를 받은 날로부

터 15일 이내에 조정을 수락한 경우에 소비자분쟁조정위원회는 조정서를
작성하고 당사자가 기명·날인해야 한다. 이와 같이 당사자가 기명·날인
한 조정서는 재판상의 화해와 같은 효력을 가진다(법 제45조).

당사자가 통보를 받은 날로부터 15일 이내에 분쟁조정에 대한 수락거부
의 의사표시를 하지 않은 때에는 분쟁조정을 수락한 것으로 본다(법 제45조
제3항). 그러나 당사자가 분쟁조정을 수락하지 않은 경우에는 그 조정은
아무런 구속력을 갖지 않게 된다.

3. 조사 등의 절차

1) 조 사

중앙행정기관의 장은 소비자보호법의 시행을 위하여 필요한 때에는 소
속 공무원으로 하여금 사업자의 물품·시설 및 물품제조공정, 기타 물건
의 심사 또는 당해 사업자에게 그 업무에 관한 보고를 하게 하거나 관계
물품·서류 등을 제출하게 할 수 있으며(법 제52조), 소관 소비자보호시책
을 추진하기 위하여 필요한 경우에는 한국소비자보호원장에게 소비자 피
해에 관한 정보 및 각종 실태조사의 결과 등 소비자보호와 관련된 정보의
제공을 요청할 수 있다(법 제52조 제4항).

2) 정보요청협의회

소비자단체 및 한국소비자보호원은 그 업무를 추진함에 있어서 필요한 자료 및 정보의 제공을 사업자 또는 사업자단체에 요청할 수 있는데, 이 경우 사업자 또는 사업자단체는 정당한 사유가 없는 한 이에 응해야 한다(법 제52조의6 제1항).

소비자단체가 사업자 또는 사업자단체에 요청할 수 있는 자료 및 정보의 제공 요청과 관련하여 일정한 사항을 사전에 협의·조정하도록 하기 위해 소비자보호원에 소비자정보요청협의회를 두고 있다(법 제52조의7 제1항).

이 협의회는 ① 소비자단체가 요청하는 자료 및 정보의 범위·사용목적·사용절차에 관한 사항, ② 소비자단체가 요청하는 자료 및 정보의 제공 여부, ③ 사업자 또는 사업자단체가 요청 받은 자료 및 정보를 제공해야 할 시한 등에 관한 사항을 협의·조정하게 된다(법 제52조의7 제1항, 시행령 제45조).

4. 제 재

소비자보호법은 소비자보호의 실효성을 위하여 형사처벌과 과태료를 규정하고 있다.

법 제17조의4 제1항 또는 제17조의5 규정에 의한 명령에 위반한 자와 법 제52조의6 제5항의 규정에 위반한 자는 3년 이하의 징역 또는 5,000만 원 이하의 벌금에 처한다(법 제53조 제1항). 이 경우 징역형과 벌금형은 이를 병과할 수 있다(법 제53조 제2항). 이와 관련하여 양벌규정이 있다. 즉 법인의 대표자 또는 법인이나 개인의 대리인, 사용인, 기타 종업원이 그 법인 또는 개인의 업무에 관하여 법 제53조 제1항의 위반행위를 한 때에는 행위자를 벌하는 외에 그 법인 또는 개인에 대하여도 동 조의 벌금형을 부과한다(법 제54조).

그리고 다음에 해당하는 자는 3,000만원 이하의 과태료에 처한다(법 제53조의2).

① 법 제16조 제1항 내지 제4항의 규정에 위반한 자
② 법 제17조 제1항의 규정에 위반한 자
③ 법 제30조의 규정에 위반한 자
④ 법 제52조 제1항의 규정에 의한 검사를 거부·방해 또는 기피한 자 및 관계 물품 또는 서류 등을 제출하지 않거나 허위로 제출한 자

5. 소비자피해보상규정

소비자보호법은 국가는 소비자와 사업자간의 분쟁의 원활한 해결을 위하여 소비자피해보상기준을 정할 수 있다고 규정하고 있다(법 제12조). 이에 따라 정부는 관련 법규를 일일이 적용하는 데에 따른 불편과 비능률을 제거하고 신속한 소비자 피해구제를 위해 소비자단체와 사업자 등 이해

당사자의 의견을 수렴하여 1985년 12월 31일 40개 업종 149개 품목에 대한 업종별 피해유형별로 세분화한 「품목별소비자피해보상규정」을 제정 · 고시하였다.

소비자피해보상규정은 1985년 12월 31일 당시 경제기획원에 의해 제정된 이후 2003년 8월 1일 제10차 개정에 이르렀다.

1) 소비자피해보상규정의 본질

소비자피해보상규정의 법적 근거는 소비자보호법이다.

소비자보호법에 의하면, 국가 및 지방자치단체는 소비자의 불만 및 피해를 신속 · 공정하게 처리할 수 있도록 필요한 조치를 강구해야 하고, 국가로 하여금 소비자와 사업자간의 분쟁의 원활한 해결을 위하여 대통령령이 정하는 일반적 소비자피해보상기준에 따라 품목별로 소비자피해보상기준을 제정할 수 있게 했다(법 제12조 제1항 및 제2항).

이때 품목별 소비자피해보상기준은 분쟁 당사자간에 보상방법에 대한 별도의 의사표시가 없는 한 소비자피해보상의 기준이 된다(법 제12조 제3항).

소비자보호법 시행령에 의하면 일반적 소비자피해보상기준은 별표에 규정하고 있다(영 제10조). 그리고 재정경제부장관은 품목별 소비자피해보상기준을 제정 · 고시해야 한다(영 제11조 제1항). 또한 이를 제정하는 경우 재정경제부장관은 품목별로 당해 물품 또는 용역을 주관하는 중앙행정기관의 장과 협의해야 하며 소비자대표 · 사업자대표 및 대학교수 등 관계 전문가의 의견을 들어야 한다(영 제11조 제2항).

그리고 품목별 보상기준의 적용에 대해 구체적으로 규정하고 있다(영 제12조). 즉 품목별 보상기준은 분쟁 당사자간에 별도의 의사표시가 없고 피해 소비자가 품목별 보상기준에 따른 피해보상만을 청구하는 경우에 한하여 피해보상의 기준이 되고 다른 법령에 근거한 별도의 보상기준이 품목별 보상기준보다 소비자에게 유리한 경우에는 당해 보상기준을 품목별 보상기준에 우선하여 적용한다.

품목별 보상기준에서 해당 품목에 대한 보상기준을 정하고 있지 않은 경우에는 동 기준에서 정한 유사제품에 대한 보상기준을 준용할 수 있고, 품목별 보상기준에서 동일한 피해에 대한 보상방법을 두 가지 이상 정하고 있는 경우에는 소비자가 선택하는 보상방법에 의한다.

소비자피해보상규정은 행정기관이 결정한 사항 등을 일반 국민에게 널리 일리기 위하여 공고하는 고시(告示)로서 원칙적으로는 사업자에 대한 법적 강제력은 없다. 따라서 다른 법령에 근거한 별도의 보상기준이 있는 경우에는 당해 보상기준을 소비자피해보상규정보다 우선하여 적용한다(영 제12조 제2항). 그러나 소비자피해보상규정을 관장하는 경제기획원 장관은 품목별로 소관 중앙행정기관의 장과 소비자단체, 사업자단체 및 대학교수 등 관계 전문가의 의견을 들어 기준을 정하고 있다는 점에서 실질적인 지침이 된다고 본다. 따라서 대부분의 사업자는 품질표시나 품질보증서에 "본 제품은 재정경제부가 고시한 소비자피해보상규정에 따라 보상을 받을 수 있습니다."라고 표시하여 계약내용으로서의 구속력이 있게 된다.

소비자피해보상규정은 우선 사업자가 준수해야 하지만, 소비자와 사업자간에 보상합의가 이루어지지 않아 다른 피해구제기관에서 처리하는 경우에도 중요한 규범이 된다.

그리고 소비자피해보상규정 자체는 재판규범이 되지 못해 법원을 기속할 수 없지만, 소비자 피해가 소 제기된 경우 판사의 판단에 중요한 참고자료가 될 수 있다.

2) 소비자피해보상규정의 내용

국가는 일반적 소비자피해보상기준과 품목별 소비자피해보상기준인 소비자피해보상규정을 제정하여 시행하고 있다.

(1) 일반적 소비자피해보상기준

국가는 소비자와 사업자간의 분쟁의 원활한 해결을 위하여 다음과 같이 일반적 소비자피해보상기준을 제정하여 시행하고 있다(법 제12조 제2항, 영 제10조 및 별표 1).

① 수리·교환·환급·배상 및 계약 해제·해지·이행의 일반적 기준

사업자는 물품·용역의 하자·채무불이행 등으로 인한 소비자 피해에 대하여 다음 기준에 따라 수리·교환·환급·배상을 하거나 계약의 해제·해지 및 이행 등을 해야 한다.

● 수리

수리는 지체 없이 하되 불가피하게 지체사유가 있을 때는 이를 소비자에게 통보해야 한다. 소비자가 수리를 의뢰한 날부터 1개월이 경과한 후에도 사업자가 수리된 물품을 소비자에게 인도하지 못할 경우 품질보증기간 이내일 때는 동종 물품으로 교환하되 동종 물품으로 교환이 불가능한 때에는 환급하고, 품질보증기간이 경과한 때에는 구입가를 기준으로 정액 감가상각한 금액에 10/100을 가산하여 환급한다.

물품을 유상으로 수리한 경우 그 유상으로 수리한 날부터 2개월 이내에 소비자가 정상적으로 물품을 사용하는 과정에서 그 수리한 부분이나 기능에 종전과 동일한 고장이 재발한 때에는 무상으로 수리하되, 수리가 불가능한 때에는 종전에 받은 수리비를 환급해야 한다.

● 교환

교환은 동일 제품으로 하되, 동일 제품으로의 교환이 불가능한 때에는 동종의 유사제품으로 교환한다. 다만, 동일 제품으로의 교환이 불가능하고 소비자가 동종의 유사제품으로의 교환을 원하지 않는 경우에는 환급한다.

할인판매된 물품을 교환하는 경우에는 그 정상가격과 할인가격의 차액 발생과 관계없이 교환은 동일 제품으로 하되, 동일 제품으로의 교환이 불가능한 때에는 동종의 유사제품으로 교환한다. 다만, 동일 제품으로의 교환이 불가능하고 소비자가 동종의 유사제품으로의 교환을 원하지 않는 경우에는 환급한다.

● 환급

환급금액은 거래시에 교부된 영수증 등에 기재된 물품 및 용역의 가격을 기준으로 한다. 다만, 영수증 등에 기재된 가격에 대하여 다툼이 있는 경우에는 영수증 등에 기재된 금액과 다른 금액을 기준으로 하고자 하는 자가 그 다른 금액이 실제 거래가격임을 입증해야 하며, 영수증이 없는 등의 사유로 실제 거래가격을 입증할 수 없는 경우에는 당해 지역에서 거래되는 통상적인 가격을 기준으로 한다.

● 비용

품질보증기간 동안의 수리·교환·환급에 소요되는 비용은 사업자가 부담한다. 다만, 소비자의 취급 잘못이나 천재 지변으로 인하여 고장 또는 손상이 발생한 경우와 제조자 및 제조자가 지정한 수리점이 아닌 곳에서 수리하여 제품이 변경 또는 손상된 경우에는 그러하지 아니하다.

② 경품의 일반적 기준

사업자가 물품이나 용역의 거래에 부수하여 소비자에게 제공하는 경제적 이익인 경품류의 하자·채무불이행으로 인한 소비자 피해에 대한 보상 기준은 위의 일반적 기준과 같다.

다만, 소비자의 귀책사유로 계약이 해제 또는 해지되는 경우 사업자는 소비자로부터 당해 경품을 반환 받거나 반환이 불가능한 경우에는 당해 지역에서 거래되는 동종의 유사제품을 반환 받거나 동종의 유사제품의 통상적인 가격을 기준으로 환급 받는다.

③ 품질보증서의 교부

사업자는 물품의 판매시에 품질보증기간, 부품보유기간, 수리·교환·환급 등 보상방법, 기타 품질보증에 관한 사항을 표시한 증서(이하 "품질보증서"라 한다)를 교부하거나 그 내용을 물품에 표시해야 한다. 다만, 별도의 품질보증서를 교부하기가 적합하지 않거나 보상기준의 표시가 어려운 경우에는 소비자보호법에 의한 소비자피해보상기준에 따라 피해를 보상한다는 내용만을 표시할 수 있다.

④ 품질보증기간 및 부품보유기간

● 품질보증기간 및 부품보유기간을 표시한 경우

품질보증기간 및 부품보유기간은 당해 사업자가 품질보증서에 표시한 기간으로 해야 한다. 다만, 사업자가 정한 품질보증기간 및 부품보유기간이 법 제12조 제2항의 규정에 의한 품목별 소비자피해보상기준(이하 "품목별 보상기준"이라 한다)에서 정한 기간보다 짧은 경우에는 품목별 보상기준에서 정한 기간으로 한다.

● 품질보증기간 및 부품보유기간을 표시하지 않은 경우

사업자가 품질보증기간 및 부품보유기간을 표시하지 않은 경우에는 품목별 보상기준에 따라야 한다.

다만, 품목별 보상기준에 품질보증기간 및 부품보유기간이 정해져 있지 않은 품목의 경우에는 유사제품의 품질보증기간 및 부품보유기간에 따르며, 유사제품의 품질보증기간 및 부품보유기간에 따를 수 없는 경우에는 품질보증기간은 1년, 부품보유기간은 당해 제품의 생산을 중단한 때부터 기산하여 내용연수에 해당하는 기간으로 한다.

● 중고품의 품질보증기간
중고품에 대한 품질보증기간은 품목별 보상기준에 따라야 한다

● 품질보증기간의 기산점
품질보증기간은 소비자가 물품을 구입한 날 또는 용역을 제공받은 날부터 기산한다. 다만, 계약일과 인도일이 다른 때에는 인도일을 기준으로 하고, 교환 받은 제품의 품질보증기간은 교환 받은 날로부터 기산한다.

품질보증서에 판매일자가 기재되어 있지 않은 경우, 품질보증서 또는 영수증을 받지 않거나 분실한 경우, 그 밖의 사유로 판매일자를 확인하기 곤란한 경우에는 당해 제품의 제조일 또는 수입통관일부터 6개월이 경과한 날부터 품질보증기간을 기산해야 한다. 다만, 제품 또는 제품포장에 제조일 또는 수입통관일이 표시되어 있지 않은 제품은 사업자가 그 판매일자를 입증해야 한다.

⑤ 보상지
물품 또는 용역에 대한 피해 보상은 물품의 소재지 또는 용역의 제공지에서 한다. 다만, 사회통념상 휴대가 간편하고 운반이 용이한 물품에 대하여는 사업자의 소재지에서 보상할 수 있다.

⑥ 운반비 또는 시험검사 비용
사업자의 귀책사유로 인한 소비자 피해의 처리과정에서 발생되는 운반

비용, 시험·검사비용 등의 경비는 사업자가 부담한다.

(2) 품목별 소비자피해보상기준(소비자피해보상규정)

이 규정은 소비자보호법 제12조 제2항의 규정에 의하여 소비자와 사업자간의 분쟁의 원활한 해결을 위하여 소비자보호법 시행령 제10조 별표에 의한 일반적 소비자피해보상기준에 따라 품목별로 소비자피해를 보상할 수 있는 기준을 정하고 있다(동 규정 제1조).

구체적으로 대상품목별로 피해유형과 그에 따른 보상기준을 규정하고 있다. 현재 적용대상은 총 111개 업종 549개 품목인 지정상품제로 운영되고 있다.

* 공공서비스 : 전기서비스, 전화서비스
* 공산품 : 가전제품, 사무용 기기, 전기통신 기자재, 전구, 가구, 자동차, 사이클, 보일러, 시계, 재봉기, 광학세품, 아동용품, 농업기계, 어업용 기계, 농업용 자재, 어구, 축산자재, 건축자재, 주방용품, 문구, 의복류, 우산류, 신발, 가죽제품, 악기, 타이어, 연탄
* 농·수·축산물 : 과일류, 야채류, 곡류, 난류, 육류, 수산물류, 사료, 종묘 등
* 문화용품 : 귀금속·보석, 액세서리, 스포츠·레저 용품, 도서·음반
* 부동산중개업
* 사진현상 및 촬영업

* 상품권관련업
* 세탁업
* 식료품 : 청량음료, 과자류, 빙과류, 낙농제품, 통조림류, 제빵류, 설탕, 제분류, 식용유류, 조미료, 장류, 다류, 면류, 고기가공식품류, 자양식품, 주류, 도시락, 찬류, 냉동식품, 먹는 샘물
* 여행업 : 국내여행, 해외여행
* 운수업 : 전세버스, 특수여객자동차, 일반화물, 개별화물, 용달화물, 시외버스, 철도업, 항공업, 선박업
* 이사화물취급사업 : 이사화물자동차운송주선사업 및 화물자동차운송사업
* 예식업
* 의약품 및 화학제품 : 의약품, 의약부외품, 위생용품, 의료용구, 비누 및 합성세제, 화장품, 농약, 비료, 플라스틱제품, 고무장갑, 건전지
* 자동차견인업
* 자동차대여업
* 자동차정비업
* 중고 자동차매매업
* 주택건설업
* 체육시설업 및 레저용역업 : 체육시설업, 레저용역법, 할인회원권업
* 학원운영업 및 평생교육시설운영업
* 휴양콘도미니엄업
* 공연업
* 애완견판매업

* 택배 및 퀵서비스업
* 이동통신 서비스업
* 초고속 인터넷통신망 서비스업
* 피부미용 서비스업
* 인터넷 콘텐츠업
* 인터넷 쇼핑몰업
* 전자화폐업
* 신용카드업
* 창호공사업
* 중고 가전제품매매업
* 결혼정보업
* 경비용역업
* 산후조리원

3　약관의 규제에 관한 법률

복잡한 현대사회에서 대부분의 계약은 당사자간의 합의가 아닌 계약의 일방 당사자가 다수의 상대방과 계약을 체결하기 위하여 일정한 형식으로 미리 마련한 계약의 내용이 되는 약관에 의해 체결된다.

현대 자본주의 사회에서 약관이 차지하는 비중은 절대적이다. 약관에 의하지 아니한 거래는 찾아볼 수 없을 정도로 특히 소비자계약에 있어서 약관은 중요한 제도이다.

약관은 반드시 약관이란 명칭을 포함하는 것만을 이야기하지는 않는다. 명칭 · 형태 · 범위 등을 불문하고 영수증 앞면 또는 뒷면의 기재, 영업장소에 게시하는 주의사항, 여러 형태의 서면양식, 부속계약서 등 다양한 모습으로 존재한다. 예를 들면, 은행이용약관 · 운송계약 · 전기 · 가스공급계약 · 전화이용계약 · 진료계약 · 호텔숙박계약 · 여행계약 · 보험계약 · 회원계약 · 주차장이용계약 · 예식장이용계약 등 소비자 계약시 약관이 있고, 실내 수영장이나 목욕탕에 가면 "카운터에 맡기지 않은 귀중품의 분실은 책임지지 않습니다."라고 붙인 볼품 없는 글귀, 새로 개설한 통장 안쪽에 깨알 같은 글씨로 예금약관이 두 페이지 가득 적혀 있거나 고속버스표를 한 장 구입해도 뒷면에 약관이 인쇄되어 있다.

대량생산, 대량판매, 대량소비로 특징되는 현대 소비사회에서 약관은 대량 거래에 수반되는 비용을 절감함으로써 사업자는 효율적인 영업활동을 수행할 수 있고, 소비자와 체결하는 계약의 내용을 그 세목까지 자세하게 규정해 둠으로써 법률관계의 안정에 도움이 된다.

대부분의 소비자는 약관이란 개념에 대해 생소하고 자기와는 상관없는 다른 세계의 것인 양 무관심하게 지나치지만 사업자와 분쟁이 발생하면 약관조항은 명실상부하게 그 해결의 기준이 된다. 또한 성문법의 미흡한 점을 보충하여 거래의 합리적인 운영을 가능하게 한다. 그러나 약관은 사업자가 일방적으로 미리 마련하는 것이기 때문에 자신에게 유리한 내용만 담거나 소비자에게 약관을 교부하지 않는 등 부당한 내용의 계약으로 거래를 강제하는 결과를 초래하여 이른바 "법률에 의하지 않은 입법"으로 소비자의 피해가 발생하고 있다. 이에 사업자의 우월적 지위의 남용에 기하여 야기되는 약관의 불공정성을 배제하기 위해 약관에 대한 법적 규제가 필요하다.

우리나라도 약관의 투명성 및 공정성을 확보하고 건전한 거래질서를 바로 잡기 위해 1986년 12월 독일의 약관규제법을 모델로 「약관의 규제에 관한 법률」(이하 "약관규제법"이라 한다)을 제정하였다. 약관규제법은 당시 경제기획원이 의뢰한 연구용역인 소비자문제를 연구하는 시민의 모임이 제시한 법률안을 토대로 의원입법으로 제정되었다. 그 후 1992년 대폭 개정되었으며, 2001년에 다시 개정되었다.

1. 약관의 개념과 본질

1) 약관의 개념

일반적으로 약관은 약관이란 명칭을 사용하는 경우는 물론 실제에서는 영수증 앞면 또는 뒷면의 기재, 영업장소에 게시되는 주의사항, 여러 형태의 서면양식 등 다양한 형태로 존재한다. 따라서 어떤 경우를 약관으로 보아야 할 것인가의 문제가 해결되어야 한다.

약관규제법은 그 적용대상으로서의 약관의 정의를 분명히 하고 있다. "약관이라 함은 그 명칭이나 형태 또는 범위를 불문하고 계약의 당사자가 다수의 상대방과 계약을 체결하기 위하여 일정한 형식에 의하여 미리 마련한 계약의 내용이 되는 것을 말한다"(법 제2조 제1항).

약관의 정의를 포괄적으로 규정하면서도 약관으로서의 실질적 요건을 갖추고 있으면 그의 명칭, 형태, 범위에 관계없이 약관으로 인정된다. 약관으로 인정되기 위해 요구되는 특별한 형식적 요건은 없다.

약관규제법에 의해 약관으로서 인정되기 위해 요구되는 특별한 요건은 일방 당사자가 일정한 형식에 의하여 미리 마련한, 다수의 계약체결을 위한, 계약의 내용이 되는 것이다.

(1) 일방 당사자가 일정한 형식에 따라 미리 마련한 것

약관은 쌍방 당사자가 계약체결에 임하여 서로 협의해서 결정하는 계약내용이 아니라 일방 당사자가 계약체결 이전에 미리 동종·다수의 계약을 위하여 마련한 것이어야 한다. 따라서 쌍방 당사자가 합의하여 작성한 것이라면, 비록 그것이 약관이라는 명칭을 사용하거나 약관과 유사한 형태를 가진다고 하더라도, 개별약정일뿐 약관은 아니다.

또한 일정한 형식에 따라 하므로, 구두에 의한 약관은 있을 수 없고, 사업장이나 영업소 등에서 방송 등의 방법으로 거래조건을 알렸더라도 이것은 약관이 아니다.

(2) 다수의 계약체결을 위한 것

약관은 일반적으로 대량적·추상적 거래를 위하여 사전 작성되는 특성을 갖는다. 하나 또는 소수의 특정계약을 위하여 작성된 것은 일방 당사자에 의하여 마련된 것이라도 약관은 아니다.

얼마만큼이 다수인가는 획일적으로 정할 수는 없고 거래의 성질에 따라 결정되어야 할 것이다. 다수는 반드시 불특정일 필요는 없으며, 연립주택의 입주자 10명 정도에게 제안되는 분양계약서라도 약관에 해당된다.

현실적으로 다수의 계약체결에 이용되었을 필요는 없고 작성의 목적이 다수 계약을 위한 것이라면 약관이다.

(3) 계약의 내용이 되는 것

약관은 당사자와 고객 사이에 장래 체결될 계약의 내용이 될 사항을 포함하고 있어야 한다. '계약'의 내용이 되는 것이므로, 단독행위의 내용을 정하는 것이나 정관 등 합동행위의 내용을 정하는 것은 약관이 아니다.

(4) 명칭이나 형태 또는 범위 불문

실제 거래계에서 약관은 약관, 규정, 거래조건, 계약서, 약정서 등 다양한 명칭으로 사용된다.

약관의 여부는 명칭이나 외관에 의하여 결정되는 것이 아니라, 그 계약 내용의 실질에 의하여 결정된다.

반드시 통일된 문서의 형태를 갖출 필요도 없으며, 입장권이나 승차권 등의 뒷면에 기재되거나, 영업소에 게시되는 약관조항도 있다.

2) 약관의 본질

약관의 본질에 관하여는 약관규제법 제정 이전부터 법규범으로 보는 규범설과 계약의 일종으로 보는 계약설로 대립되어 왔다.

규범설은 사업자가 당해 거래종목을 위하여 약관을 마련해 놓고 있다는 사실만에 의하여 법률과 마찬가지로 당연히 당해 거래종목의 계약에 적용된다고 보는 이론이다.

이에 반해 계약설은 약관이 계약의 문례에 불과하며, 그 자체로서 효력을 가지는 것이 아니라, 당사자 사이의 편입 합의에 의하여 계약의 내용이 된다고 한다. 약관계약도 당사자의 의사합치에 의한 계약의 성질을 가지는 것이되, 약관의 특성으로 인하여 특수한 법리를 적용 받음에 불과하다고 보는 것이다. 그리고 약관은 기본적으로 계약의 성질을 가지지만 그것이 거래계에서 수행하는 규범과 유사한 기능으로 인하여 '규범적 요소가 가미된 계약'으로 변형되었다고 보는 절충설이 있다.

1986년 제정된 약관규제법은 계약설에 기초를 두되 약관의 사회적 기능과 조화될 수 있도록 규정하였다. 즉 약관의 정의에 있어서 약관은 '계약의 내용이 되는 것'이라고 하고(법 제2조 제1항), 약관을 계약 내용으로 하기 위한 당사자 사이의 '제안'을 규정하며(법 제2조 제2항 및 제3항), 약관의 명시, 설명의무를 규정하는 등으로(법 제3조) 약관이 당사자의 의사에 근거하여 계약내용으로 됨을 분명히 하였다.

그러나 계약설의 입장에 서 있다고 하여, 약관계약을 일반계약과 같은 것으로 보는 것이 아니다. 약관은 쌍방의 합의에 의한 것이 아니라 일방에 의하여 미리 마련된 것이라는 점, 다수의 거래에 통일적으로 사용되기 위하여 마련된 것이라는 점, 약관규제법에 의해 약관의 내용이 사후적으로 통제된다는 점 등 일반계약과는 다른 특성을 가지고 있으므로 규범과 유사한 기능을 한다고 볼 수 있다.

2. 약관의 편입통제

약관규제법은 약관의 투명성 확보를 위해 사업자의 명시의무 · 교부의무 · 설명의무 등 약관의 편입통제를 규정하고 있다.

약관의 투명성을 위해 일정한 경우를 제외하고는 사업자에게 약관의 명시의무·교부의무·설명의무 등을 부과하고 있다(법 제3조). 이는 사업자가 약관을 일방적으로 작성한 점과 약관의 내용이 투명하지 않아 고객이 약관을 이해하기가 쉽지 않음을 고려한 규정이다.

사업자는 계약 체결시 고객에게 약관의 내용을 계약의 종류에 따라 일반적으로 예상되는 방법으로 명시하고, 고객이 요구할 때는 당해 약관의 사본을 고객에게 교부해야 한다.

다만, 다른 법률의 규정에 의하여 행정관청의 인가를 받은 약관으로서 거래의 신속을 위하여 필요하다고 인정되어 대통령령이 정하는 약관에 대하여는 그러하지 아니하다(법 제3조 제1항).

그리고 사업자는 약관에 정해져 있는 중요한 내용을 고객이 이해할 수 있도록 설명해야 한다. 다만, 계약의 성질상 설명이 현저하게 곤란한 경우에는 그러하지 아니하다(법 제3조 제2항). 사업자가 제1항 및 제2항의 규정을 위반하여 계약을 체결한 때에는 당해 약관을 계약의 내용으로 주장할 수 없다(법 제3조 제3항).

1) 사업자의 명시의무

사업자는 계약 체결에 있어서 고객에게 약관의 내용을 명시해야 한다. 약관규제법은 사업자에 대한 약관내용을 고객에게 명백하게 제시하여 알릴 의무를 부과하고 있다. 이 의무는 약관이 계약에 편입된 것을 전제로 하여 고객에게 약관내용을 알릴 의무이며, 약관이 적용된다는 사실 및 적용될 약관을 명시할 의무는 아니다. 다만, 사업자로서 약관내용의 명시를 통하여 고객에게 약관의 내용을 알 수 있는 가능성, 즉 인지가능성을 제공하면 충분한 것이고, 고객으로 하여금 현실적으로 약관내용을 알도록 해야 하는 것은 아니다.

명시방법에 대하여 약관규제법은 특정하지 아니하고 계약의 종류에 따라 일반적으로 예상되는 방법으로 명시하도록 하고 있다. 따라서 명시방법이 적정한가에 대하여는 고객의 약관의 존재 및 내용을 인식할 수 있는가 하는 점을 기초로 판단해야 할 것이다.

그리고 약관내용의 명시는 계약 체결 전 또는 계약 체결과 동시에 행해짐이 원칙이다.

2) 사업자의 교부의무

약관을 사용하는 사업자는 고객이 요구할 때 당해 약관의 사본을 고객에게 교부하여 이를 알 수 있도록 해야 한다.

고객은 계약을 체결할 때뿐만 아니라 계약관계가 존속하는 동안에는 언제든지 약관사본의 교부를 요구할 수 있다.

3) 사업자의 설명의무

사업자는 약관에 정해져 있는 중요한 내용을 고객이 이해할 수 있도록 설명해야 한다. 이것은 고객에게 약관내용이 명시되어도 고객이 시간적·공간적 제약 때문에 내용을 잘 읽지 않는 경우, 막상 읽더라도 약관의 의미를 제대로 이해하지 못하는 경우 등을 대비한 것이다.

설명의무의 대상은 약관 중의 중요한 내용이다. 약관규제법은 중요한 내용에 대한 구체적인 설명이 없기 때문에 해석에 의하여 결정될 수밖에 없으나 고객의 이해관계에 중대한 영향을 미치는 사항이라고 본다. 예를 들면, 급부의 변경, 계약해제 사유, 사업자의 면책, 고객의 책임가중, 위약 시 책임사항 등이다. 그러나 이러한 사항이라도 당해 거래에 있어서 '일반적이고 공통적인' 것이어서 고객이 충분히 예상할 수 있었던 것이라면 설명을 요하는 중요사항이 아니라고 할 것이다.

설명의 방법은 고객에게 직접 구두로 행해지는 것이 원칙이나 전화 등 통신수단을 이용한 직접 설명도 가능하다. 특별히 중요한 조항을 일목요연하게 정리하여 문서화하고 서명 날인을 받음으로써 설명에 갈음할 수도 있다.

4) 예 외

사업자의 명시의무 및 교부의무는 다른 법률의 규정에 의하여 행정관청의 인가를 받은 약관으로서 거래의 신속을 위하여 필요하다고 인정되어 대통령령이 정하는 약관에 대하여는 면제된다. 이는 거래의 성질상 고객에게 일일이 약관내용을 고지하는 것이 불가능해져 심히 곤란한 한편 행정관청의 인가를 받은 결과 약관내용이 확정되어 있고 그 공정성도 어느 정도 담보되고 있는 경우에, 사업자의 부담을 덜어 주어 거래의 신속을 도모하고자 하는 것이다.

면제되는 약관은 여객운송업, 통신업, 전기·가스 및 수도사업의 약관이다(영 제2조). 그러나 이들 업종의 약관이라 하더라도 사업자는 영업소에 약관을 비치해야 하며, 고객의 요청이 있는 때에는 당해 약관의 사본을 고객에게 교부하여 이를 알 수 있도록 해야 한다(영 제2조 단서). 결국 운송업 등의 경우에는 명시의무가 다소 완화되어 있을 뿐 교부의무는 그대로 유지되고 있다.

사업자의 설명의무는 계약의 성질상 설명이 현저하게 곤란한 경우에는 면제된다. 어떤 경우가 여기에 해당되는가는 계약 내용과 체결과정 등을 고려하여 구체적·개별적으로 결정될 수밖에 없다.

인원 부족, 신속한 계약 체결 등 기업 내부의 사정으로 설명이 곤란하다는 이유로는 설명의무가 면제되지 않는다.

5) 의무위반의 효과

사업자가 명시의무 및 교부의무에 위반하여 계약을 체결한 때에는 당해 약관을 계약의 내용으로 주장할 수 없다(동 법 제3조 제3항). 이는 사업자가 고객에게 인지의 가능성을 부여하지 않은 경우에는 그 약관의 구속력을 인정할 수 없다는 취지이다. 그러나 교부의무만의 위반에 대하여는 이 규정의 적용이 없는 것으로 하는 것이 타당하다.

명시의무는 계약의 부수적 의무에 속하므로, 그 위반의 효과는 약관의 부적용(不適用)에 그칠 뿐 별도의 채무불이행 또는 계약해제 사유로 되지는 않는다.

설명의무 위반의 효과는 명시의무 위반의 효과와 동일하다(동 법 동 조 제 3항). 다만, 명시의무의 경우에는 약관 전부가 명시 대상이 되므로 위반시 약관 전부의 효력이 문제로 되는 것이 원칙이나, 설명의무의 대상은 개별 조항, 즉 약관 중 중요한 사항이므로 위반의 경우에도 당해 조항의 효력만 이 문제로 된다.

3. 약관의 해석원칙

약관에 아무리 정확하고 자세하게 계약내용을 기재하더라도, 약관에 의 한 거래가 복잡한 계약이므로 그 용어의 불투명, 내용 생략 등이 있어 약 관의 해석을 둘러싼 분쟁이 발생한다. 이때 약관을 작성한 사업자가 유리 하게 해석되는 경우가 많아 고객은 불리한 위치가 있게 된다.

이에 약관은 일반 계약과는 달리 당사자 사이의 흥정과 구체적 합의가 배제되어 있고, 불특정의 다수 당사자를 상대방으로 하는 계약이므로 일 반 계약의 해석과는 다른 독자적인 해석원리가 요청된다.

약관규제법은 약관의 해석원칙으로 신의성실의 원칙, 객관적 해석의 원 칙, 작성자 불이익의 원칙을 규정하고 있다(법 제5조). 이것은 불투명한 약 관의 부당한 해석으로부터 고객을 보호하기 위한 것이다.

1) 신의성실의 원칙

약관은 신의성실의 원칙에 따라 공정하게 해석되어야 한다(법 제5조 제1항 전단). 민법은 계약의 해석원칙을 규정하고 있지 않지만, 제2조에서 "권리의 행사와 의무의 이행은 신의에 좇아 성실히 해야 한다."고 규정하여 신의성실의 원칙이 계약해석의 원리임을 천명하고 있다.

여기서 신의성실이라 함은 사회공동생활의 일원으로서 상대방의 신뢰를 헛되이 하지 않도록 성의를 가지고 행동하는 것을 말한다. 따라서 신의성실의 원칙은 독자적인 해석원리가 될 뿐만 아니라 다른 해석원리를 위한 이론적 기초가 되기도 하고, 내용통제를 위한 기준으로서도 결정적인 역할을 하게 된다(법 제6조).

2) 객관적 해석의 원칙

약관은 고개에 따라 다르게 해석되어서는 안 된다(법 제5조 제1항 후단). 이는 약관이 다수 당사자의 계약을 획일적으로 처리하기 위하여 마련된 것이므로, 그 해석에 있어서도 개개 당사자가 아니라 거래에 참여하는 일반적 평균인의 이해능력과 언어관행을 기준으로 해석해야 한다는 것이다. 이런 점에서 당사자의 의사와 이해관계를 제1의 기준으로 하는 일반 계약의 해석과는 다르다.

특히 약관에서 사용되는 용어는 일반적으로 이해되는 일상용어의 의미로 해석되어야 한다. 어느 용어의 일반적 의미와 전문 용어로서의 의미가 다른 때에는 일반적 의미를 따라야 한다. 그러나 일반 용어가 아닌 전문 용어는 그 전문적 개념에 따라 해석될 수밖에 없다.

법률 전문 용어의 경우도 마찬가지로 취급할 것이다. 다만, 약관의 어느 조항이 법률규정을 그대로 인용하고 있는 경우라면, 그 조항의 의미는 법률규정의 일반적 해석에 따라야 할 것이다.

객관적 해석의 결과로 어느 사업자 또는 사업자군이 이용하는 동일한 약관은 고객이 누구인가에 관계없이 통일적인 해석이 이루어져야 한다.

3) 작성자 불이익의 원칙

약관의 뜻이 명백하지 않은 경우에는 고객에게 유리하게 해석되어야 한다(동 법 제5조 제2항). 이는 약관내용 중 불투명한 조항을 어떻게 해석해야 하는가를 정한 원칙으로 의도적으로 약관의 내용을 불투명하게 작성하고 그 해석에서 사업자 자신이 유리한 쪽으로 해석할 수도 있음을 고려한 것이다.

"의심스러울 때에는 작성자에게 불이익으로(in dubio contra stipu-latorom)"라는 해석원칙은 계약일반에 적용되는 것이나 계약내용의 전부가 사업자 일방에 의하여 작성되는 약관에 있어서 중요한 의미를 가진다. 이러한 해석의 결과 약관을 작성하는 사업자는 약관조항을 명백하게, 즉 오해의 여지가 없도록 표현해야 하며, 그렇지 못한 경우의 불이익은 사업자가 부담하는 것으로 된다. 이 원칙은 비록 다의적일망정 약관조항의 해석 자체는 가능함을 전제로 하는 것이며, 약관조항의 내용이 지나치게 모호하여 그 의미를 확정할 수 없는 경우에는 이 원칙을 적용할 여지없이 무효로 보아야 할 것이다.

4. 약관의 불공정성 규제

약관규제법의 핵심적인 규제는 약관의 공정성 확보를 위한 약관의 내용통제인 불공정조항의 무효제도이다.

약관규제법 시행 이후 지금까지 공정거래위원회가 심사한 약관심사건수는 직권조사를 포함하여 약 4000여 건에 달하며, 시정한 건수만도 1000여 건에 이르고 있다.

1) 일반 원칙 : 신의성실의 원칙

약관의 공정성을 판단하는 가장 기본이 되는 기준은 신의성실의 원칙이다. 즉 약관규제법은 신의성실의 원칙에 반하여 공정을 잃은 약관조항은 무효로 하고 있다(법 제6조 제1항).

사업자가 신의성실의 원칙에 위배하여 고객의 정당한 이익을 희생시키고 자신의 이익만을 추구하는 약관을 마련하여 이를 고객에게 강요하는 경우, 그 약관은 불공정한 것으로 무효가 된다.

신의성실의 원칙은 그 내용이 매우 추상적이고 애매하기 때문에 구체적인 경우에 이를 적용하기가 쉽지 않다. 그래서 약관의 규제에 관한 법률은 이러한 적용상의 어려움을 들어주기 위하여 고객에 대하여 부당하게 불리한 조항, 고객이 계약의 거래형태 등 제반 사정에 비추어 예상하기 어려운 조항, 계약의 목적을 달성할 수 없을 정도로 계약에 따르는 본질적인 권리를 제한하는 조항은 공정을 잃은 것으로 추정하고 있다(법 제6조 제2항).

 의외조항(意外條項)의 예로는 고객에게 새로운 주 의무를 부과하는 조항, 계약의 쌍무적 성격을 해치는 조항, 계약의 외양으로 판단되는 전형계약의 전형적인 내용에서 벗어나는 변칙조항 등이고 본질적 권리 제한조항의 예는 사업자의 주된 의무의 이행을 배제·제한하는 조항을 들 수 있다.
 신의성실의 원칙에 반하는 불공정한 조항의 구체적인 예를 들면 다음과 같다.

● 시설대여계약서상 고객에게 귀속됨이 정당한 물건을 사업자가 자기의 소유물로 정하는 조항(리스물건의 처분이익을 리스회사에 부당귀속시키는 조항)
● 골프장 사업자의 회칙상 고객의 재산권을 타인에게 양도하거나 담보로 제공하는 등의 처분행위를 정당한 이유 없이 제한하는 회원자격의 양도·양수에 관한 조항
● 상가분양공급계약서상 약관의 내용을 자의적으로 해석하거나 약관에 명시되지 않은 사항을 일방적으로 결정하도록 하는 조항
● 분양계약서상 사업자가 자기의 원상회복의무의 이행을 정당한 사유 없이 연기하도록 한 조항
● 부동산임대차계약서상 사업자가 자기가 부담해야 할 비용을 고객에

게 전가하도록 한 조항

● 임대차계약서상 계약의 본질적 권리를 제한하도록 한 조항

2) 구체적인 불공정한 약관조항들

약관규제법은 무효사유를 구체적으로 열거하고 있다(약관규제법 제7조 내지 제14조). 이것은 신의성실의 원칙을 구체화한 것이다. 따라서 일반 원칙은 이러한 개별적 금지규정을 보충하는 역할을 담당한다.

구체적으로 무효가 되는 불공정한 약관조항은 부당한 면책조항, 부당한 손해배상액의 예정, 계약의 해제·해지에 관한 부당한 조항, 채무이행에 관한 부당한 조항, 고객의 권익에 대한 부당한 침해, 의사표시의 부당한 의제, 대리인의 책임에 관한 부당한 가중, 소 제기의 부당한 금지 등이다.

약관규제법상 무효가 된 불공정한 약관조항의 예를 보면 다음과 같다.

(1) 부당한 면책조항

계약당사자의 책임에 관하여 정하고 있는 약관의 내용 중 ① 사업자, 이행보조자 또는 피용자의 고의 또는 중대한 과실로 인한 법률상의 책임을 배제하는 조항, ② 상당한 이유 없이 사업자의 손해배상범위를 제한하거나 사업자가 부담해야 할 위험을 고객에게 이전시키는 조항, ③ 상당한 이유 없이 사업자의 담보책임을 배제 또는 제한하거나 그 담보책임에 따르는 고객의 권리행사의 요건을 가중하는 조항 또는 계약목적물에 관하여 견본이 제시되거나 품질·성능 등에 관한 표시가 있는 경우 그 보장된 내용에 대한 책임을 배제 또는 제한하는 조항은 무효이다(법 제7조).

● 유료주차장의 주차장 내 도난, 파손 등 제반 사고시 주차장측의 면책을 정한 유료주차장 약관

● 입원치료 중 발생한 수술, 검사 관련 모든 사고에 대한 병원측 책임을 배제하는 병원약관

● 프로야구 관람 중 파울볼에 맞아 실명한 경우 응급치료만 해주도록 배상범위를 제한한 프로야구 관람약관

● 오피스텔 분양약관 중 불가피한 사업자 사정으로 입주가 지연됐을 경우 고객이 일체의 이의 제기를 못 하도록 하는 입주예정일 지연에 대한 사업자의 면책조항

● 체육시설 이용회원권약관 중 체육시설 이용시 손실, 부상, 사고 및 재난에 대하여 책임을 지지 않는 것 등 사업자의 법률상 책임을 배제하고 있는 도난, 안전사고 등에 대한 면책조항

(2) 부당한 손해배상액의 예정

고객에 대하여 부당하게 과중한 지연손해료 등의 손해배상의무를 부담시키는 약관조항은 무효이다(법 제8조).

● 가전제품 할부매매약관 중 고객의 월불입금 납부연체시 또는 해약요구시 계약일로부터 1개월 이내에는 계약금과 물품가격의 20%를 고객이 부담토록 한 조항

● 방문판매약관 중 계약해제시 귀책사유가 누구에게 있건 상관없이 불입금의 30%를 사업자에게 지불하도록 한 조항

(3) 계약의 해제·해지에 관한 부당한 조항

계약의 해제·해지에 관하여 정하고 있는 약관의 내용 중 ① 법률의 규정에 의한 고객의 해제권 또는 해지권을 배제하거나 그 행사를 제한하는 조항, ② 사업자에게 법률에서 규정하고 있지 않는 해제권·해지권을 부여하거나 법률의 규정에 의한 해제권·해지권의 행사요건을 완화하여 고객에 대하여 부당하게 불이익을 줄 우려가 있는 조항, ③ 계약의 해제 또는 해지로 인한 고객의 원상회복의무를 상당한 이유 없이 과중하게 부담시키거나 원상회복청구권을 부당하게 포기하도록 하는 조항, ④ 계약의 해제·해지로 인한 사업자의 원상회복의무나 손해배상의무를 부당하게 경감하는 조항, ⑤ 계속적인 채권관계의 발생을 목적으로 하는 계약에서 그 존속기간을 부당하게 단기 또는 장기로 하거나 묵시의 기간연장 또는 갱신이 가능하도록 정하여 고객에게 부당하게 불이익을 줄 우려가 있는 조항은 무효이다(법 제9조).

● 방문할부판매약관 중 물품인수 후 1일, 3일, 7일 등 일정기간 경과 후 계약해제를 할 수 없게 정한 조항
● 콘도미니엄 분양약관 중 대금지불을 30일 이상 연체시 최고절차 없이 자동 계약해지토록 하는 조항
● 체육시설 이용회원권약관 중 회원 가입시 납부한 입회비와 연회비 중 중도탈회시 입회비 및 미사용 연회비를 반환치 않도록 정한 약관조항

(4) 채무이행에 관한 부당한 조항

채무이행에 관하여 정하고 있는 약관의 내용 중에서 ① 상당한 이유 없

이 급부의 내용을 사업자가 일방적으로 결정하거나 변경할 수 있도록 권한을 부여하는 조항, ② 상당한 이유 없이 사업자가 이행해야 할 급부를 일방적으로 중지할 수 있게 하거나 제3자로 하여금 대행할 수 있게 하는 조항은 무효이다(법 제10조).

● 자동차판매약관 중 계약 체결 후 자동차 인수 전 자동차 가격변동 요인이 발생하였을 때 고객은 변동된 가격으로 자동차를 인수받도록 하는 사업자의 급부변경권 조항
● 주택공사 등의 주택분양계약서 중 등기면적에 다소 증감 또는 견본주택 내에 설치·시공된 제품은 자재수급상 동질의 타사 제품으로 변경할 수 있게 한 급부내용 변경조항

(5) 고객의 권익에 대한 부당한 침해조항

고객의 권익에 관하여 정하고 있는 약관의 내용 중 ① 법률의 규정에 의한 고객의 항변권·상계권 등의 권리를 상당한 이유 없이 배제하거나 제한하는 조항, ② 고객에게 부여된 기한의 이익을 상당한 이유 없이 박탈하는 조항, ③ 고객이 제3자와 계약 체결하는 것을 부당하게 제한하는 조항, ④ 사업자가 업무상 알게 된 고객의 비밀을 정당한 이유 없이 누설하는 것을 허용하는 조항은 무효이다(법 제11조).

● 가전제품 할부매매계약서 중 고객의 귀책사유로 계약이 해제된 경우 공급된 물품을 사업자가 임의로 평가한 금액으로 회수할 수 있으며, 이 경우 고객의 사전승낙이 있는 것으로 간주하는 회수물품의 임의평가조항

● 신용카드 회원약관 중 신용카드회원이 변제해야 할 카드이용대금 등과 회원이 은행에 대하여 가지고 있는 채권을 기한도래 여부에 불구하고 서면통지에 의하여 상계할 수 있도록 하는 상계조항

(6) 의사표시의 부당한 의제조항

의사표시에 관하여 정하고 있는 약관의 내용 중에서 ① 일정한 작위 또는 부작위가 있을 때 고객의 의사표시가 표명되거나 표명되지 않은 것으로 보는 조항, ② 고객의 의사표시의 형식이나 요건에 대하여 부당하게 엄격한 제한을 가하는 조항, ③ 고객의 이익에 중대한 영향을 미치는 사업자의 의사표시가 상당한 이유 없이 고객에게 도달된 것으로 보는 조항, ④ 고객의 이익에 중대한 영향을 미치는 사업자의 의사표시에 부당하게 장기의 기한이나 불확정적인 기한을 정하는 조항은 무효이다(법 제12조).

● 은행카드연대보증인의 책임 중 연대보증계약의 보증기간이 만료한 경우 보증인 혹은 회원의 탈회최고 혹은 별도 통지가 없는 한 보증기간이 자동적으로 연장되도록 정하는 연대보증기간의 갱신조항
● 병원이용약관 중 예약의 취소·변경시 예약진료 전일 16시까지 해당 진료과에 가서 취소·변경 수속을 하도록 정한 예약 취소·변경 조항

그러나 고객에게 상당한 기간 안에 의사표시를 하지 않으면 의사표시가 표명되거나 표명되지 아니한 것으로 본다는 뜻을 명확하게 따로 고지하거나, 부득이한 사유로 그러한 고지를 할 수 없는 경우에는 그러하지 아니하다(법 제12조 제1호 단서).

(7) 대리인의 책임에 관한 부당한 과중조항

계약이 고객의 대리인에 의하여 체결된 경우에 있어서 고객이 그 의무를 이행하지 아니한 때에는 대리인에게 그 의무의 전부 또는 일부를 이행할 책임을 지우는 내용의 약관조항은 무효이다(법 제13조).

(8) 소 제기의 부당한 제한조항 등

고객에 대하여 부당하게 불리한 소 제기의 금지 또는 재판관할의 합의조항이나 상당한 이유 없이 고객에게 입증책임을 부담시키는 약관조항은 무효이다(법 제14조).

- 주택공사 등의 주택분양계약서 중 손해배상액의 예정과 관련하여 민·형사상 하등의 이의를 제기치 못하게 한 소 제기 금지조항
- 병원이용약관 중 병원의 소재지를 관할하는 관할 법원으로 합의하는 재판관할합의조항
- 오피스텔 분양약관 중 계약에 관한 소송을 사업자 소재지 지방법원을 관할 법원으로 하는 재판관할 합의조항

3) 적용제한 범위

국제적으로 통용되는 운송업, 국제적으로 통용되는 금융업 및 보험업, 수출보험법에 의한 수출보험에 해당하는 약관에 대해서는 법 제7조 내지 제14조의 규정을 적용하지 않는다(법 제15조, 영 제3조).

5. 불공정한 약관조항의 효력

1) 무 효

약관규제법 제6조 내지 제14조에 위반하는 약관조항, 즉 불공정한 약관조항은 실체법상 당연히 무효이다. 따라서 사업자가 불공정한 약관조항을 사용하고 있으면, 고객이 법원에 그 약관조항의 효력을 다투는 소를 제기하여 그 약관조항이 무효라는 판결을 받게 되면 그 약관조항은 구속력을 잃게 된다.

그러나 이러한 사법적 통제는 개별적 통제로서 그 효력이 당해 사건에만 미치게 된다. 또한 그 약관조항이 구체적인 계약에 편입된 경우에 한하여 사후적인 통제만 할 수 있다.

2) 불공정한 약관조항의 사용금지

약관규제법은 불공정한 약관에 대한 통제의 실효성을 제고하기 위하여, 사업자로 하여금 제6조 내지 제14조의 규정에 해당하는 불공정한 약관조항을 계약의 내용으로 해서는 안 된다는 불공정 약관조항의 사용금지의무를 규정하고 있다(법 제17조). 그리고 이를 위반한 사업자에 대하여는 공정거래위원회가 시정권고나 시정명령 등과 같은 행정적인 제재를 할 수 있는 근거를 규정하고 있다(법 제17조의2).

3) 일부무효의 특칙

약관규제법은 민법 제137조에 대한 예외로 일부무효의 특칙을 규정하고 있다. 약관의 전부 또는 일부의 조항이 법 제3조 제3항의 규정에 의하여 계약의 내용이 되지 못하는 경우나 법 제6조 내지 제14조의 규정에 의하여 무효인 경우 계약은 나머지 부분만으로 유효하게 존속한다(법 제16조 본문). 다만, 유효한 부분만으로는 계약의 목적달성이 불가능하거나 일방 당사자에게 부당하게 불리한 때에는 당해 계약을 무효로 할 수 있다(법 제16조 단서).

민법은 법률행위의 일부분이 무효인 때에는 원칙적으로 그 전부를 무효로 하지만 그 무효 부분이 없더라도 법률행위를 하였을 것이라고 인정될 때에는 나머지 부분은 무효가 되지 않는다고 규정하고 있다(민법 제137조).

6. 표준약관제도

표준약관이란 건전한 거래질서를 확립하고 불공정한 내용의 약관이 통용되는 것을 방지하기 위하여 일정한 거래분야에서 표준이 되는 약관을 미리 정하는 것을 의미한다. 이것은 예방적 성격이 강하고 구체적인 피해구제 기준을 마련한다는 점에서 의의가 크다.

약관규제법은 사업자 및 사업자단체는 건전한 거래질서를 확립하고 불공정한 내용의 약관이 통용되는 것을 방지하기 위해 일정한 거래분야에서 표준이 되는 약관(표준약관)을 정할 수 있도록 하고(법 제19조의2 제1항), 사업자 및 사업자단체는 공정거래위원회에 표준약관의 내용이 이 법에 위반되는지의 여부에 관한 심사를 청구할 수 있도록 하고 있다(법 제19조의2 제2항). 이 경우 공정거래위원회는 심사 청구 받은 날로부터 60일 안에 심사결과를 신청인에게 통보해야 하며, 공정거래위원회는 필요하다고 인정하는 경우에는 표준약관을 사용하고 있는 사업자 또는 사업자단체에 대하여 약관의 운용상황을 제출하게 할 수 있다(영 제5조의2).

공정거래위원회는 표준약관에 대하여는 지속적으로 감시·감독할 의무가 있다고 할 것이다. 즉 공정거래위원회는 필요하다고 인정하는 경우에는 표준약관을 사용하고 있는 사업자 또는 사업자단체에 대하여 당해 약관의 운용상황을 제출하게 할 수 있다(영 제5조의2 제2항).

현재 승인된 표준약관의 분야는 정수기 임대·렌탈, 자동차(신차) 매매, 국내외 여행, 자동판매기 매매, 종합 및 중계유선방송, 체력단련장(헬스), 세탁업, 대부(사채)거래, 학습지, 이사화물, 유학수속대행, 골프장이용, 결혼정보업, 학원, 자동차운전학원, 예식상업, 장례식장, 전자금융거래, 택배, 영화업, 프랜차이즈(외식업), 인터넷 사이버몰 이용, 상품권, 상가(공동주택복리시설) 분양, 백화점임대차, 주차장이용, 휴양콘도미니엄 등이다.

7. 규 제

1) 약관의 심사

공정거래위원회는 약관의 심사에 관한 업무를 전담하고 있다.

약관의 심사는 공정거래위원회가 직권으로 또는 청구인의 청구에 의하여 개시한다.

여기서 청구인은 약관조항과 관련하여 법률상의 이익이 있는 자, 소비자보호법에 의하여 등록된 소비자단체, 한국소비자보호원 및 사업자단체를 말한다. 이들은 어떤 약관이 약관규제법에 위반되는지의 여부에 관한 심사를 공정거래위원회에 청구할 수 있다(법 제19조).

2) 조사 및 의견진술

공정거래위원회는 법 제17조의2에 의한 시정조치를 명하거나 권고하기 위하여 필요하다고 인정되는 경우 및 법 제19조에 의하여 심사청구를 받은 경우에는 그 약관이 약관규제법에 위반된 사실이 있는지의 여부를 확인하기 위하여 필요한 조사를 할 수 있다(법 제20조).

공정거래위원회는 약관을 심의하기 전에 당해 약관에 의하여 거래를 한 사업자 또는 이해관계인에 대하여 당해 약관이 심사대상이 되었다는 사실을 통지해야 한다(법 제22조 제1항). 이러한 통지를 받은 당사자 또는 이해관계인은 공정거래위원회의 회의에 출석하여 그 의견을 진술하거나 필요한 자료를 제출할 수 있다(법 제22조 제2항).

한편 심사대상이 된 약관이 다른 법률에 의하여 행정관청의 인가를 받았거나 받아야 할 것인 때에는 공정거래위원회가 그 심의에 앞서 그 행정기관에 대하여 의견의 제출을 요구할 수 있다(법 제22조 제3항).

3) 시정권고 및 시정명령

약관규제법은 불공정한 약관조항의 사용을 막기 위하여 공정거래위원회에 불공정한 약관조항을 계약의 내용으로 사용하는 사업자에 대하여 그 시정에 필요한 조치를 권고하거나 명령할 수 있는 권한을 부여하고 있다(법 제17조의2).

공정거래위원회는 약관규제법에 위반한 사업자에 대하여 원칙적으로 시정에 필요한 조치를 권고할 수 있다(법 제17조의2 제1항). 다만, 그 위반사업자가 일정한 요건에 해당하는 사업자일 경우에는 예외적으로 시정에 필요한 조치를 명할 수 있다. 여기서 일정한 요건을 갖춘 사업자란 다음에 해당하는 사업자를 가리킨다(법 제17조의2 제2항).

① 사업자가 독점규제법 제2조 제7호의 시장지배적 사업자인 경우
② 사업자가 자기의 거래상의 지위를 부당하게 이용하여 계약을 체결하는 경우
③ 일반 공중에게 물품이나 용역을 공급하는 계약으로서 계약 체결의 긴급성·신속성으로 인하여 고객이 계약을 체결할 때에 약관조항의 내용을 변경하기 곤란한 경우
④ 사업자의 계약 당사자로서의 우월적 지위가 현저하거나 고객이 다른

사업자를 선택할 범위가 제한되어 있어 약관을 계약의 내용으로 하는 것이 사실상 강제되는 경우

⑤ 계약의 성질 또는 목적상 계약의 취소·해제 또는 해지가 불가능하거나 그로 인하여 고객에게 현저한 재산상의 손해가 발생하는 경우

⑥ 사업자가 제17조의2 제1항의 규정에 의한 권고를 정당한 사유 없이 따르지 않아 다수 고객의 피해가 발생하거나 발생할 우려가 현저한 경우

4) 사용금지권고

공정거래위원회가 이러한 시정조치를 권고하거나 명령함에 있어서 필요한 때에는 당해 사업자와 동종사업을 영위하는 다른 사업자에게 같은 내용의 불공정한 약관조항을 사용하지 말 것을 권고할 수 있다(법 제17조2 제3항).

5) 관청인가약관에 대한 시정요청 및 권고

행정관청이 작성한 약관 또는 다른 법률에 의하여 행정관청의 인가를 받은 약관이 불공정한 약관에 해당될 때에는, 공정거래위원회가 당해 행정관청에 그 사실을 통보하고 그 시정에 필요한 조치를 요청할 수 있다(법 제18조 제1항 전단). 이 경우 시정권고나 시정명령은 하지 않는다(법 제19조 제2항).

한편 은행법의 규정에 의한 금융기관의 약관이 불공정한 약관에 해당된

다고 인정될 때에는 공정거래위원회가 금융감독원에 그 사실을 통보하고
그 시정에 필요한 조치를 취하도록 권고할 수 있다(법 제18조 제1항 후단).

6) 불복절차

약관규제법은 약관규제법에 의한 공정거래위원회의 처분에 대한 이의
신청, 소의 제기 및 불복의 소의 전속관할에 대하여는 독점규제법 제53조
내지 제55조의 규정을 준용한다(법 제30조의2). 따라서 공정거래위원회의
처분에 대하여 불복이 있는 자는 그 처분의 고지를 받은 날로부터 30일 이
내에 그 사유를 갖추어 공정거래위원회에 이의신청을 할 수 있고, 공정거
래위원회의 처분에 대하여 불복의 소를 제기하고자 할 때에는 처분 또는
이의신청에 대한 재결서의 정본을 송달 받은 날로부터 30일 이내에 이의
를 제기해야 한다. 그리고 이 불복의 소는 공정거래위원회의 소재지를 관
할하는 서울고등법원을 전속관할로 한다.

7) 불공정한 약관조항의 공개

공정거래위원회는 약관규제법에 위반된다고 심의·의결한 약관조항의
목록을 작성 비치하고 필요한 때에는 이를 일반인에게 공람하게 할 수 있
다(법 제23조).

8. 제 재

공정거래위원회의 시정명령에 위반한 자에 대하여는 2년 이하의 징역 또는 1억 원 이하의 벌금에 처한다(법 제32조). 그 위반자가 법인의 대표자나 법인 또는 개인의 대리인, 사용인, 기타 종업원인 때에는 그 행위자를 벌하는 외에 그 법인 또는 개인에 대하여도 1억 원 이하의 벌금형을 과한다(법 제33조).

공정거래위원회의 조사를 거부, 방해 또는 기피한 자와 법 제3조 제1항 또는 제2항의 규정에 위반한 사업자에 대하여는 5,000만원 이하의 과태료에 처한다(법 제34조 제1항 및 제2항).

4 표시 · 광고의 공정화에 관한 법률

현대는 광고의 시대이다. 아침에 일어나서 저녁에 잠자리에 들 때까지 우리는 신문 · TV · 라디오 등, 업무과정에서 보는 잡지 · 인터넷 등, 길거리에서 쇼윈도 · 간판 · 광고전단지 · 광고탑 등 무수한 광고 속에 파묻혀 산다.

그러나 기업 간 경쟁이 치열해지면서 광고는 정보제공적 기능보다는 설득적 기능에 치중하고 부당광고로 인한 소비자의 피해는 점점 증가하고 있다.

따라서 부당광고로 인한 소비자의 피해를 어떻게 예방하고 구제할 것인가의 문제는 중요한 소비자정책의 대상이다.

표시 · 공정화에 관한 법률 제정 이전에는 구공정거래법이 부당한 표시 · 광고행위를 불공정거래행위의 한 유형으로 규정하여 공정거래질서의 확립차원에서 규제하여 왔다. 그러나 표시 · 광고에 대한 일반적 · 포괄적 규제법제로서는 한계를 가지고 있었다.

정부는 시장구조가 공급자 중심에서 수요자 중심으로 전환되고 소비자의 올바른 상품선택이 시장경쟁을 촉진하는 관건이 되어감에 따라 허위, 기만 등의 부당한 표시·광고를 보다 효과적으로 시정하고 소비자에게 올바르게 유용한 시장정보를 제공하도록 하기 위하여 구공정거래법에 규정된 표시·광고 관련 제도의 미비점을 보완하여 1999년 2월 「표시·공정화에 관한 법률」(이하 "표시광고법"이라 한다)을 독립된 법으로 제정, 1999년 7월 1일자로 시행하였다.

1. 적용대상

1) 표 시

표시라 함은 사업자 또는 사업자단체가 상품 또는 용역(이하 상품 등)에 관한 ① 자기 또는 다른 사업자·사업자단체(이하 사업자 등)에 관한 사항, ② 자기 또는 다른 사업자 등의 상품 등의 내용·거래조건, 기타 그 거래에 관한 사항을 소비자에게 알리기 위하여 그 상품 등의 용기·포장 또는 사업장 등에 설치한 표지판에 쓰거나 붙인 문자나 도형 및 상품의 특성을 나타내는 용기·포장을 말한다(법 제2조 제1호).

2) 광 고

광고라 함은 사업자 등이 상품 등에 관하여 표시의 각 사항을 신문, 방송, 잡지, 전단 · 팸플릿 · 견본 또는 입장권, 인터넷 또는 PC통신, 포스터 · 간판포스터 · 간판 · 네온사인 · 에드벌룬 또는 전광판, 비디오물 · 음반 · 서적 · 간행물 · 영화 또는 연극, 자기의 상품 외의 다른 상품, 기타 유사한 매체 또는 수단을 이용하여 소비자에게 널리 알리거나 제시하는 것을 말한다(법 제2조 제2호, 영 제2조).

3) 사업자 및 사업자단체

사업자란 제조업, 서비스업, 기타 사업을 행하는 자를 말하며, 사업자단체란 그 형태의 여하를 불문하고 2명 이상의 사업자가 공동의 이익을 증진할 목적으로 조직한 결합체 또는 그 연합체를 말한다(법 제2조 제3호 및 제4호).

4) 소비자

소비자란 사업자 또는 사업자단체가 생신 또는 제공하는 상품 등을 사용하거나 이용하는 사람을 말한다(법 제2조 제5호).

2. 부당한 표시 · 광고 행위의 금지

사업자 등은 소비자를 속이거나 소비자로 하여금 잘못 알게 할 우려가 있는 표시 · 광고 행위로서 공정한 거래질서를 저해할 우려가 있는 부당한 표시·광고 행위를 하거나 다른 사업자 등으로 하여금 이를 행사하게 해서는 안 된다(법 제3조 제1항).

부당한 표시·광고 행위는 다음과 같다.

1) 허위·과장의 표시·광고

사실과 다르게 표시·광고하거나 사실을 지나치게 부풀려 표시·광고하는 것을 말한다(영 제3조 제1항).

예를 들면, 자신의 생산 규모가 국내에서만 가장 큰 규모인데도 "세계 최대의 규모"라고 표시·광고하는 경우, 단순한 수험교재 판매사업자로서 학원업을 운영하지 않음에도 마치 학원인 것처럼 "학원개강" 등으로 표시·광고하는 경우 등이다.

2) 기만적인 표시·광고

사실을 은폐하거나 축소하는 등의 방법으로 표시·광고하는 것을 말한다(영 제3조 제2항).

예를 들면, 유행 상품을 모아 한 세트로 팔면서 상품 구성에 있어서 구모델을 일부 섞었음에도 불구하고 그 사실을 밝히지 않고 표시·광고하는 경우, 광고하는 아파트가 실제 입주일까지 상당 기간이 걸릴 것이 예상됨에도 불구하고 곧 입주가 가능한 느낌을 주는 표현을 하고 실제 입주일을 표기하지 않은 경우 등이다.

3) 부당하게 비교하는 표시 · 광고

비교 대상 및 기준을 명시하지 않거나 객관적인 근거 없이 자기 또는 자기의 상품 등을 다른 사업자 등이나 다른 사업자 등의 상품 등과 비교하여 우량 또는 유리하다고 표시 · 광고하는 것을 말한다(영 제3조 제3항).

예를 들면, 음료수에 대한 판매량을 비교하면서 자사의 제품이 많이 판매되어 인기가 있는 제품이라고 광고하면서 자사의 것은 성수기가 포함된 기간을 기준으로 하고 경쟁사의 것은 비수기가 포함된 기간을 기준으로 하는 경우, 자동차의 안전도를 비교하는 광고에 있어서 특정속도의 정면충돌 시험결과만으로 자사가 제조 · 판매하는 차가 경쟁사업자가 제조 · 판매하는 차보다 모든 면에서 안전도가 뛰어나다고 광고하는 경우 등이다.

4) 비방적인 표시 · 광고

다른 사업자 등 또는 다른 사업자 등의 상품 등에 관하여 객관적인 근거가 없는 내용으로 표시 · 광고하여 비방하거나 불리한 사실만을 표시 · 광고하여 비방하는 것을 말한다(영 제3조 제4항).

예를 들면, 객관적인 근거 없이 "○○ 회사(경쟁관계 사업자)의 △△제품은 약효가 없고 치료가 안 된다."고 표시 · 광고하는 경우, 교통사고의 원인이 운전자 부주의 또는 차량 결함 등 다양함에도 단순히 교통사고 조사자료의 경쟁사업자의 차량 사고율이 높은 점을 이유로 경쟁사의 차량은 안전하지 않다고 광고하는 경우 등이다.

　공정거래위원회는 부당한 표시·광고가 구체적으로 어떠한 경우에 해당되는 지를 사업자, 사업자단체 및 일반 국민에게 예시함으로써 부당한 표시·광고 행위를 사전에 방지하고 부당한 표시·광고에 대한 법 집행의 객관성과 투명성을 확보하기 위해 「부당한 표시·광고 행위의 유형 및 기준 지정고시(공정거래위원회고시 제2001-13호, 개정 2001. 8. 30.)」를 제정·운용하고 있다.

　여기에서는 표시·광고의 기본원칙을 비롯하여 사업자 자신, 가격, 원재료·성분, 품질·성능·효능, 규격·용량·수량, 제조일자·유효기간, 제조방법, 특징, 원산지·제조자, 보증, 용기·포장, 추천·권장, 용도·사용방법, 주의사항, 기타의 거래내용 및 거래조건에 관한 사항의 표시·광고, 누락·은폐 등에 의한 기만적인 표시·광고, 경쟁 사업자 및 경쟁관계 상품에 관한 비교표시·광고 등에 대해 구체적으로 규정하고 있다.

3. 사업자단체의 표시·광고 제한행위의 금지

　사업자단체는 법령에 의하지 않고는 당해 사업자단체에 가입된 사업자에 대하여 표시·광고를 제한하는 행위를 해서는 안 된다(법 제6조 제1항 본문). 그러나 공정거래위원회가 소비자의 이익을 보호하거나 공정한 거래질서를 유지하기 위하여 필요하다고 인정하는 경우에는 그러하지 아니하다

(법 제6조 제1항 단서). 그런데 공정거래위원회가 사업자단체의 표시 · 광고
행위를 인정하고자 하는 때에는 관계 행정기관의 장과 미리 협의해야 한
다(법 제6조 제2항).

4. 주요정보 공개제도

표시광고법은 소비자의 구매선택에 영향을 미칠 수 있는 중요한 표시 ·
광고 사항을 정함으로써 소비자가 합리적으로 선택하는데 필요한 정보 제
공을 확대하여 정보 부족으로 인한 소비자 피해를 사전에 예방하기 위하
여 주요정보 공개제도를 도입하고 있다.

공정거래위원회는 상품 등이나 거래분야의 성질에 비추어 소비자보호
및 공정한 거래질서의 유지를 위하여 필요한 중요사항으로서 그 사항이
표시 · 광고 사항에 포함되지 않을 경우 그로 인하여 다음에 해당하는 문
제가 생길 우려가 크다고 판단되는 때에는 그 표시 · 광고 사항에 포함시
킬 사항을 고시할 수 있다. 다만, 다른 법령에서 표시 · 광고를 하도록 하
고 있는 사항을 제외한다(법 제4조 제1항).

① 소비자의 피해가 빈번하게 발생하고 그 피해의 사후구제가 곤란하게
되는 문제
② 소비자가 상품 등의 중대한 결함 또는 기능상의 한계 등을 정확히 알
지 못하게 되고 그 알지 못한 사정이 구매선택의 판단에 결정적인 영향

을 미치게 되는 문제

③ 기타 공정한 거래질서를 현저히 저해하는 문제

사업자 등은 표시·광고 행위를 하는 경우에는 공정거래위원회가 고시한 표시·광고 사항이 포함되게 해야 한다(법 제4조 제3항)

공정거래위원회는 주요정보 공개제도와 관련하여 「중요한 표시·광고 사항 고시(공정거래위원회 제2002-3호, 개정 2002. 3. 5.)」를 제정·운영하고 있다. 이 고시는 기본 원칙을 비롯하여 소비자안전, 유전자변형물질, 상품권 등의 3개 분야별 적용범위와 중요항목은 물론 부동산중개업, 학습교재업, 학원운영업, 증권투자업, 장의업, 체육시설운영업, 할인카드 회원권 운영업, 사진현상 및 촬영업, 화물자동차운송업, 완구업, 의류업, 가구업, 주방용품, 귀금속·보석업, 자동차부품업, 투자자문·투자일임업, 건강식품·산후조리원운영업, 공동주택업, 유사금융업, 결혼정보업, 영화업 등 22개 업종별 적용범위와 중요정보항목을 규정하고 있다.

5. 표시·광고 내용의 실증

사업자 등은 자기가 행한 표시·광고 중 사실과 관련한 사항에 대하여는 이를 실증할 수 있어야 한다(법 제5조 제1항).

공정거래위원회는 사업자 등이 부당한 표시·광고 행위의 금지에 관한 규정(법 제3조 제1항)에 위반할 우려가 있어 그 실증이 필요하다고 인정되는 경우에는 그 내용을 구체적으로 명시하여 당해 사업자 등에게 관련 자료의 제출을 요청할 수 있다(법 제5조 제2항). 사업자 등은 이러한 요청을 받은 날로부터 30일 이내에 그 실증자료를 공정거래위원회에 제출해야 한다. 다만, 공정거래위원회는 정당한 사유가 있다고 인정되는 경우에는 그 제출기간을 연장할 수 있다(법 제5조 제3항).

한편 공정거래위원회는 상품 등에 관하여 소비자가 잘못 아는 것을 방지하거나 공정한 거래질서를 유지하기 위하여 필요하다고 인정되는 경우에는 사업자 등이 제출한 실증자료를 비치하여 이를 일반인이 열람할 수 있게 하거나 기타 적절한 방법에 의하여 이를 공개할 수 있다. 다만, 그 자료가 사업자 등의 영업상의 비밀에 해당하여 그 공개가 사업자 등의 영업활동을 침해할 우려가 있는 경우에는 그러하지 아니하다(법 제5조 제4항).

공정거래위원회는 표시 · 광고 내용의 실증과 관련하여 「광고실증에 관한 운영지침」을 제정 · 운영하고 있다. 이 지침에 의하면 실증자료 요청의 주요대상은 ① 인체에 직접적으로 영향을 미친다는 내용인 경우, ② 안건 또는 환경과 관련된 내용인 경우, ③ 성능 · 효능 · 품질에 관한 내용인 경우, ④ 기타 소비자의 구매 선택 및 거래질서에 중대한 영향을 미치는 내용인 경우 등이다.

6. 규 제

1) 시정조치

공정거래위원회는 사업자 등이 동 법 제3조 제1항에 위반하여 부당한 표시 · 광고 행위를 하는 때에는 당해 사업자 등에 대하여 당해 위반행위의 중지, 법위반행위로 인하여 공정거래위원회로부터 시정명령을 받은 사실의 공표, 정정광고, 기타 위반행위의 시정을 위하여 필요한 조치를 명할 수 있다(법 제7조).

공정거래위원회는 사업자단체가 법 제6조 제1항의 본문에 위반하는 행위를 하는 때에는 당해 위반행위의 중지, 당해 위반행위를 정한 정관 · 규약 등의 변경, 기타 위의 시정을 위해 필요한 조치를 명할 수 있다(법 제6조 제3항).

2) 임시중지 명령제도

공정거래위원회는 표시 · 광고 행위가 다음의 요건을 갖춘 때에는 사업자 등에 대하여 당해 표시 · 광고 행위를 일시 중지할 것을 명할 수 있다(법 제8조 제1항).

① 표시 · 광고 행위가 부당한 표시 · 광고 행위의 금지에 관한 규정(제3조 제1항)에 위반한다고 명백하게 의심이 될 것
② 당해 표시 · 광고 행위로 인하여 소비자 또는 경쟁 사업자에게 회복

하기 어려운 손해가 발생할 우려가 있어 이를 예방하기 위한 긴급한 필요가 있다고 인정될 것

그러나 이러한 명령에 불복이 있는 자는 그 명령을 받은 날로부터 7일이내에 공정거래위원회에 이의를 제기할 수 있으며(법 제8조 제3항), 이때 공정거래위원회는 지체 없이 그 사실을 서울고등법원에 통보해야 하며, 그 통보를 받은 서울고등법원은 비송사건절차법에 의하여 재판을 한다(동법 제8조 제4항).

한편, 소비자단체, 정보통신윤리위원회, 한국간행물윤리위원회, 한국소비자보호원, 한국신문윤리위원회, 한국광고자율심의기구 등은 사업자 등의 표시 · 광고 행위가 임시중지명령을 받을 요건에 해당한다고 인정되는 때에는 서면으로 공정거래위원회에 당해 표시 · 광고 행위의 일시 중지를 명하도록 요청할 수 있다(법 제8조 제2항).
공정거래위원회는 임시중지 명령제도의 효율적인 운용을 위한 세부운영 기준으로「임시중지명령에 관한 운영지침」을 만들었다.

3) 과징금

공정거래위원회는 법 제3조 제1항에 위반하여 표시 · 광고 행위를 한 사업자 등에 대하여는 당해 사업자의 직전 3개 사업연도의 평균매출액에 2/100를 곱한 금액을 초과하지 않는 범위 안에서 과징금을 부과할 수 있다(법 제9조 제1항 본문, 영 제12조).

그러나 그 위반행위를 한 자가 매출액이 없거나 매출액의 산정이 곤란한 경우로서 영업을 개시하지 않았거나 영업중단 등으로 인하여 영업실적이 없는 경우, 매출액산정자료를 제출하지 않았거나 허위로 제출한 경우, 기타 객관적인 매출액의 산정이 어렵다고 인정되는 경우의 사업자이거나 사업자단체인 경우에는 5억 원을 초과하지 않는 범위 안에서 과징금을 부과할 수 있다(법 제9조 제1항 단서, 영 제14조).

한편 법 제3조 제1항에 위반된 사업자인 법인이 합병을 하는 경우에는 당해 법인이 행한 위반행위는 합병 후 존속하거나 합병에 의하여 설립된 법인이 행한 행위로 보아 과징금을 부과·징수한다(법 제9조 제4항).

7. 손해배상책임

사업자 등은 법 제3조 제1항에 위반하여 부당한 표시·광고 행위를 함으로써 피해를 입은 자가 있는 경우에는 당해 피해자에 대하여 손해배상의 책임을 진다(법 제10조 제1항). 이때 손해배상책임을 지는 사업자 등은 그 피해자에 대하여 고의 또는 과실이 없음을 들어 그 책임을 면할 수 없다(법 제10조 제2항)는 무과실책임을 규정하고 있다. 그런데 이 손해배상청구권은 공정거래위원회의 시정조치가 확정된 후가 아니면 이를 재판상 주장할 수 없다. 그러나 이는 민법 제750조에 의한 손해배상청구의 소를 제한하지 않는다(법 제11조 제1항). 그리고 이 손해배상청구권은 이를 행사할 수 있는 날로부터 3년을 경과한 때에는 시효에 의하여 소멸된다(법 제11조 제2항)(부당광고의 민사법적 효력에 대해서는 2장 322쪽 참조).

8. 보칙

1) 자율규약

사업자 또는 사업자단체는 법 제3조 제1항의 규정에 위반하는 행위를 방지하기 위하여 자율적으로 표시 · 광고에 관한 규약을 정할 수 있다(법 제14조 제1항). 이때 사업자 또는 사업자단체는 공정거래위원회에 자율규약이 법 제3조 제1항의 규정에 위반하는 지의 여부에 대한 심사를 요청할 수 있고, 공정거래위원회는 자율규약의 심사를 요청 받은 때에는 심사의 요청을 받은 날로부터 60일 이내에 심사결과를 신청인에게 통보해야 한다(법 제14조 제2항 및 제3항).

2) 관계 행정기관과의 관계

표시광고법은 관계 행정기관의 장이 사업자 등의 표시 · 광고 행위를 금지하거나 제한하는 것을 내용으로 하는 법령을 제정 또는 개정할 때에는 미리 공정거래위원회와 협의토록 규정(법 제13조)함으로써 사업자의 표시 · 광고 행위에 대하여 다른 법률이 지나치게 규제하는 것을 예방할 수 있도록 하였다. 또한 표시 · 광고법의 효율적인 집행을 위하여 관계 행정기관 등의 장에게 의견을 듣거나 필요한 조사 의뢰와 자료를 요청할 수 있도록 하고 있다(법 제15조 제1항 내지 제3항).

다만, 금융 · 보험 사업자 등의 표시 · 광고법 위반행위에 대하여 직권조사의 필요성이 있을 때에는 이를 조사하지 않고 금융감독위원회에 통보하여 처리하도록 규정(법 제15조 제4항)하여 금융 · 보험 부문의 예외를 인정하고 있다. 금융감독위원회는 이에 대한 처리결과를 공정거래위원회에 통보해야 한다(법 제15조 제5항).

9. 제 재

사업자 등이 법 제4조 제3항의 규정에 위반하여 고시된 표시 · 광고 사항을 포함시키지 않은 경우, 법 제5조 제3항의 규정에 위반하여 실증자료를 제출하지 않은 경우, 법 제8조 제1항의 규정에 위반하여 임시중지명령에 응하지 않은 경우 등에는 1억 원 이하의 과태료에 처하며, 법인 또는 사업자단체의 임원 또는 종업원, 기타 이행관계인이 임시명령에 응하지 않은 때에는 1,000만원 이하의 과태료에 처한다(법 제20조 제1항 제3호).

법 제3조 제1항에 위반하여 부당한 표시 · 광고 행위를 하거나 또는 다른 사업자 등으로 하여금 이를 행하게 한 사업자 등이나 법 제6조 제3항 또는 법 제7조 제1항에 의한 명령에 응하지 않은 자에 대하여는 2년 이하의 징역 또는 1억 5,000만원 이하의 벌금에 처한다(법 제17조). 그리고 법인(법인격 없는 단체를 포함한다)의 대표자나 법인 또는 개인의 대리인, 사용인, 기타 종업원이 그 법인 또는 개인의 업무에 관하여 법 제17조의 위반행위를 한 때에는 행위자를 벌하는 외에 그 법인 또는 개인에 대하여도 2년 이하의 징역 또는 1억 5,000만원 이하의 벌금에 처한다(법 제19조).

5 방문판매 등에 관한 법률

디지털화, 세계화, 자율화 등의 추세에 따라 국내외 환경이 급격하게 변화하면서 소비자의 수요가 다양화 · 고도화되고 있고, 사업자 또한 이러한 환경변화에 적극적으로 대처하기 위해 방문판매, 전화권유판매, 다단계판매, 계속거래, 사업권유거래 등 새로운 형태의 판매방식을 개발해 나가고 있다.

그런데 이러한 특수판매는 소비자의 정보비대칭을 이용하여 특수판매업자의 이윤을 극대화하는 경향이 있어 이로 인한 소비자의 피해가 증가하고 있다. 이에 특수판매에 관한 거래를 공정하게 규율하고 소비자의 권익을 보호하는 법률의 제정이 필요하다.

우리나라의 경우 1990년 초 다단계판매(소위 피라미드판매)가 국내에 유입되어 소비자 피해가 증가되면서, 이에 대한 언론과 소비자단체의 우려가 확산되어 당시 상공부가 독자적으로 방문판매, 통신판매, 다단계판매를 포함한 방문판매법안을 만들기 시작하여 1999년 「방문판매 등에 관한 법률」(이하 "방문판매법"이라 한다)을 제정하기에 이르렀다.

방문판매법은 제정 당시부터 언론의 관심의 대상이 되었고 미국의 통상 압력을 받기도 하였다. 그 후 1995년 말에 전면적으로 개정되었으며, 1999 년 2월에는 사업자에게 부담을 주는 각종 규제를 정비하여 자율적인 경영 환경을 조성하도록 하기 위하여, 그리고 같은 해 5월에는 방문판매법의 주 관부서를 산업자원부에서 공정거래위원회로 이관하기 위하여 다시 개정 되었다.

한편 2002년 3월에는 방문판매법이 제4차 전면 개정되었고, 같은 해 7 월 1일부터 시행되었다.

1. 적용대상

1) 적용대상

방문판매법의 적용범위는 방문판매법상 정의된 방문판매, 전화권유판 매, 다단계판매, 계속계약, 사업권유거래이다.

(1) 방문판매

방문판매란 재화 또는 용역(일정한 시설을 이용하거나 용역의 제공을 받을 수 있는 권리를 포함)의 판매(위탁 및 중개를 포함)를 업으로 하는 자가 방문의 방법으로 그의 영업소·대리점·지점·출장소 등 명칭 여하를 불구하고 소유 또는 임차하거나 점용허가를 받은 장소에서 일정한 시설을 갖추고 3개월 이상 계속적으로 영업하는 고정된 영업장소에서 소비자에게 권유하여 계약의 청약을 받거나 계약을 체결(사업자 이외의 장소에서 권유 등 소비자와 직접 대면하여 재화 또는 용역에 관한 정보를 제공하고 소비자의 구매를 유도하는 방법에 의하여 소비자를 유인하여 사업장에서 계약의 청약을 받거나 계약을 체결하는 경우를 포함)하여 재화 또는 용역을 판매하는 것을 말한다(법 제2조 제2항, 규칙 제2조 및 제3조).

(2) 전화권유판매

전화권유판매란 전화를 이용하여 소비자에게 권유하여 계약의 청약을 받거나 계약을 체결하는 등 전화를 사용하여 소비자의 응답을 유도하고 대화를 함으로써 청약을 받거나 계약을 체결하는 방법으로 재화 등을 판매하는 것을 말한다(법 제2조 제3호, 규칙 제4조).

(3) 다단계판매

다단계판매란 판매업자가 특정인에게 그가 공급하는 재화 등을 소비자에게 판매할 것과 그에 의한 소비자의 전부 또는 일부를 당해 특정인의 하위판매원으로 가입하도록 하여 그 하위판매원이 당해 특정인의 활동과 같은 활동을 하면 일정한 이익(다단계판매에 있어서 다단계 판매원이 소비자에게 재화 등을 판매하여 얻는 소매이익과 다단계 판매업자가 그 다단계 판매원에게 지급하는 후원수당)을 얻을 수 있다고 권유하여, 판매원의 가입이 단계적(판매조직에 가입한 판매원의 단계가 3단계 이상인 경우)으로 이루어지는 다단계 판매조직(판매조직에 가입한 판매원의 단계가 2단계 이하인 판매조직 중 사실상 3단계 이상인 판매조직으로 관리·운영되는 경우로서 대통령령이 정하는 판매조직 포함)을 통하여 재화 등을 판매하는 것을 말한다.

(4) 계속거래

계속거래란 1개월 이상 계속하여 재화 등을 공급하는 계약으로서 중도에 해지할 경우 대금환급의 제한 또는 위약금에 관한 약정이 있는 경우를 말한다(법 제2조 제8호, 영 제3조).

(5) 사업권유거래

사업권유거래란 사업자가 소득 기회를 알선·제공하는 방법으로 거래 상대방을 유인하여 재화 등을 구입하게 하는 거래를 말한다(법 제2조 제9호).

(6) 소비자

소비자란 사업자가 제공하는 재화 등을 소비생활을 위하여 사용하거나 이용하는 사람은 물론 소비생활 외의 목적에 사용하거나 이용하는 사람도 일부 포함된다(법 제2조 제10호, 영 제4조).

① 재화 등을 최종적으로 사용하거나 이용하는 자[재화 등을 원재료(중간재를 포함) 및 자본재로 사용하는 자를 제외]

② 법 제3조 제1항 단서의 규정에 해당하는 사업자로서 재화 등을 구매

하는 자(당해 재화 등을 판매한 자에 대한 관계에 한함)

③ 다단계 판매원이 되고자 다단계 판매업자로부터 재화 등을 최초로 구매하는 자

④ 방문판매업자 또는 전화권유 판매업자와 거래하는 경우의 방문판매원 또는 전화권유판매원

⑤ 재화 등을 농업(축산업을 포함) 및 어업 활동을 위하여 구입한 자로서 축산법 제21조 제1항의 규정에 의하여 농림부령이 정하는 사육규모 이상의 축산업을 영위하는 자 외의 자 및 수산업법 제41조 제1항의 규정에 의하여 해양수산부장관의 허가를 받은 원양어업자 외의 자

2) 적용제외범위

방문판매법은 원칙적으로 사업자(다단계 판매원이나 사업권유거래의 상대방을 제외)가 상행위를 목적으로 재화 등을 구입하는 거래에 대하여는 적용하지 않는다(법 제3조 제1항). 다만, 사업자라 하더라도 사실상 소비자와 같은 지위에서 다른 소비자와 같은 거래조건으로 거래하는 경우에는 그러하지 아니하다.

그리고 재화의 성질상 방문판매법의 적용이 적당하지 않은 거래로서는 보험사업자와의 보험계약 체결을 위한 거래와 개인이 독립된 자격으로 공급하는 재화 등의 거래로서 가공되지 않은 농산물·수산물·축산물·임산물과 방문판매자가 직접 생산한 재화 등을 방문판매하는 거래 등을 규정하고 있다(법 제3조 제3항, 영 제5조).

3) 다른 법률과의 관계

방문판매 · 전화권유판매 · 다단계판매 · 계속거래 및 사업권유거래에서의 소비자보호와 관련하여 이 법과 다른 법률의 적용이 경합하는 경우에는 이 법을 우선 적용하되, 다른 법률을 적용하는 것이 소비자에게 유리한 경우에는 그 법을 적용한다(법 제4조).

계속거래에 관한 규정은 방문판매법에서 규정하고 있는 사항을 전기통신사업법 등 다른 법률에서 따로 정하고 있는 경우에는 그 법률을 적용한다(법 제3조 제4항).

계약서 교부의무에 관한 규정은 다른 법률에 이 법의 규정과 다른 방법에 의한 계약서 교부의무 등이 규정되어 있는 거래에는 적용되지 않는다(법 제3조 제2항).

2. 방문판매 및 전화권유판매규제

1) 방문판매업자 및 전화권유 판매업자의 신고

방문판매업자 및 전화권유 판매업자(이하 "방문판매업자 등"이라 한다)는 상호 · 주소 · 전화번호 · 전화우편주소(법인인 경우에는 대표자의 성명, 주민등록번호 및 주소를 포함하고, 상법상 회사인 경우에는 자산, 부채 및 자본금을 포함), 그 밖에 사항이 있는 신고서와 관련 서류를 첨부하여 공정거래위원회 또는 특별시장 · 광역시장 또는 도지사[권한위임에 의해 시장 · 군수 · 구청장(영 제56조)]에게 신고해야 한다. 그러나 방문판매원을 두지 않는 방문판매업자나 전화권유판매원을 두지 않는 전화권유 판매업자는 신고의무를 부담하지 않는다(법 제5조 제1항 단서 및 영 제8조). 이러한 신고를 받은 공정거래위원회 또는 시 · 도지사는 신고증을 교부해야 한다(영 제7조 제2항).

한편 신고한 사항에 변경이 있거나 혹은 방문판매업자 등이 그 영업을 휴지 또는 폐지하거나 휴업 후 영업을 재개하는 경우에는 이를 신고해야 한다(법 제5조 제2항 및 제3항). 그리고 공정거래위원회는 위와 같이 신고한 방문판매업자 등의 정보를 공개할 수 있다(법 제5조 제4항).

2) 방문판매원 등의 명부 비치의무 및 명시의무 등

방문판매업자 등은 방문판매원 또는 전화권유 판매원(이하 "방문판매원 등"이라 한다)의 명부를 작성하여 사업장에 비치해야 하고, 소비자 피해의 방지 및 구제를 위하여 필요한 경우 소비자로 하여금 방문판매원의 신원을 확인할 수 있게 해야 한다(법 제6조 제1항 및 제2항).

그리고 방문판매자 등이 재화 등을 판매하고자 하는 경우에는 소비자에게 미리 해당 방문 또는 전화가 판매의 권유를 위한 것임과 방문판매자의 성명 또는 명칭, 판매하는 재화 등의 종류 및 내용을 밝혀야 한다(법 제6조 제3항).

3) 정보제공 및 계약서 교부의무

방문판매자 등은 재화 등의 판매에 관한 계약을 체결하기 전에 소비자가 계약의 내용을 이해할 수 있도록 다음의 사항을 설명해야 한다(법 제7조 제1항).

① 방문판매업자 등의 성명(법인인 경우에는 대표자의 성명) · 상호 · 주소 · 전화번호 · 전자우편주소

② 방문판매원 등의 성명 · 주소 · 전화번호 · 전자우편주소(다만, 방문판매업자 등이 소비자와 직접 계약을 체결하는 경우는 제외)

③ 재화 등의 명칭 · 종류 및 내용

④ 재화 등의 가격과 그 지급방법 및 시기

⑤ 재화 등의 공급방법 및 시기

⑥ 청약의 철회 및 계약의 해제(이하 "청약의 철회 등"이라고 한다)의 기한 · 행사방법 · 효과에 관한 사항 및 청약철회 등의 권리행사에 필요한 서식

⑦ 재화 등의 교환 · 반품 · 수리보증 및 그 대금환불의 조건과 절차

⑧ 전자매체로 공급이 가능한 재화 등의 설치 · 전송 등과 관련하여 요구되는 기술적 사항

⑨ 소비자 피해보상 · 재화 등에 대한 불만 및 소비자와 사업자간의 분쟁처리에 관한 사항

⑩ 거래에 관한 약관, 기타 소비자의 구매 여부의 판단에 영향을 주는 거래조건 또는 소비자의 피해구제에 필요한 사항으로서 재화 등의 가격

외에 소비자가 추가로 부담해야 할 사항이 있는 경우 그 내용 및 금액 또는 판매일시·지역·수량·인도지역 등 판매조건과 관련하여 제한이 있는 경우 그 내용(영 제10조)

방문판매자는 재화 등의 판매에 관한 계약을 체결할 때에는 위의 사항을 기재한 계약서를 소비자에게 교부해야 한다(법 제7조 제2항). 그러나 전화권유판매에 관한 계약서의 경우에는 소비자의 동의를 얻어 당해 계약의 내용을 모사전송이나 전자문서(전자거래기본법 제2조 제1항의 규정에 의한 전자문서를 말함)로 송부하는 것으로 갈음할 수 있으며, 모사전송 또는 전자문서에 의하여 송부한 계약의 내용이나 도달에 관하여 다툼이 있는 경우에는 전화권유 판매자가 이를 입증해야 한다(법 제7조 제4항).

방문판매자 등이 재화 등의 계약을 미성년자와 체결하고자 하는 경우에는 법정대리인의 동의를 얻어야 하고, 법정대리인의 동의를 얻지 못하는 경우에는 미성년자 본인 또는 법정대리인이 계약을 취소할 수 있다는 내용을 고지해야 한다(법 제7조 제3항).

4) 청약철회 등

(1) 청약 철회기간 및 기산점
① 원 칙
방문판매의 방법으로 재화 등의 구매에 관한 계약을 체결한 소비자는 다음의 기간(거래 당사자 사이에 다음 각 호의 기간보다 긴 기간으로 약정한 경우에는 그 기간) 이내에 당해 계약에 관한 청약철회를 할 수 있다(법 제8조 제1항).

- 계약서를 교부받은 날로부터 14일
- 그 계약서를 교부받은 때보다 재화 등의 공급이 늦게 이루어진 경우에는 재화 등을 공급받거나 공급이 개시된 날로부터 14일
- 계약서를 교부받지 않은 경우, 방문판매자 등의 주소 등이 기재되지 않은 계약서를 교부받은 경우 또는 방문판매자 등의 주소 변경 등의 사유로 제1호의 기간 이내에 청약철회 등을 할 수 없는 경우에는 그 주소를 안 날 또는 알 수 있었던 날로부터 14일

② 기간의 연장

소비자는 재화 등의 내용이 표시·광고의 내용과 다르거나 계약내용과 다르게 이행된 경우에는 당해 재화 등을 공급받은 날부터 3개월 이내, 그 사실을 안 날 또는 알 수 있었던 날부터 30일 이내에 청약철회 등을 할 수 있다(법 제8조 제3항).

(2) 청약철회의 배제

소비자는 다음에 해당하는 경우에는 방문판매자의 의사에 반하여 청약철회 등을 할 수 없다(법 제8조 제2항).

① 소비자에게 책임 있는 사유로 재화 등이 멸실 또는 훼손된 경우. 다만, 재화 등의 내용을 확인하기 위하여 포장 등을 훼손한 경우는 제외한다.
② 소비자의 재화 등의 일부 사용 또는 소비에 의하여 그 가치가 현저히 감소한 경우. 이 경우에는 방문판매자 등이 이에 따라 청약철회가 불가능하다는 사실을 재화 등의 포장, 기타 소비자가 쉽게 알 수 있는 곳에

명기하거나 시용상품을 제공하는 등의 방법으로 재화 등의 일부 사용이나 소비 등에 의하여 청약철회의 권리의 행사가 방해받지 않도록 조치를 취한 경우에 한한다.

③ 시간의 경과에 의하여 재판매가 곤란할 정도로 재화 등의 가치가 현저히 감소한 경우

④ 복제가 가능한 재화 등의 포장을 훼손한 경우

⑤ 기타 거래의 안전을 위한 경우로서 소비자의 주문에 의하여 개별적으로 생산되는 재화 등에 관하여 청약철회 등을 인정하는 경우 방문판매자 등에게 회복할 수 없는 중대한 피해가 예상되는 경우로서 사전에 당해 거래에 대하여 별도로 그 사실을 고지하고 소비자로부터 서면이나 전자문서에 의한 동의를 받은 경우(영 제11조)

(3) 청약철회의 행사방법 및 효력발생시기

청약의 철회는 구두나 서면으로 할 수 있는데, 서면으로 하는 경우에는 청약철회의 의사표시가 기재된 서면을 발송한 날에 그 효력이 발생한다(법 제8조 제4항).

(4) 입증책임

청약철회 규정을 적용함에 있어서 재화 등의 훼손에 대하여 소비자에게 책임이 있는지의 여부, 계약이 체결된 사실 및 그 시기, 재화 등의 공급사실 및 그 시기 또는 계약서의 교부사실 및 그 시기 등에 관하여 다툼이 있는 경우에는 방문판매자가 이를 입증해야 한다(법 제8조 제5항).

(5) 청약철회 등의 효과

소비자는 청약철회를 한 경우에는 이미 공급받은 재화 등을 반환해야 하며(법 제9조 제1항), 방문판매자(소비자로부터 재화 등의 대금을 지급 받은 자 또는 소비자와 방문판매 등에 관한 계약을 체결한 자를 포함)는 재화 등을 반환 받은 날부터 3영업일 이내에 이미 지급 받은 재화 등의 대금을 환급해야 한다(법 제9조 제2항).

방문판매자 등이 소비자에게 대금의 환급을 지연한 때에는 지연배상금을 지급해야 한다. 그리고 이미 재화 등의 일부가 사용 또는 일부 소비된 경우에는 방문판매자 등은 그 재화 등의 일부 사용 또는 일부 소비에 의하여 소비자가 얻은 이익 또는 그 재화 등의 공급에 소요된 비용에 상당하는 금액으로써 대통령령이 정하는 범위의 금액의 지급을 소비자에게 청구할 수 있다(법 제9조 제8항).

한편 방문판매자 등이 재화 등의 대금을 환급함에 있어서 소비자가 신용카드나 당해 결제수단을 제공한 사업자에게 청구를 정지 또는 취소하거나 환급하는 경우 당해 소비자에게 환급한 것과 동일한 효과가 발생하는 결제수단으로 재화 등의 대금을 지급한 때에는 방문판매자 등은 지체 없이 당해 신용카드 등 대금결제수단을 제공한 사업자(결제업자)로 하여금 재화 등의 대금의 청구를 정비 또는 취소하도록 요청해야 한다(법 제9조 제3항, 영 제12조).

다만, 방문판매자 등이 결제업자로부터 당해 재화 등의 대금을 이미 지급 받은 때에는 지체 없이 이를 결제업자에게 환급하고 그 사실을 소비자에게 통지해야 한다. 이 경우 방문판매자 등으로부터 재화 등의 대금을 환

급 받은 결제업자는 지체 없이 소비자에게 이를 환급하거나 환급에 필요
한 조치를 취해야 하며(법 제9조 제4항), 방문판매자 등은 환급을 지연하여
소비자로 하여금 대금을 결제하게 한 경우에 그 지연배상금을 소비자에게
지급해야 한다(법 제9조 제5항).

또한 방문판매자 등이 정당한 사유 없이 결제업자에게 대금을 환급하지
않은 경우에는 소비자는 그 환급 받을 금액에 대하여 결제업자에게 당해
방문판매자 등에 대한 다른 채무와 상계할 것을 요청할 수 있다(법 제9조
제6항). 이 경우 결제업자는 당해 방문판매자 등에 대한 다른 채무와 상계
할 수 있다. 그리고 결제업자가 위의 상계를 정당한 이유 없이 게을리 한
경우 결제업자에 대해 대금의 결제를 거부할 수 있다.

이 경우 방문판매자 등과 결제업자는 그 결제의 거부를 이유로 당해 소
비자를 신용불량자로 처리하는 등 소비자에게 불이익을 주는 행위를 해서
는 안 된다(법 제9조 제7호).

또 청약철회의 경우 공급받은 재화 등의 반환에 필요한 비용은 방문판
매자가 부담하며 방문판매자는 소비자에게 청약철회 등을 이유로 위약금
또는 손해배상을 청구할 수 없다(법 제9조 제9항).

(6) 청약철회업무의 계속처리의무

방문판매자 등은 그 휴업기간 또는 영업정지기간중에도 청약철회와 그
에 따른 업무를 계속해야 한다(법 제12조).

5) 계약의 해제와 손해배상청구금액의 제한

소비자에게 책임 있는 사유로 인하여 재화 등의 판매에 관한 계약이 해제된 경우 방문판매자 등은 소비자에게 손해배상을 청구할 수 있다. 이 경우 소비자에게 청구하는 손해배상액은 다음에서 정한 금액에 대금미납에 따른 지연배상금을 더한 금액을 초과할 수 없다(법 제10조).

① 공급받은 재화 등이 반환된 경우에는 그 반환된 재화 등의 통상 사용 금액 또는 그 사용에 의하여 통상 얻어지는 이익에 상당하는 금액과 반환된 재화 등의 판매가격에서 그 재화 등이 반환된 당시의 가액을 공제한 금액 중 큰 금액

② 공급받은 재화 등이 반환되지 않은 경우에는 그 재화 등의 판매가격에 상당하는 금액

6) 금지행위

방문판매자 등은 다음에 해당하는 행위를 해서는 안 된다(법 제11조 제1항).

① 재화 등의 판매에 관한 계약의 체결을 강요하거나 청약철회 또는 계약해지를 방해할 목적으로 소비자에게 위력을 가하는 행위

② 허위 또는 과장된 사실을 알리거나 기만적 방법을 사용하여 소비자를 유인 또는 거래하거나 청약철회 또는 계약의 해지를 방해하는 행위

③ 가입비 · 판매보조물품 · 개인할당 판매액 · 교육비 등 그 명칭 및 형

태 여하를 불문하고 방문판매원이 되고자 하는 자 또는 방문판매원에게 방문판매원이 되기 위한 조건 또는 방문판매원의 자격을 유지하기 위한 조건으로서 1인당 연간 20,000원 이상의 비용, 기타 금품을 징수하거나 재화 등을 구매하게 하는 등 의무를 부과하는 행위(영 제15조)

④ 방문판매원에게 다른 방문판매원을 모집하도록 의무를 지게 하는 행위

⑤ 청약철회나 계약의 해지를 방해할 목적으로 주소·전화번호 등을 변경하는 행위

⑥ 분쟁이나 불만 처리에 필요한 인력 또는 설비의 부족을 상당기간 방치하여 소비자에게 피해를 주는 행위

⑦ 소비자의 청약이 없는데도 일방적으로 재화 등을 공급하고 재화 등의 대금을 청구하는 행위

⑧ 소비자가 재화를 구매하거나 용역을 제공받을 의사가 없음을 밝혔음에도 불구하고 전화, 모사전송, 컴퓨터통신 등을 통하여 재화를 구매하거나 용역을 제공받도록 강요하는 행위

⑨ 본인의 허락을 받지 않거나 허락 받은 범위를 넘어 소비자에 관한 정보를 이용(제3자에게 제공하는 경우를 포함한다. 이하 같다)하는 행위. 다만, 다음에 해당하는 경우를 제외한다.

● 재화 등의 배송 등 소비자와의 계약의 이행에 불가피한 경우로서 재화 등의 배송 또는 전송을 업으로 하는 자로서 당해 배송 또는 전송을 위탁받은 자에게 정보를 제공하는 경우와 재화 등의 설치, 사후서비스, 그 밖에 약정한 서비스의 제공을 업으로 하는 자로서 당해 서비스의 제공을 위탁받은 자에게 정보를 제공하는 경우 등 소비자와의 계약의 이

행에 불가피한 경우(영 제16조)

● 재화 등의 거래에 따른 대금정산을 위하여 필요한 경우

● 도용방지를 위하여 본인의 확인에 필요한 경우로서 소비자의 신원 및 실명 여부나 본인의 진의 여부의 확인을 위하여 기간통신사업자, 신용정보업자, 당해 거래에 따른 대금결제와 직접 관련된 결제업자, 법령 또는 법령의 규정에 의한 인·허가에 의하여 도용방지를 위한 실명확인을 업으로 하는 자 등에게 제공하는 경우와 미성년자와의 거래에 있어 법정대리인의 동의 여부를 확인하기 위하여 이용하는 경우(영 제17조)

● 법률의 규정 또는 법률에 의하여 필요한 불가피한 사유가 있는 경우

3. 다단계판매규제

1) 다단계 판매업자의 등록 등

(1) 다단계 판매업자의 등록

다단계 판매업을 하고자 하는 자는 공정거래위원회나 시·도지사에게 등록해야 하는데, 이를 위해서는 먼저 소비자 피해보상 보험계약 등을 체결한 후(법 제34조 제1항), 상호 및 주소·전화번호·전자우편주소(법인인 경우에는 대표자의 성명·주민등록번호 및 주소를 포함) 등을 기재한 신청서와 첨부서류를 갖추어서 등록에 필요한 절차를 밟아야 한다(법 제13조 제1항).

다단계 판매업을 영위하고자 하는 자는 누구든지 다단계 판매업자로 등

록할 수 있는 것이 원칙이지만, 다음에 해당하는 개인이나 법인은 다단계 판매업자로 등록할 수 없다(법 제14조).

① 금치산자 · 한정치산자 또는 미성년자, 파산선고를 받고 복권되지 않은 자, 방문판매법에 위반하여 징역형의 선고를 받고 그 집행이 종료되거나 집행이 면제된 날로부터 5년이 경과되지 않은 자, 방문판매법에 위반하여 형의 집행유예의 선고를 받고 그 유예기간 중에 있는 자 등에 해당하는 개인 또는 그가 임원으로 있는 법인
② 등록이 취소된 후 5년이 경과되지 않은 개인 또는 법인
③ 개인 또는 법인의 등록취소 당시에 임원이었던 자가 임원으로 있는 법인

다단계 판매업자는 위의 등록된 사항에 변경이 있거나(법 제13조 제2항), 그 영업을 휴지 또는 폐지하거나 휴업 후 영업을 재개하는 때에도 신고해야 한다(법 제13조 제3항).

그리고 공정거래위원회는 다단계 판매업자가 등록한 사항 중에서 다단계 판매업자의 등록번호와 등록일, 성명 · 상호 · 소재지 · 전화번호, 판매하는 재화 등의 품목과 매출액, 후원수당의 산정과 지급기준에 관한 정보 등을 공개할 수 있다(법 제13조 제4항, 영 제20조 제1항).

공정거래위원회는 다단계 판매업자가 다음에 해당하는 경우에는 그 등록을 취소할 수 있다(법 제42조 제4항).

① 사위, 기타 부정한 방법으로 등록을 한 경우

② 결격사유에 해당된 경우

③ 소비자 피해보상 보험계약 등이 해지된 경우

(2) 소비자 피해보상 보험계약 등의 체결

다단계 판매업의 등록을 하고자 하는 자는 소비자 피해보상을 위한 보험계약, 소비자 피해보상금의 지급을 확보하기 위한 금융기관과의 채무지급보증계약 또는 방문판매법에 의하여 설립된 공제조합과의 공제계약(이하 "소비자 피해보상 보험계약 등"이라 한다)을 체결한 뒤에 이를 증명하는 서류를 제출해야 한다(법 제34조 제1항).

소비자 피해보상 보험계약 등은 다단계 판매자의 방문판매법 위반행위로 인하여 받는 소비자 피해의 보상을 담보하기 위한 것으로서 종래의 환불보증금에 해당하는 것이다.

소비자 피해보상 보험계약 등에 의하여 소비자 피해보상금을 지급할 의무가 있는 자는 그 지급 사유가 발생한 경우 지체 없이 이를 지급해야 하며, 이를 지연한 경우 지연배상금을 지급해야 한다(법 제34조 제4항). 한편 소비자 피해보상 보험계약 등을 체결한 자는 그 사실을 나타내는 표시를 사용할 수 있다(법 제34조 제6항).

2) 다단계 판매원의 등록 및 탈퇴 등

다단계 판매조직에 다단계 판매원으로 가입하고자 하는 자는 그 조직을 관리 · 운영하는 다단계 판매업자에게 등록해야 한다(법 제15조 제1항). 그러나 다음에 해당하는 자는 다단계 판매원으로 등록할 수 없다(법 제15조

제2항).

① 국가공무원·지방공무원 또는 교육공무원 및 사립학교법에 의한 교원

② 법인

③ 다단계 판매업자의 지배주주 또는 임직원

④ 방문판매법에 위반하는 행위를 한 자로서 방문판매법에 의한 시정조
치를 2회 이상 받은 자(다만, 마지막 시정조치에 대한 이행을 완료한 날로부터
3년이 경과한 자는 그러하지 않음), 징역형의 선고를 받고 그 집행이 종료되
거나 집행이 면제된 날부터 5년이 경과하지 않은 자 또는 형의 집행유예
의 선고를 받고 그 유예기간중에 있는 자(영 제21조)

　다단계 판매업자는 그가 관리·운영하는 다단계 판매조직에 가입한 다
단계 판매원에게 다단계 판매원 등록증을 교부해야 하며(법 제15조 제3항),
다단계 판매원 등록부를 작성하고, 소비자 피해의 방지 또는 구제를 위하
여 필요한 경우 소비자로 하여금 등록된 다단계 판매원의 신원을 확인할
수 있게 해야 한다(법 제15조 제4항).

　다단계 판매업자는 등록한 다단계 판매원에게 후원수당의 산정과 지급기
준, 하위판매원의 모집과 후원, 재화 등의 반환과 다단계 판매원의 탈퇴에
관한 사항 및 다단계 판매원이 지켜야 할 사항 등에 대하여 확인이 가능한
다단계 판매원(전자기기로 된 것을 포함)을 교부해야 한다(법 제15조 제5항).

　다단계 판매업자는 다단계 판매원이 되고자 하는 자 또는 다단계 판매
원에게 다단계 판매원의 등록, 자격유지 또는 유리한 후원수당의 지급조
건을 적용받기 위한 조건으로 재화 등을 구매하도록 본인에게 부과하는
부담으로서 연간 50,000원 이상의 부담을 지게 해서는 안 된다(법 제22조

제1항, 영 제28조).

이 경우 본인 또는 그 하위판매원의 판매실적과 구매실적에 따라 후원수단의 지급기준을 달리하는 행위는 재화 등을 구매하도록 하는 부담으로 보지 않는다. 그리고 다단계 판매자는 다단계 판매원에게 일정수의 하위판매원을 모집하도록 하는 의무를 지우거나 특정인을 그의 동의를 받지 않고 자신의 하위판매원으로 등록해서는 안 된다(법 제22조 제2항).

한편, 다단계 판매업자는 다단계 판매원이 결격사유에 해당되는 때에는 당해 다단계 판매원을 탈퇴시켜야 하며(법 제22조 제3항), 다단계 판매원은 언제든지 다단계 판매업자에게 탈퇴의사를 표시하고 탈퇴할 수 있다. 그리고 다단계 판매업자는 다단계 판매원의 탈퇴에 조건을 부과해서는 안되며(법 제22조 제4항), 탈퇴한 다단계 판매원의 판매행위 등으로 인하여 소비자의 피해가 발생하지 않도록 판매원 수첩의 회수 등 필요한 조치를 해야 한다(법 제22조 제5항).

3) 정보제공 및 계약서 교부의무

다단계 판매자는 계약 체결시에 계약내용에 대한 설명의무와 계약서 교부의무를 부담하는데, 그 내용은 방문판매자 등의 규정이 준용된다(법 제16조). 즉 다단계 판매자가 다단계판매의 방법으로 재화 등의 판매에 관한 계약을 체결하는 경우에는 계약을 체결하기 전에 소비자가 계약의 내용을 이해할 수 있도록 다단계 판매자와 다단계 판매원에 관한 사항과 재화 등의 명칭, 가격 및 공급 시기와 방법, 청약의 철회와 계약의 해제 등에 대하여 설명해야 하며, 계약 체결시 이 사항을 기재한 계약서를 소비자에게 교부해야 한다.

4) 청약철회 등

(1) 청약철회 기간 및 상대방

다단계판매의 방법으로 재화 등의 구매에 관한 계약을 체결한 소비자는 방문판매의 경우와 마찬가지로 14일 이내에 청약철회 등을 할 수 있는데, 그 내용은 방문판매 등의 규정을 준용한다(법 제17조 제1항 본문). 그러나 소비자가 다단계 판매원과 재화 등의 구매에 관한 계약을 체결한 경우에는 다단계 판매원에게 우선적으로 청약철회 등을 하고, 다단계 판매원의 소재불명이나 연락처의 변경 등의 사유로 청약철회 등을 할 수 없거나 당해 다단계 판매원에게 청약철회 등을 하더라도 대금환급 등의 효과를 기대하기 어려운 경우에 한하여, 당해 재화 등을 공급한 다단계 판매업자에게 청약철회를 할 수 있다(법 제17조 제1항, 영 제22조).

다단계판매의 방법으로 재화 등의 구매에 관한 계약을 체결한 다단계 판매원도 그 계약을 체결한 날로부터 3개월 이내에 서면으로 당해 계약에 관한 청약철회 등을 할 수 있다. 그러나 다음과 같은 경우에는 청약철회 등을 할 수 없다(법 제17조 제2항, 영 제23조).

① 다단계 판매원이 다단계 판매업자에게 재고의 보유를 허위로 알리는 등의 방법으로 재화 등의 재고를 과다하게 보유한 경우
② 재판매가 곤란할 정도로 재화 등을 훼손한 경우

③ 다단계 판매원에게 책임 있는 사유로 재화 등이 멸실 또는 훼손된 경우. 다만, 재화 등의 내용을 확인하기 위하여 포장 등을 훼손한 경우는 제외한다.

④ 재화 등의 일부 사용 또는 소비에 의하여 그 가치가 현저히 감소한 경우. 다만, 청약철회 등이 불가능하다는 사실을 재화 등의 포장, 그 밖에 쉽게 알 수 있는 곳에 명기하거나 시용상품을 제공하는 등의 방법으로 재화 등의 일부 사용 등에 의하여 청약철회 등의 권리행사가 방해받지 않도록 한 때에 한한다.

⑤ 복제가 가능한 재화 등의 포장을 훼손한 경우

⑥ 소비자 또는 다단계 판매원의 주문에 의하여 개별적으로 생산되는 재화 등에 대하여 청약철회 등을 인정하는 경우

⑦ 다단계 판매원에게 회복할 수 없는 중대한 피해가 예상되는 경우로서 사전에 당해 거래에 대하여 별도로 그 사실을 고지하고 소비자 또는 다단계 판매원의 서면(전자문서를 포함)에 의한 동의를 얻은 경우

한편, 청약철회와 관련하여 계약이 체결된 사실과 그 시기, 재화 등의 공급사실과 그 시기, 재화 등의 훼손 여부와 책임소재 등에 관하여 다툼이 있는 경우에는 재화 등을 판매한 사람이 이를 입증해야 한다(법 제17조 제3항).

(2) 청약철회 등의 효과

다단계판매에 관한 계약의 청약이 철회된 경우 다단계 판매자의 상대방은 이미 공급받은 재화 등을 반환해야 하며(법 제18조 제1항), 다단계 판매자는 재화 등을 반환 받은 날로부터 3영업일 이내에 이미 지급 받은 재화

등의 대금을 환급해야 하며, 대금의 환급을 지연한 때에는 그 지연기간에 대한 지연배상금을 지급해야 한다(법 제18조 제2항).

그러나 다단계 판매업자가 다단계 판매원에게 재화 등의 대금을 환급함에 있어서는 비용을 공제할 수 있는데, 이러한 비용공제는 다단계 판매원이 재화 등을 공급받은 날로부터 1개월이 경과한 뒤에 반환하는 경우에 한하되, 그 한도는 공급일부터 2개월 이내에 반환하는 경우에는 그 재화 등의 대금의 5% 이내, 공급일부터 3개월 이내에 반환하는 경우에는 그 재화 등의 대금의 7% 이내로서 당사자간에 약정한 금액으로 한다. 다만, 다단계 판매업자의 등록이 취소되어 반환하는 경우에는 위 금액의 1/2에 해당하는 금액을 한도로 한다(영 제24조).

다단계 판매자의 상대방이 신용카드 등으로 재화 등의 대금을 지급한 때, 다단계 판매자·상대방·결제업자 간의 법률관계는 방문판매 등의 경우와 동일하다(법 제18조 제3항 내지 제5항).

다단계 판매자는 청약철회 등에 따라 재화 등의 대금을 환급한 경우 그 환급한 금액이 자신이 다단계 판매원에게 공급한 금액을 초과할 때에는 그 차액을 다단계 판매원에게 청구할 수 있으며(법 제18조 제6항), 재화 등의 일부가 이미 사용 또는 소비된 경우에는 그 재화 등의 일부 사용 또는 소비에 의하여 상대방이 얻은 이익 또는 그 재화 등의 공급에 소요된 비용에 상당하는 금액의 지급을 당해 상대방에게 청구할 수 있다(법 제18조 제7항).

청약철회 등에 따른 공급받은 재화 등의 반환에 필요한 비용은 다단계 판매자가 부담하며 다단계 판매자는 상대방에게 위약금 또는 손해배상을 청구할 수 없다(법 제18조 제8항).

다단계 판매자, 상대방으로부터 재화 등의 대금을 지급 받은 자 또는 상대방과 다단계판매에 관한 계약을 체결한 자가 동일인이 아닌 경우에는 각자가 청약철회 등에 따른 재화 등의 대급환급과 관련한 의무의 이행에 있어서 연대하여 책임을 진다(법 제18조 제9항).

5) 손해배상청구금액의 제한

소비자에게 책임 있는 사유로 인하여 재화 등의 판매에 관한 계약이 해제된 경우 다단계 판매자는 상대방에게 손해배상을 청구할 수 있지만, 그 손해배상액은 일정한 한도로 제한된다. 이 내용은 방문판매에 관한 규정을 준용한다(법 제19조).

6) 후원수당

후원수당이란 판매수당·알선수수료·장려금·후원금 등 그 명칭 및 지급형태를 불문하고, 다단계 판매업자가 다단계 판매원에게 속하는 하위판매원들에 대한 조직관리 및 교육훈련 실적 또는 다단계 판매원 자신의 재화 등의 판매 실적이나 그 다단계 판매원에게 속하는 하위판매원들의 재화 등의 판매 실적과 관련하여 다단계 판매원에게 지급하는 경제적 이익을 말한다(법 제2조 제7호).

다단계 판매업자는 다단계 판매원에게 후원수당을 지급할 수 있다. 그러나 후원수당의 산정 및 지급기준을 객관적으로 명확하게 정해야 하며, 이를 변경하고자 하는 경우에는 변경사유와 새로운 기준의 적용일을 명시하며 현행의 기준과 함께 그 적용일로부터 3개월 이전에 다단계 판매원에게 통지해야 한다(법 제20조 제2항, 영 제26조 제1항).

그리고 다단계 판매업자는 다단계 판매원에게 고지한 후원수당의 산정 및 지급기준과 다르게 후원수당을 산정·지급하거나 기타 부당한 방법으로 다단계 판매원을 차별하여 대우해서는 안 된다(법 제20조 제1항).

한편 다단계 판매업자가 다단계 판매원에게 후원수당으로 지급할 수 있는 총액은 다단계 판매업자가 다단계 판매원에게 공급한 재화 등의 가격(부가가치세를 포함)의 합계액의 35% 범위 이내이어야 하며(법 제20조 제3항, 영 제27조), 일정 수의 하위판매원을 모집 또는 후원하는 것을 조건으로 하위판매원 또는 그 하위판매원의 판매 실적에 관계없이 후원수당을 차별하여 지급해서는 안 된다(법 제20조 제5항).

또한 다단계 판매업자는 다단계 판매원이 되고자 하는 자 또는 다단계 판매원에게 그들이 받게 될 일정한 이익에 관하여 허위의 정보를 제공해서는 안 되고(법 제21조 제1항), 전체 다단계 판매원에 대한 평균 후원수당 등 후원수당의 지급현황에 관한 정보를 고지해야 하며(법 제21조 제2항), 다단계 판매조직의 운영방식 또는 활동 내용에 관하여 허위 또는 과장된 사실을 유포해서는 안 된다(법 제21조 제3항).

7) 금지행위 등

(1) 금지행위

다단계 판매자는 다음과 같은 금지행위를 해서는 안 된다(법 제23조 제1항).

① 재화 등의 판매에 관한 계약의 체결을 강요하거나 청약철회 등 또는 계약의 해지를 방해할 목적으로 상대방에게 위력을 가하는 행위

② 허위 또는 과장된 사실을 알리거나 기만적 방법을 사용하여 상대방과의 거래를 유도하거나 청약철회 등 또는 계약의 해지를 방해하는 행위 또는 재화 등의 가격·품질 등에 대하여 허위사실을 알리거나 실제의 것보다도 현저히 우량하거나 유리한 것으로 오인시킬 수 있는 행위

③ 다단계 판매원이 되고자 하는 자 또는 다단계 판매원에게 가입비, 판매보조물품, 개인할당판매액, 교육비 등 그 명칭 및 형태 여하를 불문하고 연간 총 합계 50,000원 이상의 비용 기타 금품을 징수하는 등(가입비 또는 회원자격 갱신의 경우 10,000원, 판매보조물품을 구입하도록 하는 경우 1인당 30,000원, 교육비의 경우 30,000원) 의무를 부과하는 행위(영 제29조)

④ 다단계 판매원에게 하위판매원 모집 자체에 대하여 경제적 이익을 지급하거나 정당한 사유 없이 후원수당 외의 경제적 이익을 지급하는 행위

⑤ 청약철회 등이나 계약의 해지를 방해할 목적으로 주소·전화번호 등을 변경하는 행위 또는 분쟁이나 불만 처리에 필요한 인력 또는 설비의 부족을 상당기간 방치하여 상대방에게 피해를 주는 행위

⑥ 상대방의 청약이 없는데도 일방적으로 재화 등을 공급하고 재화 등

의 대금을 청구하는 등 상대방에게 재화 등을 강매하거나 하위판매원에
게 재화 등을 판매하는 행위

⑦ 소비자가 재화를 구매하거나 용역을 제공받을 의사가 없음을 밝혔음
에도 불구하고 전화, 모사전송, 컴퓨터통신 등을 통하여 재화를 구매하
거나 용역을 제공받도록 강요하는 행위

⑧ 다단계 판매원이 사회적인 신분 등을 이용하여 자신의 하위판매원으
로서의 등록을 강요하거나 다단계 판매원이 그 하위판매원에게 재화 등
의 구매를 강요하는 행위, 다단계 판매원이 되고자 하는 자 또는 다단계
판매원에게 본인의 의사에 반하여 교육 합숙 등을 강요하는 행위

⑨ 다단계 판매업자의 피용자가 아닌 다단계 판매원을 다단계 판매업자
에게 고용된 자로 오인하게 하거나 다단계 판매원으로 등록하지 않은
자를 다단계 판매원으로 활동하게 하는 행위 또는 법 제34조의 규정에
의한 소비자 피해보상 보험계약 등을 체결하지 않고 영업하는 행위, 다
단계 판매자가 거래의 상대방에게 판매하는 개별 재화 등의 가격을 130
만원 이상으로 정하여 판매하는 행위(영 제30조)

⑩ 본인의 허락을 받지 않거나 허락 받은 범위를 넘어 소비자에 관한 정
보를 이용하는 행위. 그러나 소비자 정보의 이용과 관련한 금지행위에
대해서는 폭넓은 예외를 두고 있다.

● 재화 등의 배송 등 소비자와의 계약의 이행에 불가피한 경우로서 재
화 등의 배송 또는 전송을 업으로 하는 자로서 당해 배송 또는 전송을
위탁받은 자에게 제공하는 경우와 재화 등의 설치, 사후 서비스, 그 밖
에 약정한 서비스의 제공을 업으로 하는 자로서 당해 서비스의 제공을

위탁받은 자에게 제공하는 경우이다(법 제21조 제1항 제6호, 영 제26조).

● 재화 등의 거래에 따른 대금정산을 위하여 필요한 경우이다.

● 도용 방지를 위하여 본인 확인에 필요한 경우로서 소비자의 신원 및 실명 여부나 본인의 진의 여부의 확인을 위하여 전기통신사업법 제4조 제3항 제1호의 규정에 의한 기간통신사업자, 신용정보의이용및보호에 관한법률 제2조 제4호의 규정에 의한 신용정보업자, 당해 거래에 따른 대금결제와 직접 관련된 전자결제업자 등, 법령 또는 법령의 규정에 의한 인·허가에 의하여 도용 방지를 위한 실명 확인을 업으로 하는 자 등에게 제공하는 경우와 미성년자와의 거래에 있어 법정대리인의 동의 여부를 확인하기 위하여 이용하는 경우이다(영 제27조).

● 법률의 규정 또는 법률에 의하여 필요한 불가피한 사유가 있는 경우이다.

그리고 누구든지 다단계 판매조직 또는 이와 유사한 다단계 조직을 이용하여 재화 등의 거래 없이 금전거래만을 하거나 재화 등의 거래를 가장하여 사실상 금전거래만을 하는 행위를 해서는 안 된다(법 제23조 제2항).

(2) 소비자 등의 침해정지요청

법 제23조의 금지행위에 해당되는 다단계 판매업자의 행위로 인하여 이익을 침해받거나 침해받을 우려가 있는 자 또는 소비자보호법에 의하여 설립된 한국소비자보호원, 소비자보호법에 의하여 재정경제부 또는 지방자치단체에 등록된 소비자단체 등은 당해 행위가 현저한 손해를 주거나 줄 우려가 있는 경우에는 그 행위에 대하여 공정거래위원회에 침해의 정지에 필요한 조치를 요청할 수 있다(법 제24조, 영 제33조).

(3) 다단계 판매업자의 연대책임

다단계 판매업자는 다단계 판매원이 그의 하위판매원을 모집하거나 다단계 판매업자의 재화 등을 소비자에게 판매함에 있어서 법 제23조의 금지행위를 하지 않도록 그 규정의 내용을 서면이나 전자우편으로 고지해야 한다(법 제27조 제1항).

다단계 판매업자가 이 고지의무를 게을리 한 경우에는 다단계 판매원이 법 제23조를 위반한 행위에 의하여 다른 다단계 판매원 또는 소비자에게 가한 재산상의 손해에 대하여 이를 배상할 책임을 진다(법 제27조 제2항).

이 경우 그 배상책임의 기준은 다단계 판매원의 위반행위와 상당한 인과관계가 있는 손해액을 기준으로 하되, 위반행위 관련 매출액을 한도로 한다(법 제27조 제3항, 영 제35조).

4. 계속거래 및 사업권유거래규제

1) 정보제공 및 계약서 교부의무

계속거래업자는 10만원 이상이고 기간이 3개월 이상인 계속거래에 관한 계약을 체결하는 경우 또는 사업권유 거래업자는 기간에 상관없이 그 금액이 30만원 이상인 사업권유거래에 관한 계약을 체결하는 경우에는 계약을 체결하기 전에 소비자(사업자권유거래에서 재화 등을 구매하는 자를 포함)가 계약의 내용을 이해할 수 있도록 다음 사항을 설명해야 하며, 계약을 체결한 때에는 이를 기재한 계약서를 소비자에게 교부해야 한다(법 제28조 제1항).

① 계속거래업자 또는 사업권유 거래업자(이하 "계속거래업자 등"이라 한다)의 성명(법인인 경우에는 대표자의 성명)·상호·주소·전화번호·전자우편주소

② 계속거래를 통하여 판매하는 재화 등(계속거래와 관련하여 따로 구입할 필요가 있는 다른 재화 등이 있는 경우에는 그 재화 등을 포함)이나 사업권유거래를 통하여 판매하는 재화 등의 명칭, 종류 및 내용

③ 재화 등의 대금(가입비, 설치비 등 명칭 여하를 불문하고 재화 등의 거래와 관련하여 지급하는 금액을 포함)과 그 지급시기 및 방법

④ 재화 등의 거래방법과 거래기간 및 시기

⑤ 사업권유거래의 경우에는 제공되는 사업에 관한 거래조건 중 재화 등을 구매하는 경우 사업자가 제공하는 사업 기회를 통해 얻게 되는 이익이나 그 보장에 관한 사항(영 제37조)

⑥ 계약의 해지와 그 행사방법·효과에 관한 사항 및 해지권의 행사에 필요한 서식

⑦ 소비자피해보상·재화 등에 대한 불만 및 소비자와 사업자간의 분쟁처리에 관한 사항

⑧ 거래에 관한 약관

⑨ 기타 거래 여부의 판단에 영향을 주는 거래조건 또는 소비자의 피해

구제에 필요한 사항 중 판매일시·판매지역·판매수량·인도지역 등 판매조건과 관련하여 제한이 있는 경우 그 내용에 관한 사항(영 제38조)

2) 계약의 해지 등

(1) 계약의 해지

① 원칙 : 해지의 자유

계속거래업자 등과 계속거래 또는 사업권유거래(이하 "계속거래 등"이라 한다)의 계약을 체결한 소비자는 언제든지 계약기간 중 계약을 해지할 수 있다(법 제29조 본문).

② 예외 : 제한사유

다른 법률에 별도의 규정이 있거나 거래의 안전 등을 위하여 필요한 경우 중 소비자(사업권유거래의 상대방을 포함한다)의 주문에 의하여 개별적으로 생산되는 재화 등에 관하여 계약해지를 인정하는 경우 계속거래업자 등에게 회복할 수 없는 중대한 피해가 예상되는 경우로서 사전에 당해 거래에 대하여 별도로 그 사실을 고지하고 소비자의 서면이나 전자문서에 의한 동의를 얻은 경우에는 계약을 해지할 수 없다(법 제29조 단서, 영 제39조).

(2) 계약의 해지 또는 해제의 효과와 위약금의 제한

계속거래업자 등은 자신의 귀책사유 없이 계속거래 등의 계약이 해지 또는 해제된 경우 소비자에게 그로 인한 손실을 현저히 초과하는 위약금을 청구하거나 가입비, 기타 명칭 여하를 불문하고 실제 공급된 재화 등의 대가를 초과하여 수령한 대금의 반환을 부당하게 거부해서는 안 된다(법 제30조 제1항).

계약의 해지 또는 대금의 환급에 관하여 소비자에게 책임이 있는지의 여부, 계약이 체결된 사실과 그 시기, 재화 등의 공급사실 및 그 시기에 관하여 다툼이 있는 경우에는 계속거래업자 등이 이를 입증해야 한다(법 제30조 제4항).

그리고 계속거래 등의 계약이 해지 또는 해제된 경우 소비자는 반환할 수 있는 재화 등을 계속거래업자 등에게 반환할 수 있으며, 계속거래업자 등은 대금의 환급 또는 위약금의 경감 등의 조치를 취해야 한다(법 제30조 제2항).

소비자가 재화 등을 반환한 경우에는 계속거래업자 등은 반환 받은 재화 등의 가치에 상당하는 금액을 계약의 해제 또는 해지에 따라 지급해야 할 환급금에 더하거나 청구할 수 있는 위약금에서 감액해야 한다(영 제40조 제1항 및 제3항). 이 경우 재화 등을 반환 받은 날로부터 3영업일 이내에 증액 또는 감액된 금액을 소비자에게 반환하거나, 재화 등의 대금 등 소비자로부터 받을 금액이 있는 경우에는 이를 빼고 청구해야 한다(영 제40조 제2항, 규칙 제21조).

한편 계속거래업자 등은 자신의 귀책사유 없이 계약이 해지 또는 해제된 때에 소비자로부터 받은 재화 등의 대금(재화 등이 반환된 경우 환급해야 할 금액을 포함한다)이 이미 공급한 재화 등의 대금에 위약금을 더한 금액보다 많은 경우에는 그 차액을 소비자에게 환급해야 한다(법 제30조 제3항).

이 경우 환급이 지연되는 경우에는 지연기간에 대한 지연배상금을 더하여 환급해야 한다.

공정거래위원회는 위약금의 청구와 대금의 환급 또는 위약금의 경감과 관련한 분쟁을 방지하기 위하여 필요한 경우 위약금 및 대금의 환급에 관한 산정기준을 정하여 고시할 수 있다(법 제30조 제5항).

(3) 거래기록의 열람

계속거래업자 등은 재화 등의 거래기록 등을 방문·전화 또는 인터넷 등을 통하여 소비자가 언제든지 열람할 수 있도록 필요한 조치를 해야 하고, 소비자가 우편 등에 의하여 열람 요청을 하는 경우 3영업일 이내에 관련 자료를 발송해야 한다(법 제31조, 영 제41조).

(4) 금지행위 등

계속거래업자 등은 다음 각 호의 1에 해당하는 행위를 해서는 안 된다(법 제32조 제1항).

① 계속거래 등의 계약을 체결하게 하거나 계약의 해지 또는 해제를 방해하기 위하여 소비자에게 위력을 가하는 행위

② 허위 또는 과장된 사실을 알리거나 기타 기만적인 방법으로 소비자를 유인 또는 거래하거나 계약의 해지 또는 해제를 방해하는 행위

③ 계속거래 등에 필요한 재화 등을 통상 거래 가격보다 현저히 비싼 가격으로 구입하게 하는 행위

④ 소비자가 계속거래 등의 계약을 해지 또는 해제하였음에도 불구하고 정당한 사유 없이 이에 따른 조치를 지연하거나 거부하는 행위

⑤ 계약의 해지 또는 해제를 방해할 목적으로 주소 · 전화번호 등을 변경하는 행위

⑥ 분쟁이나 불만 처리에 필요한 인력 또는 설비의 부족을 상당기간 방치하여 소비자에게 피해를 주는 행위

⑦ 소비자의 청약이 없는데도 일방적으로 재화 등을 공급하고 재화 등의 대금을 청구하는 행위

⑧ 소비자가 재화를 구매하거나 용역을 제공받을 의사가 없음을 밝혔음에도 불구하고 전화, 모사전송, 컴퓨터통신 등을 통하여 재화를 구매하거나 용역을 제공받도록 강요하는 행위

공정거래위원회는 이 법 위반행위의 방지 및 소비자 피해를 예방하기 위하여 계속거래업자 등이 준수해야 할 기준을 정하여 고시할 수 있다(법 제32조 제2항).

5. 소비자 권익의 보호

1) 소비자보호지침의 제정 등

공정거래위원회는 방문판매, 전화권유판매, 다단계판매 및 계속거래 등(이하 "특수판매"라 한다)을 행함에 있어서 건전한 거래질서의 확립 및 소비자(다단계 판매원이나 사업권유거래의 상대방을 포함)의 보호를 위하여 사업자의 자율적 준수를 유도하기 위한 지침을 관련 분야의 거래당사자, 기관 및

단체의 의견을 들어 정할 수 있다(법 제33조 제1항).

그리고 특수판매업자는 그가 사용하는 약관이 소비자보호지침의 내용보다 소비자에게 불리한 경우 소비자보호지침과 다르게 정한 약관의 내용을 소비자가 알기 쉽게 표시 또는 고지해야 한다(법 제33조 제2항).

2) 소비자 피해보상 보험계약 등

등록하고자 하는 다단계 판매업자는 소비자 피해보상을 위한 보험계약, 소비자 피해보상금의 지급을 확보하기 위한 금융기관과의 채무지급보증계약, 설립된 공제조합과의 공제계약 등을 체결해야 한다(법 제34조 제1항).

공정거래위원회는 방문판매, 전화권유판매 및 계속거래 등에서의 소비자보호를 위하여 소비자 피해보상 보험계약 등을 체결하도록 권장할 수 있다(법 제34조 제2항).

3) 공제조합의 설립

신고 또는 등록한 사업자는 소비자 피해보상으로 인한 보상금지급책임의 보험사업 등 공제사업을 영위하기 위하여 공정거래위원회의 인가를 받아 공제조합을 설립할 수 있다(법 제35조 제1항).

4) 특수판매 소비자단체 등의 지원

공정거래위원회는 특수판매에서의 공정거래질서 확립 및 소비자의 권

익을 보호하기 위한 사업을 시행하는 기관 또는 단체에 대하여 예산 범위
안에서 필요한 지원을 할 수 있다(법 제36조).

6. 조사 및 규제

1) 조사 등

(1) 위반행위의 조사 등

누구든지 방문판매법의 규정에 위반되는 사실이 있다고 인정할 때에는
그 사실을 공정거래위원회 또는 시·도지사[권한위임에 의해 시장·군수·구
청장(영 제56조)]에게 신고할 수 있고(법 제37조 제4항), 공정거래위원회 또는
시·도지사는 직권으로 필요한 조사를 할 수 있다(법 제37조 제1항).

시·도지사가 조사를 하고자 하는 경우에는 공정거래위원회에 통보해
야 하며, 공정거래위원회는 조사 등이 중복될 우려가 있는 경우에는 시·
도지사에게 조사의 중지를 요청할 수 있다. 이 경우 요청을 받은 시·도지
사는 상당한 이유가 없는 한 그 조사를 중지해야 한다(법 제37조 제2항).

공정거래위원회 또는 시·도지사는 조사를 한 경우에는 그 결과(조사결
과 시정조치명령 등의 처분을 하고자 하는 경우에는 그 처분의 내용을 포함한다)를
당해 사건의 당사자에게 서면으로 통지해야 한다(법 제37조 제3항). 그러나
방문판매법의 규정에 위반하는 행위가 종료한 날부터 5년을 경과한 경우

에는 공정거래위원회는 당해 위반행위에 대하여 시정조치를 명하지 않거나 과징금 등을 부과하지 않는다(법 제37조 제5항).

(2) 부당행위에 대한 정보의 공개 등

공정거래위원회는 특수판매의 공정거래 질서확립과 소비자 피해예방을 위하여 필요한 경우에는 대통령령이 정하는 바에 따라 특수판매업자의 이 법 위반행위 사실 등 부당행위에 대한 정보를 공개할 수 있다(법 제38조).

이 경우 사전에 당해 사업자에게 공개되는 정보의 내용을 통보하여 소명의 기회를 주어야 한다(영 제46조).

(3) 평가·인증사업의 공정화

특수판매의 공정거래 질서확립 및 소비자 보호를 위하여 관련 사업자의 평가·인증 등의 업무를 수행하는 자는 그 명칭 여하를 불문하고 평가·인증사업자의 명칭, 주소 또는 사업소의 소재지, 평가·인증범위, 평가·인증업무 개시일, 평가·인증의 기준·절차 및 방법에 관한 사항 등 평가·인증에 관한 기준·방법을 공시하고, 그에 따라 공정하게 평가·인증해야 한다(법 제39조 제1항, 영 제47조).

공정거래위원회는 평가·인증사업자에 대하여 운용 상황 등에 관한 자료를 제출하게 할 수 있다(법 제39조 제3항).

(4) 보고 및 감독

시·도지사는 시정권고 또는 시정조치를 명하는 경우에는 지체 없이 공정거래위원회에 보고해야 한다(법 제40조 제1항, 영 제48조).

공정거래위원회는 이 법의 효율적인 시행을 위하여 필요하다고 인정할 때에는 그 소관사항에 관하여 시·도지사 등에 대하여 조사·확인 또는 자료의 제출을 요구하거나 기타 시정에 필요한 조치를 요구할 수 있다(법 제40조 제2항). 이 경우 시·도지사는 특별한 사유가 없는 한 이에 응해야 한다.

2) 시정권고

공정거래위원회 또는 시·도지사는 사업자가 방문판매법의 규정에 위반되는 행위를 하거나 방문판매법의 규정에 의한 의무를 이행하지 않는 경우 시정조치에 앞서 당해 행위를 중지하거나 방문판매법에 규정된 의무를 이행하도록 당해 사업자에 대하여 시정방안을 정하여 이에 따를 것을 권고할 수 있다(법 제41조 제1항). 이 경우 당해 권고를 수락한 때에는 시정조치가 명해진 것으로 본다는 뜻을 함께 통지해야 한다.

시정권고를 받은 사업자는 그 통지를 받은 날부터 10일 안에 당해 권고를 수락하는지의 여부에 관하여 이를 행한 행정청에 통지해야 하며, 시정권고를 받은 자가 당해 권고를 수락한 때에는 시정조치가 명해진 것으로 본다(법 제41조 제2항 및 제3항).

3) 시정조치

공정거래위원회는 사업자가 신고의무 또는 등록의무, 명부비치의무, 계약 체결 전 정보제공 및 계약서 교부의무, 청약철회 후 대금환급의무, 손해배상청구금액의 제한, 휴업기간 중 업무 계속처리의무 등 방문판매법의 규정에 위반하는 행위를 하거나 방문판매법의 규정에 의한 의무를 이행하지 않는 경우 또는 금지하는 행위를 하는 경우 해당 사업자 등에 대하여 그 시정을 위한 조치를 명할 수 있다(법 제42조 제1항).

시정조치에는 당해 위반행위의 중지, 방문판매법에 규정된 의무의 이행, 시정조치를 받은 사실의 공표, 기타 시정을 위해 필요한 조치를 포함한다(법 제42조 제2항).

한편, 공정거래위원회는 시정조치에도 불구하고 위반행위가 반복되거나 시정조치에 따른 이행을 하지 않는 경우에는 1년 이내의 기간을 정하여 그 영업의 전부 또는 일부의 정지를 명할 수 있다(법 제42조 제4항 본문).

4) 과징금

공정거래위원회는 특수판매업지기 시정조치에도 불구하고 방문판매법 위반행위를 반복하거나 시정조치만으로는 소비자의 피해 방지가 곤란하다고 판단되는 경우에는 1년 이내의 기간을 정하여 영업의 전부 또는 일부의 정지를 명하거나 이에 갈음하여 해당 특수판매업자에 대하여 대통령령이 정하는 위반행위 관련 매출액을 초과하지 않는 범위 안에서 과징금을 부과할 수 있다(법 제44조 제1항). 이 경우 관련 매출액이 없거나 이를 산정할 수 없는 경우 등에는 5,000만원을 초과하지 않는 범위 안에서 과징금을 부과할 수 있다.

5) 소비자 피해 분쟁조정의 요청

공정거래위원회 또는 시·도지사는 특수판매에 있어 방문판매법 위반행위와 관련하여 소비자의 피해구제 신청이 있는 경우 시정권고 또는 시정조치를 행하기 전에 특수판매에 있어 소비자보호 관련 업무를 수행하는 기관 또는 단체인 한국소비자보호원, 시·도지사가 소비자보호법에 의하여 설치한 소비자피해분쟁조정기구, 기타 소비자보호 관련 법령에 의하여 설치·운영되는 분쟁조정기구에 그 조정을 의뢰할 수 있다(법 제43조 제1항).

공정거래위원회 또는 시·도지사는 의뢰된 권고안 또는 조정안을 당사자가 수락하고 이를 이행하는 경우에는 시정조치를 하지 않는다는 뜻을 당사자에게 통지해야 한다(법 제43조 제2항).

당사자가 소비자피해분쟁조정기구의 권고안 또는 조정안에 대하여 수락하고 이행한 경우에는 시정조치를 명하지 않는다(법 제43조 제2항).

7. 보칙과 제재

1) 보 칙

(1) 소비자 등에게 불리한 약정의 무효

방문판매자 등과 다단계 판매자 및 계속거래업자 등의 계약 체결 전의 정보제공 및 계약 체결에 따른 계약서 교부의무(법 제7조, 제16조, 제28조), 방문판매 등과 다단계 판매자의 청약철회 등(법 제8조, 제17조)과 그 효과

(법 제9조, 제18조), 손해배상청구금액의 제한(법 제10조, 제19조) 및 계속거래 업자 등의 계약해지(법 제29조)와 그 효과(법 제30조)의 규정에 위반한 약정 으로서 소비자에게 불리한 것은 효력이 없다(법 제45조).

(2) 전속관할

방문판매법 적용대상인 특수판매업자와의 거래에 관련된 소는 제소 당 시의 소비자의 주소를, 주소가 없는 경우에는 거소를 관할하는 지방법원 의 전속관할로 한다(법 제46조). 다만, 제소 당시 소비자의 주소 또는 거소 가 분명하지 않은 경우에는 그러하지 아니하다.

(3) 사업자단체의 등록 등

특수판매의 건전한 발전과 소비자에 대한 신뢰도의 제고, 기타 공동의 이익 증진을 목적으로 설립된 사업자 단체는 공정거래위원회에 등록할 수 있다(법 제47조).

(4) 소비자에 관한 정보의 오·남용 및 도용 방지 등

전자상거래등에서의소비자보호에관한법률 제11조는 특수판매업자가 소비자에 관한 정보를 수집·이용하는 경우에 이를 준용한다(법 제48조).

(5) 권한의 위임·위탁

방문판매법의 규정에 의한 공정거래위원회의 권한은 그 일부를 소속 기 관의 장 또는 시·도지사에게 위임하거나 다른 행정기관의 장에게 위탁할 수 있고, 방문판매법에 의한 시·도지사의 권한은 그 일부를 시장·군

수 · 구청장에게 위임할 수 있다(법 제49조 제1항 및 제2항). 그리고 공정거래위원회는 이 법의 효율적인 집행을 위하여 필요한 경우 사무의 일부를 등록한 사업자단체에 위탁할 수 있다(법 제49조 제3항).

2) 형사처벌

방문판매법은 일정한 위법행위에 대해 징역 또는 벌금에 처할 수 있는 형사처벌규정을 두고 있다. 위법의 정도에 따라 징역 또는 벌금의 내용에 차이가 있다.

(1) 7년 이하의 징역 또는 2억 원 이하의 벌금

등록을 하지 않거나 허위, 기타 부정한 방법으로 등록을 하고 다단계 판매조직을 개설 · 관리 또는 운영하는 자에 대한 형사처벌이다.

이 경우 당해 위법행위와 관련하여 판매 또는 거래한 대금 총액의 3배에 상당하는 금액이 2억 원을 초과하는 경우에는 벌금의 한도액을 대금 총액의 3배에 상당하는 금액으로 한다(법 제51조).

(2) 5년 이하의 징역 또는 1억 5,000만원 이하의 벌금

다단계 판매원에게 일정 수의 하위판매원을 모집하도록 하거나 특정인을 그의 동의 없이 자신의 하위판매원으로 등록하거나 금지행위를 한 자 또는 사실상 재화 등의 거래 없이 혹은 재화 등의 거래를 가장하여 사실상 금전거래만을 행한 자에 대한 형사처벌이다(법 제52조).

(3) 3년 이하의 징역 또는 1억 원 이하의 벌금

등록사항의 변경, 영업의 휴지 또는 폐지 후 재개시에 허위로 신고하거나 다단계 판매원 수첩에 허위사실을 기재한 다단계 판매업자 또는 재화 등의 대금을 환급하지 않거나 하위판매원의 판매 실적과 상관없이 후원수당을 차등 지급한 다단계 판매업자 등에 대한 형사처벌이다(법 제53조).

(4) 2년 이하의 징역 또는 5,000만원 이하의 벌금

일정한 금지행위를 행한 방문판매자 등과 등록사항의 변경, 영업의 휴지 또는 폐지 후 재개시에 신고를 하지 않는 자에 대한 형사처벌이다(법 제54조).

(5) 1년 이하의 징역 또는 3,000만원 이하의 벌금

일정한 사항을 신고하지 않거나 허위로 신고한 방문판매업자 등, 방문판매원이 되고자 하는 자 또는 방문판매원 등에게 그 자격을 유지하기 위한 조건으로 일정한 수준 이상의 비용을 징수하거나 재화 등을 구매하게 한 자 등에 대한 형사처벌이다(법 제55조).

(6) 1,000만원 이하의 벌금

성명 등을 허위로 명시한 방문판매자 등, 허위로 기재한 계약서 등을 교부한 방문판매자 등, 다단계 판매자 또는 계속거래자 등에 대한 형사처벌이다(법 제56조).

(7) 양벌규정

법인의 대표자나 법인 또는 개인의 대리인 · 사용인, 그 밖의 종업원이 그 법인 또는 개인의 업무에 관하여 법 제51조 내지 법 제56조의 위반행위를 한 때에는 행위자를 벌하는 외에 그 법인 또는 개인에 대하여도 각 해당 조의 벌금형을 부과한다(법 제44조 제1항).

그리고 법 제51조 내지 제56조의 위반행위를 한 자 또는 양벌규정에 의하여 벌금형이 부과되는 법인 또는 개인이 이미 공정거래위원회 또는 시 · 도지사의 처분을 받은 때 또는 소비자의 피해를 보상한 때에는 그 형을 감경 또는 면제할 수 있다(법 제44조 제2항).

3) 과태료

방문판매법은 일정한 위법행위에 대해 과태료를 부과할 수 있는 행정벌 규정을 두고 있다.

위법의 정도에 따라 과태료의 내역에 차이를 두고 있다.

(1) 1,000만원 이하의 과태료

① 재화 등의 대금을 환급하지 않거나 필요한 조치를 취하지 않은 방문판매자 등

② 소비자가 재화 등을 구매할 의사가 없음을 밝혔음에도 불구하고 전화, 모사전송, 컴퓨터 통신 등을 통하여 재화 등을 구매하도록 가용하는 행위를 한 방문판매자 등, 다단계 판매자 또는 계속거래업자 등

③ 분쟁이나 불만 처리에 필요한 인력 또는 설비의 부족을 상당기간 방

치하여 소비자에게 피해를 주는 행위를 한 방문판매자 등, 다단계 판매자 또는 계속거래업자 등

④ 다단계 판매원 등록부를 작성하지 않거나 다단계 판매원 등록증 또는 다단계 판매원 수첩을 교부하지 않은 다단계 판매업자

⑤ 위약금을 과다하게 청구하거나 대금환급을 거부한 계속거래업자 등

⑥ 독점규제법의 규정에 의한 보고, 필요한 자료나 물건의 제출을 하지 않거나 허위의 보고 또는 자료나 물건을 제출한 자

⑦ 준용되는 독점규제법의 규정에 의한 조사를 거부, 방해 또는 기피한 자

(2) 500만원 이하의 과태료

① 공정거래위원회 또는 시·도지사에게 신고를 하지 않거나 허위로 신고한 방문판매업자 등

② 방문판매원 명부를 비치하지 않거나 성명 등을 명시하지 않은 방문판매업자 등

③ 계약서를 교부하지 않은 방문판매업자 등, 다단계 판매자 또는 계속거래업자 등

④ 법과 시행령에 정한 절차를 위반하여 후원수당의 산정 및 지급기준을 변경한 다단계 판매자

⑤ 후원수당의 지급내역이나 지급기준의 열람을 허용하지 않은 다단계 판매자

⑥ 재화 등의 거래기록을 소비자가 열람할 수 있도록 하지 않은 계속거래업자 등

6 전자상거래 등에서의 소비자보호에 관한 법률

정보통신 기술의 발전에 따라 인터넷 등을 이용한 전자상거래는 새로운 구매 패러다임으로 자리잡아 소비자의 구매활동에 큰 영향을 주고 있다.

전자상거래는 과거의 구매행태와 달리 거래상대방이 직접 대면하지 않고 인터넷 등에 의해 다양한 제품정보가 제공되고 소비자는 편리하게 상품을 구매할 수 있으며 기업은 제품의 판매를 증진시킬 새로운 기회를 제공받고 있다. 이미 인터넷 쇼핑, 인터넷 뱅킹, 온라인 증권거래 등이 일반화되고 있다.

그러나 전자상거래의 급작스런 양적 증가와 단기간에 걸친 전자상거래 산업의 경이적인 성장에도 불구하고, 사회적 여건과 법제도적 장치가 미처 따르지 못해 전자상거래의 소비자 문제는 끊임없이 발생하고 있다. 스팸 메일, 배송 지연, 배송비 부담 전가, 반품 및 환급 거부, 일방적인 계약 취소 또는 해제, 계약조건의 변경, 계약불이행, 개인정보의 도용·유출·남용, 허위·과장 광고 및 표시, 사이버몰 폐쇄, 사은품제공 지연, 시스템 오류 등 문제가 점점 다양해지고 있다.

전자상거래의 소비자 문제는 국제사회에서 공통적으로 논의되는 정책적 과제이다.

전자상거래의 소비자 문제에 대해 소비자법을 어떻게 정비할 것인가의 문제인 '전자상거래와 소비자보호규제' 는 세계적인 이슈가 되어 국제기구와 선진국에서 논의되고 관련 법률을 제정하는 등 법제 정비가 진행되고 있다.

이런 흐름에서 「전자상거래 등에서의 소비자보호에 관한 법률」(이하 "전자상거래소비자보호법"이라 한다)은 중요한 의의가 있다.

전자상거래소비자보호법은 기존의 전자상거래소비자보호에 관한 특별법들의 입법적 공백을 보완하여 전자상거래와 통신판매 등의 온라인거래에서의 소비자보호에 관한 독립된 법률로서의 역할이 예상된다.

전자상거래소비자보호법은 제4차 방문판매법 개정과정에서 방문판매법상 통신판매규제규정을 별도로 분리하여 의원입법으로 제정된 것이다.

제1차 의원입법안은 2000년 12월 8일 김민석 의원이 대표 발의한 '전자거래 및 통신판매에 관한 법률안' 이고, 제2차 의원입법안은 2001년 4월 17일 김민석 의원의 대표 발의로 재차 법 명칭과 내용의 일부가 수정된 '전자거래 및 통신판매에 관한 법률안' 이다. 그 후 제2차 법안 중 일부가 수정된 안이 최종적으로 2002년 2월 28일 국회를 통과했고, 2002년 7월 1일부터 시행되었다.

1. 적용범위

1) 적용대상

(1) 전자상거래

전자상거래란 전자거래의 방법으로 상행위를 하는 것을 말한다(법 제2조 제1호).

여기서 전자거래란 재화나 용역을 거래함에 있어 그 전부 또는 일부가 전자적 형태로 작성, 송신·수신 또는 저장된 정보인 전자문서에 의하여 처리되는 거래를 말한다(전자거래기본법 제2조 제2호 및 제5호).

전자상거래의 유형에는 B2C, B2B, C2C 등 여러 가지가 있는데, 전자상 거래소비자보호법의 적용대상은 B2C거래이다. 따라서 단순한 일회성 거 래나 비영업적 목적으로 거래하는 것은 전자상거래에 해당하지 않는다. 또한 계약 체결단계인 청약과 승낙, 또는 이행, 대금결제 등의 전 과정 전 부 또는 일부를 전자거래의 방법으로 하면 충분하다.

(2) 통신판매

통신판매란 우편·전기통신, 그 밖에 통신판매에 관한 정보의 제공방법 에 따라 재화 또는 용역의 판매에 관한 정보를 제공하고 소비자의 청약에 의하여 재화 또는 용역을 판매하는 것을 말한다(법 제2조 제2호).

여기서 용역에는 일정한 시설을 이용하거나 용역의 제공을 받을 수 있 는 권리를 포함한다.

통신판매에 관한 정보의 제공방법은 법에서 규정하고 있는 우편·전기통신 이외에 광고물·광고시설물·전단지·방송·신문 및 잡지 등을 이용하는 방법과 판매자와 직접 대면하지 않고 우편환 우편대체·지로 및 계좌이체 등을 이용하는 방법이 있다(규칙 제2조).

　통신판매는 이런 정보제공방법을 이용하여 소비자에게 재화 또는 용역에 관한 정보를 제공하거나 소비자의 청약에 의하여 재화 등을 판매하는 것도 포함한다.

　통신판매의 정보제공방법에는 전기통신이 포함되므로 전자상거래는 통신판매의 일종이다. 그리고 길거리에서 나누어주는 전단지를 받고 집에 돌아와서 해당 사이트로 제품을 구입한 경우도 통신판매로 본다.

　그러나 소비자가 인터넷상의 사이버몰에서 사업자의 제품광고를 본 후, 해당 사업자의 점포를 직접 방문하여 제품을 구입한 경우에는 청약의 유인이 비대면으로 이루어진 것뿐 청약이 비대면으로 이루어진 것이 아니므로 통신판매에 해당하지 않는다.

　그리고 전화권유판매는 개념상 통신판매에 해당하지만, 전자상거래소비자보호법이 적용되지 않고 방문판매 등에 관한 법률이 적용된다(방문판매법 제2조 제3호).

(3) 통신판매중개

　통신판매중개란 사이버몰의 이용을 허락하거나, 그 밖에 자신의 명의로 통신판매를 위한 광고수단을 제공하거나 그러한 광고수단에 자신의 이름을 표시하여 통신판매에 관한 정보 제공이나 청약의 접수 등 통신판매의 일부를 수행하는 방법에 의하여 거래 당사자간의 통신판매를 알선하는 행위를 말한다(법 제2조 제4호 및 규칙 제3조).

여기서 '사이버몰'이란 컴퓨터 등과 정보통신설비를 이용하여 재화 등을 거래할 수 있도록 설정된 가상의 영업장을 말하고, "사이버몰의 이용을 허락한다"란 통신판매에 필요한 절차의 중요한 일부, 즉 청약의 유인 또는 이에 준하는 절차를 그 사이버몰에서 이루어지도록 하는 것을 의미한다.

따라서 통신판매 중개자가 될 수 있는 자는 사이버몰을 운영하는 쇼핑사이트로서 다른 입점업체가 해당 사이트의 일정한 공간을 빌려서 물건을 팔 수 있도록 하는 경우이다. 특히 포털사이트에서 수익사업의 일환으로 쇼핑몰을 개설하고 다른 업체가 이 쇼핑몰을 통하여 물건을 팔 수 있도록 하는 경우이다.

한편 경매사이트도 컴퓨터 등과 정보통신설비를 이용하여 재화 또는 용역을 거래할 수 있도록 설정된 가상의 영업장으로 사이버몰에 해당하고, 자신의 물건을 팔지 않고 다른 당사자의 물건의 판매를 중개하는 행위도 통신판매중개행위라고 볼 수 있다.

그러나 통신판매 중개자가 통신판매중개를 행하는 사이트 등에서 자신이 통신판매업자가 아니며 통신판매 중개자에 불과하다는 사실을 소비자가 알기 쉽도록 명시하지 않은 경우에는 해당 소비자에 대한 관계에서 통신판매자로서의 책임을 진다.

(4) 통신판매업자

통신판매업자란 통신판매를 업으로 하는 자 또는 그와의 약정에 따라 통신판매업무를 수행하는 자를 말한다(법 제2조 제3호).

예를 들면, 신용카드사가 통신판매업자인 여행사를 위하여 신용카드사 자신의 명의로 발행되는 카탈로그를 이용하여 여행사의 여행상품에 대한 광고(청약의 유인)를 하고, 또한 고객으로부터 같은 여행상품에 대한 청약을 비대면적으로 접수하여 여행상품 판매업을 수행한 경우 신용카드사는 통신판매업자(여행사)와의 약정에 따라 통신판매업무를 수행하는 자로서 통신판매업자에 해당한다.

그러나 배송사업자는 통신판매의 일부를 수행하기는 하지만 소비자의 청약에 의하여 재화 등을 판매하는 자가 아니므로 통신판매업자에 해당하지 않는다.

(5) 소비자

전자상거래소비자보호법은 소비자의 범위에 관한 특별규정을 두고 있다. 이는 소비자보호법상 소비자의 범위보다는 확대하고 있다.

전자상거래소비자보호법에서는 소비자를 "사업자가 제공하는 재화 등을 소비생활을 위하여 사용하거나 이용하는 자" 또는 "대통령령이 정하는 자"로 정하고 있다(법 제2조 제5호).

전자는 본래적 의미의 소비자이고, 후자는 대통령령이 정하는 기능적 의미의 소비자인 준(準)소비자이다. 이러한 이원적인 입법방식은 실제 소비자와 다름없이 사업자와 거래하는 경제적 약자를 보호하기 위한 것이다. 이로써 소비자의 범위는 소비자 이외에도 생산활동을 하는 자까지 확대하고 있다.

준소비자의 범위는 사업자가 제공하는 재화 또는 용역을 소비생활 외의 목적에 사용하거나 이용하는 자로서 다음에 해당하는 자이다(영 제2조).

① 재화 등을 최종적으로 사용하거나 이용하는 자로서 재화 등을 원재료(중간재를 포함한다) 및 자본재로 사용하는 자가 아닌 자

② 법 제3조 제1항 단서의 규정에 해당하는 사업자로서 재화 등을 구매하는 자로서 당해 재화 등을 판매한 자에 대한 관계에 한한 자

③ 다단계 판매원이 되고자 다단계 판매업자로부터 재화 등을 최초로 구매하는 자

④ 재화 등을 농업(축산업을 포함한다) 및 어업 활동을 위하여 구입한 자로서 축산법 제21조 제1항의 규정에 의하여 농림부령이 정하는 사육규모 이상의 축산업을 영위하는 자 외의 자 및 수산업법 제41조 제1항의 규정에 의하여 해양수산부장관의 허가를 받은 원양어업자 외의 자

2) 적용제외범위

전자상거래소비자보호법은 법 또는 일부 규정의 적용제외범위와 제외 대상을 규정하고 있다(법 제3조).

(1) 상행위

전자상거래소비자보호법의 규정은 사업자(방문판매법 제2조 제6호의 다단계 판매원을 제외한다)가 상행위를 목적으로 구입하는 거래에 대하여는 이를 적용하지 않는다(법 제3조 제1항).

여기서 상행위란 실질적으로 영리를 위한 행위를 말하나, 형식적으로는 상법 제64조의 기본적 상행위(영업으로 하는 행위)와 상법 제47조의 보조적 상행위(상인이 영업을 위하여 하는 행위)에 해당하는 것을 말한다.

그러나 이 규정은 사업자 또는 상인 자체를 적용 배제하는 것을 의미하지 않으므로, 사업자라 하더라도 사실상 소비자와 같은 지위에서 다른 소비자와 같은 거래조건으로 거래하는 경우에는 전자상거래소비자보호법이 적용된다.

(2) 계약내용에 관한 서면 및 공급서 송부의무의 제외거래

법 제13조 제2항의 규정에 의한 계약내용에 관한 서면 또는 법 제16조 제1항의 규정에 의한 공급서의 송부의무에 관한 규정은 다음의 거래에는 적용하지 않는다(법 제3조 제2항).

① 소비자가 사전에 숙지된 약관 또는 정형화된 거래방법에 따라 수시 거래하는 경우로서 유·무선 전화기 등을 이용하여 전화정보서비스를 이용하는 경우와 같이 계약내용에 관한 서면(법 제13조 제2항 본문) 또는 공급서 교부(법 제16조 제1항)가 곤란한 거래(규칙 제4조 제1항).

이 경우 거래 전에 미리 재화 등의 제공자의 성명·연락처 및 재화 등의 내용·이용요금 등을 밝히고, 거래 후에 거래대금의 결제내역을 통보해야 한다(규칙 제4조 제2항).

그러나 총리령이 정하는 바에 따라 계약내용에 관한 서면 또는 공급서의 내용이나 교부의 방법을 다르게 할 수 있다.

② 다른 법률(민법 및 방문판매법을 제외한다)에 이 법의 규정과 다른 방법에 의한 계약서 교부의무 등이 규정되어 있는 거래

(3) 통신판매업자가 아닌 자 사이의 통신판매중개를 하는 통신판매업자의 제외규정

통신판매업자가 아닌 자 사이의 통신판매중개를 하는 통신판매업자에 대하여는 법 제13조 내지 제19조의 규정을 적용하지 않는다(법 제3조 제3항). 따라서 신고의무(법 제12조), 통신판매중개업자의 책임(법 제20조), 금지행위(법 제21조) 등은 적용된다.

(4) 법규정 적용 제외거래품목

증권거래법 제2조 제9항의 증권회사에 의한 유가증권의 거래, 금융기관(금융감독기구의설치등에관한법률 제38조 제1호 내지 제12호), 다른 법령에 의하여 설립된 금융기관 또는 중앙행정기관의 인가·허가 등을 받아 설립된 금융기관이 직접 취급하는 금융상품의 거래 및 일상생활용품, 음·식료 등의 인접 지역에의 판매를 위한 거래에 대하여는 법 제12조 내지 제20조의 규정을 적용하지 않는다(법 제3조 제4항, 영 제3조).

3) 다른 법률과의 관계

법률의 적용순서를 정함에 있어서는 특별법 우선의 원칙이 적용되는 결과, 동일한 사안에 대하여는 특별법이 일반법에 우선 적용된다.

전자상거래소비자보호법도 전자상거래 또는 통신판매에서의 소비자보호에 관하여 기존의 전자상거래 관련 법률과 경합되는 경우가 발생한다.

경합되는 법률로는 소비자보호법, 전자거래기본법, 약관규제에 관한 법률, 방문판매 등에 관한 법률, 할부거래에 관한 법률, 정보통신망이용촉진 및 정보보호 등에 관한 법률, 전자서명법 등이 있다.

전자거래기본법과의 관계에서는 법률규정의 중복(전자문서의 활용) 및 적용범위의 중복 등, 소비자보호법과는 소비자의 개념 및 범위, 정보통신망이용촉진 및 정보보호 등에 관한 법률과는 소비자에 관한 정보의 보호 등이 문제가 될 수 있다.

이에 전자상거래소비자보호법은 전자상거래 또는 통신판매에서의 소비자보호에 관하여 이 법과 다른 법률의 규정이 경합하는 경우에는 이 법을 우선 적용하되 다른 법률을 적용하는 것이 소비자에게 유리한 경우에는 그 법을 적용한다는 법경합해소규정을 두고 있다(법 제4조). 따라서 전자상거래나 통신판매시 대금결제수단을 신용카드 할부로 하는 경우 전자상거래소비자보호법과 할부거래에 관한 법률이 경합되는 소비자의 범위, 청약철회의 기산점 및 제외범위 등에서 소비자에게 유리한 규정이 적용된다.
또한 소비자 피해분쟁조정의 요청은 물론 소비자의 범위에 대해 전자상거래소비자보호법과 소비자보호법이 경합되는데, 이때에도 소비자에게 유리한 규정이 적용된다.

2. 전자상거래 등에 대한 특칙

전자상거래소비자보호법의 특징은 통신판매에 관한 규제를 규정하기 이전에 전자상거래와 관련한 특칙을 두고 있다는 점이다.

이 특칙은 전자거래기본법, 전자서명법, 정보통신망이용촉진및정보보호등에관한법률 등 기존의 전자상거래 관련 법률을 배제하거나 준용하는 형식을 취하고 있다.

1) 전자문서의 활용

(1) 전자문서에 의한 권리의 주장

① 원칙

사업자가 소비자와 사전에 전자문서로 거래할 것을 약정하여 지정한 주소로 전자문서를 송신하지 않은 경우에는 당해 전자문서에 의한 권리를 주장할 수 없다(법 제5조 제1항 전문).

여기서 주소란 전자문서의 작성, 송신·수신 또는 저장을 위하여 이용되는 정보처리능력을 가진 전자적 장치 또는 체계인 정보처리시스템을 말하고(전자거래기본법 제2조 제2호), 전자문서란 정보처리시스템에 의하여 전자적 형태로 작성, 송신·수신 또는 저장된 정보를 말한다(전자거래기본법 제2조 제1호).

전자문서에 의한 권리주장 규정은 전자거래기본법의 관련 규정과 연계하여 해석해야 한다. "약정하여 지정한 주소"라는 표현은 당사자간에 이미 사전 약정에 의하여 전자문서를 사용하기로 하고 아울러 수신할 정보처리시스템을 지정한 것이라는 의미로 해석되므로 전자거래기본법 제6조 제2항 제1호로 해결될 수 있다.

전자거래기본법에 의하면 수신자가 수신시스템을 지정한 경우 그 지정된 시스템에 전자문서가 송신된 때에는 지정된 시스템에 전자문서가 입력된 때가 수신시기이고, 지정되지 않은 시스템에 전자문서가 송신된 때에는 수신자가 당해 전자문서를 출력한 때가 수신시기가 된다(전자거래기본법 제6조 제2항 제1호). 그러나 전자문서는 수신자가 전자문서를 수신할 정보처리시스템을 지정하지 않은 경우에는 수신자가 관리하는 정보처리시스템에 입력된 때 수신된 것으로 본다(전자거래기본법 제6조 제2항 제2호).

② 예 외

다음과 같은 경우에는 약정하지 않은 주소로 송부된 전자문서의 효력이 인정된다(법 제5조 제1항 단서, 영 제4조).

● 긴급성을 요하는 경우 또는 긴급하게 연락할 필요성이 있고 전자우편 외에 다른 수단을 활용할 수 없는 경우
● 소비자도 이미 전자문서로 거래할 것을 예정하고 있는 경우 또는 소비자와 특정한 전자우편주소로 2회 이상 거래한 경우에 그 전자우편주소로 전자문서를 송신한 경우
● 소비자가 전자문서를 출력한 경우
● 소비자의 이익에 반하지 않고 당해 소비자도 해당 전자문서의 효력을 부인하지 않는 경우

(2) 전자서명에 대한 의무

① 고지의무

사업자는 전자서명을 한 전자문서를 사용하고자 하는 경우에는 전자서

명을 한 전자문서의 효력 및 출력방법 등의 사항을 전자서명을 한 전자문서가 포함된 전자우편의 본문에 표시하거나 미리 소비자에게 고지해야 한다(법 제5조 제2항, 영 제5조).

여기서 전자서명이란 서명자를 확인하고, 서명자가 당해 전자문서에 서명을 하였음을 나타내는데 이용하기 위하여 당해 전자문서에 첨부되거나 논리적으로 결합된 전자적 형태의 정보를 말한다(전자서명법 제2조 제2호).

그리고 전자문서에 전자서명을 하여 사용하는 경우에는 전자서명법상 공인전자서명과 비공인전자서명의 두 가지가 규정되어 있다(전자서명법 제3조).

법령에서 전자문서 명의인의 서명 날인 또는 서명을 요구하는 경우에는 공인전자서명을 사용해야 서명으로서의 법적인 효력이 있으며, 법령에서 기명 날인 또는 서명을 요구하지 않는 경우에는 공인전자서명을 사용해도 되고 비공인전자서명을 사용해도 당사자의 합의에 따른 서명으로서의 효력이 인정된다.

② 특정방법의 강요금지

사업자는 전자문서를 사용함에 있어 소비자에게 특정한 전자서명 방법의 이용을 강요(특수한 표준 등의 이용으로 사실상 강제되는 경우를 포함한다)해서는 안 되고, 소비자가 선택한 전자서명 방법의 사용을 부당하게 제한해서도 안 된다(법 제5조 제3항). 이 규정은 전자서명법과 같은 취지이다. 즉 누구든지 공인인증서를 이용하여 전자서명을 확인하는 경우 정당한 이유 없이 특정 공인인증기관의 공인인증서만을 요구해서는 안 된다(전자서명법 제25조의3).

2) 거래기록의 열람 · 보존의무

(1) 의무의 내용

사업자는 전자상거래 및 통신판매에서의 표시 · 광고, 계약내용 및 그 이행 등 거래에 관한 기록을 상당한 기간 보존해야 한다(법 제6조 제1항). 이 경우 소비자가 쉽게 거래기록을 열람 · 보존할 수 있는 방법을 제공해야 한다.

예를 들면, TV 홈쇼핑의 경우에는 방송된 모든 내용을 녹화하여 보관하도록 하고, 카탈로그 판매의 경우에는 발간된 카탈로그 전부를 보관해야 할 것이다.

그러나 통신판매 중개자는 자신의 정보처리시스템을 통하여 처리한 기록의 범위 안에서 거래기록을 보존해야 한다(영 제6조 제1항 단서).

사업자가 보존해야 할 거래의 기록 및 그와 관련된 개인정보는 소비자가 개인정보의 이용에 관한 동의를 철회하는 경우에도 이를 보존할 수 있다(법 제6조 제1항).

여기서 개인정보의 범위는 성명 · 주소 · 주민등록번호 등 거래의 주체를 식별할 수 있는 정보에 한한다.

거래기록의 열람 · 보존 규정은 정보통신망이용촉진및정보보호등에관한법률의 예외이다. 정보통신망이용촉진및정보보호등에관한법률에 의하면 정보통신서비스 제공자 등은 이용자가 개인정보의 수집 · 이용 및 제공 등에 관한 동의를 철회한 경우에는 지체 없이 수집된 개인정보를 파기하는 등 필요한 조치를 해야 한다(동 법 제30조 제3항).

(2) 거래기록의 대상 및 기간

구체적으로 사업자가 보존해야 할 거래기록의 대상·범위 및 기간은 다음과 같다(영 제6조 제1항).

① 표시·광고에 관한 기록 : 6개월

② 계약 또는 청약철회 등에 관한 기록 : 5년

③ 대금결제 및 재화 등의 공급에 관한 기록 : 5년

④ 소비자의 불만 또는 분쟁 처리에 관한 기록 : 3년

(3) 열람 및 보존의 방법

사업자가 소비자에게 제공해야 할 거래기록의 열람·보존의 방법은 구체적으로 다음과 같다(영 제6조 제2항).

① 거래가 이루어진 해당 사이버몰에서 거래당사자인 소비자가 거래정보를 열람·확인할 수 있도록 하고, 전자문서의 형태로 정보처리시스템 등에 저장할 수 있도록 할 것

② 소비자가 희망하는 경우 사업장에 비치된 서류 등 당해 소비자와의 거래 관련 서면에 대하여 방문 또는 열람하거나 복사할 수 있도록 할 것

3) 조작실수 등의 방지

전자상거래소비자보호법은 전자상거래에 의한 계약청약과 관련하여 소비자의 조작실수 등에 의한 피해를 방지하기 위한 사업자의 의무를 규정하고 있다. 즉 사업자는 전자상거래에서 소비자의 조작실수 등으로 인한

의사표시의 착오 등으로 발생하는 피해를 예방할 수 있도록 거래 대금이 부과되는 시점 또는 청약에 앞서 그 내용의 확인 및 정정에 필요한 절차를 마련해야 한다(법 제7조). 소비자의 조작실수는 입력실수로 본다.

사이버몰의 경우 결제화면으로 연결되기 전의 팝업 화면이나 전자문서의 발송에 의한 통지로 재화 등의 가격을 아라비아 숫자와 한글표시를 병기함으로써 소비자의 시각적 착오를 방지하는 방법, TV 홈쇼핑과 카탈로그 쇼핑의 경우에는 전화 주문시 소비자에게 구두로 재화 등의 가격을 반복해서 알리는 등 청약의 의사표시의 수신 및 그 내용, 거래내역의 정정 및 취소가능성 등을 고지하는 방법이 있다.

이와 관련하여 통신판매업자에게도 청약확인 등의 의무를 부과하고 있다(법 제14조).

4) 전자적 대금지급의 신뢰확보

전자상거래소비자보호법은 사업자가 전자적 수단에 의한 거래대금의 지급(전자적 대금 지급) 방법을 이용하는 경우 소비자 피해를 예방하기 위하여 사업자와 전자적 대금 지급 관련자(전자결제업자 등)에게 일정한 의무를 부과하고 있다(법 제8조).

(1) 적용대상

① 전자적 대금지급의 범위

전자적 수단에 의한 거래대금의 지급이란 전자문서의 형태로 이루어지는 대금결제를 말하며, 대면하여 본인 여부를 확인하는 경우는 제외된다(영 제7조).

② 전자적 대금지급 관련자의 범위

전자적 대금지급 관련자란 전자결제수단발행자, 전자결제서비스 제공자 및 당해 전자결제수단을 통한 전자결제서비스의 이행을 보조하거나 중개하는 자로서 다음의 사업자를 말한다(영 제8조).

● 은행법 등 법령의 규정에 의한 금융기관으로서 계좌이체업무를 수행하는 금융기관

● 여신전문금융업법에 의한 신용카드업자 : 신용카드업자란 금융감독위원회에 신용카드업의 허가를 받거나 등록을 한 자를 말하고(여신전문금융업법 제2조 제2항의 2), 신용카드업이란 신용카드의 발행 및 관리, 신용카드의 이용과 관련된 대금결제, 신용카드가맹점의 모집 및 관리 등의 업무 중 신용카드의 이용과 관련된 대금결제 업무를 포함한 2 이상의 업무를 업으로 행하는 것을 말한다(여신전문금융업법 제2조 제2호).

● 전자적 매체 또는 정보처리시스템에 화폐가치 또는 그에 상응한 가치를 기록·저장하였다가 재화 등의 구매시 지급하는 결제수단의 발행자

● 유·무선의 전기통신단말기에 의한 결제서비스 사업자

● 정보통신망이용촉진및정보보호등에관한법률에 의한 정보통신서비

스 제공자 : 정보통신서비스 제공자란 전기통신사업법 제2조 제1항 제1
호의 규정에 의한 전기통신사업자와 영리를 목적으로 전기통신사업자
의 전기통신역무를 이용하여 정보를 제공하거나 정보의 제공을 매개하
는 자를 말한다(정보통신망이용촉진및정보보호등에관한법률 제2조 제3호).
● 전자결제 대행 또는 중개서비스 사업자

(2) 전자적 대금지급 관련자의 의무

① 관련 정보의 보안유지의무

전자적 대금지급 관련자는 관련 정보의 보안유지에 필요한 조치를 취해
야 한다(법 제8조 제1항).

② 확인의무

사업자와 전자결제업자 등은 전자적 대금지급이 이루어지는 경우 소비
자가 입력한 정보가 소비자의 진정 의사 표시에 의한 것인지를 확인함에
있어 주의를 다해야 한다(법 제8조 제2항).

③ 통지 및 자료열람의무

사업자와 전자결제업자 등은 전자적 대금지급이 이루어진 경우 전자문
서의 송신 등 소비자에게 그 사실을 통지하고, 언제든지 소비자가 전자적
대금지급과 관련한 자료를 열람할 수 있도록 해야 한다(법 제8조 제3항).

통지의 대상이 되는 소비자는 사업자나 전자결제업자 등이 정보를 가지
고 있는 소비자를 의미한다.

소비자에 대한 전자적 대금지급 사실의 통지방법은 전화 · 모사전송 ·

이동전화 단말기 등을 이용하여 소비자에게 신속하게 전자적 대금지급 사실을 통지하고, 매월 일정 기일에 이용요금을 고지함에 있어 재화 등을 공급한 사업자별로 거래내역과 이용요금을 표시하는 것을 말한다(규칙 제5조).

사이버몰에서 거래가 이루어진 경우에는 전자우편, 휴대폰 메시지 등에 의한 통지가 원칙이고, 보충적으로 전화 및 팩스 등을 이용할 수도 있다. 그러나 소비자가 통지의 방법 중 특정한 방법을 요청한 경우에는 특별한 사정이 없는 한 그에 따라야 할 것이다. 또한 소비자의 동의를 얻은 경우에는 통지 또는 표시를 생략할 수 있다.

통지의 내용은 사업자의 경우 상품정보·배송정보 등 구매관련 정보이고, 전자결제업자 등의 경우에는 결제자명·결제일시·결제수단·결제금액·할부 여부·승인번호 등 결제관련 정보이다.

④ 표시 또는 고지 의무

다수의 사이버몰에서 사용되는 결제수단의 발행자 중 전자적 대금지급에 이용되는 결제수단 중 3개 이상의 사이버몰(하나의 회사에서 개설한 사이버몰인 경우를 제외한다)에서 사용되는 결제수단으로서 소비자가 이를 이용한 거래대금의 지급에 앞서 구입·이용에 대한 대가를 지불하는 형식의 결제수단의 발행자는 당해 결제수단의 신뢰도의 확인과 관련된 사항, 사용상의 제한이나 그 밖의 주의사항 등을 표시 또는 고지해야 한다(법 제8조 제4항, 영 제9조).

소비자에게 고지해야 할 법정사항은 ① 대표자 성명, 주된 사무소 주소, 전화번호, 전자우편 주소, 자본금 규모 및 자기 자본현황 등, ② 소비자 피해보상 보험계약 등의 체결사실 및 계약의 내용(채무지급 보증범위를 포함한다)과 그 확인에 필요한 사항, ③ 잔여금의 현금 환불과 관련된 사항, ④ 반품시 처리기준 및 현금화와 관련된 사항, ⑤ 당해 결제수단을 사용할 수 있는 사이버몰 현황, ⑥ 당해 결제수단 사용상 제한 및 주의사항, ⑦ 그 밖에 소비자에게 표시 또는 고지를 하지 아니하는 경우 당해 결제수단을 사용하는 소비자에게 피해를 줄 우려가 있는 것으로 인정되는 사항 등이다(규칙 제6조).

⑤ 분쟁해결 협조의무

사업자와 소비자 사이에 전자적 대금지급과 관련하여 다툼이 있는 경우 전자결제업자 등은 분쟁해결을 위하여 사업자나 소비자가 분쟁발생 사실을 소명하여 요청하는 경우 분쟁해결에 필요한 범위 안에서 다음의 사항에 대하여 지체 없이 협조해야 한다(법 제8조 제5항, 영 제10조).

● 분쟁의 원인이 된 대금지급과 관련된 정보(고객인증관련 정보를 포함한다)의 열람·복사 허용
● 분쟁의 원인이 된 대금지급에 대한 전자결제업자 등의 보안유지 조치관련 정보의 열람·복사 허용. 다만, 공개할 경우 보안유지에 장애가 발생할 우려가 있는 정보에 대하여는 공개를 거부할 수 있다.

5) 배송사업자의 분쟁해결 협조의무

전자상거래소비자보호법은 전자상거래에 의한 계약이행시 관련 사업자인 배송사업자의 분쟁해결 협조의무에 관해서 규정하고 있다. 전자상거래나 통신판매에 따른 재화 등의 배송을 행하는 사업자는 배송 과정의 사고·장애 등으로 인하여 분쟁이 발생하는 경우에는 당해 분쟁의 해결에 협조해야 한다(법 제9조). 이때 배송에는 정보통신망이용촉진및정보보호등에관한법률 제2조 제1호의 정보통신망을 통한 전송이 포함된다.

분쟁해결 협조의무의 전제 요건은 소비자가 분쟁의 발생사실을 소명하여 요청하는 경우이고, 협조사항 및 방법은 분쟁해결에 필요한 범위 안에서 배송관련 기록의 열람 제공, 사고 또는 장애 관련 사실의 확인을 위한 기록 열람 등의 사항에 대하여 지체 없이 협조하는 것이다(영 제11조).

법 제9조의 규정에 위반하여 분쟁의 해결에 협력하지 않은 자에 대해서는 공정거래위원회가 시정조치 또는 영업정지를 명할 수 있다(법 제32조).

이 밖에 배송사업자, 특히 택배업자의 의무에 대해서는 공정거래위원회의 승인을 받은 택배표준약관이 있고, 택배 및 퀵서비스업과 관련한 소비자 피해보상기준에 대해서는 재정경제부가 고시한 소비자피해보상규정이 있다.

6) 사이버몰 운영자의 의무

전자상거래소비자보호법은 전자상거래를 행하는 사이버몰의 운영자에게 특별히 표시의무를 부과하고 있다(법 제10조).

전자상거래를 행하는 사이버몰의 운영자는 소비자가 사업자의 신원 등에 관하여 쉽게 알 수 있도록 법정사항을 표시해야 한다(법 제10조 제1항).

법정 표시사항은 상호 및 대표자 성명, 영업소 소재지 주소(소비자의 불만을 처리할 수 있는 곳의 주소를 포함), 전화번호 · 모사전송번호 · 전자우편 주소, 사업자등록번호, 사이버몰의 이용약관 등이다. 법에는 "그 밖에 소비자 보호를 위하여 필요한 사항으로 대통령령이 정하는 사항"도 규정되어 있지만, 이에 관한 별도의 대통령령 규정은 없다.

표시방법은 법정 표시사항을 소비자가 알아보기 쉽도록 사이버몰의 초기 화면에 표시해야 한다(규칙 제7조 제1항 본문). 이때 사이버몰의 이용약관은 소비자가 연결화면을 통하여 볼 수 있도록 할 수 있다(규칙 제7조 제1항 단서).

다시 말해 초기화면과 직접 연결된 바로 다음 화면에 게시하면 된다. 그러나 이동통신 단말기 등 출력에 제한이 있는 기기를 이용하여 거래하는 사이버몰 운영자는 법정 표시사항이 사이버몰의 화면에 순차적으로 나타나도록 할 수 있다(규칙 제7조 제2항 본문). 이 경우 대표자 성명 · 모사전송 번호 · 사업자등록번호 · 사이버몰 이용약관은 그 내용을 확인할 수 있는 방법을 화면에 나타나게 하는 것으로 대신할 수 있다.

또한 사이버몰의 운영자는 당해 사이버몰에서 이 법의 규정에 위반한 행위가 이루어지는 경우 운영자가 조치해야 할 부분에 대하여는 시정에 필요한 조치에 협력해야 한다(법 제10조 제2항).

7) 소비자에 관한 정보의 보호

전자상거래소비자보호법은 소비자에 관한 정보의 보호와 관련하여 사업자에게 소비자에 관한 정보를 공정하게 수집 또는 이용해야 할 의무와 정보 도용시 조치의무를 부과하고 있다(법 제11조).

(1) 소비자에 관한 정보의 공정 수집 및 이용 의무

사업자는 전자상거래 또는 통신판매를 위하여 소비자에 관한 정보를 수집 또는 이용(제3자에게 제공하는 경우를 포함)하고자 하는 경우에는 이를 공정하게 수집 또는 이용해야 한다.

다시 말해 사업자는 소비자의 개인정보를 부정확 또는 불공정하게 관리하여 소비자에게 불이익을 주어서는 안 된다.

예를 들면, 소비자에게 3개월 무료 이용 등 이익 제공을 약속하면서 당해 소비자에 관한 정보를 수집한 뒤 약속을 이행하지 않는 경우와 경매사이트 등에서 소비자가 구매거부를 1회 하였음에도 이를 3회 한 것으로 잘못 관리한 경우가 이에 해당한다.

소비자에 관한 정보의 수집 및 이용에 대해서는 정보통신망이용촉진및정보보호등에 관한법률상 정보보호에 관한 규정이 준용된다.

대표적으로 사업자가 만 14세 미만의 미성년자를 대상으로 전자상거래 및 통신판매를 함에 있어서 개인정보를 수집하거나 이용 또는 제3자에게 제공하는 경우 법정대리인의 동의를 얻어야 한다(동 법 제31조 제1항). 그리고 법정대리인은 동의를 철회할 수 있으며, 당해 미성년자가 제공한 개인정보에 대한 열람 또는 오류의 정정을 요구할 수 있다. 이때 사업자는 지체 없이 수집된 개인정보를 파기하는 등 필요한 조치를 취해야 한다. 또한 사업자는 사상·신념·과거의 병력 등 개인의 권리·이익 및 사생활을 현저하게 침해할 우려가 있는 개인정보를 수집해서는 안 된다(동 법 제23조 제1항).

(2) 정보 도용시 조치의무

사업자는 재화 등을 거래함에 있어서 소비자에 관한 정보가 도용되어 당해 소비자가 재산상의 손해가 발생하였거나 발생할 우려가 있는 특별한 사유가 있는 경우에는 필요한 조치를 취해야 한다(법 제11조 제2항).

필요한 조치의 내용은 소비자 본인이 요청하는 경우 도용 여부의 확인 및 당해 소비자에 대한 관련 거래 기록의 제공, 도용에 의하여 변조된 소비자에 관한 정보의 원상회복, 도용에 의한 피해의 회복 등 본인 확인이나 피해의 회복이다(영 제12조).

3. 통신판매규제

1) 통신판매의 신고제

전자상거래소비자보호법은 통신판매의 신고제를 도입하여 통신판매업자에게 영업, 변경, 휴·폐업, 영업 재개시 신고의무를 부과하고 있다(법 제12조).

(1) 영업신고의무

① 신고의무자

● 원칙

통신판매업자는 공정거래위원회나 특별시장 · 광역시장 또는 도지사에게 신고해야 한다(법 제12조 제1항 본문).

● 예외

소규모 통신판매업자 중 부가가치세법에 의한 간이과세자인 사업자는 신고의무가 면제된다(법 제12조 제1항 단서, 영 제14조 제1항).

부가가치세법에 의한 간이과세자는 직전 1년의 재화와 용역의 공급에 대한 대가 4,800만원에 미달하는 개인사업자를 말한다(동 법 제25조 제1항, 동 법 시행령 제74조 제1항).

② 신고 절차

● 신고서류 및 제출처

신고를 하고자 하는 통신판매업자는 신고서(규칙 별지 제1호 서식)에 사업자등록증 사본 및 법인등기부 등본(법인인 경우에 한한다. 다만, 당해 법인의 설립 등기 전에 신고를 하는 때에는 법인설립을 위한 발기인의 주민등록 등본)을 첨부하여 공정거래위원회 또는 시장 · 군수 · 구청장에게 제출해야 한다(영 제13조 제1항 본문, 규칙 제8조 제1항 본문). 주된 사무소의 소재지가 외국인 경우에는 공정거래위원회에 이를 제출해야 한다.

사업자등록증 사본은 신고증의 교부일부터 30일 이내에 제출할 수 있다. 다만, 신규로 신고하는 경우로서 신고시에 사업자등록증 사본을 제출

할 수 없거나 인터넷 도메인 이름 및 호스트 서버소재지를 기재할 수 없는
경우에는 신고증의 교부일부터 30일 이내에 이를 보완해야 한다(규칙 제8
조 제1항 단서).

● 신고사항

신고사항은 다음과 같다(법 제12조 제1항, 영 제15조).

 ⅰ) 상호(법인인 경우에는 대표자의 성명 및 주민등록번호를 포함한다) 주소
    전화번호
 ⅱ) 전자우편 주소ㆍ인터넷 도메인이름ㆍ호스트 서버의 소재지
 ⅲ) 그 밖에 사업자의 신원확인을 위하여 필요한 사항으로서 사업자의
    성명 및 주민등록번호(개인인 경우에 한한다).

● 신고증 교부

신고를 받은 공정거래위원회 또는 시장ㆍ군수ㆍ구청장은 신고증(규칙 별
지 제2호 서식)을 교부해야 한다.

(2) 변경신고의무

통신판매업자가 신고한 사항을 변경하고자 하는 경우에는 이를 신고해
야 한다(법 제12조 제2항).

변경신고를 하고자 하는 자는 당해 변경사항이 발생한 날부터 15일 이
내에 변경신고서(규칙 별지 제3호 서식)에 그 변경사항을 증명하는 서류를
첨부하여 공정거래위원회 또는 시장ㆍ군수ㆍ구청장에게 제출해야 한다(규
칙 제9조).

신고를 받은 공정거래위원회 또는 시장·군수·구청장은 변경사항을 확인하고 변경사항이 기재된 신고증을 다시 교부해야 한다(영 제16조 제2항).

(3) 휴·폐업, 영업재개 신고의무

신고한 통신판매업자는 그 영업을 휴지 또는 폐지하거나 휴업한 후 영업을 재개하는 때에는 휴지·폐지 또는 영업의 재개 5일 전에 휴업·폐업·영업재개신고서(규칙 별지 제4호 서식)를 공정거래위원회 또는 시장·군수·구청장에게 제출해야 한다(법 제12조 제3항, 영 제17조, 규칙 제10조). 다만, 영업의 폐지를 신고하는 경우에는 종전의 신고증을 첨부해야 한다.

통신판매업자가 폐업신고를 하지 않은 상태에서 파산선고를 받는 등 실질적으로 영업을 할 수 없는 것으로 판단되는 경우에는 신고(법 제12조 제1항)를 받은 공정거래위원회 또는 시·도지사는 직권으로 신고사항을 말소할 수 있다(법 제22조 제2항).

(4) 통신판매업자에 관한 정보의 공개

공정거래위원회는 영업을 신고한 통신판매업자의 정보를 대통령령이 정하는 바에 따라 공개할 수 있다(법 제12조 제4항).

공정거래위원회는 통신판매업자의 정보를 공개하는 경우 당해 통신판매업자에게 공개하는 내용과 방법을 미리 통지해야 하고, 사실과 다른 내용을 정정할 수 있는 기회를 주어야 한다(영 제19조).

2) 계약권유단계의 행위규제

통신판매에서 소비자는 그 거래의 구체적인 내용이나 조건을 인식하지 못한 상태에서 성급하게 충동구매할 수 있다. 전자상거래소비자보호법은 이러한 충동구매를 막기 위해 계약권유 단계에서 통신판매업자에게 신원에 대한 정보제공의무와 거래조건에 대한 정보제공의무 및 서면교부의무를 부과하고 있다.

(1) 신원에 대한 정보제공의무

통신판매업자가 재화 등의 거래에 관한 청약을 받을 목적으로 표시·광고를 행하는 경우에는 상호 및 대표자 성명, 주소·전화번호·전자우편주소, 통신판매업 신고번호(법 제12조) 등의 사항이 포함되도록 해야 한다(법 제13조 제1항).

신고가 면제되는 통신판매업자가 통신판매에 관한 표시 또는 광고를 하는 경우 통신판매업 신고번호에 갈음하여 그 면제사유를 명시해야 한다(영 제14조 제2항).

(2) 거래조건에 대한 정보제공의무

통신판매업자는 소비자가 계약 체결 전에 재화 등에 대한 거래 조건을 정확하게 이해하고 실수 또는 착오 없이 거래할 수 있도록 법정사항을 적절한 방법으로 표시·광고 또는 고지해야 한다(법 제13조 제2항 전문).

표시·광고 또는 고지해야 할 법정사항은 다음과 같다.

① 재화 등의 공급자 및 판매자에 관한 사항

② 재화 등의 명칭 · 종류 및 내용

③ 재화 등의 가격(가격이 결정되어 있지 않은 경우에는 그 결정의 구체적인 방법)과 그 지급 방법 및 시기

④ 재화 등의 공급 방법 및 시기

⑤ 청약의 철회 및 계약의 해제(청약철회 등)의 기한 · 행사방법 및 효과에 관한 사항(청약철회 등의 권리를 행사함에 필요한 서식을 포함한다)

⑥ 재화 등의 교환 · 반품 · 보증과 그 대금 환불의 조건 및 절차

⑦ 전자매체로 공급이 가능한 재화 등의 전송 · 설치 등과 관련하여 요구되는 기술적 사항

⑧ 소비자 피해보상, 재화 등에 대한 불만 및 소비자와 사업자간 분쟁처리에 관한 사항

⑨ 거래에 관한 약관

⑩ 그 밖에 소비자의 구매 여부 판단에 영향을 주는 거래조건 또는 소비자의 피해 구제에 필요한 사항으로서 재화 등의 가격 외에 소비자가 추가로 부담해야 할 사항이 있는 경우 그 내용 및 금액, 판매일시 · 판매지역 · 판매수량 · 인도지역 등 판매조건과 관련하여 제한이 있는 경우 그 내용(영 제20조)

특히 통신판매업자는 소비자보호법에 따른 소비자 피해보상기준이 적용되는지 여부를 소비자에게 명시해야 한다. 만일 사업자가 이를 명시하지 않은 경우에는 소비자 피해보상기준이 적용되는 것으로 본다.

3) 계약 체결 단계의 행위규제

(1) 서면교부의무

통신판매는 대부분 우편 · 전기통신 등 다양한 정보제공방법에 따라 이루어지기 때문에 소비자에게 계약내용을 주지시켜 분쟁을 방지하고 또한 계약의 공정화를 기하고자 전자상거래소비자보호법은 계약 체결 단계에서 소비자의 알 권리 및 선택할 권리를 실현하기 위해 통신판매업자에게 서면교부의무를 부과한다.

통신판매업자는 소비자가 계약 체결 전에 재화 등에 대한 거래 조건을 정확하게 이해하고 실수 또는 착오 없이 거래할 수 있도록 법정사항이 기재된 계약내용에 관한 서면을 교부해야 한다(법 제12조 제2항 후문). 다만, 신속한 거래를 위하여 소비자의 동의를 얻은 경우에는 전자문서 또는 공급서(법 제16조)로 갈음할 수 있다.

계약서의 법정 기재사항은 법정 표시 · 광고 또는 고지사항과 동일하다.

(2) 청약확인의무

통신판매업자는 소비자로부터 재화 등의 거래에 관한 청약을 받은 경우 청약의 의사표시의 수신 확인 및 판매 가능 여부에 관한 정보를 소비자에게 신속하게 통지해야 한다(법 제14조 제1항).

그리고 통신판매업자는 계약 체결 전에 소비자가 청약의 내용을 확인하고, 정정 또는 취소할 수 있도록 적절한 절차를 갖추어야 한다(법 제14조 제2항).

4) 계약이행 단계의 행위규제

(1) 성실이행의무

통신판매업자는 계약 체결 전에 재화 등에 대한 거래 조건을 정확하게 이해하고 실수 또는 착오 없이 거래할 수 있도록 소비자에게 표시 · 광고 또는 고지한 거래조건을 신의에 좇아 성실하게 이행해야 한다(법 제13조 제4항).

(2) 재화 등의 공급의무

① 원 칙

통신판매업자는 소비자가 청약을 한 날부터 7일 이내에 재화 등의 공급에 필요한 조치를 취해야 한다(법 제15조 제1항 전문).

② 예 외

● 선불식 통신판매

통신판매업자가 이미 재화 등의 대금의 전부 또는 일부를 받은 경우(이하 "선불식 통신판매"라 한다)에는 대금의 전부 또는 일부를 받은 날부터 2영업일 이내에 재화 등의 공급을 위하여 필요한 조치를 해야 한다(법 제15조 제1항 후문).

● 특약이 있는 경우

소비자와 통신판매업자 간에 재화 등의 공급시기에 관하여 별도의 약정이 있는 경우에는 약정한 공급시기에 공급을 위하여 필요한 조치를 해야 한다(법 제15조 제1항 단서).

(3) 이행불능시 의무

① 원칙 : 고지의무

통신판매업자는 청약을 받은 재화 등을 공급하기 곤란함을 알았을 때에는 그 사유를 소비자에게 지체 없이 알려야 한다(법 제15조 제2항 전문).

이때 통신판매업자는 허위, 과장 등의 방법을 사용하여 소비자를 유인한 행위에 대한 책임을 부담할 수 있다.

예를 들면, 소비자로 하여금 자신의 사이트나 홈쇼핑, 카탈로그 등에 방문하게 할 목적으로 일부 제품의 가격을 허위로 기재한 뒤, 소비자가 청약하는 경우 같은 제품의 공급이 곤란하다는 이유를 들어 대금을 환급하는 경우가 이에 해당한다.

② 예외 : 환급의무

선불식 통신판매의 경우에는 그 대금을 지급 받은 날부터 2영업일 이내에 환급하거나 환급에 필요한 조치를 해야 한다(법 제15조 제2항 후문). 이때 법 제18조 제1항 내지 제5항의 규정이 준용된다(법 제15조 제4항).

(4) 공급확인조치의무

통신판매업자는 소비자가 재화 등의 공급 절차 및 진행 상황을 확인할 수 있도록 적절한 조치를 해야 한다(법 제15조 제4항 전문). 이 경우 공정거래위원회는 그 조치에 필요한 사항을 정하여 고시할 수 있다.

(5) 공급서 송부의무

① 원칙 : 서면

통신판매업자는 소비자의 청약에 따라 재화 등을 공급하는 경우에는 그 내용을 기재한 서면(공급서)을 재화 등에 첨부하여 소비자에게 송부해야 한다(법 제16조 제1항). 공급서에는 신원에 대한 정보제공(법 제13조 제1항) 및 거래조건 정보제공 · 서면 교부(법 제13조 제2항)에 관한 사항과 소비자가 청약철회 등을 행함에 있어 필요한 서식이 포함되어야 한다(법 제16조 제3항).

② 예외 : 전자문서

통신판매업자는 그가 판매하는 재화 등이 소프트웨어 등 전기통신기본법 제2조 제2호의 전기통신설비를 통하여 제공될 수 있는 무체물인 경우에는 공급서를 전자문서의 형태로 제공할 수 있다(법 제16조 제2항).

5) 청약철회 등

전자상거래소비자보호법에 규정된 소비자보호규제 중 가장 큰 변화가 있는 분야는 청약철회제도이다.

(1) 청약철회 기간 및 기산점

① 원 칙

통신판매업자와 재화 등의 구매에 관한 계약을 체결한 소비자는 청약철회 법정기간인 7일 이내에 당해 계약에 관한 청약철회 등을 할 수 있다(법

제17조 제1항).

  7일의 청약철회 법정기간의 기산점은 다음과 같다.

- 계약내용에 관한 서면(법 제13조 제2항)을 교부받은 날부터 7일
- 그 서면을 교부받은 때보다 재화 등의 공급이 늦게 이루어진 경우에는 재화 등의 공급을 받거나 공급이 개시된 날부터 7일
- 계약내용에 관한 서면을 교부받지 않은 경우, 통신판매업자의 주소 등이 기재되지 않은 서면을 교부받은 경우 또는 통신판매업자의 주소 변경 등의 사유로 제1호의 기간 이내에 청약철회 등을 할 수 없는 경우에는 그 주소를 안 날 또는 알 수 있었던 날부터 7일

  이때 기산점은 민법 제157조의 초입불산입원칙에 따라 '다음날' 이다.

② 예 외

- 약정한 긴 기간

  거래당사자가 청약철회 법정기간보다 긴 기간으로 약정한 경우에는 그 기간이 청약철회 기간이 된다(법 제17조 세1항). 그러니 거래당사자가 청약철회 법정기간보다 짧은 기간으로 약정한 경우에는 소비자에게 불리한 것으로 그 효력은 없다(법 제35조).

- 청약철회 법정기간의 연장

  소비자는 재화 등의 내용이 표시 · 광고 내용과 다르거나 계약내용과 다르게 이행된 경우에는 당해 재화 등을 공급받은 날부터 3개월 이내, 그 사실을 안 날 또는 알 수 있었던 날부터 30일 이내에 청약철회 등을 할 수 있

다(법 제17조 제3항).

이때 3개월과 30일 중 어느 한 기간이라도 먼저 경과되면 청약철회권을 행사할 수 없다고 본다. 그러나 재화 등의 내용이 표시·광고 내용과 다르거나 계약내용과 다르게 이행된 것이 민법상 취소사유나 해제·해지 사유에 해당하는 경우에는 이들 기간이 경과한 후에도 취소권이나 해제권·해지권 등을 행사할 수 있다.

(2) 청약철회의 배제

소비자의 청약철회제도는 거래안전을 다소 희생시키더라도 소비자의 권익을 보호하려는 제도이다. 하지만 이때에도 필요한 한도에서 거래의 안전을 부득이 희생시키지 않을 수 없다고 생각되는 정도에 그쳐야 할 것이다.

이에 전자상거래소비자보호법은 청약철회권의 행사가 배제되는 경우를 규정하고 있다. 소비자는 청약철회배제사유에 해당하는 경우에는 통신판매업자의 의사에 반하여 청약철회 등을 할 수 없다(법 제17조 제2항).

청약철회배제사유는 다음과 같다.

① 소비자에게 책임 있는 사유로 재화 등이 멸실 또는 훼손된 경우 : 이는 당연한 청약철회배제사유이다. 그러나 그 동안 논란이 되었던 재화 등의 내용을 확인하기 위하여 포장 등을 훼손한 경우는 청약철회를 할 수 있다(법 제17조 제2항 제1호 단서).

② 소비자의 사용 또는 일부 소비에 의하여 재화 등의 가치가 현저히 감소한 경우 : 이 경우 청약철회가 배제되려면 통신판매업자가 일정한 조

치의무를 이행해야 한다. 즉 이 사유에 해당되어 청약철회 등이 불가능한 재화 등의 경우에는 그 사실을 재화 등의 포장, 기타 소비자가 쉽게 알 수 있는 곳에 명기하거나 시용(試用) 상품을 제공하는 등의 방법으로 사용이나 일부 소비 등으로 인하여 청약철회 등의 권리 행사가 방해받지 않도록 조치해야 한다(법 제16조 및 제17조 제6항).

따라서 이런 조치를 취하지 않았다면 소비자는 청약철회권을 행사할 수 있다.

③ 시간의 경과에 의하여 재판매가 곤란할 정도로 재화 등의 가치가 현저히 감소한 경우

④ 복제가 가능한 재화 등의 포장을 훼손한 경우. 예를 들면, 낱개로 밀봉된 음반·비디오물 및 소프트웨어를 들 수 있다.

⑤ 그 밖에 거래의 안전을 위한 경우 중 소비자의 주문에 의하여 개별적으로 생산되는 재화 등 청약철회 등을 인정하는 경우 통신판매업자에게 회복할 수 없는 중대한 피해가 예상되는 경우로서 사전에 당해 거래에 대하여 별도로 그 사실을 고지하고 소비자의 서면(전자문서를 포함한다)에 의한 동의를 얻은 경우(영 제21조)

이 밖에도 청약철회기간이 경과하면 철회권은 소멸한다.

(3) 청약철회의 행사방법 및 효력발생시기

전자상거래소비자보호법은 청약철회의 의사표시를 어떻게 해야 하는가에 대해 구방문판매법의 경우와 달리 "청약철회를 서면으로 하는 경우"라는 표현을 하여 청약철회의 방법에 대해 서면주의를 취하고 있지 않는 듯

하다. 따라서 통신판매업자에 대해 구두 또는 서면 및 전자서면에 의한 청약철회가 가능하다고 본다.

다만, 청약철회를 서면으로 하는 경우에는 그 의사표시가 기재된 서면을 발송한 날에 그 효력이 발생한다(법 제17조 제4항). 전자상거래소비자보호법은 소비자를 보호하기 위하여 민법상 의사표시의 도달주의(동 법 제11조)와 달리 발신주의를 채택하고 있다.

그러면 서면으로 통지하는 방법은 어떤 것이 있는가?

소비자의 입장에서 서면을 발송했다는 사실에 다툼을 근본적으로 예방할 수 있는 방법은 내용증명이다.

내용증명은 동일한 내용의 편지를 3부 작성해 우체국에서 내용증명우편이라는 증명을 받은 뒤 1부는 우체국에서 보관하고, 1부는 자신이 보관하며 또 다른 1부는 상대방에게 배달증명 직인을 찍어 보내면 된다.

내용증명을 보내면 자신이 보관하는 청약철회권의 서면이나 우체국 보관용 서면을 보여줌으로써 통신판매업자가 청약철회권의 서면과 동일한 서면을 받았다는 점을 증명할 수 있다. 내용증명은 청약철회권의 서면행사를 증명할 수 있는 중요한 제도이다.

(4) 입증책임

청약철회권 행사와 관련하여 재화 등의 훼손에 대하여 소비자의 책임이 있는지의 여부, 재화 등의 구매에 관한 계약이 체결된 사실 및 그 시기, 재화 등의 공급사실 및 그 시기, 공급서의 송부 사실 및 그 시기 등에 관하여 다툼이 있는 경우에는 통신판매업자가 이를 입증해야 한다(법 제17조 제5항).

(5) 청약철회 등의 효과

① 소비자의 재화 등의 반환의무

소비자는 청약철회 등을 행한 경우에는 이미 공급받은 재화 등을 반환해야 한다(법 제18조 제1항).

이때 통신판매업자는 이미 재화 등의 일부가 사용되거나 일부 소비된 경우에는 그 재화 등의 사용 또는 일부 소비에 의하여 소비자가 얻은 이익 또는 그 재화 등의 공급에 소요된 비용에 상당하는 금액으로서 비용청구 법정범위의 금액의 지급을 소비자에게 청구할 수 있다(법 제18조 제8항).

재화 등이 일부 소비되는 경우의 비용청구의 법정금액은 다음의 비용을 말한다(영 제24조).

● 재화 등의 사용으로 인하여 소모성 부품의 재판매가 곤란하거나 재판매가격이 현저히 하락하는 경우에는 당해 소모성 부품의 공급에 소요된 비용
● 다수의 동일한 가분물로 구성된 재화 등의 경우에는 소비자의 일부 소비로 인하여 소비된 부분의 공급에 소요된 비용

② 통신판매업자의 대금환급의무

통신판매업자(소비자로부터 재화 등의 대금을 지급 받은 자 또는 소비자와 통신판매에 관한 계약을 체결한 자를 포함)는 재화 등을 반환 받은 날부터 3영업일 이내에 이미 지급 받은 재화 등의 대금을 환급해야 한다(법 제18조 제2항 전문).

이 경우 통신판매업자가 소비자에게 재화 등의 대금의 환급을 지연한

때에는 그 지연기간에 대하여 공정거래위원회가 정하여 고시하는 지연이자율을 곱하여 산정한 지연이자(지연배상금)를 지급해야 한다.

③ 통신판매업자의 위약금 또는 손해배상청구 금지

통신판매업자는 소비자에게 청약철회 등을 이유로 위약금 또는 손해배상을 청구할 수 없다(법 제18조 제9항).

④ 비용부담

소비자의 조건 없는 청약철회 등의 경우(제17조 제1항)에는 공급받은 재화 등의 반환에 필요한 비용은 소비자가 이를 부담하나, 사업자의 잘못으로 인한 청약철회의 경우(제17조 제3항)에는 통신판매업자가 이를 부담한다.

⑤ 결제업자가 개입된 경우의 법률관계

통신판매업자는 재화 등의 대금을 환급함에 있어 소비자가 신용카드(여신전문금융업법 제2조 제3호), 그 밖에 재화 등을 구입한 소비자가 직접 지급하는 현금(계좌이체에 의한 지급을 포함한다) 외의 결제수단으로서 당해 결제수단을 제공한 사업자(이하 "결제업자"라 한다)에게 청구를 정지 또는 취소하거나 환급하는 경우 당해 소비자에게 환급한 것과 동일한 효과가 발생하는 결제수단으로 재화 등의 대금을 지급한 때에는 지체 없이 당해 결제수단을 제공한 사업자(결제업자)로 하여금 재화 등의 대금의 청구를 정지 또는 취소하도록 요청해야 한다(법 제18조 제3항 본문, 영 제22조).

그러나 통신판매업자가 결제업자로부터 해당 재화 등의 대금을 이미 지급 받은 때에는 지체 없이 이를 결제업자에게 환급하고, 그 사실을 소비자에게 통지해야 한다(법 제18조 제3항 단서).

이때 통신판매업자로부터 재화 등의 대금을 환급 받은 결제업자는 지체 없이 소비자에게 이를 환급하거나 환급에 필요한 조치를 취해야 한다(법 제18조 제4항).

통신판매업자 중 환급의 지연으로 소비자로 하여금 대금을 결제하게 한 통신판매업자는 그 지연기간에 대한 지연배상금을 소비자에게 지급해야 한다(법 제19조 제5항).

소비자는 통신판매업자가 정당한 사유 없이 결제업자에게 대금을 환급하지 않는 경우에는 환급 받을 금액에 대하여 결제업자에게 당해 통신판매업자에 대한 다른 채무와 상계할 것을 요청할 수 있다(법 제18조 제6항). 이 경우 결제업자는 채무상계법정절차에 따라 당해 통신판매업자에 대한 다른 채무와 상계할 수 있다.

결제업자는 소비자가 다음의 방법에 의하여 상계를 요청할 경우 즉시 상계할 수 있다(영 제23조 제1항).

● 환급금액 등을 기재한 서면(전자문서를 포함한다)에 의할 것
● 법 제17조 제1항 각 호 또는 제3항의 기간 안에 청약철회 등을 한 사실 및 법 제18조 제1항에 의하여 재화 등을 반환하였음을 입증하는 자료(소비자가 재화 등을 계약서에 명시된 통신판매업자의 주소로 반환하였으나 수취 거절된 경우에는 그 입증자료)를 첨부할 것

결제업자는 즉시 상계한 경우 그 사실 및 금액내역 등을 기재한 서면(전

자문서를 포함한다)을 당해 통신판매업자 및 소비자에게 지체 없이 송부해야 한다(영 제23조 제2항).

소비자는 결제업자가 정당한 사유 없이 상계를 게을리 한 경우 결제업자에 대하여 대금의 결제를 거부할 수 있다(법 제18조 제7항 전문). 이 경우 통신판매업자와 결제업자는 그 결제의 거부를 이유로 당해 소비자를 신용정보의이용및보호에관한법률 제2조 제7호의 규정에 의한 신용불량자로 처리하는 등 소비자에게 불이익을 주는 행위를 해서는 안 된다.

⑥ 연대책임

통신판매업자, 재화 등의 대금을 지급 받은 자 또는 소비자와 통신판매에 관한 계약을 체결한 자가 동일인이 아닌 경우에 각자는 청약철회 등에 따른 재화 등의 대금환급과 관련한 의무의 이행에 있어서 연대하여 책임을 진다(법 제18조 제11항).

⑦ 청약철회업무의 계속처리의무

통신판매업자는 그 휴업기간 또는 영업정지기간 중에도 청약철회 등의 업무(제17조 제1항 및 제3항)와 청약철회 등과 그에 따른 대금의 환급과 관련된 업무(제18조 제1항 내지 제5항)를 계속해야 한다(법 제22조).

6) 손해배상청구금액의 제한

전자상거래소비자보호법은 민법 제398조에 대한 특별규정으로 통신판매업자가 소비자에게 대해 청구하는 손해배상금액의 범위를 일정한 한도로 제한하고 있다.

소비자에게 책임 있는 사유로 인하여 재화 등의 판매에 관한 계약이 해제된 경우 통신판매업자가 소비자에게 청구하는 손해배상액을 제한하고 있다(법 제19조 제1항).

손해배상청구금액의 제한은 공급받은 재화 등이 반환되었는가의 여부에 따라 다르다.

① 공급받은 재화 등이 반환된 경우에는 반환된 재화 등의 통상 사용료액 또는 그 사용에 의하여 통상 얻어지는 이익에 상당하는 금액과 반환된 재화 등의 판매가격에서 그 재화 등이 반환된 당시의 가액을 공제한 금액 중 큰 금액에 대금미납에 따른 지연배상금을 더한 금액을 초과할 수 없다.
여기서 통상 사용이란 재화 등에 대한 개별적이고 현실적인 사용이 아니라, 용법에 맞는 통상적인 사용을 말한다.
② 공급받은 재화 등이 반환되지 않은 경우에는 그 재화 등의 판매가격에 상당하는 금액에 대금미납에 따른 지연배상금을 더한 금액을 초과할 수 없다.

통신판매업자는 위 금액을 초과하는 손해배상액의 예정 또는 위약금, 기타 어떠한 명목이나 명칭으로든 일정한 금액 이상을 초과하는 약정은 무효이다(법 제35조).

그러나 실제 손해배상청구금액의 결정과 관련하여 통신판매업자와 소비자간에 분쟁이 발생할 수 있다. 이에 공정거래위원회가 통신판매업자와 소비자간의 손해배상청구에 따른 분쟁의 원활한 해결을 위하여 필요한 경우 손해배상액을 산정하기 위한 기준을 정하여 고시할 수 있는 근거규정을 두고 있다(법 제19조 제2항).

7) 통신판매중개에서의 책임

전자상거래소비자보호법은 통신판매중개에 대한 정의규정(전자상거래소비자보호법 제2조 제4항)과 더불어 통신판매중개로 인한 소비자피해에 대해 통신판매중개자와 통신판매의 중개를 의뢰한 자의 연대책임 및 고유책임에 대해 규정하고 있다.

(1) 통신판매중개자의 책임

① 연대책임

● 책임의 근거

전자상거래소비자보호법은 통신판매중개자에게 재화 등의 판매에 따른 책임이 없다는 사실을 약정하거나 이미 고지할 의무를 부담시키고 있다. 그리고 고지의무를 다하지 않은 경우 통신판매중개자는 해당 통신판매와 관련하여 통신판매의 중개를 의뢰한 자의 고의 또는 과실로 소비자에게 발생한 재산상의 손해에 대하여 중개를 의뢰한 자와 연대하여 배상할 책임이 있다(법 제20조 제1항).

고지의무는 성질상 하나의 책무 내지 간접의무로 보아야 한다.

이유는 고지의무 위반에 기하여 발생한 손해에 대한 책임을 부담하는 것이 아니라, 의무위반에 기하여 연대책임이라는 일정한 법적인 불이익을 주기 때문이다.

통신판매중개자의 연대책임규정은 중개행위를 통하여 소비자가 계약을 체결하고 난 후 피해를 입었으나, 계약당사자인 의뢰자에게 책임을 물을 수 없는 경우 배상능력이 있는 통신판매중개자에게 배상책임을 부담시키기 위한 것이다.

● 책임의 범위

연대책임의 범위는 의뢰자의 고의 또는 과실로 인하여 발생한 재산상의 손해이므로 의뢰자의 채무불이행으로 인한 손해배상책임(민법 제390조)뿐만 아니라, 불법행위로 인한 손해배상책임(민법 제750조)을 부담하는 것으로 본다.

하자담보책임의 경우에는 귀책사유와는 상관없는 무과실책임이므로 문리해석상 포함되지 않는다. 또한 "재산상의 손해"로 한정하고 있으므로 인적 손해에 대하여는 연대책임을 부남하시 않는다.

또한 통신판매업자의 의뢰를 받아 통신판매의 중개를 함에 있어서 의뢰자가 책임을 지는 것으로 약정하여 소비자에게 고지한 부분에 대하여는 의뢰자가 책임을 진다(법 제20조 제2항 단서).

② 고유의무

● 통신판매업자로서의 책임

통신판매중개자는 연대책임을 부담하지 않는 경우라 하더라도 법 제12

조 내지 제20조의 규정에 의한 통신판매업자로서의 행위규제를 받는다(법 제20조 제2항). 그러나 통신판매업자가 아닌 자 사이의 통신판매중개를 하는 통신판매업자에 대해서는 법 제13조 내지 제19조의 규정이 적용되지 않는다(법 제3조 제3항).

● 거래상대방에 대한 정보제공의무

통신판매중개자는 통신판매의 중개를 의뢰한 사업자의 신원에 관한 정보를 열람할 수 있는 방법을 소비자에게 제공해야 하고 통신판매의 중개를 의뢰한 자가 사업자가 아닌 경우에는 중개의 대상이 된 당해 거래를 의뢰한 자의 성명·주소·전화번호 등 신원을 확인할 수 있는 정보와 당해 중개자가 제공하는 중개를 이용한 사실과 관련된 신용도에 관한 정보를 보유하고 있는 경우 당해 정보 등의 사항에 관하여 통신판매의 중개 대상이 되는 거래의 당사자들에게 거래상대방에 대한 정보를 열람할 수 있는 방법을 제공해야 한다(법 제20조 제4항, 영 제25조).

(2) 통신판매의 중개를 의뢰한 사업자의 책임

① 연대책임

판매중개자에게 통신판매의 중개를 의뢰한 사업자는 통신판매중개자의 고의 또는 과실로 인하여 소비자에게 발생한 재산상 손해에 대하여 중개자의 행위라는 이유로 면책되지 않는다(법 제20조 제3항 본문). 다시 말해서 연대책임을 부담한다. 그러나 소비자에게 피해가 가지 않도록 상당한 주의를 기울인 경우에는 연대책임을 지지 않는다.

② 고유책임

통신판매업자의 의뢰를 받아 통신판매의 중개를 함에 있어서 의뢰자가 책임을 지는 것으로 약정하여 소비자에게 고지한 부분에 대하여는 의뢰자가 책임을 진다(법 제20조 제2항 단서).

8) 금지행위

전자상거래소비자보호법은 전자상거래를 행하는 사업자 또는 통신판매업자의 금지행위를 규정하고(법 제21조 제1항), 이를 위반하는 자에 대해서는 행정제제나 형사벌에 처할 수 있는 근거를 두고 있다.

금지행위의 구체적인 유형은 다음과 같다.

① 허위 또는 과장된 사실을 알리거나 기만적 방법을 사용하여 소비자를 유인 또는 거래하거나 청약철회 등 또는 계약의 해지를 방해하는 행위

인터넷상의 띠 광고를 하루에 일정 횟수를 보면 그만큼의 할부금을 소비자의 계좌로 입금해 주는 조건으로 고가의 PC를 매우 저렴한 가격에 마련할 수 있다는 기회라고 광고하여 구입하였으나 실제로는 1~2개월 후에는 입금이 중단되는 경우, 시중가의 50%에 판매한다는 광고를 하였으나 실제로는 판매수량에 제한이 있음에도 불구하고 이를 표시하지 않아 소비자로 하여금 주문만 하면 구매할 수 있는 것으로 오인하게 하는 경우가 해당한다고 본다.

② 청약철회 등을 방해할 목적으로 주소 · 전화번호 · 인터넷 도메인이름

등을 변경 또는 폐지하는 행위

③ 분쟁이나 불만 처리에 필요한 인력 또는 설비의 부족을 상당기간 방치하여 소비자에게 피해를 주는 행위

사업자가 소비자의 불만 및 피해사항에 대한 접수를 이메일을 통해서만 할 수 있도록 하고 전화 통화를 거부하는 경우가 이것에 해당한다.

④ 소비자의 청약이 없음에도 불구하고 일방적으로 재화 등을 공급하고 그 대금을 청구하는 행위

소비자가 인터넷상 쇼핑몰에 접속하여 회원가입을 하였을 뿐 재화 등의 구입의사를 표시하지는 않았음에도 불구하고, 며칠 뒤 사업자가 임의로 재화를 공급하고 대금을 청구하는 경우가 여기에 해당하는데, 일명 네거티브 옵션(negative option)이라고 한다.

⑤ 소비자가 재화를 구매하거나 용역을 제공받을 의사가 없음을 밝혔음에도 불구하고 전화, 모사전송, 컴퓨터통신 등을 통하여 재화를 구매하거나 용역을 제공받도록 강요하는 행위

⑥ 본인의 허락을 받지 않거나 허락 받은 범위를 넘어 소비자에 관한 정보를 이용하는 행위

그러나 소비자 정보의 이용과 관련한 금지행위(⑥)에 대해서는 폭넓은 예외를 두고 있다.

● 재화 등의 배송 등 소비자와의 계약의 이행에 불가피한 경우로서 재화 등의 배송 또는 전송을 업으로 하는 자로서 당해 배송 또는 전송을 위탁받은 자에게 제공하는 경우와 재화 등의 설치, 사후 서비스, 그 밖에 약정한 서비스의 제공을 업으로 하는 자로서 당해 서비스의 제공을 위탁받은 자에게 제공하는 경우(법 제21조 제1항 제6호, 영 제26조)

● 재화 등의 거래에 따른 대금정산을 위하여 필요한 경우

● 도용 방지를 위하여 본인 확인에 필요한 경우로서 소비자의 신원 및 실명 여부나 본인의 진의 여부의 확인을 위하여 전기통신사업법 제4조 제3항 제1호의 규정에 의한 기간통신사업자, 신용정보의이용및보호에관한법률 제2조 제4호의 규정에 의한 신용정보업자, 당해 거래에 따른 대금결제와 직접 관련된 전자결제업자 등, 법령 또는 법령의 규정에 의한 인·허가에 의하여 도용 방지를 위한 실명 확인을 업으로 하는 자 등에게 제공하는 경우와 미성년자와의 거래에 있어 법정대리인의 동의 여부를 확인하기 위하여 이용하는 경우(영 제27조)

● 법률의 규정 또는 법률에 의하여 필요한 불가피한 사유가 있는 경우

4. 소비자 권익의 보호

1) 소비자보호지침의 제정

공정거래위원회는 전자상거래 또는 통신판매를 행함에 있어서 건전한 거래질서의 확립 및 소비자의 보호를 위하여 사업자의 자율적 준수를 유

도하기 위한 지침(소비자보호지침)을 관련 분야의 거래당사자, 기관 및 단체의 의견을 들어 정할 수 있다(법 제23조 제1항).

소비자보호지침의 법적 성격은 건전한 거래질서의 확립 및 소비자의 보호를 위하여 전자상거래를 행하는 사업자 또는 통신판매업자가 숙지하고 준수해야 할 기준을 정하여 사업자의 자율적 준수를 유도한다는 점에서 전자상거래소비자보호법을 해석하거나 구체화하는 해석규칙인 행정지도규칙에 해당한다고 볼 수 있다.

사업자는 그가 사용하는 약관이 소비자보호지침의 내용보다 소비자에게 불리한 경우 소비자보호지침과 다르게 정한 약관의 내용을 소비자가 알기 쉽게 표시 또는 고지해야 한다(법 제23조 제2항).

2) 소비자 피해보상 보험계약 등의 체결

(1) 체결권장

공정거래위원회는 전자상거래 또는 통신판매에서의 소비자 보호를 위하여 관련 사업자에게 보험업법에 의한 보험계약 또는 소비자 피해보상금의 지급을 확보하기 위한 금융기관과의 채무지급보증계약(소비자 피해보상 보험계약 등)을 체결하도록 권장할 수 있다(법 제24조 본문).

(2) 체결의무

전자결제수단의 발행자(법 제8조 제4항)는 소비자 피해보상 보험계약 등을 체결해야 한다(법 제24조 제1항 단서, 영 제28조 제2항).

소비자 피해보상 보험계약 등에 의하여 소비자 피해보상금을 지급할 의무가 있는 자는 그 지급사유가 발생한 경우 지체 없이 이를 지급해야 한다(법 제24조 제3항). 이를 지연한 경우에는 지연배상금을 지급해야 한다.

소비자 피해보상 보험계약 등을 체결한 사업자는 그 사실을 나타내는 표지를 사용할 수 있다(법 제24조 제5항). 따라서 소비자 피해보상 보험계약 등을 체결하지 않은 사업자는 소비자 피해보상 보험계약 등의 계약 체결 사실 표지를 사용하거나 이와 유사한 표지를 제작 또는 사용해서는 안 된다(법 제24조 제6항).

3) 전자상거래 소비자단체 등의 지원

공정거래위원회는 전자상거래 및 통신판매에 있어서 공정거래질서를 확립하고 소비자의 권익을 보호하기 위한 사업을 시행하는 기관 또는 단체에 대하여 예산의 범위 안에서 필요한 지원 등을 할 수 있다(법 제25조).

4) 공정거래위원회의 고시제정

공정거래위원회는 법 제13조 제1항 및 제2항의 규정에 의한 통신판매업자의 상호 등에 관한 사항 및 거래조건에 대한 표시 · 광고 및 고지의 방법을 정하여 고시할 수 있다(법 제13조 제3항).

이 경우 거래방법이나 재화 등의 특성을 고려하여 그 표시 · 광고 및 고지의 방법을 다르게 정할 수 있다.

그리고 공정거래위원회는 이 법 위반행위의 방지 및 소비자 피해의 예방을 위하여 전자상거래를 행하는 사업자 또는 통신판매업자가 준수해야 할 기준을 정하여 고시할 수 있다(법 제21조 제2항).

5) 평가 · 인증사업의 공정화

전자상거래소비자보호법은 전자상거래 및 통신판매의 공정화와 소비자보호를 위하여 관련 사업자의 평가 · 인증 등의 업무를 수행하는 자(평가 · 인증 사업자)의 공시의무와 공정평가의무를 규정하고 있다.

평가 · 인증 사업자는 그 명칭 여하를 불문하고 대통령령이 정하는 바에 따라 그 평가 · 인증에 관한 기준 · 방법 등을 공시하고, 그에 따라 공정하게 평가 · 인증해야 한다(법 제29조 제1항).

이때 평가 · 인증의 기준 및 방법은 사업자가 거래의 공정화 및 소비자보호를 위하여 행한 노력과 성과에 관한 정보를 전달하는데 적절한 것이어야 한다(법 제29조 제2항).

구체적인 공시대상은 평가 · 인증 사업자의 명칭, 주소 또는 사업소의 소재지, 평가 · 인증범위, 평가 · 인증업무 개시일, 평가 · 인증의 기준 · 절차 및 방법에 관한 사항 등이고, 공시방법은 소비자가 이를 용이하게 열람 · 확인할 수 있는 방법으로 공정거래위원회가 별도로 정한다(영 제31조).

그리고 공정거래위원회는 평가 · 인증 사업자에 대하여 운용상황 등에 관한 자료를 제출하게 할 수 있다(법 제29조 제3항).

5. 조사와 감독

1) 조사 등

전자상거래소비자보호법은 법 위반행위에 대한 감독기관의 조사절차를 규정하고 있다. 감독기관(공정거래위원회와 시·도지사)은 직권조사는 물론 신고에 의한 조사를 행할 수 있다.

(1) 조 사

공정거래위원회의 조사는 신고에 의한 것과 직권에 의한 것이 있다.

누구든지 이 법의 규정에 위반되는 사실이 있다고 인정할 때에는 그 사실을 공정거래위원회 또는 시 도지사에게 신고할 수 있다(법 제26조 제4항). 이에 따라 공정거래위원회 또는 시·도지사는 조사를 할 수 있다.

공정거래위원회 또는 시·도지사는 이 법의 규정에 위반한 사실이 있다고 인정할 때에는 직권으로 필요한 조사를 할 수 있다(법 제26조 제1항).

(2) 결과 서면통지의무

공정거래위원회 또는 시·도지사는 직권조사를 한 경우에는 그 결과를 당해 사건의 당사자에게 서면으로 통지해야 한다(법 제26조 제3항). 이때 조사결과 시정조치명령 등의 처분을 하고자 하는 경우에는 그 처분의 내용을 포함한다.

(3) 공정거래위원회의 정보검색 및 자료제출 등의 권한

공정거래위원회는 필요한 공개정보검색 및 자료제출 및 공유요구권한을 갖고 있다.

공정거래위원회는 전자상거래 및 통신판매의 공정거래 질서확립 및 소비자 피해예방을 위하여 필요한 경우 전자적인 방법 등을 이용하여 사업자나 전자상거래 또는 통신판매에서의 소비자보호 관련 단체가 정보통신망에 공개한 공개정보를 검색할 수 있다(법 제27조 제1항).

공정거래위원회의 정보검색에 대하여 사업자 또는 관련 단체는 정당한 이유 없이 이를 거부하거나 방해하는 행위를 해서는 안 된다.

또한 공정거래위원회는 소비자 피해정보의 효율적인 수집 및 이용을 위하여 필요한 경우 전자상거래나 통신판매에서의 소비자보호 관련 업무를 수행하는 기관이나 단체에 관련 자료를 제출하거나 공유하도록 요구할 수 있고, 공정거래위원회의 자료요청을 받은 기관 또는 단체는 정당한 사유가 없는 한 자료의 제출이나 자료의 공유를 거부해서는 안 된다.

공정거래위원회의 소비자보호 관련 기관 또는 단체에 대한 자료제출 및 공유요구방법은 목적, 사용용도, 제출 또는 공유 대상 자료의 구체적인 범위 등의 사항을 기재한 서면에 의해야 한다(영 제29조 제1항).

공정거래위원회는 전자상거래나 통신판매에서의 소비자보호 관련 업무를 수행하는 기관이나 단체로부터 제출 또는 공유 받은 자료를 미리 알린 목적·사용용도 외의 용도로 사용해서는 안 된다(영 제29조 제2항).

2) 소비자피해분쟁조정의 요청

전자상거래소비자보호법은 시정권고 또는 시정조치 전 단계로 소비자피해분쟁조정절차를 규정하고 있다.

(1) 소비자피해분쟁 요청의 요건

공정거래위원회 또는 시·도지사가 전자상거래 또는 통신판매를 함에 있어서 이 법 위반행위와 관련하여 소비자의 피해구제신청이 있는 경우에는 시정권고 또는 시정조치 등을 행하기 전에 전자상거래 또는 통신판매에서 소비자보호 관련 업무를 수행하는 기관 또는 단체 등 소비자피해분쟁조정기구에 그 조정을 의뢰할 수 있다(법 제33조 제1항).

의뢰요건은 법 위반행위와 관련하여 소비자의 피해구제신청이 있어야 하고, 시정권고 또는 시정조치 등을 행하기 전이어야 한다.

(2) 소비자피해분쟁조정기구의 범위

소비자피해분쟁조정기구로는 소비자보호법 제26조의 규정에 의하여 실립된 한국소비자보호원, 전자거래기본법 제32조의 규정에 의해 설립된 전자거래분쟁조정위원회, 그 밖에 소비자보호 관련 법령에 의하여 설치·운영되는 분쟁조정기구 등이다(영 제35조).

공정거래위원회는 분쟁의 조정을 요청하는 경우 예산의 범위 안에서 당해 분쟁의 조정에 필요한 예산을 지원할 수 있다(법 제33조 제4항).

(3) 분쟁조정의 절차 및 효력

공정거래위원회 또는 시·도지사는 의뢰된 권고안 또는 조정안을 당사자가 수락하고 이를 이행한 경우에는 시정조치를 하지 않는 뜻을 당사자에게 통지해야 한다(법 제33조 제2항).

소비자피해분쟁조정기구의 권고안 또는 조정안에 대하여 당사자가 수락하고 이행한 경우 분쟁조정 당사자는 분쟁조정기구의 권고안 또는 조정안을 이행하였음을 확인하는 서류를 그 이행한 날로부터 10일 이내에 공정거래위원회에 제출하고, 시정조치를 하지 않는 확인을 요청할 수 있고, 요청을 받은 공정거래위원회는 시정조치를 하지 않고 시정조치를 하지 않는 대상 등을 사업자에게 통지해야 한다(법 제33조 제3항, 영 제36조).

그러나 법 제26조 제5항의 규정은 적용하지 않는다. 즉 공정거래위원회는 이 법이 법의 규정에 위반하는 행위가 종료한 날로부터 5년을 경과한 경우라도 소비자피해분쟁조정기구에 소비자피해분쟁조정의 의뢰를 할 수 있다.

3) 시정권고

전자상거래소비자보호법은 감독기관의 시정조치명령에 앞서 위반행위의 시정을 권고할 수 있는 절차를 두고 있다(법 제31조).

공정거래위원회 또는 시·도지사는 사업자가 이 법의 규정에 위반하는 행위를 하거나 이 법의 규정에 의한 의무를 이행하지 않는 경우 시정조치에 앞서 당해 행위를 중지하거나 이 법에 규정된 의무를 이행하도록 당해 사업자에 대하여 시정방안을 정하여 이에 따를 것을 권고할 수 있다.

시정권고시 당해 권고를 수락한 때에는 시정조치가 명해진 것으로 본다는 뜻을 함께 통지해야 한다.

시정권고를 받은 사업자는 그 통지를 받은 날부터 10일 이내에 해당 권고를 수락하는지의 여부에 관하여 이를 행한 행정청에 통지해야 한다.

시정권고를 받은 자가 당해 권고를 수락한 때에는 시정조치가 명해진 것으로 본다.

4) 시정조치

전자상거래소비자보호법은 공정거래위원회에 의한 시정조치명령제도를 두고 있다(법 제32조).

(1) 시정조치명령의 대상

공정거래위원회는 사업자가 다음에 해당하는 행위를 하거나 이 법의 규정에 의한 의무를 이행하지 않는 경우 해당 사업자에 대하여 그 시정을 위한 조치를 명할 수 있다.

시정조치명령을 할 수 있는 대상은 다음과 같다.

① 법 제5조(전자문서의 활용) 제2항 및 제3항, 제6조(거래기록의 보존 등) 제1항, 제7조(조작실수 등의 방지), 제8조(전자적 대금지급의 신뢰확보) 제1항·제3항 내지 제5항, 제9조(배송사업자 등의 협력), 제10조(사이버몰의 운영), 제11조(소비자에 관한 정보의 이용 등), 제12조(통신판매업자의 신고

등) 제1항 내지 제3항, 제13조(신원 및 거래조건에 대한 정보의 제공) 제1
항·제2항 및 제4항, 제14조(청약확인 등), 제15조(재화 등의 공급 등), 제
16조(공급서의 송부 등) 제1항 및 제3항, 제17조(청약철회 등) 제1항 내지
제3항·제5항, 제18조(청약철회 등의 효과), 제19조(손해배상청구금액의 제
한) 제1항, 제20조(통신판매중개자의 책임), 제22조(휴업기간 등에서의 청약
철회 등의 업무처리 등) 제1항, 제23조(전자상거래 등에서의 소비자보호지침의
제정 등) 제2항, 제24조(소비자 피해보상 보험계약 등), 제27조(공개정보 검
색 등) 제2항 및 제4항, 제29조(평가·인증사업의 공정화) 제1항 및 제2항
의 규정에 위반하는 행위

② 법 제21조(금지행위) 제1항 각 호에 해당하는 행위

(2) 시정조치명령의 내용

공정거래위원회의 시정조치는 당해 위반행위의 중지, 이 법에 규정된
의무의 이행, 시정조치를 받은 사실의 공표, 그 밖에 시정을 위한 필요한
조치 등을 말한다(법 제32조 제2항).

이 중 시정조치를 받은 사실의 공표방법은 다음과 같다(영 제33조).

공정거래위원회는 사업자에 대하여 시정조치를 받은 사실의 공표를 명
하고자 하는 경우에는 위반행위의 내용 및 정도, 위반행위의 기간 및 횟수,
위반행위로 인하여 발생한 소비자 피해의 범위 및 정도 등의 사항을 참작
하여 공표의 내용 및 그 횟수 등을 정하여 이를 명해야 한다(영 제33조).

시정조치명령에 응하지 않는 자는 2년 이하의 징역 또는 1억 원 이하의
벌금에 처한다(법 제40조).

5) 영업정지명령

공정거래위원회는 시정조치에도 불구하고 위반 행위가 반복되거나 시정조치에 따른 이행을 하지 않는 경우에는 1년 이내의 기간을 정하여 그 영업의 전부 또는 일부의 정지를 명할 수 있다(법 제32조 제4항).

6) 과징금

공정거래위원회는 시정조치에도 불구하고 법 위반행위가 반복되거나 시정조치만으로는 소비자 피해의 방지가 곤란하다고 판단되는 경우에는 법정절차에 따라 1년 이내의 기간을 정하여 영업의 전부 또는 일부의 정지를 명하거나 이에 갈음하여 해당 사업자에 대하여 위반행위 관련 매출액을 초과하지 않는 법정범위 안에서 과징금을 부과할 수 있다(법 제34조 제1항).

공정거래위원회는 과징금을 부과하고자 하는 때에는 그 위반행위의 종별과 당해 과징금의 금액 등을 명시하여 이를 납부할 것을 서면으로 통지해야 한다(영 제37조 제1항).

통지를 받은 자는 통지가 있는 날부터 60일 이내에 과징금을 공정거래위원회가 정하는 수납기관에 납부해야 한다. 다만, 천재 지변, 기타 부득이한 사유로 인하여 그 기간 이내에 과징금을 납부할 수 없는 때에는 그 사유가 없어진 날부터 30일 이내에 납부해야 한다(영 제37조 제2항).

공정거래위원회는 이 법의 규정에 위반하는 행위가 종료한 날부터 5년을 경과한 경우에는 과징금 등을 부과하지 않는다(법 제26조).

7) 위법행위 등의 정보공개

공정거래위원회는 전자상거래 및 통신판매의 공정거래 질서확립과 소비자 피해예방을 위하여 검색된 정보(법 제27조 제1항) 중 사업자가 이 법을 위반한 행위, 기타 소비자 피해예방을 위하여 필요한 관련 정보를 공개할 수 있다(법 제28조).

공정거래위원회는 정보를 공개하고자 하는 경우에는 사전에 당해 사업자에게 공개되는 정보의 내용을 통보하여 소명의 기회를 주어야 한다(영 제30조).

8) 감독권한의 조정

시·도지사가 직권조사를 하고자 하는 경우에는 미리 공정거래위원회에 통보해야 하며, 공정거래위원회는 조사 등이 중복될 우려가 있는 경우에는 시·도지사에게 조사의 중지를 요청할 수 있다(법 제26조 제2항). 이 경우 중지의 요청을 받은 시·도지사는 상당한 이유가 없는 한 그 조사를 중지해야 한다.

시·도지사는 시정권고 또는 처분을 하는 경우에는 지체 없이 이를 공정거래위원회에 보고해야 한다(법 제30조 제1항 본문, 영 제32조). 이 경우 전자문서에 의하여 보고할 수 있다.

공정거래위원회는 이 법의 효율적인 시행을 위하여 필요하다고 인정할 때에는 그 소관사항에 관하여 시·도지사로 하여금 조사·확인 또는 자료의 제출을 요구하거나 기타 시정에 필요한 조치를 요구할 수 있다(법 제30

조 제2항 본문). 이 경우 해당 시·도지사는 특별한 사유가 없는 한 이에 응해야 한다.

6. 보칙과 제재

1) 보 칙

(1) 소비자 등에게 불리한 약정의 무효

전자상거래소비자보호법은 일정한 편면적 강행규정을 두고 이를 위반한 계약의 효력은 무효로 하고 있다. 즉 소비자와 통신판매업자의 계약내용 중 강행규정에 위반한 약정으로 소비자에게 불리한 것은 효력이 없다(법 제35조). 그러나 소비자에게 유리한 약정은 유효하다.

편면적 강행규정으로는 청약철회 등(법 제17조)과 그 효과(법 제18조) 및 손해배상청구금액의 제한(법 제19조)의 규정 등이 있다.

(2) 전속관할

전자상거래나 통신판매에 관해 소비자와 사업자간에 분쟁이 있을 때, 민사소송법에 의하면 재판관할은 당사자가 합의로 제1심 관할 법원을 정할 수 있다고 하고, 이러한 합의는 일정한 법률관계로 말미암은 소에 관하여 서면으로 해야 한다(민사소송법 제29조). 이를 근거로 실제 거래에서는 약관으로 사업자에게 일방적으로 유리한 법원을 관할 법원으로 정하는 경우가 많았다. 그러나 관할에 관한 합의규정은 법원간의 재판사무의 공평한 분배와 당사자의 편의를 위하여 정한 것으로 사업자 일방만의 편의를 위한 합의는 공정하다고 할 수 없다.

이에 전자상거래소비자보호법은 소비자의 입장에서 전속관할을 규정하고 있다. 통신판매업자와의 거래에 관련된 소의 관할은 제소 당시 소비자의 주소에 따르고, 주소가 없는 경우에는 거소를 관할하는 지방법원을 전속관할로 하되, 제소시 소비자의 거소가 분명하지 않은 경우에는 사업자가 다르게 정할 수 있다(법 제36조).

(3) 사업자단체의 등록

전자상거래와 통신판매업의 건전한 발전과 소비자에 대한 신뢰도의 제고, 기타 공동의 이익을 증진하기 위한 목적으로 설비된 사업자단체는 공정거래위원회에 등록할 수 있다(법 제37조). 등록하고자 하는 사업자단체는 신청서를 공정거래위원회에 제출해야 한다(영 제39조).

(4) 감독권한의 위임·위탁

전자상거래소비자보호법의 규정에 의한 시·도지사의 권한은 그 일부를 시장·군수·구청장(자치구의 구청장을 말한다)에게 위임할 수 있다.

또한 전자상거래소비자보호법의 규정에 의한 공정거래위원회의 권한도 그 일부를 소속기관의 장 또는 시·도지사에게 위임하거나 다른 행정기관의 장에게 위탁할 수 있다.

현재 대통령령에 위탁범위에 관한 규정은 없다.

한편, 공정거래위원회는 전자상거래소비자보호법의 효율적인 집행을

위하여 필요한 경우 사무의 일부를 등록된 사업자단체에 위탁할 수 있다
(법 제38조 제3항).

2) 제 재

(1) 형사처벌

전자상거래소비자보호법은 일정한 위법행위에 대해 징역 또는 벌금에
처할 수 있는 형사처벌규정을 두고 있다. 위법의 정도에 따라 징역 또는
벌금의 내용에 차이가 있다.

① 시정조치명령위반죄

공정거래위원회의 시정조치명령에 응하지 않는 자는 2년 이하의 징역
또는 1억 원 이하의 벌금에 처한다(법 제40조).

② 영업정지명령위반죄

공정거래위원회의 영입정지명령에 위반하여 영업을 한 자는 2년 이하의
징역 또는 5,000만원 이하의 벌금에 처한다(법 제41조).

③ 통신판매업의 미신고 또는 허위신고죄

통신판매업의 신고를 하지 않거나 허위로 신고한 자는 3,000만원 이하
의 벌금에 처한다(법 제42조 제1호).

④ 소비자 피해보상 보험계약 등의 체결에 관한 허위표지 또는 유사표지

제작 및 사용죄

소비자 피해보상 보험계약 등의 체결에 관한 표지를 사용하거나 이와 유사한 표지를 제작 또는 사용한 자는 3,000만원 이하의 벌금에 처한다(법 제42조 제2호).

⑤ 허위정보제공죄

● 통신판매업자가 재화 등의 거래에 관한 청약을 받을 목적으로 표시·광고를 행하는 경우 상호 등에 관한 정보에 관하여 허위의 정보를 제공한 자는 1,000만원 이하의 벌금에 처한다(법 제43조 제1호).

● 통신판매업자는 소비자가 계약 체결 전에 실수 또는 착오 없이 거래할 수 있도록 재화 등에 대한 거래조건을 제공하는 경우 거래조건에 관하여 허위의 정보를 제공한 자는 1,000만원 이하의 벌금에 처한다(법 제43조 제2호).

⑥ 양벌규정

법인의 대표자, 법인 또는 개인의 대리인·사용인, 그 밖의 종업원이 그 법인 또는 개인의 업무에 관하여 법 제40조 내지 법 제43조의 위반행위를 한 때에는 행위자를 벌하는 외에 그 법인 또는 개인에 대하여도 각 해당 조의 벌금형을 부과한다(법 제44조).

(2) 과태료

전자상거래소비자보호법은 일정한 위법행위에 대해 과태료를 부과할 수 있는 행정벌규정을 두고 있다. 위법의 정도에 따라 과태료의 내역에 차

이를 두고 있다.

① 1,000만원 이하의 과태료

다음에 해당하는 자는 1,000만원 이하의 과태료에 처한다(법 제45조 제1항).

● 결제수단의 발행자로서 소비자 피해보상 보험계약 등을 체결하지 아니한 자

● 결제수단 발행자로서 허위자료를 제출하여 소비자 피해보상 보험계약 등을 체결한 자

● 법 제21조(금지행위) 제1항 제1호 내지 제5호의 규정에 해당하는 행위를 한 자

● 법 제39조 제2항의 규정에 의하여 준용되는 독점규제및공정거래에관한법률 제50조 제1항 제1호의 규정에 의한 출석처분을 받은 당사자 중 정당한 사유 없이 2회 이상 응하지 아니한 자로서 이 법의 규정을 위반한 자

● 법 제39조 제2항의 규정에 의하여 준용되는 독점규제및공정거래에관한법률 제50조 제1항 제3호 또는 세3항의 규정에 의한 보고 또는 필요한 자료나 물건의 제출을 하지 않거나 허위의 보고 또는 자료나 물건을 제출한 자

● 법 제39조 제2항의 규정에 의하여 준용되는 독점규제및공정거래에관한법률 제50조 제2항의 규정에 의한 조사를 거부 방해 또는 기피한 자

② 500만원 이하의 과태료

다음에 해당하는 자는 500만원 이하의 과태료에 처한다(법 제45조 제2항).

● 법 제6조의 규정에 위반하여 거래기록을 보존하지 않거나 소비자에게 기록보존 및 열람의 방법을 제공하지 아니한 자

● 법 제10조 제1항 또는 법 제13조 제1항의 규정에 의한 사업자의 신원정보를 표시하지 아니한 자

● 법 제12조 제2항 및 제3항의 규정에 의한 신고를 하지 아니한 자

● 법 제13조 제2항의 규정에 위반하여 계약내용에 관한 서면을 교부하지 아니한 자

● 법 제16조의 규정에 위반하여 공급서를 송부하지 아니한 자

7 할부거래에 관한 법률

할부거래는 자동차, 텔레비전, 냉장고, 세탁기, 컴퓨터 등 대량생산된 고가의 상품을 판매하기 위하여 개발된 제도이다.

그러므로 할부거래는 소비자들이 구매력이 부족하여 이를 구입하여 사용하지 못하는 경우 매매계약만 체결하고 아직 그 대금을 완납하지 않은 상태에서 목적물을 인도 받아 사용·수익할 수 있게 하여 소비자의 구매력 증대의 수단과 사업자의 판매촉진 수단으로 기능한다.

그러나 할부거래는 상품의 필요성이나 자신의 지급능력 등을 충분히 고려하지 않고 충동구매를 하게 될 우려가 있고, 소비자에게 불리한 약관 때문에 소비자 피해가 예상되는 문제점이 많았다.

최근에는 신용카드 등 소비자신용제도의 급격한 이용에 따라 할부거래가 증가하고 이로 인한 소비자 피해가 급증하고 있는 실정이다. 이에 각국은 할부거래가 안고 있는 문제점을 해결하기 위해 입법적인 규제를 실시하고 있다.

우리나라에서도 할부계약의 소비자 문제가 인식되기 시작한 것은 1970

년대에 들어와서이다. 많은 소비자단체들이 1970년대 후반부터 할부거래의 소비자 문제를 지적해 오다가 1980년대부터 할부거래를 규제하기 위한 별도의 법률을 제정하자는 주장을 하기에 이르렀다.

할부계약을 직접적으로 규제하는 법률인 할부거래법이 제정되기 전에는 도·소매업진흥법이 할부매매에 관한 사항을 부분적으로 직접 규제하고 있었으나, 그 내용은 대단히 미미하였다.

그 후 1988년 한국소비자보호원에 의해 할부매매법안이 마련되었고, 정부는 소비자보호를 위해 1991년 12월 31일에 「할부거래에 관한 법률」(이하 "할부거래법"이라 한다)을 제정하여 할부계약에 의한 거래의 공정화를 도모하였고, 이 법은 1992년 7월 1일부터 시행되었다.

할부거래법은 할부거래법 자체의 개정이 아닌 다른 법률의 제·개정에 의해 부분적인 개정이 있었다. 1993년 3월 6일 정부조직법의 개정에 의해, 1997년 8월 28일 여신전문금융업법의 제정에 의해, 1997년 12월 13일 정부부처명칭등의변경에따른건축법등의 정비에관한법률의 제정에 의해, 1999년 5월 24일 정부조직법의 개정에 의해 주무부처의 변경 등 내용이 바뀌었다.

1. 적용범위

1) 적용대상

(1) 할부계약

할부거래법은 할부계약의 종류를 직접할부계약과 간접할부계약으로 나누어 규정하고 있다.

직접할부계약은 "동산의 매수인 또는 용역을 제공받는 자가 동산의 매도인 또는 용역을 제공하는 자에게 동산의 대금 또는 용역의 대가를 2개월 이상의 기간에 걸쳐 3회 이상 분할하여 지급하고, 목적물 대금의 완납 전에 동산의 인도 또는 용역의 제공을 받기로 한 계약"이라고 한다(법 제2조 제1항 제1호). 다시 말해 할부판매업자가 신용제공자인 2 당사자 할부계약을 말한다.

간접할부계약은 "매수인이 신용제공자에게 목적물의 대금을 2개월 이상의 기간에 걸쳐 3회 이상 분할하여 지급하고, 그 대금의 완납 전에 매도인으로부터 목적물의 인도 등을 받기로 하는 계약"이라고 한다(법 제2조 제1항 제2호). 다시 말해 할부판매업자, 신용제공자, 소비자간의 3 당사자 할부계약을 말한다.

신용제공자가 누구냐에 따라 간접할부계약의 대표적인 형태는 신용카드거래, 할부금융, 소비자리스 등이 된다.

할부거래법에 의한 할부계약의 구성요소를 보면 다음과 같다.

① 할부계약의 할부 기간 및 횟수는 2개월 이상의 기간에 걸쳐 3회 이상

이다. 따라서 할부기간이 2개월 미만이거나 할부횟수가 3회 미만인 경우와 신용카드에 의한 일시불은 제외된다.

② 할부계약은 후급식 할부계약이다. 따라서 소비자가 거래대금을 할부식으로 전부 또는 일부를 지급한 후에 물품을 인도 받거나 용역을 제공 받는 선급식 할부계약은 제외된다.

(2) 동산과 용역

할부계약의 대상은 동산과 용역이다. 따라서 할부거래법은 토지나 주택과 같은 부동산의 할부계약에는 적용되지 않는다.

2) 제외범위

① 할부거래법은 동산 또는 용역 중 일부 성질상 거래질서에 혼란이 발생할 수 있는 품목에 대해서는 적용을 제외하고 있다.

우리나라는 대통령령으로 적용을 제외하는 목적물을 정하는 제외품목제를 운용하고 있다. 즉 동산 또는 용역 중 성질상 할부거래법을 적용하는 것이 적당하지 않아 공정거래위원회 위원장이 관계 행정기관의 장과 협의하여 대통령령으로 정하는 목적물에 대해서는 적용하지 않는다(법 제2조 제1항 단서). 할부거래법의 적용 제외대상은 다음과 같다(영 제2조).

● 농·수·축·임·광산물로서 통계법 제11조의 규정에 의해 작성한 한국산업분류표상의 제조업에 따라 제조되지 아니한 것

● 약사법 제2조 제4항의 규정에 의한 의약품

● 보험업법에 의한 보험

● 증권거래법 제2조 제1항의 규정에 의한 유가증권

● 단기금융업법 제2조 제1항의 규정에 의한 어음 및 채무증서

● 주식회사의 외부에 관한 법률 제2조의 규정에 의한 회계감사

● 할부거래법 제2조 제1항의 규정에 의한 매수인의 주문에 의해 개별적으로 제조·제공되는 목적물

② 할부거래법은 소비자의 이익을 보호하기 위한 것이므로 매수인이 상행위를 목적으로 할부계약을 체결하는 경우도 제외하고 있다(법 제2조 제2항). 여기서 상행위란 실질적으로 영리를 위한 행위를 말하나, 형식적으로는 상법 제64조의 기본적 상행위(영업으로 하는 행위)와 동 법 제47조의 보조적 상행위(상인이 영업을 위해 하는 행위)에 해당하는 것을 말한다. 그러나 상인 자체를 적용 배제시키는 것이 아니라 비록 상인이라고 할지라도 영리가 목적이 아닌 소비만을 목적으로 할부계약을 하는 경우에는 할부거래법이 적용된다.

2. 계약 체결 규제

1) 할부거래의 표시 및 고지의무

매도인은 할부계약을 체결하기 전에 매수인이 할부계약의 내용을 이해할 수 있도록 목적물의 종류 및 내용, 현금가격(할부계약에 의하지 않고 매수인이 목적물의 인도 등을 받은 때에 매도인에게 지급해야 할 대금전액), 할부가격

(매수인이 매도인 또는 신용제공자에게 지급해야 할 할부금의 총합계액), 각 할부금의 금액 · 지급횟수 및 시기, 할부 수수료의 실제 연간요율, 계약금(최초 지급금, 선수금 등 명칭 여하를 불구하고 할부계약을 체결하는 때에 매수인이 매도인에게 지급하는 금액) 등을 매수인에게 고지해야 한다(법 제3조). 다만, 여신전문금융업법에 의한 신용카드가맹점과 신용카드회원 간의 할부계약의 경우에는 할부가격과 계약금을 표시하지 않을 수 있다.

할부계약의 내용표시 방법은 다음과 같다. 사업소에 게시하거나 서면으로 게시하되, 사업소에 게시하는 경우에는 매수인이 보기 쉬운 장소에 붙여야 하며 서면으로 게시하는 경우에는 9호 이상의 큰 활자를 사용하고 할부수수료의 실제 연간요율은 적어도 소수점 이하의 1단위까지 표시하도록 한다(규칙 제2조).

2) 계약서의 작성 · 교부의무

할부계약은 매도인 · 매수인 및 신용제공자의 성명 및 주소, 목적물의 종류 · 내용 및 목적물의 인도 등의 시기, 현금가격, 할부가격, 각 할부금의 금액, 지급횟수 및 시기(직접할부계약에 한함), 할부 수수료의 실제 연간요율, 목적물의 소유권의 유보에 관한 사항, 매수인의 철회권과 행사방법에 관한 사항, 매수인의 기한이익상실에 관한 사항 등을 기재한 서면으로 체결해야 한다(법 제4조 제1항). 다만, 신용카드할부계약의 경우에는 할부가격을 기재하지 않아도 된다.

계약서는 목적물의 소유권유보, 매수인의 철회권과 그 행사방법, 매도인의 해제권, 매수인의 기한이익상실에 관한 사항 등을 매수인이 쉽게 알아 볼 수 있도록 붉은 색으로 기재하고 테두리를 쳐야 하며, 매수인의 철회권 행사를 위한 서식을 매매계약서에 첨부해야 한다(규칙 제3조 제1항).

매도인은 할부계약을 체결할 때에는 지체 없이 계약서 1통을 매수인에게 교부해야 한다(법 제4조 제3항).

그리고 할부계약이 법정요건을 갖추지 못했거나 내용이 불확실한 경우에는 당사자 사이에 특약이 없는 한 계약의 내용을 매수인에게 불리하게 해석해서는 안 된다(법 제4조 제4항).

3) 매수인의 철회권

(1) 철회기간

매수인은 계약서를 교부받은 날 또는 계약서를 교부받지 않은 경우에는 목적물의 인도 등을 받은 날로부터 7일 이내에 할부계약에 관한 철회를 할 수 있다(법 제5조 제1항).

계약서의 교부사실 및 그 시기, 인도 등에 관한 사실은 매도인이 이를 입증해야 한다(법 제5조 제5항).

(2) 제외범위

그러나 목적물의 성질 또는 계약 체결의 형태에 비추어 철회를 인정하는 것이 적당하지 않는 경우에는 철회권을 행사할 수 없다(법 제5조 제1항 단서, 영 제4조).

① 매수인에게 책임 있는 사유로 목적물이 멸실 또는 훼손된 경우(법 제5조 제4항)

② 사용으로 그 가치가 현저히 감소될 우려가 있는 목적물을 사용한 경우 : 선박, 항공기, 차량, 건설기계, 자동차, 냉장고 및 세탁기, 낱개로 밀봉된 음반·비디오물 및 소프트웨어

③ 설치에 전문인력 및 부속자재 등이 요구되는 목적물을 설치한 경우 : 냉동기, 전기냉방기(난방겸용인 것을 포함), 보일러

④ 할부가격이 10만원 이하인 것. 다만, 신용카드할부계약의 경우 신용카드대금이 20만원 이하인 것

(3) 행사방법

철회의 의사표시는 철회기간 내에 매도인에게 철회의 의사표시가 기재된 서면을 발송해야 하고(법 제5조 제2항), 청약철회는 서면을 발송한 날로부터 효력이 발생한다(법 제5조 제3항).

그러나 신용제공자가 따로 있는 경우 매수인은 7일 이내에 신용제공자에게도 철회의 의사표시를 서면으로 발송해야 하며(법 제7조 제1항), 매수인이 이를 이행하지 않은 경우 신용제공자의 할부대금청구에 대항하지 못한다. 다만, 이때에도 신용제공자가 철회권 행사기간 이내에 매도인에게 목적물의 대금을 이미 지급한 경우에는 매수인은 그의 할부금 지급청구에 대항할 수 있다(법 제7조 제2항).

(4) 효 과

할부계약에 관한 청약을 철회하는 경우에는 매수인은 이미 인도 받은 동산 또는 제공받은 용역을 반환해야 하며, 매도인은 이미 지급 받은 할부금을 동시에 반환해야 한다(법 제6조 제1항). 또한 매도인은 이미 용역이 제공된 경우에는 이미 제공된 용역과 동일한 반환이나 그 용역의 대가 또는 그 용역에 의하여 얻어진 이익에 상당한 금액의 지급을 청구할 수 없다(법 제6조 제2항).

한편 목적물의 반환에 필요한 비용은 매도인이 부담하며, 매도인은 매수인에게 위약금이나 손해배상을 청구할 수 없다(법 제6조 제3항).

(5) 철회권의 포기

매도인과 매수인이 개별약정이나 약관을 통해서 철회권을 포기하거나 제한할 것을 약정한 경우, 그 약정은 할부거래법의 규정보다 매수인에게 불리한 것으로서 무효이다(법 제14조)

3. 계약 존속 규제

1) 매도인에 의한 할부계약해제의 제한

매도인은 매수인이 할부금지급의무를 이행하지 아니한 경우에는 할부계약을 해제할 수 있도록 하고, 이 경우 매도인은 계약을 해제하기 전에 14일 이상의 기간을 정하여 매수인에게 그 이행을 서면으로 최고해야 한다(법 제8조 제1항). 계약이 해제된 경우에는 각 당사자는 그 상대방에 대하여 원상회복의 의무를 진다. 따라서 상대방이 그 이행의 제공을 할 때까지 자기의 의무이행을 거절할 수 있다(법 제8조 제2항).

그러나 목적물의 소유권이 매도인에게 유보된 경우에 매도인은 그 계약을 해제하지 않고는 그 반환을 청구할 수 없다(법 제8조 제3항).

2) 손해배상청구금액의 제한

매도인 또는 신용제공자가 할부금지급의무의 불이행을 이유로 매수인에게 청구하는 손해배상액은 지연된 할부금에 연 4할을 한도로 하여 공정거래위원회가 정하는 최고 이율의 범위 안에서 매도인 또는 신용제공자가 매수인과 약정한 율을 곱하여 산정한 금액에 상당한 지연손해금의 합계액을 초과하지 못한다(법 제9조 제1항, 영 제5조). 또한 매도인이 법 제8조 제1항의 규정에 의하여 계약해제한 경우 매수인에게 청구하는 손해배상액은 다음의 금액과 위의 지연배상금의 합계액을 초과하지 못한다(법 제9조 제2항).

① 목적물의 반환 등 원상회복이 된 경우에는 통상의 사용료액과 계약체결 및 그 이행을 위하여 통상 필요한 비용액의 합계액. 다만, 할부가격에서 목적물이 반환된 당시의 가액을 공제한 금액이 그 사용료액과 비용액의 합계액을 초과하는 경우에는 그 금액으로 한다.
② 목적물의 반환 등 원상회복이 되지 않은 경우에는 할부가격에 상당한 금액. 다만, 용역이 제공된 경우에는 이미 제공된 용역의 대가 또는 그 용역에 의하여 얻어진 이익에 상당하는 금액으로 한다.

③ 목적물의 인도 등이 되기 전인 경우에는 계약 체결 및 그 이행을 위하여 통상 필요한 비용액

이때 초과하여 청구할 수 없는 손해배상액은 손해배상액의 산정, 위약금, 기타 명칭·형식 여하를 불문하며, 손해배상을 청구함에 있어서도 매도인이나 신용제공자는 입은 손해가 최소화되도록 신의에 좇아 성실히 해야 한다(법 제9조 제3항 및 제4항).

4. 계약 종료 규제

1) 매수인의 기한이익상실

매도인이 대금회수 자체가 곤란하게 될 위험을 방지하기 위하여 할부계약에 기한이익의 상실사유를 규정하는 것은 유효하다. 그러나 기한이익의 상실사유조항이 매수인에게 지나치게 불리하게 되는 것을 예방하기 위해 할부거래법은 기한의 이익이 상실되는 사유를 제한적으로 열거하고 있다.

매수인은 다음과 같은 경우에는 할부금의 지급에 대한 기한의 이익을 주장하지 못한다(법 제10조).

① 할부금을 다음 지급기일까지 연속하여 2회 이상 지급하지 않고, 그 지급하지 않은 금액이 할부가격의 1/10을 초과하는 경우
② 생업에 종사하기 위하여 외국에 이주하는 경우와 외국인과의 결혼

및 연고관계로 인하여 이주하는 경우·

2) 매수인의 기한 전 할부대금 지급

매수인은 기한이 도래하기 전이라도 나머지 할부금을 일시로 지급할 수 있고, 이때 매수인이 일시에 지급하는 금액은 나머지 할부금에서 나머지 기간에 대한 할부수수료를 공제한 금액으로 한다(법 제11조).

3) 매수인의 항변권

할부거래법은 일정한 사유가 있는 경우 매수인이 매도인 또는 신용제공자에게 할부금의 지급을 거절할 수 있는 항변권을 인정하고 있다(법 제12조).

(1) 항변사유

매수인이 매도인 또는 신용제공자에게 할부금의 지급을 거절할 수 있는 사유는 다음과 같다(법 제12조 제1항).

① 할부계약이 무효·취소 또는 해제된 경우
② 목적물의 전부 또는 일부가 목적물의 인도 등의 시기까지 매수인에게 인도 또는 제공되지 아니한 경우
③ 매도인이 하자담보책임을 이행하지 아니한 경우
④ 기타 매도인의 채무불이행으로 인하여 할부계약의 목적을 달성할 수 없는 경우

(2) 제외범위

신용제공자가 따로 있는 할부거래의 경우에는 할부가격이 10만원(신용카드를 사용한 할부거래의 경우에는 20만원) 이상인 경우에 한하여 항변권을 행사할 수 있다(법 제12조 제2항, 영 제6조).

(3) 행사방법

신용제공자가 따로 있는 할부거래의 경우 항변권행사방법은 신용제공자에게 할부금의 지급거절의사를 통지해야 한다(법 제12조 제2항). 이때 매수인은 할부금의 지급을 거절하기 전에 매도인과의 분쟁 해결을 위하여 성실히 노력해야 한다(법 제12조 제4항).

(4) 항변의 효과

매수인이 신용제공자에게 지급을 거절할 수 있는 금액은 할부금의 지급을 거절한 당시에 매수인이 신용제공자에게 지급하지 않은 나머지 할부금이다(법 제12조 제3항).

5. 부칙과 제재

1) 매수인에게 불리한 약정의 무효

매수인과 매도인이 할부계약 중 개별약정한 내용이 할부거래법상 매수인의 철회권, 매도인의 할부계약해제, 매도인의 손해배상청구권의 제한,

매수인의 기한이익상실, 매수인의 항변권에 관한 규정 등의 내용보다 매수인에게 불리한 것은 효력이 없다(법 제13조).

2) 전속관할

할부계약에 관한 소송은 제소 당시 매수인의 주소를, 주소가 없는 경우에는 거소를 관할하는 지방법원의 전속관할로 한다. 다만, 제소 당시 매수인의 주소 또는 거소가 불분명한 때에는 그러하지 아니한다(법 제16조)고 규정하여 매수인에게 불리한 관할합의를 하지 못하게 하고 있다.

3) 과태료

할부거래법은 할부판매업자 또는 신용제공자가 소비자보호를 위한 규정을 위반한 경우를 대비하여 과태료부과 근거규정을 두고 있다.

다음과 같은 매도인에게는 500만원의 과태료를 처한다(법 제14조).

① 법 제3조의 규정에 위반하여 표시를 하지 않거나 허위의 표시를 한 자
② 법 제4조 제1항의 규정에 위반하여 법정 기재사항을 모두 기재하지 아니한 계약서 또는 허위의 사실을 기재한 계약서를 교부한 자
③ 법 제4조 제2항의 규정에 의한 할부수수료의 실제 연간요율의 최고한도를 위반하여 할부수수료를 받은 자
④ 법 제4조 제3항의 규정에 위반하여 매수인에게 계약서를 교부하지 아니한 자

8 제조물책임법

현대사회는 위험사회이다. 우리나라도 부실공화국 또는 안전불감증의 나라라고 할 정도로 일상 소비생활이 다리 붕괴, 도시가스 폭발, 항공기 추락, 불량식품, 급발진 등 많은 위험과 사고로부터 위협을 받고 있다. 특히 대량생산·대량유통·대량소비의 사회에 들어서면서 제조물의 결함으로 인해 소비자에게 재산상의 손실은 물론 신체에 위해를 주거나 심지어 생명까지 위협하는 사고도 자주 발생하고 있다. 이에 따라 결함제조물로 인한 소비자 피해를 어떻게 예방하고 구제해야 하는가 하는 문제는 소비자보호정책에서 매우 중요한 과제로 등장하였다.

결함제조물로 인한 소비자 피해의 대책으로는 사전적 행정규제(안전기준과 리콜제도), 사후적 형사처벌(기업범죄), 사후적 민사구제(제조물책임)가 있다. 이 중 가장 실효성 있는 제도가 제조물책임제도이다.

일반적으로 제조물책임(Product Liability : Producthaftung)이란 제조물의 결함으로 인한 손해를 사후적으로 제조자 등이 결함에 근거하여 피해자에게 직접 배상하는 무과실책임으로 국제사회에서 논의되는 공통적인 소비자 문제이다.

선진국들이 1960년대부터 제조물책임문제를 인식하고 제조물책임제도를 도입한 것에 비해, 우리나라는 1970년대 초부터 제조물책임론이 소개되었다. 그러나 제조물책임의 입법론적 논의가 본격적으로 제기된 것은 1980년대 초부터이다.

1982년 제조물책임법안의 국회 제출, 1989년과 1994년 소비자보호원의 제조물책임법시안 발표, 1994년 행정쇄신위원회의 제조물책임법 도입 의결, 1998년 제조물책임법제정실무위원회의 초안 발표 등 제조물책임법의 제정을 위한 노력이 계속되어 왔다.

이런 노력의 산물로 정부에서는 1999년 11월 법안을 마련하여 차관회의에 상정·통과시켰고, 이는 의원입법으로 국회에 제출, 같은 해 12월 정기국회를 통과, 2000년 1월 12일 공포되었고, 2002년 7월 1일부터 시행되었다.

1. 적용대상

1) 제조물의 범위

제조물책임은 제조물의 결함으로 인한 손해에 대하여 무과실책임을 지우기 위한 새로운 책임영역이므로, 먼저 수많은 소비제품 중 제조물책임을 지울 필요가 있는 제조물의 범위를 정하는 것이 중요하다.

제조물책임법은 제조물의 정의를 "다른 동산이나 부동산의 일부를 구성하는 경우를 포함한 제조 또는 가공된 동산"이라고 규정하고 있다(법 제2조 제1호).

소비재, 중간재, 자본재를 묻지 않고, 유상이든 무상이든 또는 신제품이든 중고품이든 관계없다.

(1) 제조 또는 가공

제조란 제조물의 설계·가공·검사·표시를 포함한 일련의 행위로서 생산보다는 좁은 개념이고, 가공이란 동산을 재료로 하여 그 본질은 유지하면서 새로운 속성을 부가하거나 그 가치를 더한 것을 말한다. 그러나 양자를 구별하는 실익은 없다.

따라서 미가공 1차 농산물과 인간의 혈액이나 장기 그 자체는 제조 또는 가공한 것이라고 할 수 없기 때문에 제조물에 해당되지 않는다.

그러나 통조림과 같은 수산가공품은 제조물이고, 수혈용 혈액은 보존액 및 항응고액을 첨가하여 처리하는 가공행위를 거친 것이기 때문에 제조물에 해당된다고 할 수 있다.

(2) 동 산

제조물은 동산이어야 한다.

동산이란 부동산 이외의 물건이다(민법 제99조). 따라서 부동산은 제조물책임법이 적용되지 않는다. 그러나 부동산에 부합된 동산과 완성품에 포함된 원재료나 부품은 제조물에 포함된다.

물건이란 유체물 및 전기, 기타 관리할 수 있는 자연력이라고 하므로(민법 제98조), 전기는 제조물에 포함된다. 유체물은 공간의 일부를 차지하는 유형적 존재, 즉 분자가 존재하는 물질로 액체·기체·고체를 불문한다. 그리고 분자가 존재하지 않는 열, 빛 등의 무체물도 관리·지배가 가능하면 동산에 포함된다.

분양공급주택의 경우 입법과정에서 제조물에 포함할 것인가에 대해 논란이 있었다.

공급관행이나 거래실태에 비추어 공급받는 자가 그 결함 여부를 판단하기 어렵고 민법상의 하자보수청구권은 하자에 대한 보수에 그치고 있고 부동산의 결함으로 인한 생명·신체 또는 재산상의 확대손해는 구제 받지 못하므로 제조물책임의 범위에 포함시키자는 논의가 있었으나, 의원입법과정에서 제외되었다.

의료행위, 자동차의 수리, 여객의 운송, 소프트웨어 등과 같은 용역은 제조물에 해당되지 않는다. 그러나 용역제공시에 제공된 제조물의 경우에는 제조물책임법이 적용된다.

(3) 부동산의 일부를 구성하는 경우

제조물책임법은 그 적용대상을 동산으로 한정하고 부동산을 제외하고 있다. 그러나 다른 동산이나 부동산의 일부를 구성하는 동산에 대해서는 명시적으로 규정하고 있다(법 제2조 제1호). 예를 들면, 배관자재, 조명설비, 승강기, 창호 등은 제조물책임법의 적용대상이 된다.

2) 시간적 제한

제조물책임법은 2002년 7월 1일부터 시행하고, 이 법 시행 후 제조업자가 최초로 공급한 제조물부터 적용한다고 소급효를 인정하고 있지 않다(부칙 제1항 및 제2항).

2. 책임 주체

제조물책임법은 제조물책임의 주체를 제조업자 및 공급업자로 규정하고 있다(법 제2조 제3호 및 제3조 제2항).

1) 제조업자

제조업지의 범위는 "제조물의 제조 · 가공 또는 수입을 업으로 하는 자와 제조물에 성명 · 상호 · 상표, 기타 식별 가능한 기호 등을 사용하여 사신을 제조 · 가공 또는 수입업자로 표시한 자 또는 제조 · 가공 또는 수입업자로 오인시킬 수 있는 표시를 한 자"이다. 따라서 완성품은 물론 부품 및 원재료의 제조업자도 포함되고, 수입업자를 제조자와 함께 제조업자로 보아 국내 소비자가 외국제조업자를 상대로 한 국제소송에 의하지 않아도 피해구제를 받을 수 있도록 하고 있으며, 제조업자의 범위에 실질적인 제조자 이외에도 이른바 표시제조업자도 포함시키고 있다.

2) 공급업자

제1차 책임자라 할 수 있는 제조업자를 알 수 없는 경우에는 판매자나 대여자 등 유통에 참여한 공급업자가 책임을 지도록 함으로써 피해자를 폭넓게 보호하고 있다. 다만, 공급업자가 제조물의 제조업자 또는 제조물을 자신에게 공급한 자를 알거나 알 수 있었음에도 불구하고 상당한 기간 이내에 그 제조업자 또는 공급한 자를 피해자 또는 그 법정대리인에게 고지하지 아니한 때에 한해 책임을 진다.

이때 "상당한 기간"이란 피해자가 공급업자에 대하여 제조업자가 누구인지를 고지할 것을 요청하거나, 손해배상을 요구한 날로부터 공급업자가 고지하는데 필요한 합리적인 기간을 말하는데 어느 정도의 기간인가에 대해서는 해석상의 논란이 있을 것이다.

또한 공급업자의 정의는 제조업자의 정의와는 달리 "업으로"라는 요건 대신 "영리목적"을 요건으로 하고 있다. 따라서 제조업자와는 다르게 제조물의 공급이 반복적, 계속적일 필요는 없다.

3. 성립요건

1) 결 함

제조물책임에 있어 책임요건은 고의·과실이나 계약 여부에 상관없이 제조물에 결함이 존재하는지의 여부에 따른 배상책임이므로 '결함'의 범위나 정의는 제조물책임 판단의 기준이라 할 수 있으며, 제조물책임법에서 가장 중요하고도 핵심적인 개념이다.

제조물책임법은 결함을 제조물의 제조·설계 또는 표시상의 결함이나 기타 통상적으로 기대할 수 있는 안전성이 결여되어 있는 것으로 정의하고 있다. 결함의 유형으로 제조상의 결함, 설계상의 결함, 지시·경고 등 표시상의 결함을 예시하고 있으며, 결함판단의 기준을 기본적으로 일반 소비자의 기대기준에 의한 "통상적으로 기대할 수 있는 안전성의 결여"로 규정하고 있다(법 제2조 제2호).

결함과 하자는 구별된다.

상품에 존재하는 흠은 상품적합성을 결여한 경우와 안전성을 결여한 경우로 분류되는데, 전자가 하자담보책임에서의 하자이고, 후자가 제조물책임법에서의 결함이다.

다시 말해 제조물책임이란 제조물에 통상적으로 기대되는 안전성을 결여한 결함으로 인하여 생명·신체나 제조물 그 자체 외의 다른 재산에 손해가 발생한 경우에 제조업자 등에게 지우는 손해배상책임이고, 제조물에 상품적합성이 결여되어 제조물 그 자체에 발생한 손해는 제조물책임의 적용 대상이 아니므로 하자담보책임으로서 그 배상을 구해야 한다.

(1) 제조상의 결함

'제조상의 결함'은 제조물이 원래 의도한 설계와 다르게 제조·가공됨으로써 안전하지 못하게 된 경우를 말한다. 예를 들면, 제조과정에서 조악한 재료가 사용되거나 부정확한 조립 등으로 안정성을 결여한 경우이다.

이것은 제조업자의 제조물에 대한 제조·가공상의 주의의무의 이행 여부
와는 관계가 없다.

(2) 설계상의 결함

'설계상의 결함'은 제조업자가 합리적인 대체설계를 채용하였더라면 피
해나 위험을 줄이거나 피할 수 있었음에도 대체설계를 채용하지 않아 당
해 제조물이 안전하지 못하게 된 경우를 말한다.

예를 들면, 보다 안전한 대체설계를 채택할 수 있었음에도 불구하고 제
조업자가 이것보다 열등한 설계를 채택한 경우이다.

(3) 표시상의 결함

'표시상의 결함'은 제조업자가 합리적인 설명·지시·경고 기타의 표시
를 하였더라면 당해 제조물에 의하여 발생될 수 있는 피해나 위험을 줄이
거나 피할 수 있었음에도 이를 하지 않은 경우를 말한다.

예를 들면, 제조업자가 제조물을 사용·소비할 때 올바르게 사용할 수
있도록 설명·지시하고 잘못 사용하면 발생할 수 있는 위험을 예방·회피
할 수 있도록 경고를 충분하게 하지 않은 경우이다. 이는 지시·경고상의
결함이라고도 한다.

(4) 기타 통상적으로 기대할 수 있는 안전성의 결여

제조물책임법은 앞의 세 가지 유형에 속하지 않는 다른 모든 형태의 안
전성 결여의 경우를 포괄하여 "기타 통상적으로 기대할 수 있는 안전성이
결여되어 있는 것"을 결함으로 규정하고 있다.

이와 같은 결함개념의 유형화는 결함에 대한 이해와 그 존부의 판단에 도움이 될 수 있으나 제조물책임에 있어서 이러한 유형화는 이해를 위한 보조도구일 뿐이다.

결함을 판단할 때 고려해야 할 사정은 당해 제조물의 특성, 즉 제조물 자체가 가지는 고유한 사정이다. 이것은 개개의 제조물에 따라 그 내용이 다양하지만 예를 들면, 사용상 주의해야 할 제조물의 표시, 숙련자의 사용을 상정하고 있는 제조물, 유용성과 위험성, 피해발생의 정도, 가격 대 효과, 통상의 사용시간, 통상 예견되는 사용형태, 당해 제조물을 인도한 시기, 기타 당해 제조물에 관한 사정 등이 고려되어야 한다.

2) 면책사유

제조물책임을 무과실책임으로 구성하더라도 피해자가 요건사실을 주장·입증하는데 실패하면 제조업자 등은 당연히 면책되며, 제조업자 등이 직극적으로 제조물의 결함이 없다거나 손해의 원인이 제조물결함이 아니라는 등 제조물책임의 요건사실이 존재하지 않음을 입증하여 자신의 책임을 면할 수 있다.

더 나아가 제조물책임법은 제조물의 결함에 의한 손해가 발생하였음이 인정되더라도 정책적 관점에서 일정한 경우 제조업자 등이 적극적으로 입증하여 자신의 책임을 면할 수 있는 면책사유를 규정하고 있다(법 제4조 제1항).

(1) 면책사유의 종류

① 제조업자가 당해 제조물을 공급하지 않은 사실

제조업자의 의사에 반하여 도난 등에 의하여 사후에 제조물로 인한 사고가 발생한 경우 등에는 면책된다. 이는 제조업자의 의사에 의하지 않은 유통인 경우에는 제조물책임을 면할 기회를 부여함이 타당하므로, 제조업자가 적극적으로 유통에 관여하지 않은 사실을 입증한 경우 면책되게 하려는데 이 규정의 실익이 있다.

② 제조업자가 당해 제조물을 공급한 때의 과학적·기술적 수준으로는 결함의 존재를 발견할 수 없었다는 사실

이는 소위 '개발위험의 항변'을 인정한 것으로 연구개발이나 기술개발이 저해되고 궁극적으로는 전체 소비자에게 손해가 될 수 있음을 고려한 것으로 보인다. 자동차 급발진에 관하여 개발위험의 항변을 인정한 판례가 있다(제3장 375쪽 참조).

③ 제조물의 결함이 제조업자가 당해 제조물을 공급할 당시의 법령이 정하는 기준을 준수함으로써 발생한 사실

이는 제조업자가 제조물을 공급하기 위해 법령에 의한 기준을 준수할 수밖에 없고, 만약 그러한 사실로 인하여 공급된 제조물의 결함으로 발생된 손해를 부담하는 것은 부당하기 때문이다.

④ 원재료 또는 부품의 경우에는 당해 원재료 또는 부품을 사용한 제조물 제조업자의 설계 또는 제작에 관한 지시로 인하여 결함이 발생하였다

는 사실

이는 부품이 조립된 완성품 제조업자의 지시에 따랐기 때문에 결함이 발생한 경우에는 책임지지 않게 하려는 것으로 중소기업에 대한 정책적 보호의 측면이 있다.

(2) 면책사유의 상실

제조물책임을 지는 자가 "제조물을 공급한 후에 당해 제조물에 결함이 존재한다는 사실을 알거나 알 수 있었음에도 그 결함에 의한 손해의 발생을 방지하기 위한 적절한 조치를 하지 아니한 때"에는 면책을 주장할 수 없다(법 제4조 제2항). 이는 면책사유에 해당하더라도 제조업자나 공급업자가 당해 제조물의 결함을 알면서도 고의적으로 리콜 등의 적절한 피해예방조치를 취하지 아니한 경우에는 면책을 주장할 수 없게 한 것이다.

3) 입증책임

제조물책임의 성립에 있어서 입증책임에 관하여 제조물책임법은 명문의 규정을 두지 않고 있다. 따라서 이 문제는 입증책임의 일반원칙에 따라 해결할 수밖에 없다. 민법상 불법행위책임의 입증책임원칙에 따라 피해자가 결함의 존재, 손해의 발생 그리고 결함과 손해 발생 사이의 인과관계 등 모든 요건 사실을 입증하지 않으면 안 된다.

제조물책임법의 입법과정에서 입증책임의 문제를 해결하기 위하여 입증책임을 전환하는 추정규정을 둘 것인지에 관하여 논란이 있었지만, 결국 도입되지 못했다.

판례는 결함과 인과관계에 관해 사실상의 추정을 활용하여 피해자의 입증책임을 완화시키고 있다(제3장 378쪽 참조).

4. 효 과

1) 손해배상의 대상 및 범위

제조물책임법은 제조물의 결함에 의한 손해는 제조업자 등의 고의나 과실이 없는 경우에도 손해배상책임을 지도록 하고 있으며, 인적 손해인 생명·신체는 물론 물적 손해인 재산의 손해에 대해서도 배상책임을 지도록 하고 있다(법 제3조 제1항).

이는 민법 제750조의 일반불법행위의 책임요건인 '고의 또는 과실' 유무에 상관없이 '결함'의 존재에 따른 책임을 규정한 것으로서, 불법행위책임의 특례를 규정한 것으로 볼 수 있으므로 제조업자에게 손해배상을 청구하기 위해서 결함 및 손해의 존재, 결함과 손해간의 인과관계는 원고인 피해자가 입증해야 한다. 그러나 제조업자의 고의·과실 부분에 대하여는 입증책임이 없게 되는 것이다. 하지만 면책사유의 대상이 되는 부분에서는 실질적인 무과실책임이 제한된다.

제조업자는 피해자의 '생명·신체 또는 재산에 대한 손해'에 대해 배상의무를 부담하고 있다. 이것은 단순히 '손해'로 규정하고 있는 민법 제750조에 비교하면 손해배상의 대상의 제한으로 볼 수 있다.

그러나 '확대손해'가 발생하지 않고 당해 결함제조물 자체의 손해만 발생한 경우에는 피해자가 민법상의 계약책임이나 하자담보책임에 의하여 대금감액청구나 대물청구에 의하여 구제받을 수 있으므로 제조물책임에서 제외하고 있다.

손해배상의 범위에 관해서는 민법 제763조에 의해 민법 제393조가 준용된다고 보아야 할 것이다. 따라서 통상의 손해 외에 인정될 수 있는 특별손해가 있는 경우에는 특별손해도 그 배상의 범위에 포함될 것이다.

2) 연대책임

제조물책임법은 동일한 손해에 대하여 배상할 책임이 있는 자가 2명 이상 있는 경우에는 그 책임의 비율과 상관없이 각자에게 그 손해의 전부에 대하여 연대책임을 지운다(법 제5조). 따라서 피해자는 결함에 의한 손해를 발생시킨 제조업자나 공급업자, 완성품 제조업자나 부품제조업자 각자에 대하여 손해의 전부를 배상할 것을 청구할 수 있다.

이는 제조물책임의 주체가 다수인 경우 그들의 책임을 분할하여 각자 자신의 기여 정도만큼으로 한정할 것인지, 기여 정도와 상관없이 공동의 책임으로 할 것인지의 문제에 대하여 공동책임으로 보자는 것이다.

제조물책임법이 연대책임을 규정한 것은 피해자에 대한 손해배상의 이행을 강화하기 위한 것이라는 점에서는 타당하나, 경우에 따라서는 기업이 자기책임 이상의 책임부분까지 배상해야 하는 상황이 있을 수도 있다. 배상능력이 있는 대기업이 불리할 수도 있고, 대기업의 우월적 지위로 인하여 협력중소기업이 상당 부분의 책임을 부담할 수도 있다.

3) 면책특약의 제한

제조물책임법은 제조업자 등이 이 법에 의한 손해배상책임을 배제하거나 제한하는 특약을 하는 경우 이를 무효로 한다(법 제6조 본문).

특약은 개별약정이나 약관에 의한 경우를 포함한다.

이는 민법상의 대원칙인 사적 자치의 원칙에 의하면 제조물면책특약이 제조물책임법보다 우선하므로 제조업자 등이 미리 자신의 책임을 제한하는 특약을 약정함으로써 자신의 책임을 면할 수 있으나, 제조업자가 우월적인 지위를 이용하여 책임제한특약을 강제할 때 이를 거부할 수 없는 피해자를 보호할 필요가 있으므로 이를 방지하기 위한 것이다.

그러나 자신의 영업을 이용하기 위하여 제조물을 공급받은 자가 자신의 영업용 재산에 대하여 발생한 손해에 관하여 그와 같은 특약을 체결한 경우에는 예외를 인정하고 있다(법 제6조 단서). 이는 제조자와 피해자 사이에 대등성이 유지된 상태에서 약정되는 경우도 있고 영업용 재산에 대해 손해가 대규모일 경우 제조업자 등을 보호할 필요성이 있다는 점에서 기인하고 있다.

4) 책임기간

제조물책임법은 권리관계를 무한정 불확정의 상태로 두는 것이 피해자와 제조물책임자 모두에게 바람직하지 않으므로 손해배상청구권을 행사할 수 있는 기간을 제한하고 있다(법 제7조). 즉 제조물책임법에 의한 손해배상청구권은 피해자 또는 그 법정대리인이 손해 및 손해배상책임을 지는 자를 안 때로부터 3년간(소멸기간) 이를 행사하지 않으면 시효로 인하여 소멸하거나 또는 제조업자가 손해를 발생시킨 제조물을 공급한 날로부터 10년 이내(제척기간)에 행사해야 한다.

다만, 신체에 누적되어 사람의 건강을 해치는 물질에 의하여 발생한 손해 또는 일정한 잠복기간이 경과한 후에 증상이 나타나는 손해에 대하여는 그 손해가 발생한 날로부터 10년을 기산한다(법 제7조 제2항 단서).

이러한 예외를 인정한 이유로는 10년의 제척기간을 기계적으로 적용하는 경우에 이러한 누적된 손해나 잠복손해에 대해서는 사실상 그 구제의 길을 막는 것이 될 것이므로 피해자 보호의 관점에서 예외규정을 둔 것이다.

신체에 누적된 경우 누적에 의해 손해를 발생시키는 원인물질로는 납, 수은, 카드뮴, 석면 등이 있다. 또한 잠복손해의 경우 잠복기간이란 질병이 진행되는 것 또는 증상이 나타나지 않는 기간을 말한다.

그런데 3년의 단기소멸시효기간과 10년의 장기제척기간 중 어느 한쪽이 만료하면 피해자는 제조물책임에 의한 손해배상을 청구할 수 없다.

5. 민법의 준용

제조물책임법은 불법행위책임에 있어서 민법의 특별법이므로 이 법에 규정된 것을 제외하고는 일반법인 민법의 규정이 적용된다(법 제8조). 이는 두 가지 의미를 갖는다.

① 제조물책임에 관하여 제조물책임법이 정함이 없는 부분에 대하여는 민법의 규정이 보충적으로 적용된다는 것이다. 예를 들면, 과실상계, 공동불법행위, 금전배상의 원칙 등 민법상 규정이 적용된다.
② 제조물책임법에 의한 제조물책임과는 별도로 민법에 의한 손해배상 청구가 가능하다는 것이다. 예를 들면, 계약책임으로서의 채무불이행책임이나 하자담보책임 또는 불법행위책임을 물을 수 있다.

9 민법에서의 소비자 피해구제

소비자 피해구제의 법적 근거는 행정법규정(영업정지, 과태료 등), 형사법규정(징역, 벌금 등), 민사법규정 등이 있다. 이 중 가장 중요한 소비자 피해구제기준은 민사법규정이다.

민사법기준은 민법, 상법, 소비자법 등에 규정되어 있다. 이 중 가장 기본적인 피해구제기준은 민법규정이다.

소비자피해에 대한 민사적 구제기준은 크게 나누어 두 가지이다. 계약형과 손해배상형이다.

계약형은 계약이행형과 계약부정형으로 나누어지는데 전자는 계약의 강제이행이고, 후자는 계약의 취소, 무효, 해제, 해지 등이며, 손해배상형은 계약책임과 불법행위책임이다. 이 밖에 하자담보책임이 중요한 기준이 된다. 이에 따라 소비자보호법상 소비자피해구제기준도 수리, 교환, 환급, 배상, 계약해제 및 해지 등이다.

1. 원치 않는 소비자계약으로부터의 해방

소비자가 소비생활을 위하여 사업자와의 계약과정에서 입는 피해의 원인을 보면 하자, 충동구매, 채무불이행 등이 있다.

가장 고전적인 소비자 피해는 물건의 하자로 인한 피해로 이에 대해 소비자는 계약 자체를 유지하며 수리, 교환, 손해배상 등의 보상방법을 요구한다. 그러나 최근 들어 부당광고, 방문판매 등 사업자의 부당권유행위로 원치 않는 계약을 체결하거나 계약 이후 이행지체, 불완전이행 등 사업자의 채무불이행로 계약을 끊고 싶어하는 소비자들이 증가하고 있다. 이런 경우 소비자는 계약 자체를 없었던 것으로 하고 환급을 받고 손해배상을 요구하게 된다. 이것이 원치 않는 소비자계약으로부터 벗어날 수 있도록 하는 현대적 소비자 피해구제수단이다.

원치 않는 소비자계약의 구속력으로부터 벗어날 수 있는 민사제도는 계약의 무효·취소·철회·해제·해지 등이 있다.

1) 소비자계약의 무효

소비자계약의 무효란 소비자계약이 성립한 당초부터 법률상 당연히 확정적으로 그 효력이 발생하지 않는 것을 말한다.

사업자와 체결한 계약이 무효사유에 해당하면 소비자계약의 효력은 발생하지 않는다. 따라서 대금을 지급하기 이전이면 소비자의 대금지급의무는 발생하지 않고, 사업자는 대금이행청구 및 이행강제를 할 수 없다. 또한 이미 대금을 지급하였다면 무효원인이 사업자에게 있는 경우 환급 받을 수 있다. 소비자계약의 무효는 시기의 제한 없이 누구든 주장할 수 있고, 주장 없이도 법원이 이를 고려할 수 있다.

대표적인 소비자계약의 무효사유는 사회질서 위반의 계약, 불공정한 계약, 강행규정의 위반의 계약, 통정허위표시, 비진의표시 등이다.

선량한 풍속, 기타 사회질서에 위반한 사항을 내용으로 하는 소비자계약은 무효이다(민법 제103조). 실제로 발생하는 경우는 적지만 예를 들면, 범죄행위를 내용으로 하는 계약, 소비자의 권리를 박탈하는 계약, 소비자에게 과도한 의무를 부과하는 계약, 가족적 윤리에 반하는 계약 등이다. 외국의 판례에 의하면 불법적인 피라미드판매계약을 사회질서 위반으로 보아 무효라고 본다.

소비자의 궁박, 경솔 또는 무경험으로 인하여 현저하게 공정을 잃은 소비자계약은 무효이다(민법 제104조).

여기서 궁박이란 몹시 가난하거나 기타의 사정으로 곤궁이 절박한 상태로 반드시 경제적인 것일 필요는 없고, 경솔이란 의사를 결정할 때에 그 행위의 결과에 관하여 보통 사람이 베푸는 정도의 사고를 하지 않는 심적 상태를 의미한다.

그리고 무경험이란 문제되는 법률행위에 관해 평균의 거래당사자가 갖는 식견이나 경험이 없는 상태이다. 대가의 현저한 불균형의 정도는 판례에 의하면 시가의 1/3에 미달되는 금액으로 이루어진 건물의 매매, 실손해의 1/8도 안 되는 합의금 등이다. 이때 입증책임은 무효를 주장하는 소비자에게 있다.

불공정한 계약의 무효가 실효성 있게 적용될 수 있는 영역은 농촌소비자 내지 고령소비자가 교묘한 방문판매에 의해 계약을 체결한 경우가 될 것이다. 예를 들면, 방문판매원이 전략적으로 무료공연이나 경품 제공을 미끼로 또는 강매로 70~80대 노인들만 사는 농촌에서 시중 가격보다 비싼 가스레인지 · 냉장고 등 가전제품이나 건강보조식품을 판매한 경우 불공정한 계약이 될 수 있다.

강행규정에 위반하는 내용의 계약은 무효이다(민법 제105조 참조).

강행규정이란 법령 중 선량한 풍속, 기타 사회질서에 관계 있는 규정으로서 사업자나 소비자의 의사에 의해 그 적용을 배제할 수 없는 규정이다. 어느 규정이 강행규정인가 하는 판단의 원칙은 없으나, 소비자보호 관련 규정은 대부분이 강행규정이다.

우리나라 소비자법은 이를 명시적으로 규정하고 있다. 방문판매법은 "제7조 내지 제10조, 제16조 내지 제19조, 제28조 내지 제30조의 규정에 위반한 약정으로 소비자에게 불리한 것은 그 효력이 없다."고(방문판매법 제45조), 할부거래법은 "매도인과 매수인간의 할부계약의 내용 중에서 제5조 내지 제10조 및 제12조의 규정에 의한 내용보다 매수인에게 불리한 것은 그 효력이 없다."고(할부거래법 제13조) 규정하고 있다.

구체적으로 보면 청약철회규정, 계약해제규정, 손해배상청구금액제한규정, 항변권규정 이외에도 금지행위규정이나 형사처벌에 해당하는 규정들이 강행규정이다. 따라서 사업자가 소비자보호 관련 강행규정보다 불리한 내용으로 계약서 또는 약관을 작성하여 소비자와 계약을 체결한 경우 그 계약은 무효가 된다.

예를 들면, 방문판매업자가 계약 체결시 청약철회기간을 5일로 규정한 계약서를 교부한 경우 비록 소비자가 이를 합의한 경우라 하더라도 5일 청약철회기간을 규정한 계약은 방문판매법상 14일 청약철회기간의 강행규정에 위반한 계약이 되어 무효가 된다.

2) 소비자계약의 취소

소비자계약의 취소란 일단 유효하게 성립한 계약의 효력을 후에 행위시에 소급하여 소멸케 하는 취소권자의 의사표시를 말한다. 이것은 무효와 달리 일단 계약의 유효를 전제로 하고 계약의 무효 여부를 취소권자에 맡긴다는 점에서 차이가 있다.

계약을 취소하게 되면 무효가 되므로(민법 제141조), 최소한 경우에는 그 결과에서 무효와 취소는 같게 된다.

소비자계약을 취소할 수 있는 취소권자는 무능력자(특히 미성년자), 하자있는 의사표시를 한 소비자, 그 대리인 또는 승계인이다.

대표적인 소비자계약의 취소사유는 무능력자의 계약, 착오에 의한 계약, 사기 또는 강박에 의한 계약 등이다.

미성년자나 한정치산자는 법정대리인의 동의 없이 계약을 한 경우, 그 계약은 일단 유효하지만, 그 효과를 원하지 않는 때에는 이를 취소할 수 있다(민법 제5조). 그러나 금치산자의 법률행위는 법정대리인의 동의 여부와 관계없이 취소할 수 있다(민법 제13조). 그러나 모든 소비자계약을 취소할 수 있는 것이 아니라, 예외적으로 권리만을 얻거나 의무만을 면하는 행위, 일상거래, 처분을 허락한 재산의 처분행위, 영업 허락을 받은 경우의 그 영업에 관한 행위, 일상거래행위 등의 경우에는 법정대리인의 동의 없이 미성년자나 한정치산자는 단독으로 유효하게 계약을 할 수 있다(소비자의 계약 취소권에 대해서는 339쪽 참조).

소비자는 계약 내용의 중요부분에 착오가 있는 때에는 취소할 수 있다(민법 제109조 전문). 착오에는 30,000원을 80,000원으로 잘못 쓰는 것과 같이 소비자가 표시하고자 의욕한 것과 다른 표시를 하는 표시상의 착오와 달러가 파운드를 의미한다고 잘못 믿고 100파운드라고 쓰고서 100달러라고 믿는 것같이 소비자가 표시행위의 의의를 잘못 이해하는 내용의 착오가 있다.

중요한 취소요건은 계약내용의 중요부분에 착오가 있는가의 여부이다. 이것은 소비자가 그러한 착오가 없었다면 그 계약을 하지 않았으리라고 생각될 정도로 중요한 것이어야 하고(주관적 요건), 일반인도 소비자의 처지에 있었다면 그러한 계약을 하지 않았을 정도로 중요한 것이어야 한다(객관적 요건).

판례에 의하면 토지 1389평을 전부 경작할 수 있는 농지인 줄 알고 매수하고 소유권이전등기를 하였으나 측량결과 약 600평이 하천을 이루고 있거나, 인접대지의 경계선이 자신의 대지의 경계선과 일치하는 것으로 잘못 알고 그 경계선에 담장을 설치하기로 합의한 경우는 중요부분의 착오라고 한다.

그러나 착오가 소비자의 중대한 과실로 인한 때에는 취소하지 못한다(민법 제109조 단서). 판례에 의하면 공장을 경영하는 자가 새로운 공장을 설립할 목적으로 토지를 매수함에 있어 토지상에 공장을 건축할 수 있는 지 여부를 관할 관청에 알아보지 않은 사안에서 중과실을 인정하였다. 그러나 사업자가 소비자의 착오를 알면서 이를 이용한 경우에는 소비자의 중과실을 원용할 수 없다.

소비자는 사기(詐欺)나 강박에 의한 계약을 취소할 수 있다(민법 제110조). 계약이 유효하기 위해서는 그것이 소비자의 자유로운 의사에 기해 결정된 것이어야 한다. 그런데 사업자로부터 부당한 간섭을 받아 그에 기초하여 계약을 한다면 소비자는 의사결정의 자유가 침해된 상태가 되므로 취소할 수 있게 한 것이다.

사기의 경우 기망행위라 함은 소비자로 하여금 다른 관념을 야기하게 하거나 이를 강화·유지하게 하는 일체의 행위를 말한다. 여기에는 명시적·묵시적 주장은 물론 단순한 침묵도 포함된다. 다만, 침묵이 기망행위가 되기 위해서는 거래관념에 비추어 고지할 의무가 있음에도 고시하지 않음으로써 표의자에게 그릇된 관념을 야기·강화하게 하는 것이어야 한다. 판례에 의하면 대형백화점의 변칙세일은 기망행위라 한다(제3장 407쪽 참조).

강박의 경우 강박행위는 공포심을 일으키게 하는 것이면 아무런 제한이 없다. 다만, 강박의 정도가 극심하여 소비자의 의사결정의 자유가 박탈될 정도인 경우에는 의사 자체가 없는 것이 되어 무효이다.

판례에 의하면 변호사의 잘못으로 패소하였다는 이유로 그 사무실에서

농성을 하고 그 비행을 관계기관에 진정하겠다는 등의 공갈과 협박에 시
달린 나머지 그 변호사가 손해배상금조로 약속어음을 발행한 경우는 강박
행위로 본다.

　한편 소비자는 취소할 수 있는 소비자계약을 추인하여 확정적으로 유효
하게 할 수도 있고 일정한 사유가 있으면 당연히 추인한 것으로 하는 법정
추인제도도 있다. 법정추인사유는 전부나 일부의 이행, 이행의 청구, 경
개, 담보의 제공, 취소할 수 있는 행위로 취득한 권리의 전부나 일부의 양
도, 강제집행 등이다(민법 제145조).

　또한 취소권은 추인할 수 있는 날로부터 3년 이내에, 계약을 한 날로부
터 10년에 행사해야 한다(민법 제146조).

3) 소비자계약의 철회

　일정한 소비자계약의 경우 소비자는 일정한 철회기간 안에 청약 또는
계약을 철회할 수 있다. 이것이 소비자의 청약철회권이다.

　민법상 계약원칙에 의하면 청약의 의사표시는 상대방에게 도달한 이후
에는 철회할 수 없고(민법 제527조), 유효하게 성립한 계약은 채무불이행
등의 경우가 아니면 계약을 해제 또는 해지할 수 없다.

　그러나 소비자법은 충동구매로 인한 소비자계약의 구속력으로부터 소
비자가 벗어날 수 있도록 예외적으로 청약철회권을 규정하고 있다(할부거
래법 제5조, 방문판매법 제8조·제17조, 전자상거래소비자보호법 제17조).

　할부거래법상 할부계약, 방문판매법상 방문판매계약·전화권유판매계

약 · 다단계판매계약, 전자상거래소비자보호법상 전자상거래 · 통신판매 등은 일정한 철회기간(7일, 14일) 이내에는 청약의 철회는 물론 계약도 철회할 수 있다.

4) 소비자계약의 해제 · 해지

소비자계약이 성립한 경우에 당사자는 그 계약에 구속되지만, 이것은 당사자가 그의 채무를 이행하는 것을 전제로 한다. 따라서 당사자 일방에게 채무불이행의 사유가 발생하여 계약의 목적을 달성할 수 없는 때에는 더 이상 계약을 존속시킬 이유가 없게 된다. 이 경우 그 상대방의 일방적 의사표시만으로 계약을 해소하여 계약의 구속으로부터 벗어나게 하는 제도가 있다. 이것이 계약의 해제 · 해지이다.

해제권의 종류에는 약정해제권과 법정해제권이 있다. 당사자 사이에 일정한 경우 당시지의 일방 또는 쌍방에게 해제권의 발생을 약정할 수 있다는 것은 당연하다.

그러나 법정해제권의 발생원인은 일시적 계약 모두에 공통되는 것으로 채무불이행, 즉 이행지체와 이행불능(민법 제544조 내지 제546조), 증여 · 매매 · 도급 등 각각의 일시적 계약의 특유한 것을 규정하고 있다.

우선 소비자는 사업자의 이행지체로 인한 해제권을 갖는다. 즉 사업자가 그 채무를 이행하지 않는 때에 소비자는 상당한 기간을 정하여 그 이행을 최고하고 그 기간 안에 이행하지 않는 때에는 계약을 해제할 수 있다(민법 제544조).

사업자의 귀책사유에 의한 이행지체여야 하고, 상당하나 기간을 정하여 이행을 최고할 것을 요건으로 하고 있다. 그러나 계약의 성질 또는 당사자의 의사표시에 의하여 일정한 시일 또는 일정한 기간 안에 이행하지 않으면 계약의 목적을 달성할 수 없을 경우에 사업자가 이 시기에 이행하지 아니한 때에는 소비자는 최고 없이 계약을 해제할 수 있다(민법 제545조).

예를 들면, 초대장의 주문, 장례식에 보낼 조화의 주문, 연회를 위한 요리의 주문 등이 이에 속한다. 그리고 사업자의 책임 있는 사유로 이행이 불능이 된 때에는 소비자는 계약을 해제할 수 있다. 이 경우 이행기를 기다릴 필요 없이 그때부터 또 최고 없이도 계약을 해제할 수 있다.

기타 불완전이행의 경우 민법에 아무런 규정이 없으나 그 불이행의 영향력이 계약의 목적달성을 위협할 정도에 이른다고 판단되는 경우에 해제권이 발생된다고 본다. 한편 계약이 성립된 후 계약 체결의 기초가 된 사정이 현저하게 변경되어 당초의 계약내용대로 소비자를 구속하는 것이 객관적으로 부당하다고 판단될 정도의 사정변경이 생긴 경우에도 계약해제권이 발생된다고 본다.

소비자가 사업자의 채무불이행을 근거로 계약을 해제한 때에는 각 당사자는 그 상대방에 대하여 원상회복의 의무가 있다(민법 548조). 즉 소비자는 대금을 환급 받을 수 있다. 또한 별도의 손해가 있으면 손해배상의 청구도 할 수 있다(민법 제551조).

그러나 할부거래법은 사업자의 해제권을 규제하고 있다. 즉 매도인은 매수인의 할부금 지급의무의 불이행을 이유로 계약을 해제하려면 할부계

약을 해제하기 전에 14일 이상의 기간을 정하여 매수인에게 그 이행을 서
면으로 최고해야 한다(할부거래법 제8조).

계약의 해지란 계속적 계약에 있어서 계약의 효력을 장래에 향하여 소
멸시키는 계약당사자의 일방적 의사표시이다. 해지는 계속적 계약에서도
급부가 이미 행해진 경우를 전제로 한다.

해지권도 당사자의 계약 또는 법률의 규정에 의하여 발생한다.

민법은 각종의 계속적 계약의 유형에 따라 법정해지권의 발생사유를 개
별적인 규정을 두고 있다. 따라서 사업자의 채무불이행의 경우 소비자의
해지권 발생을 인정할 것인가의 문제가 있다.

일반 원칙으로 사업자의 전 회기(前回期)의 채무불이행이 계속적 계약의
존속기초가 되는 신뢰관계를 해칠 정도가 되면 소비자에게 해지권을 부여
하여 계약을 종료시킬 수 있도록 해야 한다고 본다. 그리고 계속적 계약에
서 존속기간의 약정이 없는 경우에는 소비자는 언제든지 일정한 유예기간
을 두고 해지할 수 있다.

한편 판례는 계속적 계약, 특히 계속적 보증계약의 사안에서 사정변경
을 이유로 해지권을 인정하고 있다.

계약을 해지한 때에는 계약은 해지한 때로부터 '장래에 대하여' 그 효력
을 잃는다(민법 제550조). 즉 계약을 해지하게 되면 그때부터 계약은 그 효
력을 잃는다. 따라서 계약당사자는 계속적 계약관계의 존속을 전제로 해
인도한 물건이나 대금이 있는 경우, 그것은 해지 후 원상회복해야 한다.

해지로 인해 손해가 발생한 경우 별도로 손해배상을 청구할 수 있다(민
법 제551조).

2. 손해배상

소비자의 손해배상은 소비자 피해구제의 최후수단이다.

사업자의 계약위반 또는 불법행위, 물품 또는 용역의 하자나 결함, 부당한 권유행위 등으로 인한 소비자 피해에 대한 구제방법은 수리 · 교환 · 환급 또는 계약의 해제 · 해지, 배상 등이 있다. 이때 소비자의 손해배상은 다른 방법과 동시에 또는 독립적으로 청구할 수 있다. 그러나 구체적인 손해배상의 범위는 판단하기 가장 어려운 문제이다.

1) 손해배상청구권의 발생원인

소비자의 손해배상청구권은 법률이 인정하지 않는 위법행위인 사업자의 채무불이행과 불법행위는 물론 기타 계약 체결상의 과실책임, 하자담보책임, 품질보증계약 등에 의해서도 발생한다.

채무불이행이란 사업자가 채무의 내용에 좋은 이행을 하지 아니한 것을 말한다(민법 제390조). 민법은 채무불이행의 유형으로 이행지체와 이행불능을 규정하고 있다.

이행지체는 이행이 가능함에도 불구하고 이행기에 이행하지 않는 것이고, 이행불능은 채권의 성립 후에 이행이 불가능하게 된 경우이다. 이 밖에 민법이 예정하고 있지 않지만 채무불이행의 독립된 유형으로 불완전이행을 인정하고 있다. 이는 채무의 이행으로 어떤 급부를 하기는 하였으나 그것이 채무의 내용에 따르지 않은 불완전한 경우이다.

채무불이행으로 인한 손해배상청구권은 본래의 채권의 확장(지연배상의 경우) 또는 내용의 변경(전보배상의 경우)이므로, 본래의 채권과 동일성을 가진다.

불법행위란 고의 또는 과실의 위법행위로 타인에게 손해를 주는 행위이다(민법 제750조). 이것은 당사자의 의사에 의한 것이 아니라 법률의 규정에 의해 발생하는 점에서 채무불이행책임과 다르다.

소비자의 손해배상청구권의 소멸시효기간은 채무불이행의 경우 계약의 내용 또는 목적물에 따라 10년, 3년, 1년 등이고(민법 제162조, 제163조, 제164조), 불법행위의 경우 피해자나 그 법정대리인이 손해 및 가해자를 안 날로부터 3년 또는 불법행위를 한 날로부터 10년이다(민법 제766조).

2) 손해의 분류

소비자의 손해란 사업자가 계약의 내용대로 했었더라면 소비자가 받았을 이익과 그렇게 하지 않음으로써 소비자가 현재 받고 있는 이익의 차액이라 할 수 있다. 예를 들면, 사업자가 계약을 이행하지 않는 경우에는 이행기보다 물품의 인도 또는 용역의 제공을 늦게 하기 때문에 입은 불이익이 손해가 되고, 그 밖에 동종의 물품을 다시 구입하는데 지출된 비용 등의 손해도 발생할 수 있다.

소비자 손해는 그 관점에 따라 여러 가지로 분류된다.

침해된 법익의 종류에 의한 구별로서 재산적 법익에 대해 발행한 손해가 재산적 손해이고, 생명·신체·자유·명예 등 비재산적 법익에 대해 발생한 손해가 비재산적 손해이다. 전자는 금전으로 그 손해의 가액을 산정하는 것이 가능한데 반해 후자는 그렇지 못한 점에서 차이가 있고, 배상 여부에서도 차이를 보이고 있다.

민법은 불법행위에 관해 피해자에게 손해배상청구권을 인정하면서 그 손해배상에는 정신적 고통(비재산적 손해)에 대한 배상, 즉 위자료도 포함하고 있다(민법 제751조). 그러나 채무불이행으로 인한 손해배상에 관하여는 그러한 명문의 규정을 두고 있지 않다.

학설과 판례는 채무불이행의 경우에도 비재산적 손해도 포함되는 것으로 보고, 다만 그것은 통상 특별한 사정으로 인한 손해에 해당하는 것으로 해석한다. 그러나 그 사정에 대한 예견가능성이 없다는 점을 들어 그 배상책임을 부정하는 경향에 있다. 대표적으로 위임계약에서 수임인의 채무불이행으로 인하여 손해가 발생한 경우, 그로 인한 위임인이 받은 정신적 고통은 원칙적으로 그 재산적 손해에 대한 배상이 이루어짐으로써 회복된다는 판례가 있다.

재산적 손해에서 그 손해의 내용에 따른 구별로서 기존 재산의 감소가 적극적 손해이고, 장래 얻을 수 있었던 이익의 상실이 소극적 손해이다.

사업자의 계약위반에 의해 기존 재산이 감소하는 경우가 전자이고, 계약이 이행되었더라면 소비자가 목적물을 전매하여 얻었을 이익의 상실이 후자이다.

전자는 통상 손해로 그 배상이 인정되는데 비해, 후자는 특별손해로 되는 경우가 많아 사업자의 예견가능성을 전제로 그 배상이 인정된다.

손해의 내용을 이루는 침해이익에 따른 구별로서 이행이익의 손해는 이미 유효하게 성립된 채권의 존재를 전제로 채무가 제대로 이행되었더라면 얻었을 이익의 상실을 말하고, 신뢰이익의 손해는 어떤 계약이 무효임에도 당사자가 유효한 것으로 믿은 데에 따라 입은 손해를 말한다. 전자는 "계약이 유효함으로 인하여 생길 이익"이라 하고, 후자는 "그 계약의 유효를 믿음으로써 받은 손해"이다. 후자는 계약 체결상의 과실의 문제로서 신뢰이익은 이행이익을 넘지 못하는 것으로 규정하고 있다(민법 제535조). 예를 들면, 조사비용·교통비·계약 체결을 위한 각종 비용과 수수료·타인의 유리한 청약을 거절함으로써 입은 손해 등이다.

3) 손해배상의 범위

소비자 손해배상이란 채무불이행 또는 불법행위 등 사업자의 위법행위로 발생한 손해를 소비자 이외의 자가 전보하여 손해가 발행하지 않는 것과 같은 상태로 원상회복시키는 것을 말한다. 그러나 손해의 배상은 발생한 손해를 제거한다는 것은 아니다.

손해배상의 방법은 금전배상이 원칙이나(민법 제394조), 당사자가 다른 의사표시를 한 때나 법률에 다른 규정이 있는 때에는 예외이다.

사업자의 위법행위로 인해 손해가 발생한 경우에 그 발생된 손해 전부가 항상 모두 배상되는 것은 아니다. 왜냐하면 사업자의 채무불이행으로 소비자가 다른 물품을 구입하기 위해 나갔다가 교통사고를 입은 경우와 같이 사업자의 채무불이행이나 불법행위를 원인으로 하여 손해는 무한히 확대될 수 있는데, 이러한 손해 전부를 사업자가 배상해야 한다는 것은 사업자에게 너무도 과중한 부담을 지우는 것으로서, 손해의 공평한 부담을 기본원리로 하는 손해배상제도의 취지에 맞지 않기 때문이다. 여기서 발생된 손해 중에 그 배상의 범위를 결정하는 기준이 요구되는데, 민법은 명시적으로 규정하고 있다.

민법 제393조는 손해배상의 범위를 정하는 기준으로서 통상손해와 특별손해의 두 가지를 제시하면서, 채무불이행으로 인해 일반적·객관적으로 당연히 발생하리라고 예상하였을 통상손해의 경우에는 그 전부에 대해 채무자에게 배상책임을 인정한다(민법 제393조 제1항). 하지만 일반적으로 발생하지 않는 손해, 즉 특별한 사정에 기한 손해의 경우에는 원칙적으로 배상책임을 부정하고, 다만 채무자가 그 사정을 알았거나 알 수 있었을 때에 한하여 배상책임을 인정하고 있다(민법 제393조 제2항). 이는 불법행위의 경우에도 동일하게 적용된다(민법 제763조).

통상손해란 채무불이행이나 불법행위와 상당한 인과관계를 가지고 있는 손해, 다시 말해 특별한 사정이 없는 한 그 종류의 채무불이행이나 불법행위가 있으면 사회일반의 관념에 따라 통상 발생하는 것으로 생각되는 범위의 손해를 의미한다.

예를 들면, 이중매매로 인한 이행불능의 경우에는 물건의 시가에서 매매대금을 공제한 금액, 금전채무의 이행지체에서는 지연된 기간 동안의 이자에 상당하는 금액, 수임인이 인도해야 할 물건을 인도하지 않은 경우 그 물건의 가액, 이행불능으로 계약이 해제된 경우 계약 당시의 시가와 불능 당시의 시가의 차액 등이다. 이는 사업자의 예견가능성의 유무를 묻지 않고 그 전부에 대해 배상을 청구할 수 있다.

특별손해란 채무불이행이나 불법행위로 인해 일반적으로 발생하는 손해가 아닌 것, 즉 소비자에게만 존재하는 특별한 사정에 기초하여 발생하는 손해를 의미한다.

예를 들면, 사업자의 이행불능으로 소비자가 전매를 하지 못해 입은 전매차액의 손해, 다른 물품을 구입하기 위하여 지출한 비용, 이행불능 이후에 목적물의 가격이 등귀한 경우 그 목적물의 현재 시가, 채무불이행으로 인한 정신적 고통 등이다. 이는 원칙적으로 사업자가 배상책임을 부담하지 않는다. 다만, 소비자에게 존재하는 특별한 사정의 존재에 관해 사업자가 '알았거나 알 수 있었을 때'(예견가능성)에는 예외적으로 배상책임을 진다. 특별사정에 대한 사업자의 예견가능성의 유무를 가리는 시기에 대해서는 이행기를 기준으로 하는 것이 다수견해이다. 즉 이행기까지 사업자가 특별사정의 존재에 대해 알았거나 알 수 있었으면 그 배상을 해야 하는 것으로 해석된다.

특별사정의 존재 및 사업자의 예견가능성은 소비자가 입증책임을 진다. 이 경우 해당 채무불이행에서 당사자의 직업·목적물의 종류·계약의 목적 등이 고려될 수 있다. 특별손해에 따른 손해배상의 범위는 그 발생된 손해 전부가 아니라 그러한 특별사정하에서 통상 생기는 손해를 그 한도로 한다.

4) 손해배상액의 산정

소비자 손해배상의 대상이 되는 손해가 확정되면 이와 같은 손해를 금전으로 평가해야 한다. 여기서 어떤 방식으로 손해배상액을 산정해야 하느냐 하는 문제가 남는다. 손해배상의 산정문제는 어느 범위까지의 손해를 배상해야 할 것인가 하는 손해배상범위의 문제와는 달리 배상할 손해를 어떻게 산정할 것이냐 하는 계수상의 기술문제이다.

재산적 손해의 배상액은 재산적 가치의 평가액이고, 그것은 통상 가격 또는 통산교환가격을 표준으로 하고 비재산적 손해의 배상, 즉 위자료는 금전으로 객관적으로 평가하는 것이 어려우므로 여러 사정을 고려하여 그 금액을 판정할 수밖에 없다. 이 경우 법원은 소비자의 정신적 피해의 정도를 고려하는 한편 일반적으로 당사자의 쌍방의 지위 · 직업 · 재산상태 · 채무불이행의 동기 · 가해의 사전 및 사후의 모든 사정 등을 고려한다.

3. 위약금약정 또는 손해배상액의 예정

소비자가 소비생활을 위하여 사업자와 계약을 체결한 후 대부분의 계약은 정상적으로 종료된다. 그러나 물건이 인도되지 않거나 대금이 지급되지 않는 등 계약위반 사유가 발생하면 계약의 해제 또는 해지 등 비정상적으로 종료되는 경우도 많다.

이때 소비자와 사업자는 계약 체결시 계약서 또는 약관에 채무자가 제대로 이행하지 않는 경우를 대비하여 상대방이 채무를 이행하도록 심리적으로 압박하거나 손해배상문제의 처리를 간편하게 하기 위하여 일정한 금전, 기타 이익을 따로 지급하기로 하는 약정을 두는 경우가 많다. 이와 같이 장래의 채무불이행을 대비하여 그 위반자가 지급하기로 하는 일정한 금전, 기타 이익을 '위약금'이라고 하며, 이러한 내용의 약정을 '위약금약정'이라고 한다.

1) 위약금약정의 기능과 구별개념

소비자계약에서 위약금약정을 하는 이유는 이행강제와 손해전보 때문이다.

① 채무자로 하여금 채무를 이행하도록 심리적으로 압박을 가하기 위하여, 채무를 이행하지 않는 경우에는 채무자가 져야 할 법적 불이익을 미리 정해 두는 것이다. 이것은 채권자가 채무자의 이행을 강제하기 위한 것이다.

② 채무불이행이 있는 경우에 발생하는 채무자의 배상책임의 내용을 미리 정해 둠으로써, 손해배상문제의 처리를 간편하게 하려는 것이다. 이것은 채권자의 입증부담을 완화시키기 위한 것으로서, 특히 손해의 발생이나 그 정확한 금액의 입증에 행위의 성질, 기타의 사정으로 인하여 어려움이 있는 경우에 합리적이다.

이 중에서 주로 ②의 기능을 담당하는 위약금약정을 '손해배상액의 예정', 위약금약정의 주된 목적이 ①에 있는 경우를 '위약벌'이라고도 한다.

위약금약정과 손해배상액의 예정을 별개의 제도로 구분하는 견해도 있으나 소비자 피해구제실무에서는 동일하게 취급하는 것이 바람직하다.

위약금과 구별해야 할 개념은 합의금과 해약금이다.

합의금이란 채무불이행이 일어난 후에 비로소 그로 인한 손해배상문제의 처리를 위하여 화해로 결정된다는 점에서 장차의 채무불이행에 대하여 사전에 행해지는 위약금약정과 구별된다.

해약금이란 해제권 유보의 대가로서의 의미를 갖는 손해배상액의 예정으로 당사자 일방이 이행을 착수할 때까지 계약금을 교부한 자가 이를 포기하거나 계약금을 수령한 자는 그 배액을 상환하여 계약을 해제할 수 있는 것이다.

실제의 거래에 있어서는 계약금·보증금·위약금·선금·전도금 등 여러 가지 명목으로 대금의 일부가 교부되고 있으나 그 명칭에 의하여 그 성질을 판정하는 것은 옳지 않고 어떠한 명칭으로 되어 있든 원칙적으로 당사자간에 다른 약정이 없는 한 해약금으로 추정된다고 할 것이다(민법 제565조).

2) 과다한 위약금약정의 효력

계약당사자는 자유롭게 위약금약정을 규정할 수 있다. 그러나 소비자계약에 있어서 문제가 되는 것은 위약금이 과다한 경우이다. 대표적으로 방문판매업자는 계약서나 약관에 과다한 위약금약정을 명시적으로 규정하여 소비자가 계약을 해제하고 싶어도 할 수 없게 하거나 과다한 위약금을 부담시키고 있다. 이에 과다한 위약금약정을 어떻게 통제할 것인가가 법적으로 해결되어야 한다. 여기에 대해서는 민법과 약관의 규제에 관한 법률이 별도의 규정을 두고 있다.

민법은 우선 위약금약정을 손해배상액의 예정으로 추정하고, 손해배상의 예정액이 부당히 과다한 경우에는 법원은 적당히 감액할 수 있다고 규정하고 있다(민법 제398조). 이 규정의 취지는 기본적으로 채권자가 위약금약정의 방법으로 부당한 이익을 취하는 것을 막고 채무자의 이익을 보호하려는 것이다. 여기서 '부당히 과다'는 일반 사회관념에 비추어 그 예정액의 지급이 경제적 약자의 지위에 있는 채무자에게 부당한 압박을 가하여 공정성을 잃은 결과를 초래한다고 인정되는 경우를 말한다. 따라서 이 규정은 강행법규로서 이를 배제하는 약정은 무효라고 할 수 있다.

대법원 판례를 보면 매매대금이 570만원인데 114만원을 위약금으로 정한 경우와 임대보증금이 2억 1,000만원인데 6,300만원을 위약금으로 정한 경우를 부당하게 과다한 것으로 판시하고 있다.

그리고 법원의 재량감액은 채권자와 채무자의 각 지위, 계약의 목적 및 내용, 손해배상을 예정한 동기, 채무액에 대한 예정액의 비율, 예상손해액의 크기, 그 당시의 거래관행 등 모든 사정을 고려하여 결정되고 있다.

하급심판례를 보면 950만원의 부동산 매매계약에 있어 400만원의 위약금을 200만원으로, 570만원의 부동산 매매계약에 있어 114만원의 위약금을 70만원으로, 보증금 200만원에 월 임대료 20만원의 여관 임대차계약에서 임차인이 시설을 증·개축하는데 대한 임대인측의 계약불이행을 우려하여 1,000만원의 위약금에 대해 400만원으로 감액하고 있다. 그런데 민법 규정에 의하면 아무리 과다한 위약금약정도 금액의 이유만으로 전부무효로 되지는 않으며, 법원이 적당히 감액한 범위 안에서는 그 효력을 유지한다.

민법에 의한 감액방법은 대량 반복적으로 행해지는 약관에 의한 거래에 있어서는 효율적인 방법이 아니므로, 약관의 규제에 관한 법률은 "고객에 대하여 부당하게 과중한 지연손해금 등의 손해배상의무를 부담시키는 약관조항"을 무효로 규정하고 있다(약관규제법 제8조).

여기서 말하는 '지연손해금 등의 손해배상의무를 부담시키는 약관조항' 중에는 위약금약정이 포함된다. 약관규제법에 의해 위약금약정이 부당하게 과중한 것으로 인정되는 경우 그 조항 자체가 전부 무효로 된다.

약관 심사에 의해 무효로 판단된 조항은 다음과 같다.

① 자동차할부매매계약서 중 매도인의 계약 위반으로 계약 해제할 경우에는 매수인으로부터 받은 계약금과 그에 대한 수령일 이후의 정기예금 이자율에 의한 이자를 환급하고, 매수인이 위반하여 계약 해제할 경우에는 매수인이 지급한 계약금 전액을 매도인이 위약금으로 취득한다는 조항

② 자동차임대(렌터카)계약서 중 임차인이 해약을 원할 때에는 총대여요금의 30%를 지불해야 하며 당일 해약시에는 50%를 지불해야 한다는 조항

③ 아파트공급계약서 중 매도인에게 해제사유가 있거나 매수인이 일방적으로 해약할 때에는 공급대금의 10%와 해제 시점에서 이미 발생한 중도금과 잔금에 대한 연체료를 위약금으로 매도인에게 귀속시키는 조항

이와 같이 민법과 약관규제법은 그 범위와 효과는 다르나, '부당하게 과중'과 '부당히 과다'의 의미는 동일한 것으로 이해해야 할 것이다. 그러나 약관에 과다한 위약금약정이 있는 경우에 과연 약관규제법의 규정이 우선적으로 적용된다고 할 것인가, 아니면 약관규제법의 규정과는 별도로 민법의 규정이 적용될 수 있는가 하는 문제가 제기된다.

이에 대해 대법원은 약관규제법에 의해 무효가 되면 위약금조항 전부가 무효이므로 민법 규정을 적용할 여지가 없다고 하는 한편 위약금조항이 약관규제법상 무효가 아님을 전제로 민법 규정을 적용하여 그 액을 감액하는 것도 긍정하고 있다.

이 밖에도 근로기준법에 의하면 "사용자는 근로계약불이행에 대한 위약금 또는 손해배상액을 예정하는 계약을 체결하지 못한다."고 규정하여(근로기준법 제24조) 특히 근로자가 계약기간 안에 퇴직하는 것을 방지하기 위하여 위약금약정 하는 것을 금지하고 있다.

3) 적정한 위약금의 범위

그러면 어느 정도의 위약금 또는 손해배상액의 예정이 적정하다고 볼 것이냐의 문제가 있다. 이에 대해서는 일률적인 기준은 없고 거래유형에

따라 합리적으로 판단되어야 할 것이다.

판례의 동향은 통대금의 1할로 수렴하는 경향이 있다고 할 수 있다. 이와 관련하여 소비자피해보상규정상 보상기준이 참조가 될 것이다. 예를 들면, 가구의 경우 선금지불 후 물품배달 전에 소비자 귀책사유로 인한 해약시 선금에서 물품대금의 10%를 공제한 후 환급, 사업자 귀책사유로 인한 해약시 선금이 물품대금의 10% 이하인 경우 선금의 배액, 선금이 물품대금의 10%를 초과하는 경우 선금에 물품대금의 10%를 가산하여 환급하도록 규정하고 있다.

그리고 정기간행물 구독계약을 중도 해지한 경우 사업자 사정으로 인한 경우 미경과 계약기간의 구독료 환급과 동 구독료 10% 금액배상, 소비자 사정으로 인한 경우 미경과 계약기간의 구독료에서 동 구독료의 10% 금액 공제 후 환급하도록 규정하고 있다. 또한 도서의 경우 청약철회 기간 이후 계약 해제시 통상 사용률 또는 사용손해율에 의한 손율공제 후 환급하도록 규정하고 있다.

한편 방문판매·통신판매·다단계판매·할부거래의 경우 소비자의 귀책사유로 인한 계약 해제시 사업자가 청구할 수 있는 손해배상액의 범위를 명시적으로 제한하고 있다(방문판매법 제10조·제19조·제30조, 할부거래법 제9조, 전자상거래소비자보호법 제19조 참조).

약관규제법에 의해 위약금약정이 무효가 되거나 위약금약정 또는 손해배상액의 예정이 없는 경우 채권자는 민법의 일반 원칙(민법 제393조)에 따라 손해액을 입증해야 한다. 이 경우 배상할 금액은 실제 발생한 손해액에 한정되며, 채권자가 손해를 입증하지 못하면 손해배상을 받지 못하게 된다. 그러나 소비자계약의 경우 소비자피해보상규정이나 방문판매법과 할부거래법을 참조하여 손해배상액을 결정해야 할 것이다.

4. 과실상계

소비자 피해구제 담당자들이 판단하기 어려운 분야는 소비자에게 손해가 발생한 경우 구체적인 배상액을 결정하는 것과 더불어 피해자인 소비자에게 손해발생 및 확대에 기여한 과실이 있는 경우 소비자 및 사업자 양측의 과실을 비교하여 손해배상액의 산정시 어느 정도의 비율로 감경해야 하는가 또는 손해와 더불어 이익이 생긴 경우 손해를 산정함에 이를 참작해야 하는가 이다. 이와 같이 손해배상액의 합리적인 조정을 위해서 필요한 제도가 전자는 과실상계이고, 후자는 손익상계이다.

손익상계는 소비자에게 손해를 입는 것과 동시에 이익이 생긴 경우 이 이익은 손해를 산정함에 있어서 참작하는 것이다. 우리나라 법에는 이에 관한 명문 규정이 없지만, 하나의 사실에서 손해와 동시에 이익이 생긴 때에는 손해에서 이익을 공제한 잔액이 실손해가 되는 것은 당연하다.

과실상계란 채무불이행 또는 불법행위로 인한 손해배상책임에 있어서, 소비자에게 손해의 발생 또는 확대에 기여한 과실이 있는 경우에, 이를 참작하여 사업자의 손해배상책임을 감면하는 제도이다. 다시 말해 산정된 손해배상액을 소비자의 과실을 이유로 일정한 비율(%)에 따라 감면하는 것이다.

과실상계제도는 민법에 규정되어 있다. 민법 제396조는 "채무불이행에 관하여 채권자에게 과실이 있는 때에는 법원은 손해배상의 책임 그 금액을 정함에 이를 참작해야 한다."고 규정하고 있으며, 이 규정은 민법 제763조에 의해 불법행위로 인한 손해배상에 준용되고 있다. 과실상계는 피해자 자신의 행위가 손해발생에 기여하였음에도 불구하고 전체 손해에 대해 배상청구하는 것은 허용될 수 없다는 사고에 기인하고 있다.

소비자 피해구제에 있어서도 구체적 타당성에 입각한 손해의 공평 타당한 분담을 위해 과실상계는 중요한 역할을 한다.

1) 소비자의 과실

과실상계에 있어서 피해자, 즉 소비자의 과실은 무엇을 의미하는가? 다시 말해 손해배상책임의 요건인 가해자, 즉 사업자의 과실과 어떠한 차이가 있는지가 문제된다. 이에 대해서는 과실상계가 책임부정의 기능을 하는 경우에는 소비자의 과실도 사업자의 과실과 같은 정도의 것이어야 하지만, 단순히 배상액경감의 기능을 하는 경우에는 사업자의 것과는 달리 약한 정도의 과실로 충분하다. 다시 말해 사업자의 과실과 같이 의무위반이란 엄격한 의미의 것이 아니라 사회통념상 단순한 부주의로 손해의 발생 또는 확대에 도움을 주었을 정도의 것이라면 충분하다. 왜냐하면 과실상계의 문제는 사업자에 대하여 적극적으로 손해배상책임을 지우는 문제와는 취지를 달리하며, 손해배상책임을 정함에 있어서 공평의 견지에서 손해의 발생·확대에 관한 소비자의 과실을 어떻게 참작할 것인가의 문제에 지나지 않기 때문이다.

소비자의 과실 이외에 소비자와 밀접한 관련이 있는 자(소비자측)의 과실이 있는 경우에도 이를 과실상계에 고려할 수 있는지가 문제된다. 다시 말해 소비자와 어느 정도의 관련이 있는 자를 소비자측으로 볼 것인가에 관한 문제이다.

소비자측의 범위는 구체적인 경우에 있어서 손해의 공평 타당한 분담이라는 과실상계제도의 원리에 부합하느냐에 따라 결정되어야 한다. 따라서 소비자와 일체성을 이룬다고 보여지는 관계에 있는 자인가를 그 기준으로 하여 판단해야 할 것이다. 예를 들면, 소비자가 미성년자인 경우에는 친권자 · 후견인 등 법정대리인의 과실에 대하여 참작해야 한다. 친권자 · 후견인은 미성년자 등을 감독해야 할 법률상의 의무가 있는 자로서 그들 사이에 생활상 · 경제상 일체성을 이루는 가장 전형적인 소비자측이라 할 수 있다.

또한 소비자의 할아버지 등 법정대리인 이외의 친족이 동거하는 경우에는 감독의무자를 보조하는 지위에 있으므로 소비자측으로 봄이 타당할 것이다. 그리고 소비자의 대리인, 피용자, 기타 보조자의 과실이 원인이 되어 손해가 생긴 경우에도 이를 고려하는 것이 타당하다. 이 밖에도 부부, 형제 자매, 조카, 삼촌 등 일정한 가족관계에 있어서도 소비자측의 과실이 인정될 수 있다. 그러나 단순한 동료, 친구 등의 관계가 있다는 사정만으로는 그 중 1명의 과실을 소비자측의 과실로 참작할 수 없다.

2) 소비자의 과실참작

소비자 피해구제 담당자는 소비자의 과실이 인정되면 배상책임과 배상액을 정함에 있어서 이를 참작해야 한다. 이때 소비자의 과실평가방법에 있어서 사업자의 과실과 소비자의 과실과의 대비에 의하여 그 과실상계의 비율을 정할 것이며, 불가항력의 부분은 각 과실의 비율에 따라서 나누면 된다. 그리고 과실상계의 정도를 정함에 있어서 어떠한 사유를 참작할 것인가는 사고유형마다 다를 수 있으나 소비자·사업자의 과실의 정도, 손해의 발생 및 확대에 관하여 어느 정도의 원인이 되어 있는가 등 제반 사정을 고려해야 한다. 특히 소비자의 법규위반 유무와 그 위반의 정도가 문제가 될 것이다.

소비자의 과실이 사업자의 과실에 비하여 극히 중대한 경우에는 사업자의 손해배상책임을 부인할 수도 있다. 한편 소비자에게 과실이 있다 하더라도 피해구제과정 중 사업자가 이와 관계없이 배상합의를 한 경우 과실상계할 여지는 없다.

그러면 어느 정도까지 소비자의 과실을 참작할 것인가는 개별적인 경우에 따라 결정할 수밖에 없다.

판례에서 나타난 과실상계율을 보면 다음과 같다.

[판례 1] 회사의 목표량 과당배정으로 덤핑 판매를 하다가 손해 입은 경우 회사의 과실을 50% 판단

[판례 2] 구조요원과 구명장비 부족으로 피서객이 익사한 경우 피서객의 과실을 70% 판단

[판례 3] 부동산 중개업자의 말만 믿고 소유자를 사칭하는 자에게 계약금을 편취 당한 경우 매수인도 주민등록증을 제시받는 등 진실한 대지소유자인지 여부를 확인할 의무가 있다며 매수인의 과실을 40%로 판단

소비자 피해구제 사례에서 나타난 과실상계율을 보면 다음과 같다.

[사례 1]　휴대용 가스레인지를 사용하여 삼겹살을 굽던 중 갑자기 가스레인지에서 불길이 치솟아 화상을 입은 사고에서 가스레인지의 안전장치가 정상적으로 작동하지 않은데 기인하여 발생한 사고로 판단하면서, 한편 요리용기 받침판이 약간 기울어진 가스레인지 위에서 균형을 유지하기 위해 요리용기인 석판을 가스용기 덮개쪽으로 치우치게 놓고 사용한 소비자의 사용상 과실을 50%로 판단

[사례 2]　중고차를 구입하여 운행하던 중 문제가 발생하여 보증 수리를 요청하였으나 다른 엔진이 장착되어 있다면서 보증 수리를 거부하여 고액의 수리비를 지불한 사건의 경우 소비자가 중고차를 구입한 지 6개월이 지난 후에야 하자를 발견하고 이의를 제기한 과실을 인정하여 소비자의 과실을 30%로 판단

[사례 3]　사무실 책상 위에 놓아두었던 신용카드가 들어 있는 지갑을 도난 당한 사실을 4시간 만에 확인하고 그 즉시 카드분실신고를 하였고 보상 신청한 사건에서 소비사가 다른 사람의 출입이 가능한 책상 위에 지갑을 놓은 과실을 인정하여 소비자의 과실을 10%로 판단

5. 품질보증과 하자담보책임

소비자는 구입한 제품에 하자가 있는 경우 제품 구입시 교부받은 품질보증서의 내용 또는 민법상 하자담보책임규정에 따라 제조업자 또는 판매점에 대해 피해보상을 요청할 수 있다. 전자가 약정보증인 품질보증이고, 후자가 법정보증인 하자담보책임이다.

1) 제품의 하자

제품에 하자가 있다 함은 그 제품이 거래통념상 또는 당사자의 특약상 보유한 것으로 보증한 품질·성능·형태 등에 결함이 있어 그 사용가치 또는 교환가치를 감소시키는 경우를 말한다.

하자의 존재 여부는 우선 주관적으로 파악되어야 한다.

소비자계약에 정한 특별한 기준, 소비자계약의 목적, 기타 계약이 체결되는 상황 등을 기준으로 판단된다. 이에 의하면 계약상 예정된 성능을 결여한 경우 및 성능을 보증한 경우에 그 성능이 결여한 경우가 하자의 개념에 속한다. 예를 들면, 제품성능에 대한 과대광고, 견본매매에 있어서 견본과 다른 급부 등이다.

그러나 당사자 사이에 특정한 약정이 없으면 하자의 존재 여부는 객관적으로 결정해야 한다. 즉 제품이 일반적으로 그 종류의 것으로 통상 갖출 것으로 기대되는 품질·기능·성능·성상·내력·외관·안전성 등 제품의 교환가치나 사용가치에 영향을 미칠 일체의 요소를 대상으로 판단된다. 이에 의하면 거래통념상 기대되는 객관적 성질 · 성능이 결여된 경우가 하자의 개념에 속한다.

예를 들면, 감자종자가 병균에 감염된 경우, 콘크리트가 배합된 시멘트의 단위량의 현격한 부족으로 인하여 휨강도가 정상규격에 미달되는 경우, 사료에 독극물이 포함되어 있는 경우 등이다.

또한 하자는 자연적 · 물리적인 것에 한하지 않고, 고정성 · 긴밀성 · 침투성 · 건조성, 물건이 놓인 상태, 물건의 구성재료 및 그 결과로서 통상 또는 합의상의 목적에 대한 물건의 사용성 따위에 관한 결함도 하자의 개념에 속한다.

예를 들면, 입주아파트의 구조적인 하자로 인한 화장실 소음 등이다(제3장 391쪽 참조).

2) 품질보증서에 의한 품질보증

소비자라면 "기간 안에 제조상의 결함이나 자연발생적인 고장이 생겼을 경우는 구입하신 대리점이나 서비스 지정점 또는 낭사 서비스센터로 연락하여 주시면 무상으로 수리하여 드립니다. 보증기간은 구입일로부터 1년입니다." 등과 같이 구입하는 크고 작은 제품에 부착되어 있거나 사용설명서에 삽입되어 있는 '품질보증서' 또는 '제품보증서'를 자주 접하게 된다. 그런데 대부분의 소비자는 제품구입시 품질보증서의 품질보증내용에 대한 검토를 하지 않고, 제품 구입 후나 제품의 하자가 발생했을 경우에야 품질보증의 내용에 관심을 기울이게 된다.

품질보증서에 의한 품질보증이란 사업자가 자신의 제품품질을 보장하기 위하여 소비자에게 행하는 제품의 성능 및 안전성에 대한 약속이고 그 약속의 위반에 대한 피해보상의 의사표시이다. 따라서 소비자는 제품의 하자가 발생하면 제1차적으로 품질보증서의 내용에 따라 품질보증을 요구할 수 있다. 품질보증의 내용은 품질보증기간과 피해보상의 내용이다.

대표적으로 "정상적인 사용상태에서 발생한 성능·기능상의 고장에 대해 수리가 가능한 경우에 보증기간 이내일 때에는 하자에 대해 무상수리를, 동일 하자에 대하여 수리했으나 3~4회 고장이 재발한 때에는 제품교환 또는 구입가의 환급을, 구입 후 일정한 기간 이내에 중요 부품에 수리를 요하는 경우에는 제품교환을 보증한다. 그리고 보증기간이 경과한 후에는 유상수리나 정률감가상각 후 제품교환 등을 보증한다. 한편 소비자의 고의·과실로 인한 성능·기능상의 고장에 대해 보증기간에 상관없이 유상수리를 한다."고 규정하고 있다.

그러나 사업자들은 특별한 보증내용을 두는 경우도 있지만, 대부분 소비자보호법에 의한 소비자피해보상기준에 따라 피해를 보상한다는 내용만을 표시하여 소비자피해보상규정에 의해 처리됨을 보증한다.

품질보증에 대해서는 소비자보호법 시행령 제10조 및 별표 1 일반적 소비자피해보상기준이 규정하고 있다(이에 대해서는 제2장 93~94쪽 참고). 그리고 소비자피해보상규정은 품목별로 피해보상기준을 제시하고 품질보증기간에 대해서도 자동차, 모터사이클, 보일러, 농·어업용 기구, 가전제품, 사무용 기기, 전기통신기자재, 광학기기, 주방용품 등을 대상으로 1년에서 4년까지 규정하고 있다.

한편 품질보증은 제조자 또는 판매자와 제품을 구입한 소비자 사이에 명시적 또는 묵시적으로 체결된 보증계약의 일종이므로 민법도 적용된다. 소비자와 직접적인 계약관계가 없는 제조자의 품질보증서는 직접 또는 판매자를 통해 소비자에게 교부된다. 따라서 제조자는 품질보증서의 내용에 따라 소비자에게 계약상 책임을 부담한다.

3) 하자담보책임

비록 소비자는 품질보증서를 교부받지 못했더라도 제품하자에 대해 판매업자에게 민법상 하자담보책임을 물어 피해보상을 받을 수 있다. 민법상 하자담보책임은 소비자매매뿐만 아니라 개인간 매매, 상사매매에도 적용된다(민법 제580조).

소비자가 판매업자에게 민법상 하자담보책임을 묻기 위해서는 제품구입 당시부터 제품에 하자가 있어야 하고, 소비자는 제품에 하자가 있음을 알지 못한 선의이어야 하며, 또한 알지 못하는 데 무과실이어야 한다.

우선 제품에 흠이 있어 계약 적합성을 갖지 못한 경우에 그 제품에 하자가 있다고 말한다. 제품 자체에 존재하는 흠은 아니지만 제품과 관련하여 법적 장애가 존재하기 때문에 계약목적을 달성할 수 없는 법률적 하자도 하자담보책임을 발생시킨다. 예를 들면, 주택을 건축하기 위한 대지를 사기로 계약하였는데 그 대지에 건축금지의 행정처분이 내려진 경우, 도로에 인접하여 주거에 적합하지 못한 지역이라는 사실로 말미암아 목적물의 경제적 가치가 떨어지는 경우 등이다.

그러면 어느 시점을 기준으로 하자를 판단할 것인가의 문제가 있다. 이

에 대해서는 계약 체결시로 보자는 견해도 있지만, 제품이 인도되는 시점
이 타당하다고 본다.

하자담보책임의 내용은 제품의 하자로 말미암아 계약의 목적을 달성할
수 없는 때에 소비자는 계약해제와 손해배상을 청구할 수 있고, 하자에도
불구하고 계약목적을 달성하는 데에 장애가 없는 경우에는 손해배상만을
청구할 수 있다. 또한 소비자는 계약의 해제 또는 손해배상의 청구를 하지
않고 그에 갈음하여 하자 없는 물건을 청구할 수 있다. 그리고 하자가 보
수로 제거될 수 있는 경우에는 보완청구를 할 수 있다. 이런 점에서 소비
자피해보상규정상 피해보상기준은 민법상 하자담보책임을 구체화한 것이
라고 볼 수 있다.

민법상 하자담보책임은 소비자가 하자의 존재를 안 날로부터 6개월 안
에 행사해야 한다고 할 뿐 구체적인 기간을 규정하고 있지 않다. 따라서
품질보증기간을 경과한 경우에도 하자담보책임은 물을 수 있다.

그리고 제품을 신용카드할부로 구입한 제품의 하자에 대해 판매자가 하
자담보책임을 이행하지 않는 경우 소비자는 할부거래에 관한 법률상 항변
권을 행사하여 잔여할부금지급을 거절할 수 있다(민법 제12조).

4) 양 책임의 관계

품질보증책임과 하자담보책임은 제품하자에 대한 피해보상을 통해 소
비자를 보호한다는 점에서 동일하다.

그러나 하자담보책임은 제품에 하자가 존재하고 있는 것에 대하여 판매
자가 부담하는 법정책임으로 그 내용과 범위가 민법에 규정되어 있는데

반해, 품질보증책임은 제품사용중에 하자가 발생한 경우, 품질보증기간 이내에는 제조자 또는 판매자가 피해보상을 한다는 것을 내용으로 하는 약정책임이므로 품질보증서의 내용에 따라 그 책임의 내용과 범위가 정해진다. 그런데 이러한 차이점에도 불구하고 품질보증책임은 계약을 전제로 하고 있으므로 양자는 보충관계에 있다. 품질보증계약에 의해 하자담보책임이 제한되거나 배제되는 것이 아니라 품질보증책임은 제품이 인도된 후 제조자 또는 판매자가 품질보증기간 이내에 발생한 하자에 대해 책임을 부담하고, 소비자는 품질보증기간이 경과하였더라도 하자담보책임의 요건을 갖추면 하자의 존재를 안 날로부터 6개월 안에 제품의 하자로 인하여 소비자에게 발생하는 권리를 행사할 수 있다.

6. 소멸시효

소멸시효란 채권자가 그의 권리를 행사할 수 있음에도 불구하고 일정한 기간 동안 행사하지 않는 권리불행사의 상태가 계속된 경우에 그 자의 권리를 소멸시켜 버리는 제도를 말한다. 이를 인정하는 주된 이유는 입증 곤란의 구제와 채무자의 신뢰보호이다.

소멸시효에 대해서는 민법 제162조에서 제184조까지 일반규정을 두고 있다. 소멸시효에 관한 민법의 규정은 원칙적으로 강행규정이므로 사업자가 소비자계약의 체결시에 소멸시효의 적용을 받지 않는다거나 법정 소멸시효기간보다 장기로 한다는 약정을 하더라도 그것은 무효이다. 그러나 사업자가 자신의 권리에 대해 법정 소멸시효기간보다 짧게 정하는 것은 허용된다.

소멸시효와 구별되는 개념으로 제척기간이 있다. 이는 법률이 규정하는 '권리의 존속기간'으로서 그 기간이 만료되면 권리가 당연히 소멸하고 그 기간경과에 중단이나 정지가 없는 것을 말한다. 예를 들면, 계약의 취소권은 추인할 수 있는 날로부터 3년, 법률행위를 한 날로부터 10년 안에 행사해야 한다. 하자담보책임에 기한 해제권은 계약한 날 또는 사실을 안 날로부터 기산하여 1년 또는 6개월의 제척기간이 정해져 있다.

무능력자의 상대방이 최고권을 행사하는 경우에 무능력자 또는 법정대리인의 추인권은 상대방이 정한 1개월 이상의 상당한 기간 안에 행사되어야 한다.

1) 소멸시효기간

민법은 보통의 채권에 대해 10년의 소멸시효기간을 원칙으로 하고, 예외로서 3년과 1년의 단기소멸시효에 걸리는 채권을 규정하고 있다. 대부분의 소비자계약 관련 채권은 단기소멸시효의 대상이 된다.

소멸시효기간을 별도로 규정한 것도 있다. 불법행위로 인한 손해배상청구권에 관하여는 피해자나 그 법정대리인이 그 손해 및 가해자를 안 날로부터 3년, 불법행위가 있는 날로부터 10년의 소멸시효를 규정하고 있다. 그리고 상법은 상행위로 인한 채권에 관하여 5년의 소멸시효기간을 규정하고 있다. 여기에는 은행, 보험, 신용카드 등 소비자신용계약이 적용된다.

그러나 판결에 의하여 확정된 채권은 그 채권의 성질에 관계없이 10년으로 소멸시효가 완성된다. 단기소멸시효에 걸리는 소비자계약 관련 채권이라도 확정판결을 받은 경우에는 그 소멸시효기간이 10년으로 연장된다.

이 밖에도 파산절차, 재판상 화해, 민사조정, 기타 분쟁조정위원회의 조정으로서 법률에 의하여 판결과 동일한 효력을 인정받은 경우에도 그 성격에 관계없이 10년의 소멸시효에 걸린다. 그러나 판결확정 당시에 변제기가 도래하지 않은 채권은 판결 등으로 인하여 소멸시효기간에 변동이 없다.

3년의 단기소멸시효에 해당하는 채권	1년의 단기소멸시효에 해당하는 채권
① 이자, 부양료, 급료, 사용료, 기타 1년 이내의 기간으로 정한 금전 또는 물건의 지급을 목적으로 한 채권	① 여관, 음식점, 대석(貸席), 오락장의 숙박료, 음식료, 대석료, 입장료, 소비물의 대가 및 채당금의 채권
② 의사, 조산사, 간호사 및 약사의 치료, 근로 및 조제에 관한 채권	② 의복, 침구, 장구(葬具), 기타 동산의 사용료의 채권
③ 도급 받은 자, 기사, 기타 공사의 설계 또는 감독에 종사하는 자의 공사에 관한 채권	③ 학생 및 수업자의 교수, 의식(衣食) 및 유숙(留宿)에 관한 교주(校主), 숙주(塾主), 교사의 채권
④ 변호사, 변리사, 공증인, 계리사 및 법무사의 직무상 보관한 서류의 반환을 청구하는 채권	④ 노역인, 연예인의 임금 및 그에 공급한 물건의 대금채권
⑤ 변호사, 변리사, 공증인, 계리사, 법무사의 직무에 관한 채권	
⑥ 생산자 및 상인이 판매한 생산물 및 상품의 대가	
⑦ 수공업자 및 제조자의 업무에 관한 채권	

2) 소멸시효의 기산점

소멸시효는 권리를 행사할 수 있는 때로부터 진행한다. 즉 권리를 행사할 수 있음에도 불구하고 권리를 행사하지 않은 때로부터 소멸시효의 기간이 기산된다. 그러나 이행기의 미도래, 정지조건의 미성취 등과 같은 사유로 권리를 행사할 수 없는 경우에는 시효가 진행하지 않는다. 그러나 채무자의 해외여행, 질병 등의 개인적 사정은 물론 채권자가 권리의 존재 또는 행사가능성을 알지 못했다는 주관적 사정도 소멸시효의 진행을 방해하지 않는다.

기간을 정한 권리는 기한이 도래한 때부터, 기한을 정하지 않은 권리는 권리가 발생한 때로부터 소멸시효가 진행한다.

할부계약의 경우에는 각 분기의 할부금지급청구권은 그 지급일로부터 소멸시효가 기산되며, 그 결과 각 분기의 채권은 그 원본채권과 별도로 시효소멸할 수 있다. 그러나 할부금을 2회 이상 연체한 경우에는 아직 기간이 도래하지 않은 잔여할부금 전액에 대하여 변제기가 도래한 것으로 보는 특약(기한이익상실특약)이 있는 경우에는 그 잔여할부금 전액에 관한 소멸시효의 기산점이 기한이익상실사유가 발생한 때부터라는 견해가 있으나 소비자할부계약의 경우에는 채권자의 전액에 대한 이행청구가 있는 때로 보는 것이 타당하다. 이때 소멸시효기간은 자사할부계약의 경우에는 3년, 신용카드 등에 의한 간접할부계약의 경우에는 5년이다.

소멸시효의 기산일 당일은 소멸시효기간에 산입되지 않는다.

3) 소멸시효의 중단 및 정지

이행청구, 압류 등 중단사유가 있는 경우에는 이미 경과한 소멸시효기간은 산입하지 않고 그 중단사유가 종료한 때로부터 새로이 소멸시효가 진행한다.

소멸시효의 중단사유는 '청구' 및 '압류·가압류·가처분' 과 같이 채권자가 채무자에 대하여 이행을 청구하거나 강제집행하는 행위 또는 '승인' 과 같이 채무자가 채권자에 대하여 자발적으로 이행할 것을 확약하는 행위이다.

여기서 청구는 재판상 청구, 즉 민사재판을 말하고, 시효중단의 효력이 발생하기 위하여는 재판상 청구가 인용되어야 한다. 소의 각하, 기각, 취하 등 청구가 받아들여지지 않고 소송절차가 종료된 경우에는 시효가 중단되지 않는다.

그리고 채권자의 채무자에 대한 이행청구, 즉 최고도 소멸시효를 중단한다. 그러나 최고에 의한 시효중단도 후속조치가 따르지 않으면 그 효력이 소멸한다.

민법이 요구하는 사후조치는 '재판상의 청구, 파산절차 참가, 화해를 위한 소환, 임의출석, 압류 또는 가압류, 가처분' 이며, 최고자는 이러한 조치를 최고 이후 6개월 이내에 행해야 한다.

이 밖에도 파산절차 참가, 조정신청, 지급명령의 신청, 화해신청, 임의출석, 압류·가압류·가처분 등에 의해서도 소멸시효가 중단된다.

한편 시효완성 전의 채무승인, 즉 시효의 완성 전에 시효의 이익을 받을 자가 시효로 인하여 권리를 잃을 자에 대하여 상대방의 권리를 인정한다는 뜻을 표시하는 행위를 하면 소멸시효가 중단된다. 여기에는 소비자가 사업자의 채권을 직접 명시적으로 승인하는 경우 이외도 일부 변제, 담보 제공, 기간유예의 청구, 매수제의 등도 포함된다. 따라서 소비자가 사업자의 독촉을 받고 자금사정이 호전되면 갚겠다고 대답한 것도 채무승인이 될 수 있다.

그러나 주 채무자의 보증인이 한 승인은 주 채무자에 대하여 시효중단의 효력이 없고, 미성년자가 법정대리인의 동의 없이 승인을 한 경우에는 법정대리인이 이를 취소할 수 있다.

실제로 사업자의 요구나 강요에 의해 소비자가 계속 채무승인을 반복하는 경우 소송을 제기하지 않고도 소멸시효의 완성을 계속적으로 저지할 수 있는 허점을 갖고 있으므로 조심해야 한다.

위와 같은 소멸시효중단사유가 있으면 그때까지 경과한 소멸시효기간은 의미를 잃게 되고 중단 이후에 새로이 소멸시효가 진행된다. 소멸시효중단은 결국 소멸시효기간이 상당히 진행하여 얼마 후 시효가 완성하는 저지하는 실익을 갖고 있어 사업자들이 자주 활용하고 있다. 그러나 판결이나 압류 등은 채권의 존재를 긍정하는 것이어야 하며, 만약 채권자가 패소한 경우에는 채권을 존재하지 않는 것으로 취급하므로 소멸시효도 진행될 여지가 없다.

새로운 소멸시효진행의 기산점은 판결, 파산절차, 화해, 조정 등이 확정된 후나 압류, 가압류, 가처분의 절차가 끝났을 때이다. 승인의 경우에는 승인의 의사가 상대방에게 도달된 때부터 소멸시효가 진행된다.

한편 민법은 소멸시효기간이 거의 경과할 무렵에 권리자가 중단행위를 할 수 없거나 곤란한 사정이 있는 경우에 소멸시효의 진행을 일시적으로 멈추게 하였다가 그 사정이 없어지면 다시 진행시키는 소멸시효정지제도를 규정하고 있다.

대표적으로 소멸시효의 기간만료 전 6개월 안에 무능력자의 법정대리인이 없는 때에는 그가 능력자로 되거나 또는 법정대리인이 취임한 때로부터 6개월 안에는 시효가 완성되지 않는다.

4) 소멸시효의 효과

소멸시효기간이 만료되어 소멸시효가 완성되면, 그 기산일에 소급하여 소멸시효의 효력이 생긴다. 따라서 시효 완성한 채권을 처음부터 채무자에 대한 급부청구권이 발생하지 않았던 것으로 의제되므로 채무자는 불이행에도 불구하고 채무불이행에 기한 손해배상의무를 지지 않는다.

또한 소멸시효로 채무를 면하는 자는 기산일 이후의 이자를 지급할 필요가 없다.

그러나 소멸시효가 완성되어도 채무자에게 도덕적 의무는 남아 있기 때문에 소멸시효완성 후 채무자가 그 사실을 모른 채 채무를 변제한 경우 채무자는 그 반환을 청구할 수 없다.

한편 채권자가 시효소멸한 채권의 이행을 구하는 소송을 제기한 경우에는 채무자는 그 채권이 이미 소멸시효의 완성으로 소멸하여 존재하지 않음을 반드시 재판에서 주장해야 한다.

5) 소멸시효이익의 포기

소멸시효 완성 전에 채무자가 한 소멸시효이익포기의 의사표시는 무효이다. 이는 채권자가 채무자의 궁박을 이용하여 포기를 강요하는 것을 막기 위한 것이다. 그러나 소멸시효 완성 후에는 포기할 수 있다. 다만, 유효한 포기가 되려면 포기하려는 자가 소멸시효 완성의 사실을 알면서 하는 것이어야 한다. 다시 말해 채무자가 시효완성의 효과를 알고도 채무를 이행하기를 원하는 때에는 소멸시효이익포기의 의사표시를 하여 채무를 존속시키고 장래 이행을 하든가 또는 즉시 이행을 하면 반환의 대상이 되지 않는다.

따라서 소멸시효 완성을 모르고 한 채무승인은 소멸시효이익포기가 될 수 없으며 소멸한 채무를 부활시키지 못한다. 다만, 채무자가 소멸시효 완성을 모르고 채무승인을 한 후에 실제로 채무를 이행하였다면 그 반환을 청구할 수 없다.

7. 광 고

부당광고로 인한 피해를 입은 소비자에게는 민사적 피해구제방법이 필요하다. 특히 부당광고로 인한 계약 체결로부터 벗어날 수 있는 계약해소방법과 손해배상방법이 필요하다.

1) 광고의 계약법적 성질

소비자계약은 청약과 승낙의 합치에 의해 성립된다. 따라서 청약과 그에 응하는 승낙만 있으면 곧 소비자계약은 성립한다. 이때 청약은 승낙과 합해서 계약을 성립시키는 소비자계약의 구성부분이 된다. 그러나 청약과는 구별되는 청약의 유인이 있다. 이것은 타인을 유인하여 자기에게 청약하도록 하는 행위로서 타인이 의사표시를 해도 청약이 되어 다시 유인한 자가 승낙을 해야 비로소 계약이 성립된다.

청약과 청약의 유인은 이론적으로 구별이 쉬우나, 실제 개개의 구체적 사례에 있어서 양자를 구별하기가 어렵다. 특히 이 문제는 소비자계약 체결에 있어서 중요한 역할을 하는 광고에 있어서 중요하다. 왜냐하면 광고가 청약인가 청약의 유인인가에 따라 부당광고로 인한 피해구제의 방법이 다르기 때문이다.

광고의 계약법적 성질은 거래 당시의 관행에 비추어 의사표시의 해석에 의해 결정지어야 할 문제이지만, 상대방의 특정, 청약의 확정가능성, 청약자의 계약구속의사표시 등 청약의 구성요소를 내포하고 있느냐의 여부에 따라 청약에 해당하는 경우와 청약의 유인에 해당하는 경우가 있다.

광고의 내용이 확정 가능하고 계약구속의사를 표시한 경우에는 청약으로 본다. 예를 들면, 백화점에서 일간지 광고나 전단지를 통해 '이번 토요일 오전 9시, 10만원 상당의 제품을 10개에 한정하여 선착순으로 1,000원에 판매' 한다고 광고한 경우에는 청약으로 보고, 소비자가 승낙하면 계약은 성립한다. 특히 일정한 행위를 한 자에게 보수를 지급하겠다는 현상광고는 청약이다(민법 제675조 내지 제679조 참조).

이와 같이 광고가 청약에 해당하는 경우 광고를 한 사업자가 광고의 내용대로 계약을 이행하지 않으면 소비자는 사업자에게 계약책임을 물을 수 있다. 즉 계약이행 또는 채무불이행에 따른 계약 해제나 손해배상을 청구할 수 있다.

그러나 대부분의 광고는 청약의 유인에 해당한다. 왜냐하면 광고의 내용은 불확정적이고 일반 소비자를 대상으로 하며 광고한 사업자가 거래상대방을 선택할 수 있는 기회가 부여되어 있기 때문이다. 대표적으로 상품광고, 구인광고, 모집광고 등은 청약의 유인이다. 광고가 청약의 유인에 해당하는 경우 부당광고로 인한 소비자의 피해는 어떻게 구제할 수 있는가의 문제가 발생한다.

2) 부당광고의 유형

부당광고란 사업자가 자기 또는 자기의 상품(다른 사업자 또는 상품 포함) 등에 관하여 소비자를 속이거나 소비자로 하여금 잘못 알게 할 우려가 있는 내용의 광고를 말한다. 부당광고의 유형은 허위 · 과장 광고, 기만적인 광고, 부당하게 비교하는 광고, 비방적인 광고 등이 있다(이에 대해서는 129쪽 이하를 참조).

3) 부당광고로 인한 계약의 해소

부당광고로 인해 충동구매 등 자기결정권이 침해된 경우 소비자는 원치 않는 청약 또는 계약으로 벗어날 수 있는 방법이 있다. 그 법적 근거는 민법과 소비자법이다.

① 선량한 풍속, 기타 사회질서에 위반한 사항을 내용 또는 강행법규에 위반하는 내용의 광고에 의해 계약을 체결한 경우 그 계약은 무효가 된다고 본다(민법 제103조 및 제105조).
예를 들면, 유독성 물질이 포함된 건강보조식품을 만병통치약이라는 광고를 믿고 구입한 경우를 들 수 있다.

② 부당광고로 인한 소비자의 의사표시가 하자 있는 의사표시, 특히 착오 또는 사기에 의한 의사표시가 된 경우 계약을 취소할 수 있다고 본다(민법 제109조 및 제110조).
착오에 의한 계약취소의 경우 계약 내용의 중요 부분에 착오가 있어야 하고 그 착오에 소비자의 중대한 과실이 없어야 한다. 예를 들면, 실제 구입한 상품과 달리 규격, 성능, 효능, 기능 등에 관해 소비자 일반의 허용한도를 넘어 그릇된 믿음을 유발하는 광고를 들 수 있다.
사기에 의한 계약취소의 경우 광고를 한 사업자의 기망행위, 즉 소비자로 하여금 다른 관념을 야기하게 하거나 이를 강화·유지하는 행위가 있어야 하고 그 행위의 위법성이 있어야 한다. 예를 들면, 상품구입 동기에 있어서 중요한 요소인 가격, 품질, 성능 등에 관하여 신의성실의 원칙에 비추어 비난받을 정도의 방법으로 은폐 또는 축소하거나 속이는 광고를 들 수 있다.

③ 일정한 소비자계약의 경우 부당광고로 인해 계약을 체결한 소비자는 철회기간 내에는 청약 또는 계약을 철회할 수 있다. 할부거래법상 할부계약(7일), 방문판매법상 방문판매 및 전화권유판매(14일), 다단계판매(14일), 전자상거래소비자보호법상 전자상거래 및 통신판매(7일)가 여기에 해당한다. 특히 재화 등의 내용이 표시·광고 내용과 다른 경우에는 당해 재화 등을 공급받은 날로부터 3개월 이내, 그 사실을 안 날 또는 알 수 있었던 날로부터 30일 이내에 청약철회를 할 수 있다(방문판매법 제8조 제3항 및 제17조, 전자상거래소비자보호법 제17조 제3항).

4) 부당광고로 인한 손해의 배상

부당광고로 인해 재산상·신체상 또는 정신적 손해를 입은 경우 소비자는 손해배상을 청구할 수 있다. 그 법적 근거는 표시·광고의 공정화에 관한 법률, 민법, 제조물책임법 등이다.

① 표시·광고의 공정화에 관한 법률에 의하면 부당광고로 인해 피해를 입은 소비자는 사업자에게 무과실책임을 물을 수 있다(표시광고법 제10조). 다만, 소비자의 손해배상청구권은 공정거래위원회에 의한 시정조치가 확정된 후가 아니면 이를 재판상 주장할 수 없다(표시광고법 제11조).

② 부당광고로 인해 피해를 입은 소비자는 민법상 불법행위책임을 물을 수 있다(민법 제750조). 예를 들면, 국가자격시험교재에 관한 허위·과장 광고에 따라 시험이 실시될 것이라고 믿고 공부해 입은 손해에 대해 사업자와 영업사원 각각 소비자에게 200만원의 위자료를 지급할 것을 인정한 하급심판례를 들 수 있다(제3장 387쪽 참조).

③ 제조물책임법에 의하면 부당광고가 표시상의 결함에 해당되면 제조물책임을 물을 수 있다(제조물책임법 제2조).

표시상의 결함이란 제조업자가 합리적인 설명·지시·경고, 기타의 표시를 하였더라면 당해 제조물에 의하여 발생될 수 있는 피해나 위험을 줄이거나 피할 수 있었음에도 이를 하지 않은 경우를 말한다. 따라서 상품을 아무리 안전하게 만들더라도 합리적인 설명·지시·경고 등을 광고에 표시하지 않으면 사업자는 제조물책임을 부담하게 될 수 있다.

8. 경품

'밀레니엄 경품장치', '창립 ○○주년 사은행사', '회원 가입하면 △△을 공짜로 드려요', '오픈기념 대축제', '고객 □□만 명 돌파기념 대축제' 등 요즈음 우리 사회는 경품중독증이라 할 정도로 경품행사가 만연되어 있다.

소비자라면 경품을 타기 위해 회원 가입, 700 전화걸기, 응모엽서 쓰기, 상품구입 등을 경험해 보았을 것이다. 기업은 경품 없는 판촉행사를 하기가 어려워지고, 소비자는 경품이 없는 제품은 지나친다. 식품, 제조, 항공, 인터넷, 금융, 언론, 외식업, 심지어 행정기관까지 경품행사에 뛰어들고 있다. 경품의 종류도 노트북, 여행권, 자동차, 아파트, 상품권, 골프채, 콘도회원권 등 다양하고 그 금액도 고액으로 치닫고 있다.

물론 경품행사를 하면 기업은 매출증가와 고객확보의 효과를 볼 수 있지만 소비자에게는 과소비 및 사행심 조장, 상품가격 상승 등 부정적인 영향을 주고 있다. 일부 소비자의 경우 마약 중독자처럼 경품을 타기 위해 모자라는 액수를 채워 넣느라 필요하지도 않은 상품을 구입하는 등 과도한 경품 제공은 사회문제화되고 있다.

그리고 소비자단체나 소비자보호원에서 경품을 둘러싼 소비자의 불만처리 및 피해구제요청도 증가하고 있다. 대표적인 예가 제공된 경품의 하자로 인한 화상 피해, 추가비용 부담, 경품지급 거절, 경품포기유도, 경품지급의 고의적 지연, 약속한 것과 다른(저급한) 경품지급, 부당한 부대조건(비용) 요구, 불공정한 당첨자 선정, 회원 탈회 지연 및 거절, 경품사기 등이다.

1) 경품의 제공방식

일반적으로 경품 제공방식은 경품 제공 대상에 따라 소비자 경품, 소비자 현상 경품, 공개 현상 경품로 분류된다.

소비자 경품이란 거래고객 모두에게 경품을 주는 것으로 흔히 사은품이라고 한다. 예를 들면, 10만원이나 100만원어치의 물건을 사면 10,000원이나 10만원짜리 상품권을 무료로 주는 등 일정금액 이상 구매고객에게 경품을 제공하는 경우와 상품을 구입하면 사은품을 끼워 제공하는 경우로, 주로 유통업체가 시장을 선점하기 위해 활용하는 방식이다.

그러나 90만원어치를 쇼핑한 고객이 10만원짜리 상품권을 받기 위해 100만원을 맞추려고 하는 불필요한 소비를 강요하는 결과를 낳고 있다.

이에 반해 소비자 현상 경품이란 거래고객에게만 응모권을 주어 추첨을 통해서 상품을 주는 것이다. 예를 들면, 아파트 분양계약자 중 한 명을 추첨하여 오피스텔을 주거나 상표명을 오려 보내면 추첨하여 시계를 주는 경우로 대부분의 업체가 활용하는 방식이다. 그러나 당첨 확률이 적거나 세금 등 부대비용의 부담이 큰 경우가 많다.

공개 현상 경품이란 거래에 관계없이 매장을 방문한 누구에게나 응모권을 주는 것이다. 예를 들면, 영업소를 방문하여 응모엽서를 쓰거나 홈페이지에 방문하여 회원에 가입하면 응모권을 주는 경우로 많은 돈을 안 들이고 회원을 모을 수 있어 인터넷 업체들이 가장 선호하는 방식이다. 그러나 대부분 회원가입을 전제로 하면서 상세한 개인 신상정보를 요구하고 있어 개인정보침해가 우려된다.

2) 경품의 법적 성질

경품 제공은 신문·방송 등의 대중매체를 통해 소비자에게 알려지기 때문에 그 법적 성질은 민법상 현상광고에 해당한다. 즉 일정한 지정행위를 한 소비자에게 경품을 지급하겠다는 의사를 광고로 표시하고 이에 응하는 소비자가 그 광고에 정한 행위를 완료함으로써 그 효력이 생기는 계약이다. 따라서 경품에 대해서 민법상 현상광고규정이 준용된다(민법 제675조~제679조).

우선 광고자인 사업자는 광고로 일정한 지정행위, 경품지급내역, 응모기간 등 청약내용을 제시한다. 이때 조건이나 기한을 붙이는 것은 가능하다. 그러나 광고의 내용이 선량한 풍속이나 사회질서에 반하거나 강행법규에 반하는 경우 현상광고는 무효이다

그리고 광고의 내용에 따라 지정행위를 완료하면 소비자는 경품지급을 청구할 수 있다. 물론 소비자 현상 경품행사와 공개 현상 경품행사의 경우에는 추첨을 통한 당첨자만 청구권을 가진다. 경품 광고가 있음을 알지 못하고 광고에서 정한 행위를 완료한 소비자도 경품지급청구권을 행사할 수 있다. 만일 사업자가 경품지급 기한을 일방적으로 미루거나 대체상품을 제시하는 등 경품지급채무를 이행하지 않으면 소비자는 강제이행이나 손해배상을 청구할 수 있다.

그러면 사업자는 경품제공광고를 철회할 수 있는가? 광고에 그 지정한 행위의 응모기간을 정한 때에는 기간만료 전에 광고를 철회하지 못하는데 반해, 완료기간을 정하지 않은 때에는 그 행위를 완료한 사람이 있기 전에는 그 광고의 동일한 방법으로 광고를 철회할 수 있다.

이 밖에 광고내용의 변경에 대해서도 현상광고의 철회에 관한 규정이 유추적용될 수 있다. 그런데 경품제공광고는 대부분 응모기간이 정해져 있기 때문에 광고의 철회나 내용변경을 할 수 없다고 본다.

　경품에 하자가 있는 경우 어떤 책임을 물을 수 있는가? 대가로서 인정되는 경품의 경우에는 매도인과 같은 담보책임을 부담한다고 본다. 소비자가 경품 인수시 경품에 하자가 있다는 사실을 몰랐으며 또한 모른 데 대해 과실이 없으면 소비자는 사업자에게 완전물청구권, 손해배상청구권, 하자보수청구권 등의 권리를 행사할 수 있다.

　그러나 대가성이 인정되지 않는 경품의 경우에는 증여자와 같은 담보책임을 부담한다고 본다(민법 제559조). 담보책임 부담의 특약이 없는 한 사업자는 자기가 악의로 고지하지 않는 것 이외에는 경품의 하자에 대하여 담보책임을 지지 않는다. 다시 말해 사업자는 경품의 하자를 알고 소비자에게 고지하지 않은 때에 담보책임을 진다.

　경품제공광고에서 정한 행위를 완료한 사람 가운데 우수하다고 판정된 사람에게만 경품을 지급하기로 하는 우수현상광고에 대해서는 반드시 응모기간을 정한 때에 한하여 그 효력이 생긴다. 이때 사업자는 응모기간 이내에 응모한 사람에 대하여는 제3자를 통하여 또는 자기가 직접 판정할 의무가 있고, 일단 합리적인 판정이 있으면 응모자는 그에 대하여 이의를 제기하지 못한다.

　한편 공정거래법은 부당한 경품제공을 불공정거래행위의 한 유형으로 규제하고 있다. 공정거래위원회의 「경품류제공에 관한 불공정거래행위의 유형 및 기준지정고시(고시 제2001-15호, 2001. 11. 9.)」에 의하면 소비자 경품은 거래가액의 10%를 초과할 수 없고, 소비자 현상 경품은 경품가액의 합계액이 예상매출액의 1%를 초과하거나 소비자 현상 경품의 가액이 100만원을 초과할 수 없다.

3) 경품에 관련한 피해구제

실제 경품행사에 참여한 소비자들은 경품의 품질이 나쁘고 하자로 피해를 입었다, 경품 지급을 고의적으로 지연하거나 거절한다, 당초 약속했던 경품과 다르다, 경품 지급시 과다한 비용을 요구한다, 개인정보가 유출되었다 등 경품행사와 관련한 소비자 불만처리와 피해구제를 요청하고 있다.

그러면 이런 경우 소비자는 어떤 기준에 따라 피해를 보상받을 수 있는가? 경품은 상품이나 용역의 거래에 부수하여 제공되는 것이나 경품으로 인한 소비자의 피해에 대해서도 소비자보호법상 일반적 피해보상기준과 품목별 피해보상기준을 준용할 수 있다(이에 대해서는 92쪽 참조).

그렇다면 청약철회, 계약 해제 또는 해지, 무효 등 본거래계약이 실패된 경우 경품의 운명은 어떻게 되는가?
경품은 상품이나 용역의 거래에 부수하여 제공되는 것이므로 본거래와 운명을 같이 한다고 본다. 따라서 청약철회, 해제, 해지, 무효 등 본거래계약이 실패되면 경품은 있는 그대로 반환하면 될 것이다. 만일 이미 소비하는 등 반환할 수 없는 경우에는 이익이 현존하는 한도 내에서 당해 지역에서 거래되는 통상적인 가격을 기준으로 환급해야 할 것이다. 그러나 사업자의 과실로 본거래계약이 실패한 경우 소비자는 경품반환이나 환급을 하지 않아도 될 것이다.

경품의 결함으로 인한 신체상 또는 재산상 피해를 입은 경우에도 제조물책임법이 적용된다.

경품의 결함에 대해서도 리콜이 적용된다. 실례로 한 은행이 사은품으로 지급한 온도계 부착 튀김용기로 튀김요리를 하던 중, 튀김용기에서 불길이 치솟으며 주방에 화재가 발생하였고, 그 화재로 소비자가 중화상을 입는 사고가 발생하여 사은품 제공자와 제조업자가 공동으로 리콜조치를 실시한 사례가 있다.

개인정보의 유출 및 부당이용에 대해서는 소비자가 사업자에게 민법상 불법행위책임을 물어 손해배상을 청구할 수 있다.

9. 부부의 일상가사대리권

일반적으로 부부는 각자의 명의로 소비자계약을 체결하고 그에 따른 책임도 각자가 부담하는 것이 원칙이다. 그러나 민법은 부부 한쪽의 채무에 내해 상내배우자가 책임을 질 수 있는 일상가사대리권을 규징하고 있어, 채권자 또는 사업자는 이를 근거로 부부 한쪽이 부담하는 채무에 대해 상대배우자에게 청구하는 사례가 증가하고 있다.

특히 IMF 이후 실직, 신용불량 등으로 해결하지 못한 채무를 상대배우자에게 청구하는 소송이 증가하고 있다. 그러나 상대배우자가 구체적으로 어느 정도까지 책임을 져야 하는가의 문제는 소비생활, 특히 소비자 신용에 있어서 중요한 요소이기 때문에 부부의 일상가사대리권에 대해 자세히 알아보고자 한다.

일상가사대리권은 원래 게르만 고유법의 이른바 열쇠의 권능으로서 발달한 것으로 남편의 재산의 관리 · 사용 · 수익권과 혼인생활 비용의 부담과 아울러 처의 무책주의, 처의 무자력을 전제로 한 것이었다.

그러나 오늘날 많은 외국의 입법 예는 부부별산제를 채용하고 부부의 평등을 원칙으로 하기 때문에 거래의 안전보호를 목적으로 하여 처의 일상가사대리권을 인정하지 않고 일상가사비용에 대한 부부의 연대책임만을 인정하고 있다.

우리나라 민법도 부부평등의 원칙에 입각하여 부부는 일상가사에 관하여 서로 대리권이 있고(민법 제827조 제1항) 부부의 한쪽이 일상가사에 관하여 제3자와 법률행위를 한 때에는 다른 한쪽은 이로 인한 채무에 대하여 연대채무를 지도록 하고 있다(민법 제832조 본문).

1) 일상가사대리권의 범위

민법은 일상가사채무라고 추상적으로 취급할 뿐이고 어떠한 것이 일상가사채무에 속하는 것인가 하는 일상가사의 범위에 관하여 아무런 규정을 두고 있지 않다. 따라서 학설 · 판례에 의해서 그 범위를 정할 수밖에 없는데 보통 일상가사란 부부의 공동생활에 필요로 하는 통상의 사무를 말하며, 그 내용과 정도 및 범위는 그 부부공동체의 생활 정도와 지역적 관습 내지 일반 견해에 의하여 결정된다고 한다. 따라서 일상가사채무를 개별적으로 인정함에 있어서는 부부의 사회적 지위, 계급, 재산, 수입능력 등 현실적인 생활상태를 고려하여 가사처리자의 주관적 의사와 함께 객관적으로 결정해야 한다. 즉 문제의 소비자계약이 일상가사에 속하는가의 여부는 위의 기준에 따라서 그 계약이 당해의 혼인공동체를 유지하는데 필요한 계약인가 아닌가, 또 제3자로부터 보아서 당사자가 된 남편 또는 처 개인이 아니고 혼인공동체(즉 부부)의 책임을 지는 것이 타당한 것인가의 여부에 따라 판단해야 한다.

일반적으로 부부의 공동생활에 필요로 하는 쌀·소금 등의 식료품의 구입, 연료·의복류(고가의 것은 제외)의 구입, 주택의 임차, 집세·방세 등의 지급 또는 접수, 전기요금·수도요금·전화요금의 지급, 세금 납부 등의 가족의 의식주에 관한 사무나 가족의 보건(의료비, 조산원비용, 약값의 지급 등), 오락(TV 시청료 등), 교재, 자녀의 교육비(학교 도구의 구입, 수업료 등), 양육에 관한 사무 및 배우자의 소유동산에 화재보험을 드는 것 등의 일상 가사의 범위 안에 속하는 것으로 인정되고 있다.

그러나 일상생활비로서 객관적으로 타당시되는 범위를 초과한 소비대차, 전화가입권의 양도담보, 가옥의 임대, 부부 각자의 순수한 직업상의 사무, 입원, 토지·주택의 매입, 어음배서행위, 상대방 명의의 부동산의 매각·담보 세공 등 처분행위, 매매계약의 해제의 의사표시의 수령행위, 채권의 포기, 타인의 채무에 대한 연대보증 등은 일상가사의 범위 밖이라고 한다.

2) 소비자신용의 일상가사 해당 여부

일상가사대리권과 관련하여 판단이 어려운 분야는 소비자신용이다. 국내의 판례는 소비자신용에 대해 일상가사성을 인정하는 것에 소극적인데 반해, 학설은 소비자신용이 위급한 경우나 부부의 공동생활에 필요한 자금조달을 목적으로 하는 경우에는 이를 일상가사의 범위에 속하는 것으로 보고 있다. 또한 소비자신용을 판매신용과 소비자금융으로 구분할 경우, 전자는 당해 상품의 구입이 일상가사에 속한다고 판단되는 한, 그 구입에 수반되는 신용수수에 일상가사성을 긍정하여도 좋다고 하고 후자에 있어서도 일정목적을 위한 융자이면 그 목적에 속하는 사항이냐의 여부에 의하여 판단할 수 있을 것이라는 견해도 있다.

특히 신용카드거래가 문제가 되는데, 부부별산제를 채용하고 있는 현행법에서는 신용카드발급 및 사용행위는 가족회원카드의 경우 외에는 원칙적으로 부부 각자의 권리에 속한다고 본다.

그러나 신용카드의 명의가 자신인가 상대배우자인가 또는 상대배우자의 경우에도 대리권을 위임받았는가(유권대리) 아니면 무단으로 행사하는가(무권대리)에 따라 일상가사대리권의 적용 여부가 차이가 있다. 전자(자신의 명의로 신용카드를 발급 받은 경우)의 경우와 후자 중 유권대리의 경우는 신용카드거래에 의해 구입한 물품이나 서비스가 일상가사에 속한다고 판단되는 한 그 구입에 수반되는 신용카드채무에 일상가사성을 긍정해도 좋다.

하지만 후자 중 무권대리인 경우에 신용카드거래가 일상가사에 해당하느냐의 여부의 기준은 반드시 명백하지 않지만, 첫 번째 판단기준은 비상일상가사 또는 부득이한 행위인가에 해당하는가의 여부라고 할 수 있고, 두 번째 판단기준은 신용카드의 사용용도가 일상가사에 속하는 사항을 목적으로 하지 않으면 안 된다고 본다.

이와 관련하여 서울지방법원은 처가 남편의 명의로 신용카드를 부정발급 받아 사용한 행위는 비상일상가사행위 또는 부득이한 행위가 아니고, 처가 이 신용카드를 사용한 행위는 오로지 일상가사에 필요한 물품만 구입하였다는 증거가 없다는 점에서 일상가사대리권에 속하지 않다고 판시한 바 있다(제3장 449쪽 참조).

3) 표견대리책임

어느 한쪽이 몰래 상대배우자 명의로 체결한 소비자계약에 관하여 일상가사대리권의 존재를 기초로 하여 민법 제126조의 표견대리(表見代理)를 적용할 수 있는가, 즉 어느 한쪽이 일상가사대리권을 일탈하여 소비자계약에 대하여 상대배우자는 표견대리의 본인으로서의 책임을 지는가의 문제가 있다.

이와 관련하여 적용을 긍정하는 견해와 적용을 부정하는 견해가 있지만, 부부가 공동생활을 영위함에 있어서 개별적·구체적인 일상가사의 범위가 일반적·추상적인 일상가사의 범위와 일치하지 않는 경우에 한하여 표견대리의 취지를 유추 적용하여 일상가사대리의 범위 안이라고 믿음에 정당한 사유가 있는 경우에 인정하는 것이 혼인생활의 평온과 거래의 상대방보호의 조화라는 관점에서 타당하다.

대법원판례도 대부분 같은 견해이다. 실제 표견대리의 성립을 긍정한 판례는 남편이 장기간 외국이나 지방에 체류하여 처에게 살림의 일체를 맡긴 경우, 남편의 직장 관계로 별거중인 처가 보관중인 남편의 인장 등을 사용하여 남편의 부동산에 저당권을 설정한 경우, 남편이 정신이상으로 장기간 입원하고 있고 입원 전후에 입원비 · 가족의 생활비 등을 준비하여 둔 바가 없었는데 처가 남편의 인장을 남용하여 남편 소유의 부동산을 적정가격으로 매도하고 이로써 입원비 · 생활비 등에 지출한 경우 등이다.

4) 무권대리책임

어느 한쪽의 무권대리행위에 대해 상대배우자가 명시적 또는 묵시적으로 추인하였는가의 문제가 있다.

어느 한쪽의 무권대리행위는 대리권이 없는 행위이므로 상대배우자에 대하여 아무런 효력이 없다. 그러나 무권대리는 대리권이 없지만 상대배우자의 이름으로 행해진 것이므로 이것이 자신에게 유리할 때에는 상대배우자는 이를 추인하여 자기의 계약으로서 효력을 발생케 할 수 있다. 즉 민법은 본인의 추인에 의하여 무권대리행위가 소급하여 본인에게 효력을 발생하도록 규정하고 있다(민법 제133조 본문).

추인은 특별한 방식이 요구되지 않으므로 명시적으로 해야만 하는 것은 아니고 묵시적으로도 할 수 있다. 따라서 실제에 있어서 묵시적으로 추인한 것으로 볼 수 있을지 여부가 문제로 되는 경우가 많다.

무권대리행위의 추인으로 인정한 대법원판례는 무권대리인에 의한 매매계약의 매매대금을 본인이 전부 또는 일부 수령한 경우, 무권대리인이 처분한 토지대금으로 본인이 다른 토지를 매수한 경우, 무권대리인이 차용한 금원의 변제기일에 채권자가 본인에게 그 변제를 독촉하자 본인이 그 유예를 요청한 경우 등이 있다. 그러나 처가 남편의 중요한 재산이며

선조 묘가 있는 부동산을 임의로 제3자에게 매도한 경우 그 매매대금으로
남편의 채무를 변제하였고 10년간 남편이 이의하지 않았고 부부간에 별거
는 하고 있었으나 가족들이 언제나 왕래할 수 있는 사정이 있었다 하더라
도 이를 추인한 것으로 볼 수 없다는 대법원판례도 있다.

그러나 상대배우자에게 책임을 물을 수 없는 경우 사업자는 무권대리인
에게 직접 책임을 청구할 수 있다. 즉 사업자의 선택에 따라 계약의 이행
또는 손해배상의 책임이 있다(민법 제135조 제1항). 그러나 사업자가 무권대
리인이 대리권이 없음을 알았거나 알 수 있었을 때에는 무권대리인의 책
임을 발생하지 않는다(민법 제135조 제2항).

10. 미성년자의 계약취소권

최근에 주된 소비층으로 두각을 나타내고 있는 10대 미성년자를 대상으
로 한 상품의 개발과 판매활동이 증가하면서 부모의 동의 없이 행한 미성
년자의 계약을 취소할 수 있는지의 여부를 둘러싸고 소비자 분쟁이 끊이
지 않고 있다.

예를 들면, 부모의 동의 없이 체결한 미성년자의 신용카드 이용계약에
대해 미성년자 또는 부모는 부모의 동의 없는 계약이라는 점을 들어 계약
의 취소를 주장하게 된다(제3장 445쪽 참조). 이때 부모, 즉 법정대리인의
동의가 있었는지, 해당 계약이 미성년자가 독자적으로 할 수 있는 계약인
지, 법정대리인의 동의가 있었던 것으로 추인할 수 있는 행위가 있었는지,

미성년자가 거짓말로써 성년으로 믿게 하였는지 등 민법상 미성년자의 계약취소권 관련 규정에 관한 해석이 요구된다.

1) 미성년자의 범위

우리나라는 성년자에 대해서는 독립해서 완전한 계약을 할 수 있는 능력을 부여하고 있는데 반해, 20세가 안 된 미성년자가 법정대리인의 동의 없이 한 계약은 취소할 수 있는 것으로 하고 있다(민법 제4조 및 제5조).

만 20세의 연령계산은 초일인 출생일을 산입한다. 예를 들어 1960년 1월 1일에 출생한 사람은 1979년 12월 31일의 만료로서 1980년 1월 1일에 성년이 되는 것이다. 이와 같이 만 20세라는 획일적인 표준에 의하여 미성년자의 여부를 결정하지만, 예외적으로 만 20세가 되지 않더라도 성년으로 보는 경우가 있다(민법 제826조의 2).

미성년자가 혼인을 한 때에는 이로써 성년에 달한 것으로 본다. 이때 성년의제를 받은 미성년자가 아직 성년에 다다르기 이전에 혼인이 사망·이혼 등에 의하여 해소되거나 취소된 경우에 그 성년의제가 계속될 수 있는가의 문제가 있는데, 이에 대해서는 계속하여 성년으로 보는 것이 타당하다.

2) 법정대리인의 범위

미성년자에게 동의할 수 있는 법정대리인은 제1차로는 친권자이고, 제2차로는 후견인이다. 친권자, 즉 부모가 모두 생존하고 또한 혼인중인 때에는 그 부모가 공동으로 동의해야 한다. 따라서 부모 중 한쪽이 단독으로 동의하였더라도 계약을 취소할 수 있다. 그러나 취소권의 행사는 부모가 각자 단독으로 행할 수 있다.

부모가 없는 경우에는 후견인의 동의가 있어야 한다. 이때 후견인은 부모가 유언으로 지정할 수 있고, 이런 지정이 없을 때에는 미성년자의 직계혈족, 3촌 이내의 방계혈족의 순으로 후견인이 된다. 따라서 단순히 집안의 연장자가 후견인이 되는 것은 아니다. 예를 들면, 나이 많은 할머니, 오빠와 같이 사는 고등학교 여학생의 경우 오빠가 후견인으로 지정될 수도 있다.

3) 미성년자의 계약에 대한 법정대리인의 동의

동의(同意)를 할 것인지 아닌지는 법정대리인의 재량에 속하는 문제로서 미성년자가 법정대리인에게 동의를 청구할 권리를 가지는 것은 아니다.

법정대리인의 동의는 일정한 형식을 요하지 않고 반드시 명시적으로만 행해질 필요는 없지만, 법정대리인이 인지 가능해야 한다. 즉 단순히 계약 장소에서 조금 떨어진 곳에 있었다는 사실만으로는 동의가 있었다고 할 수 없다.

또한 법정대리인은 동의한 후에도 미성년자가 스스로 계약을 하기 이전에는 동의를 철회할 수 있다.

이때 법정대리인의 동의를 얻었다는 점에 관한 입증책임은 이를 주장하는 사업자에게 있다.

4) 미성년자가 단독으로 할 수 있는 계약들

미성년자에 대하여 어떠한 법률적 불이익을 초래하지 않는 계약은 미성년자를 특별히 보호해야 할 필요가 없으므로 법정대리인의 동의를 요하지 않는다. 대표적으로 미성년자가 권리만을 얻거나 의무만을 면하는 행위이다(민법 제5조 제1항 단서). 그리고 처분이 허락된 재산의 처분행위, 영업이 허락된 미성년자의 그 영업에 관한 행위도 자유롭게 할 수 있다(민법 제6조 및 제8조).

또한 식품의 구입, 철도나 버스의 승차, 전화의 사용 등 일상적인 거래는 법정대리인의 동의 없이 행할 수 있다. 그러나 매달 용돈의 범위 안에서 할부거래를 한 경우에는 전체대금을 보고 판단해야 할 것이다. 예를 들면, 36만원짜리 오디오를 12개월 할부로 구입한 경우 한달 용돈이 1개월 할부금인 30,000원 이상이라 하더라도 전체 대금인 36만원을 기준으로 볼 때 부모의 동의가 없다면 계약을 취소할 수 있다는 것으로 본다.

그러면 직장을 다니는 미성년자는 자신이 월급을 받기 때문에 부모의 동의 없이 마음대로 소비자계약을 할 수 있는가? 아니다. 대금이 고액인 경우에는 일반적인 미성년자와 같이 법정대리인의 동의가 있어야 한다고 본다.

5) 동의 없는 계약의 취소 효과

미성년자가 법정대리인의 동의를 얻지 않고 한 계약은 취소할 수 있다. 이때 계약을 취소할 수 있는 사람은 미성년자 자신과 그의 법정대리인 및 임의대리인은 물론 상속인과 같은 포괄적인 승계인과 취소에 의해 보호하려는 지위를 승계한 특정승계인도 포함한다(민법 제140조).

취소권은 취소권자가 사업자에 대한 일방적 의사표시로 행사해야 한다. 취소권은 추인할 수 있는 날로부터 3년 이내에, 계약을 한 날로부터 10년 이내에 행사할 수 있다.

취소된 계약은 처음부터 무효인 것으로 보며, 이때 미성년자는 이익이 현존하는 한도에서 상환하면 된다. 예를 들면, 고등학교 학생이 구입한 영어책과 테이프의 경우 사용했더라도 그대로 반환하고 대금은 전액 환급받을 수 있으며, 지급 이전이면 전혀 이행하지 않아도 된다. 또한 이동전화의 경우에는 이미 쓴 통화료도 납부하지 않아도 된다.

6) 취소할 수 있는 계약의 추인

물론 법정대리인은 취소할 수 있는 미성년자의 계약을 유효로 할 수 있다. 즉 법정대리인의 추인(追認)이 있으면 그 계약은 유효하다. 단, 미성년자는 성인이 된 후에만 추인할 수 있는 자격이 있다. 그러나 법정대리인 또는 (성인이 된 후) 미성년자가 대금 전부나 일부를 이행하였거나 사업자에게 이행을 청구한 경우에는 추인한 것으로 간주된다. 예를 들면, 부모의 동의 없이 미성년자가 이동전화를 가입한 후 사용하다가 부모가 이 사실을 알고 대금을 일부 납부해 주거나 사용한 경우이다.

7) 사업자의 최고권과 철회권

사업자는 법정대리인이나 미성년자에게 최고권을 행사하여 계약이 취소될 수 있는 불안정한 상태를 벗어날 수 있다(민법 제15조). 즉 사업자는 미성년자가 성년이 된 경우에는 미성년자에게, 미성년상태가 계속중인 경우에는 법정대리인에게 1개월 이상의 기간을 정하여 추인할 것인지 취소할 것인지의 확답을 요구할 수 있다. 이때 유예기간 안에 확답이 없는 경우에는 추인한 것으로 본다. 단, 친족회의 동의를 얻어야 하는 경우와 같이 특별한 절차를 거쳐야 하는 경우에는 취소한 것으로 본다.

대부분의 사업자는 미성년자가 성년이 된 후 최고장인지 독촉장인지 구분하기 애매한 문서를 보내고는 일정 기간이 지난 뒤에 추인된 것으로 주장하고 있으나, 그 내용에 계약을 취소하겠느냐 추인하겠느냐의 확답을 요구하는 것이 포함되어 있어야 최고의 효력이 발생한다고 본다.

그리고 사업자는 미성년자측의 추인이 있기 전에 계약을 철회할 수 있다(민법 제16조 제1항). 그러나 소비자가 계약 당시에 미성년자임을 알았을 때에는 철회할 수 없다.

8) 미성년자의 사술에 의한 취소권의 배제

미성년자가 사술(詐術)로써 성년으로 믿게 하거나 법정대리인의 동의가 있는 것으로 믿게 한 때에는 계약을 취소하지 못한다(민법 제17조). 즉 미성년자가 사술로써 사업자가 잘못 알게 한 경우에는 미성년자를 보호할 필요가 없기 때문에 미성년자 또는 법정대리인이 갖는 취소권 자체를 행사하지 못하도록 한 것이다.

이때 미성년자가 행하는 사술의 정도는 변조한 호적등본이나 초본, 변조한 인감증명, 위조된 법정대리인의 동의서 등을 제시한 적극적인 경우를 의미한다(판례). 따라서 "단순히 성년자라 칭하거나 성년자로 군대에 갔다 왔다."고 말한 사실만으로는 사술이 안 된다고 본다.

11. 사업자책임의 확대

소비자가 소비생활을 위하여 물품의 구입 또는 용역의 제공을 받고자 사업자와 계약을 체결하는 경우 대부분 그의 이행보조자(履行補助者) 또는 피용자(被傭者)와 계약을 체결하게 된다. 따라서 소비자가 소비자계약이 잘못되어 사업자에게 채무불이행책임이나 불법행위책임을 묻게 되는 경우 일부 사업자는 이행보조자 또는 피용자의 잘못이라 하며 자신의 책임을 인정하시 않으려 한다.

그러나 민법은 자신의 이행보조자 또는 피용자의 잘못으로 소비자가 피해를 입은 경우 직접적인 계약당사자는 아니라도 사업자가 책임을 지는 경우를 인정하고 있다. 이것이 타인을 대신하는 책임인 이행보조자책임과 사용자책임이다.

전자는 채무의 이행과 관련한 보조자의 채무불이행에 대한 사업자책임이고, 후자는 피용자의 불법행위에 대한 사업자책임이다.

1) 이행보조자책임

민법은 채무자의 법정대리인이 채무자를 위하여 이행하거나 채무자가 타인을 사용하여 이행하는 경우에는 법정대리인 또는 피용자의 고의나 과실은 채무자의 고의나 과실로 본다고 규정하여 사업자의 이행보조자책임을 인정하고 있다(민법 제391조).

이것은 타인을 이용하여 이익을 얻은 사람은 동시에 위험 · 불이익을 감수해야 하며, 소비자에 대해 보조자의 적정한 행위를 담보하도록 함으로써 채권자를 보호하려는 데 있다.

이행보조자책임은 소비자계약에 있어서 소비자보호의 기능을 톡톡히 한다.

이행보조자책임은 이미 존재하는 계약관계의 범위에서 그로부터 발생하는 채무의 불이행을 이유로 제기되는 책임에 한정되어 적용된다. 다시 말해 채무불이행책임이 성립될 수 있는 한도 내에서이다. 그러나 그 계약관계는 유상계약이어야 하는 것은 아니다.

이행보조자의 범위는 법정대리인과 (좁은 의미의) 이행보조자이다.

법정대리인에는 친권자 · 후견인 · 유언집행인 등 포괄적 대리권한을 갖는 법정대리인은 물론 일상가사대리권을 갖는 부부 등도 포함된다.

좁은 의미의 이행보조자는 채무를 이행함에 있어서 사실상 수족과 같이 사용하는 자를 말한다. 다시 말해 사업자의 의사관여(意思關與) 아래서 사업자가 해야 할 이행행위에 속하는 활동을 하는 사람이다. 예를 들면, 건축공사 수급인이 사용하는 목수 · 인부나 의사가 환자를 치료할 때에 보조하는 조수·간호사 등이다. 이때 사업자와 이행보조자 사이에 고용이나 위임 등의 계약이 존재하여 그 계약의 이행행위로서 활동하는 경우를 포함하지만 반드시 계약, 기타 법률관계가 있어야 하는 것은 아니다.

사업자의 가족이나 친지가 사실상 채무의 이행을 보조하는 경우나 제3자가 단순히 호의(好意)로 행하는 경우에도, 그것이 사업자의 인정 아래 이루어지는 것인 한, 이행보조자에 해당한다. 그러나 사업자의 지시 또는 감독을 받는 관계에 있어야 할 필요는 없다.

판례에 의하면 이행보조자인 녹화기사가 결혼식 장면을 제대로 녹화하지 못해 입은 손해를 사진관 경영자가 배상할 책임이 있다고 했다(제3장 440쪽 참조).

목욕탕 주인이 목욕탕의 탈의실 안에서 매월 30,000원을 내고 독립채산으로 손님들의 머리 손질을 하는 사람에게 나아가 탈의실에 설치된 물건 보관함의 열쇠를 맡아 관리운영하게 한 경우에 손님이 맡긴 고급시계를 분실한 사선에서도 이행보조자책임을 인정하였나.

사업자의 이행보조자책임은 이행보조자의 채무불이행으로 인하여 야기되는 모든 법률효과이다. 이행보조자의 채무불이행이 있으면 소비자는 사업자에 대해 이행강제권과 손해배상청구권이 발생한다. 손해배상은 이행지체, 이행불능, 불완전이행의 경우에 지연배상, 전보배상, 확대손해배상 등을 내용으로 한다. 계약의 불이행이 있으면 일정한 요건을 충족하면 해제·해지권이 발생한다.

2) 사용자책임

민법은 타인을 사용하여 어느 사무에 종사하게 한 자는 피용자가 그 사무집행에 관하여 제3자에게 가한 손해를 배상할 책임이 있다고 규정하여 사업자의 사용자책임을 인정하고 있다(민법 제756조 제1항 본문). 이것은 사용자가 피용자를 그 지배범위 안에 둠으로써 그 활동범위를 확장하고, 따라서 이익을 확대하는 것이므로 이익이 있는 곳에 손실도 귀속케 함이 공평의 원칙이 합치되기 때문이다.

여기서 '사용관계'란 피용자가 사무를 사실상 행하는 것을 내용으로 하며, 고용계약에 기초한 고용 관계나 근로계약 관계보다 넓은 개념이다. 즉 사용 관계는 반드시 법적으로 유효한 계약 관계가 있어야 하는 것은 아니다. 영리적인가, 가정적인가, 사실적인가, 법률적인가, 계속적인가, 일시적인가를 묻지 않는다.

대법원판례는 이삿짐센터와 고용 관계에 있지는 않았으나, 오랫동안 그 이삿짐센터의 이삿짐 운반에 종사해 온 작업원들을 피용자로 보고 있다(제3장 436쪽 참조).

그리고 피용자라고 하기 위해서는 사용자가 선임하고 또한 지휘 · 감독하는 관계가 있어야 한다. 선임 · 감독 관계도 사실상의 것으로 충분하며 묵시적으로도 성립될 수 있다.

사용자책임이 성립하려면 피용자가 '사무집행에 관하여' 제3자에게 손해를 가한 경우라야 한다. 이는 사무집행 관련성의 문제로 중요한 기준이다. 판례에 의하면 "사무집행에 관하여"란 객관적으로 행위의 외형상 사무의 범위 이내라고 인정되는 경우라며 매우 넓은 범위에 걸쳐서 인정한다. 즉 사용자의 사업집행 자체 또는 이에 필요한 행위뿐만 아니라 이와 관련된 것이라고 보여지는 행위는 설사 그것이 피용자의 이익을 도모하기 위한 경우라도 포함된다고 한다.

　판례에 의하면 은행지점장이 은행에서 차금(借金)하는 것처럼 믿게 하고 개인적으로 금원(金員)을 차용하면서 그 담보로 타인 명의의 수표에 지급보증을 한다는 문구를 기재한 후 본인의 사인을 찍어 교부한 경우, 버스 차장이 승객정리 관계로 언쟁 끝에 승객을 구타 치사케 한 경우, 택시회사의 운전기사가 택시에 승객을 태우고 운행중 차 속에서 부녀자를 강간한 경우, 간호사가 간호의무를 소홀히 한 과실로 환자가 사망한 경우, 변호사 사무실 직원이 소송의뢰인에게 상고제기기간을 잘못 고지하여 상고를 하지 못한 경우, 법무사 사무원이 타인으로부터 보관한 금원을 횡령한 경우, 자동차판매사의 지점 직원이 할부금 완납이 안 된 차량에 대해 저당권해지증서 등 저당권말소등록에 관련된 서류를 발부해 줌으로써 중고 자동차 매수인이 완납으로 오해·매수한 경우 등에 사용자책임을 인정한나.
　또한 자기의 성명 또는 상호를 사용하여 영업을 할 것을 타인에게 허락한 자(명의대여자)도 그 타인의 불법행위에 대하여 사용자책임을 진다.

　서울고등법원은 무면허 부동산중개업자가 중개한 부동산에 하자가 있는 경우 명의를 대여해 준 부동산중개업자에게 사용자책임을 인정했다.
　그러나 사용자가 피용자의 그 선임 및 그 사무감독에 상당한 주의를 한 때 또는 상당한 주의를 해도 손해가 있는 경우에는 사용자책임을 지지 않는다(민법 제756조 제1항 단서). 즉 사용자가 자신의 과실 없음을 입증하면 면책이 된다. 판례는 아직 사용자의 면책을 허용한 적이 없다.

사용자책임을 지는 사람은 사용자와 사용자에 갈음하여 그 사무를 감독하는 사람이다. 사용자란 타인을 사용하여 어느 사무에 종사하게 한 자로서 자연인이든 법인이든 이를 묻지 않는다. 그리고 사무감독자는 공장장, 현장감독, 출장소장, 인사과장 등과 같이 사실상 사무용자에 갈음하여 사무를 감독하는 자로서 사용자의 선임·감독의 어느 한편 또는 양편의 임무를 담당하는 자를 포함한다.

사용자책임의 내용은 불법행위에 의한 손해배상책임이다. 사용자 또는 사무감독자는 피용자의 불법행위로 인하여 생긴 모든 손해에 관하여 직접 피해자에 대하여 배상할 책임이 있다. 재산적 손해이건 정신적 손해이건 이를 묻지 않는다. 사용자 또는 사무감독자가 책임을 지는 경우라도 피용자 자신은 불법행위책임을 면할 수 없고, 피해자에 대하여 배상책임을 져야 한다. 따라서 소비자는 가해자인 피용자는 물론 사용자, 사무감독자에게 손해배상을 청구할 수 있다.

12. 사업자의 변경

소비자계약은 계약의 체결 → 계약의 존속 → 계약의 종료라는 과정을 통해 존재하였다가 사라진다. 그러나 각 과정마다 고유의 소비자피해가 발생하고, 이때 피해구제의 당사자는 계약 체결 당시의 소비자와 사업자가 되는 것이 일반적이다.

그런데 계약 체결 이후 사업자가 변경되어 소비자가 피해를 입는 경우도 많이 발생하고 있다. 대표적으로 상품권을 구입한 후 사업자가 변경되어 상품권사용이 거부되거나 방문판매로 물건을 구입한 후 다른 사업자로부터 대금추심을 당하는 경우 등이다. 사업자의 변경에 따른 소비자 피해는 악질상술의 하나로 사업자들에 의해 의도적으로 행해지기도 한다.

이런 경우 소비자가 어떻게 대처해야 할 것인가의 문제는 영업양도, 채권양도, 채무인수 등에 관한 상법 및 민법에 관한 규정을 통해 해소할 수 있다.

1) 영업양도

소비자계약 체결 후 소비자는 사업자가 다른 사업자에게 영업을 양도한 사실을 모르는 채 상품권을 사용하려고 하거나 하자담보책임을 주장하는 과정에서 양수사업자로부터 거절을 당하는 경우가 많다. 이런 경우 상법상 영업양도에 관한 규정을 통해 소비자를 구제할 수 있다.

영업양도란 일정한 영업목적을 위하여 조직화된 유기적 일체로서 기능재산의 이전을 목적으로 하는 처분계약이다. 예를 들면, 양복점, 음식점 등 점포가 동일성이 유지된 상태에서 일괄 이전되는 경우로 사업자가 변경되는 것이다.

영업양도의 당사자는 영업의 소유자인 양도사업자와 양수사업자이다.

문제는 양수사업자와 소비자간의 관계이다. 이 관계는 소비자가 영업상의 채권자인 경우와 소비자가 영업상 채무자인 경우로 나뉘어진다.

소비자가 영업상의 채권자인 경우 양수사업자의 책임은 다시 상호를 계속 사용하는 경우와 상호를 계속 사용하지 않는 경우로 나누어 보아야 한다.

영업의 양수사업자는 양도사업자의 채무를 인수하지 않은 경우에도 상호를 계속 사용하는 한 양도사업자의 영업상의 채무에 관하여 변제할 책임이 있다(상법 제42조 제1항).

민법의 일반원칙에 의하면 채무인수를 위해서는 채권자의 승낙이 필요하므로(민법 제454조), 양도된 채무이더라도 채권자가 채무인수를 승낙하지 않는 한 채권자와의 관계에서는 양도사업자만이 계속하여 채무자로 남지만, 상법은 채권자의 보호를 위하여 예외를 인정한 것이다. 즉 동일한 상호를 사용하는 경우에는 채권자가 영업주체가 바뀐 것을 모르거나 이를 안 경우라도 대외적으로 양수인이 양도인의 전 영업을 양수한 것으로 인식되어 채무인수의 외관이 있기 때문이다.

양수사업자의 책임이 발생하기 위해서는 다음과 같은 요건을 갖추어야 한다.

① 양도사업자의 영업이 양수사업자에게 양수되어야 한다.

양도사업자와 양수사업자 사이의 영업양도계약이 유효한 경우뿐만 아니라 무효이거나 취소된 경우와 채무인수를 위한 계약이 없었거나 무효인 경우에도 양수사업자는 책임을 진다.

양도사업자와 양수사업자는 완전 상인이어야 한다. 왜냐하면 완전 상인만이 법적으로 의미 있는 상호를 가질 수 있기 때문이다. 따라서 소상인은 이 규정에 의한 책임을 부담하지 않는다.

영업 전체의 양수는 원칙적으로 필요하지 않다. 따라서 본점의 양수로도 충분하다. 또한 지점의 양수도 이것이 독립영업으로 조직되고, 따라서 영업과 동일시할 수 있는 한 충분하다. 이때 양수사업자는 당연히 지점의 범위에서 생긴 채무에 대해서만 책임을 진다.

양수를 위해서는 전 소유자의 지위를 승계하면 족하다. 그러므로 양수의 기초가 되는 법적 성질은 원칙적으로 문제되지 않는다. 매매는 물론 교환, 증여, 신탁, 화해 또는 상속재산의 분할도 가능하다. 영업의 임차인에게도 상법 제42조 제1항이 적용되는데, 이는 그에게도 거래계약의 책임기대가 따르기 때문이다.

반대로 영업이 임대인에게 반환되면 이번에는 임대인도 이 규정에 따라 임차인의 채무에 대해 책임을 져야만 할 것이다. 왜냐하면 이 경우에도(再讓受의 형태를 갖는) 영업의 양수가 있다고 할 수 있기 때문이다.

② 양수사업자는 양도사업자의 상호를 계속 사용해야 한다.

양수사업자가 상호를 양수하지 않았음에도 양도사업자의 상호와 동일한 상호를 사용하거나 양도사업자의 상호와 반드시 일치하지 않더라도 상호의 핵심을 사용하는 때에도 책임을 진다.

판례에 의해 상호의 속용이 인정된 경우로는 '남성사'와 '남성정밀공업주식회사', '협성산업'과 '주식회사 협성', '경성사료공장'과 '경성사료공업사', '토방'과 '투방' 등이 있다.

③ 양수사업자는 영업을 계속해야 한다.

일반적으로 영업을 양수하고 상호를 유지하는 자는 원칙적으로 영업을 계속해 나가기 때문에 아무런 문제가 생기지 않는다.

그러나 채권자인 소비자의 선의는 요건이 아니다. 권리자로서는 자기가 알지 못하는 사이에 영업이 양수사업자에게 넘어감으로써 자기가 담보의 일부로 생각하였던 양도사업자의 영업재산을 잃게 되었고, 한편 양수사업자로서는 양도사업자의 영업상의 채무를 인수하기 싫으면 등기 또는 간단히 채권자에게 통지를 함으로써 책임을 면할 수 있음에도 불구하고 아무런 조치를 취하지 않았기 때문에, 우연히 소비자가 양도사업자와 양수사업자 사이의 약정을 알았다고 하여 양수사업자의 책임을 면할 이유는 어디에서도 찾아 볼 수 없다.

상법 제42조 제1항의 법률효과는 말할 것도 없이 양수사업자가 양수한 재산과는 관계없이 자신의 전 재산으로 책임을 지는 데 있다. 이 책임은 양도사업자의 영업에서 생긴 모든 채무에 미치며, 계약상의 채무뿐만 아니라 부당이득상의 채무와 불법행위상의 채무에도 미친다. 그리고 영업양도 당시에 채무변제기가 도래하였는지의 여부나 양수사업자가 채무의 존재를 알고 있었는가 하는 것은 문제가 되지 않는다. 반면에 양수사업자는 소비자의 청구에 대하여 양도사업자가 갖는 모든 항변으로써 대항할 수 있고 양수한 채권으로써 상계를 주장할 수도 있다.

그러나 영업양도 후 지체 없이 양수사업자가 양도사업자의 채무에 관해 책임이 없다는 뜻을 등기한 경우, 또 등기를 하지 않더라도 양도사업자 및 양수사업자가 소비자에 대하여 양수사업자가 책임을 지지 않는다는 뜻을 통지한 때에는 그 책임을 면한다(상법 제42조 제2항).

양도사업자와 양수사업자 중 1명이 한 통지로는 면책되지 않는다. 등기와 통지는 영업의 양수와 동시에 또는 양수 후 지체 없이 해야 한다.

양수사업자가 양도사업자의 상호를 계속 사용하지 않는 경우에 양수사업자는 당연히 양도사업자의 영업상의 채무에 관하여 책임은 없다.

그러므로 채권자인 소비자는 양도사업자에 대해서만 그 변제를 청구할 수 있다.

하지만 양수사업자가 양도사업자의 영업상 채무를 인수한다는 뜻을 광고한 때에는 채권자인 소비자는 양수사업자에 대하여 변제의 청구를 할 수 있다(상법 제44조). 광고 중에 반드시 채무인수의 문자가 없더라도 사회통념상 영업에 의하여 생긴 채무를 인수한 것으로 채권자가 일반적으로 믿을 수 있는 경우이면 족하다. 양수사업자가 광고의 방법에 의하지 않고 개별적으로 채무인수의 의사를 소비자에게 통지한 경우에도 변제할 책임이 있다.

한편 양수사업자 외에 양도사업자도 책임을 부담한다. 왜냐하면 상법 제42조 및 제44조가 양도사업자에 대해 그의 채무를 면제하고 있지 않기 때문이다. 그러나 양도사업자에 대한 소비자의 청구권은 원칙적으로 2년이 경과하면 소멸된다(상법 제45조).

소비자가 영업상의 채무자인 경우 양수사업자가 양도사업자의 상호를 계속 사용할 경우에는 사업자가 변경된 사실을 외부에서 알기가 곤란하다. 따라서 양도사업자가 영업에 의해 발생한 채권의 채무자인 소비자가 양수사업자에 대하여 변제하는 경우가 있다. 이 경우에 양도사업자의 영업으로 인한 채권에 대하여 채무자인 소비자가 선의이고 중대한 과실이 없이 양수사업자에게 변제한 때에는 실제로 채권양도를 하지 않은 때에도 그 변제의 효력이 있다(상법 제43조).

양수사업자가 상호를 계속 사용하지 않는 경우에 관하여는 상법에 아무런 규정이 없으므로 일반 원칙에 따라 양도사업자의 영업상의 채권이 영업양도와 더불어 양수사업자에게 이전되어 대항요건을 갖춘 때에는 채무자인 소비자는 양수사업자에게 변제해야 한다. 그러나 채권이 이전되지 않는 경우에는 채권자인 양도사업자에게 변제해야 한다. 따라서 양수사업자에게 변제한 소비자는 보호를 받지 못한다.

2) 채권양도

소비자계약에 의하면 사업자는 소비자에게 대금지급청구권 등 채권을 갖게 된다. 이러한 채권은 사업자가 직접 행사할 수도 있지만, 제3자에게 채권을 양도할 수도 있다. 이런 경우 소비자는 자신도 모르는 사이에 채권이 양도되어 전혀 모르는 사업자에게 채권의 이행을 추궁 당할 수 있다. 최근에 방문판매업자들이 지방에 내려가 일정기간 이벤트 행사 후 대금채권만을 지역의 사업자에게 양도하고 또한 몇 번에 걸쳐 대금채권이 양도되어 소비자는 몇 년에 걸쳐 여러 사업자에게 또는 이중으로 대금이 청구되는 경우가 많다. 이런 경우 민법상의 채권양도의 규정을 통해 소비자를 구제할 수 있다.

채권양도란 소비자에 대한 채권을 그의 동일성을 유지하면서 양도채권자로부터 양수채권자에게 이전하는 법률행위를 말한다. 채권이 개인의 재산으로서 중요한 위치를 차지하면서 채권의 환가가능성에 대한 요구가 증대하여 채권의 양도성을 인정하게 되었다. 소비자계약에 있어서 채권양도를 하는 모습으로는 채권을 소비자로부터 추심해 줄 것을 위임하는 방법으로 사업자가 제3사업자에게 채권을 양도하는 경우가 많다.

민법은 소비자가 특정의 사업자에 대하여 이행의무를 부담하는 지명채권이면 양도할 수 있음을 원칙으로 한다(민법 제449조).

그러나 채권의 성질상 양도가 허용되지 않는 경우와 당사자가 양도제한의 약정을 한 경우에는 양도할 수 없다.

채권양도가 제한되는 채권은 채권자가 변경되면 급부의 내용이 전혀 달라지는 채권(예를 들면, 특정인에 대한 교육·훈련·변호·치료·간호·부양 등의 노무를 제공하는 채권), 채권자가 변경되면 권리의 행사에 큰 차이가 생기는 채권(임대차에서 임차인은 임대인의 동의 없이 권리를 양도할 수 없다), 다른 채권에 종속된 채권(기본적 이자채권, 보증채권) 등이 있다.

또한 채권자인 사업자와 채무자인 소비자는 채권양도금지의 특약을 할 수 있다. 그러나 채권양도금지특약은 상대적 효력을 가진다. 즉 선의의 제3자는 양도금지의 의사표시에 대항할 수 있다.

한편 법률은 채권자의 생활보장 등을 목적으로 일정한 채권의 양도를 금지하고 있다. 예를 들면, 민법상 부양청구권, 재해보상청구권, 국가배상청구권, 생활보호청구권 등이 있다.

문제는 양수채권자가 채무자인 소비자에게 채권양도의 효과를 주장하기 위해서는 어떤 대항요건을 갖추어야 하는가이다.

민법은 양도채권자와 양수채권자 사이에서는 법률행위인 양도행위에 의해 채권이 이전되지만, 채무자인 소비자 및 제3자에게 그 양도를 갖고 대항하기 위해서는 통지 또는 승낙 등의 대항요건을 갖출 것을 요구한다(민법 제450조).

여기서 양도통지란 채권양도가 있었다는 사실을 알리는 관념의 통지로, 채무자에게 도달시 효력이 발생한다. 양도통지는 양도채권자가 채무자인 소비자에게 해야 하나, 사자(使者)를 통하거나 대리인에게 시켜도 무방하다.

양도채권자가 양도통지만을 한 때에는 채무자는 그 통지를 받은 때까지 양도채권자에 대하여 생긴 사유로서 양수채권자에게 대항할 수 있다(민법 제451조 제2항).

그리고 양도의 승낙이란 채권양도의 사실을 인식하고 있음을 알리는 관념의 통지로 양도채권자나 양수채권자에게 도달되어야 효력이 발생한다. 양수채권자는 특정되어야 한다. 채무자가 승낙시 그 이의에서 밝힌 항변사유를 가지고 양수채권자에게 대항할 수 있다.

통지나 승낙이 없는 동안에 양수채권자는 채무자인 소비자에 대하여 채권양도의 효력을 주장하지 못한다.

3) 채무인수

소비자계약에 의하면 사업자는 소비자에게 목적물인도의무 등 채무를 부담한다. 만일 이러한 채무를 사업자가 제3자에게 자유롭게 이전할 수 있다면 소비자는 목적물미인도, 하자담보책임의 거부 등 사업자의 변경에 따른 피해를 입을 가능성이 있다. 이런 경우 민법상 채무인수의 규정을 통해 소비자를 구제할 수 있다.

채무인수란 채무의 동일성을 유지하면서 채무를 인수인에게 이전하는 것을 목적으로 하는 계약이다.

원칙적으로 채무는 이전성이 인정되나 타인에 의해 채무가 인수되면 채무의 동일성이 상실되거나 채권의 목적이 달성될 수 없는 경우 또는 채무자인 사업자의 개성·능력 등이 중요한 비중을 차지하는 채권 관계의 경우에는 이전성이 없는 것으로 본다.

중요한 것은 채무자인 사업자와 제3자(인수인) 사이의 계약에 의한 채무인수는 채권자인 소비자의 승낙에 의하여 그 효력이 생긴다는 점이다(민법 제454조 제1항). 채권자의 승낙은 인수행위의 구성요소이며 채무인수의 효력요건이다. 인수인과 채무자의 합의만으로는 채무인수의 효과가 생기지 않으며, 그 합의에 효력을 부여하는 것이 채권자의 승낙이다.

1 파산법에서의 소비자 파산

I MF 이후 임금이나 보너스 삭감, 기업의 구조조정이나 도산에 따른 갑작스런 실직으로 많은 사람들이 종래 부담하고 있던 채무를 변제할 수 없게 되거나 무계획적인 신용카드의 사용 등으로 사실상 파산상태에 빠진 사람들이 늘어나면서 소비자 파산 문제는 소비자정책의 중요한 관심사가 되고 있다.

1996년 국내에서 최초로 전직 간호사가 소비자 파산을 신청하여 파산선고와 동시에 파산폐지결정이 있었고, 면책허가결정이 내려져 세간의 관심을 끈 적이 있다. 그 후 매년 소비자 파산사건은 증가하고 있다.

소비자 파산이란 개념은 실정법상 용어도 아니며, 강학상으로도 확립된 용어가 아닌 본래 하나의 사회현상을 지칭하는 개념으로서 사용되어 왔다.

소비자 파산이란 개념은 주로 파산을 신청하는 자가 자연인인 자기파산에 있어서, 이러한 자가 파산에 이르기까지의 주요한 원인이 생활경제 주체로서의 소비생활에서 기인하였다는 의미에서 사용하게 된 것이라 할 것이다. 다시 말해 소비자 파산이란 일반적으로 직장인·주부·학생 등 개인소비자가 소비활동의 일환으로 자신의 변제능력을 초과하여 과도하게 물품을 구입하거나, 금전차용·보증·재난 등으로 채무가 증가하여 자기의 모든 재산으로도 채무를 변제할 수 없는 지급불능상태에 빠져 그 정리를 위하여 스스로 파산신청을 하는 경우를 말한다.

소비자 파산은 사업자 파산과는 달리 청산을 목적으로 하기보다는 잔존하는 채무에 대한 면책을 받아 경제적 갱생을 하려는 절차로서의 의미를 갖는다.

소비자 파산을 신청하는 채무자는 궁극적으로는 면책결정을 받아 채무를 면제받고자 하기 때문에 소비자 파산절차에는 면책절차가 매우 중요한 부분을 차지한다.

우리나라는 소비자 파산을 위한 법률상 제도를 특별히 별도로 마련하고 있지 않기 때문에 소비자 파산절차는 「파산법」상 일반적인 절차와 다르지 않다. 2003년 7월 현재 국회에는 새로운 파산법인 채무자회생 및 파산에 관한법률안이 제안되어 정기적으로 수입이 있는 개인채무자에 대해서는 파산절차에 의하지 않고도 채무를 조정할 수 있는 개인회생제도를 도입하고자 심의중에 있다.

1. 파산절차

1) 파산신청

파산신청은 채권자 또는 채무자 및 채무자에 준하는 자가 할 수 있으나 소비자 파산은 채무자가 면책을 얻을 목적으로 스스로 파산신청을 하는 자기파산이 대부분이라는 점에서 채무자가 신청하며, 상인 · 비상인을 불문하고 모두 파산선고를 받아 파산자가 될 수 있다.

파산절차는 일반적으로 채무자의 신청에 의하여 개시된다.

파산신청을 받은 법원은 파산신청의 적식성, 신청인의 당사자 능력, 소송능력, 대리권의 존재 여부, 관할, 절차비용의 예납 여부, 파산원인이 존재하는지 여부 등을 조사한다. 채무자가 예납금을 납부하였음을 확인하면 법원은 채무자심문기일을 정하고, 정해진 날짜에 채무자 본인이 반드시 출석해야 한다.

그 후 법원은 파산개시요건이 모두 갖추어진 것으로 인정되면 파산선고를 한다. 기업이 파산하는 경우에는 파산관재인을 선임하여 본격적으로 파산절차에 따라 재산을 분배하게 되지만, 소비자 파산의 경우에는 파산절차를 진행할 비용(대략 300만원 정도가 기준)도 나오지 않는 경우가 대부분이므로 이런 경우에는 파산선고와 동시에 동시폐지결정을 한다. 즉 파산선고와 동시에 파산절차가 종료되고, 이에 따라 면책절차로 넘어가게 된다.

법원은 파산선고결정과 함께 관보와 일간신문에 공고하고, 채권자 · 검사 · 본적지 관할의 장 · 주무관청에 통지함으로써 절차가 마무리된다.

한편 파산관재인이 선임된 경우에는 우체국에서 파산자에게 보내는 우편물 · 전보를 파산관재인에게 배달하도록 우체국에도 통지한다.

2) 파산절차 비용

파산신청은 채권자 또는 채무자가 채무자의 주소지를 관할하는 지방법원의 본원에 접수한다.

소비자 파산신청을 할 때에는 파산신청서와 함께 다음과 같은 서류 및 그 서류에 따른 첨부서류(예를 들어 예금에 대해서는 통장사본, 부동산의 경우에는 등기부등본 등, 이에 대하여는 양식에 예시되어 있다)를 제출해야 한다

① 진술서
② 채권자 일람표
③ 재산목록
④ 현재의 생활상황
⑤ 가계수지표

채무자가 스스로 신청하는 소비자 파산신청서에는 1,000원의 수입인지를 첨부하고(채권자가 채무자에 대하여 파산신청을 하는 경우에는 30,000원임) 송달료(채권자수×3×2,500원)를 납부한다. 그 밖에 관보게재료(7,800원), 신

문공고료(145,000원) 등을 예납해야 한다.

파산절차 비용은 보통 파산신청을 할 때 법원에 전액 예납하게 되어 있다.

채무자가 스스로 신청하는 자기파산신청의 경우에는 신청인을 위하여 국가가 파산절차 비용을 일시적으로 대신 지급하여 주는 국고가지급제도 가 있기는 하지만, 예납하는 것이 좋다.

왜냐하면 소비자 파산신청을 하는 경우에는 대개 면책신청도 하게 되 는데, 면책절차의 비용은 국고가지급제도의 대상이 되지 않기 때문에 면 책허가결정을 받기 위해서는 어차피 절차비용을 예납을 해야 하기 때문 이다.

3) 법원의 심리

파산법은 서면심리만으로도 가능하도록 규정하고 있다. 그러나 법원에 서는 보통 파산신청 후 1~2개월 이내에 채무자를 소환해 채무자에게 파 산신청의 내용에 관해 직접 질문한다.

4) 파산선고

심리결과 채무자에게 지급불능 등 파산원인이 있는 경우에는 파산선고 가 내려진다.

채무자에게 부동산, 주식, 예금 등 일정한 재산이 있는 경우에는 파산선 고와 동시에 파산자의 재산을 관리하고 현금화하여 채권자들에게 배당하는 일을 담당하는 파산관재인을 선임한다.

그러나 채무자에게 파산절차 비용을 충당할 정도의 재산조차 없으면 파산선고와 동시에 파산폐지결정을 하게 된다. 이를 동시파산폐지라고 하면, 이 경우 파산관재인을 선임하지 않고 폐지결정만으로 파산절차는 끝나게 된다.

5) 파산선고의 효과

(1) 파산자의 신분상 제한

법원으로부터 파산선고결정을 받더라도 선거권과 피선거권을 상실하는 것은 아니지만 법률상 여러 가지 자격제한을 받게 된다. 예컨대 파산자는 후견인, 유언집행자, 공무원, 변호사, 변리사, 공인회계사, 공증인 등이 될 수 없다. 상법상으로 합명회사 · 합자회사 사원의 퇴사원인이 되고, 주식회사와 위임 관계에 있는 이사도 그 위임 관계가 파산선고로 종료되기 때문에 퇴직해야 한다

또 파산자는 파산에 관하여 필요한 설명을 할 의무를 부담하고 법원의 허가 없이는 거주지를 떠날 수 없을 뿐만 아니라 우편물 · 전보 등이 파산자가 아닌 파산관재인에게 배달되어 파산관재인이 그 내용을 조사할 수 있게 된다.

파산자는 이러한 법률상의 제한 이외에도 파산선고가 확정되면 파산자의 신원증명업무를 관장하는 본적지 시 · 구 · 읍 · 면장에게 통지되어 파산선고사실이 신원증명서에 신원증명사항의 하나로 기재되어 금융기관 거래와 취직 등 일상생활의 면에서 여러 가지 사회적 평가상의 불이익을

받게 된다.

따라서 개인채무자는 파산제도가 과도한 채무를 청산하기 위한 최후의 수단이라는 점을 충분히 염두에 두고 자기파산신청을 하기 전에 채권자들과의 사이에 민사조정제도 등 다른 법률적 수단을 통한 사전 협의를 강구하는 방안을 먼저 검토하여 보는 것이 현명할 것이다.

(2) 파산선고로 인한 기존 채무

파산선고를 받은 경우에도 파산절차에 의하여 채권자가 배당을 받지 못한 잔존 채무에 대하여는 파산자가 변제할 책임을 면하는 것이 아니다. 따라서 채권자는 잔존 채권에 기하여 파산자가 파산선고 후에 취득한 재산에 대하여 강제집행을 할 수도 있다. 다만, 파산자가 면책신청을 하여 법원으로부터 면책을 허가받아 그 결정이 확정되면 파산자가 파산선고 전에 부담하고 있던 채무에 대하여 조세·세금 등 일부 예외를 제외하고는 변제할 책임을 면하게 된다. 또 파산선고에 의하여 상실한 법률상의 자격 등도 회복(복권)하게 된다.

2. 면책절차

1) 면책신청

파산선고를 받은 개인파산자는, 파산절차가 종료될 때까지 언제든지 파산선고를 한 법원에 면책신청서와 채권자명부를 제출하는 방법으로 면책신청을 할 수 있다. 또 동시폐지의 경우에는 폐지결정이 확정된 후라도 1개월 이내에 면책신청을 할 수 있다.

2) 면책신청의 비용

면책신청서에는 채권자명부와 진술서를 첨부하고, 1,000원의 수입인지를 붙여야 하며 채권자마다 3회분의 송달료를 우표(우표금액 총 2,260원×채권자 수×3)로 납부해야 한다. 그리고 동시폐지되는 소비자 파산사건에서의 면책절차 비용은 위에서 설명한 것처럼 파산신청시에 예납한 파산절차 비용에 남아 있으면 면책신청시에 별도로 예납할 필요는 없다.

그리고 면책절차 비용은 위에서 설명한 것처럼 국고가지급제도의 대상이 되지 않는다.

3) 면책의 심리

면책절차는 채무자에게는 갱생과 경제적 재기의 길을 열어 주는 것이지만, 이것은 채권자에게 큰 희생을 강요하는 제도이다. 그러므로 모든 파산자가 법원으로부터 면책을 허가받을 수 있는 것이 아니며, 면책불허가사유가 있는지에 대해서는 엄격한 심사를 한다.

파산자가 면책신청을 하면 법원은 파산자를 심문하여 사정을 듣고, 경우에 따라서는 채권자로부터도 의견을 청취한 다음 면책허가결정을 할 것인지 여부를 판단한다. 파산법에 따르면 면책불허가사유가 없으면 원칙적으로 면책허가결정을 하게 된다.

368 제2장 소비자법에서의 소비자보호

4) 면책허가결정을 받을 수 없는 경우

다음에서 예시한 일정한 사유가 있는 경우에는 원칙적으로 면책허가결정을 받을 수 없다.

① 파산자 자신 또는 제3자의 이익을 도모하거나 채권자를 해할 목적으로 파산자의 재산을 은닉하거나 그 재산적 가치를 감소시킨 경우(사기파산죄)

② 낭비 또는 도박, 기타 사행행위에 의하여 현저하게 재산을 감소시키거나 과도한 채무를 부담하게 된 경우(과태파산죄)

③ 신용카드로 상품을 구입한 다음 이를 즉시 대단히 싼 가격으로 업자에게 전매하거나 담보로 제공하고 현금을 취득한 경우

④ 이미 지급불능상태에 빠져 있음에도 불구하고 어느 특정 채권자에게 특별한 이익을 줄 목적으로 한 담보를 제공하거나 변제 등을 하는 경우

⑤ 법원에 대하여 허위 사실을 기재한 채권자명부를 제출하거나 재산상태에 관한 허위의 진술을 한 경우

⑥ 면책신청 전 과거 10년 이내에 파산하여 면책허가를 받은 사실이 있는 경우

⑦ 파산법에서 정한 파산자의 의무에 위반한 경우

면책이 허가되지 않는 경우에는 파산의 원인이 된 채무를 다 갚을 때까지 계속하여 변제해야 할 뿐만 아니라 그 후에도 파산자로서 여러 가

지 제약을 받게 된다. 한편 사기파산죄나 과태파산죄를 범하면 면책을 받을 수 없음은 물론 형사상으로도 처벌받게 된다.

5) 면책의 법률적 효과

면책이 허가되면 다음과 같은 법률적 효과가 발생한다. 먼저 파산절차에 의한 배당을 제외하고 파산채권자에 대한 채무 전부에 관하여 그 책임이 면제된다. 그러나 다음에 열거하는 채무는 면책되지 않는다.

① 조세, 벌금, 과료, 형사소송비용, 과징금, 과태료
② 파산자가 악의로 가한 불법행위의 손해배상채무
③ 파산자가 고용한 자에 대한 6개월분의 급료채무
④ 파산자가 고용한 자에 대한 임치금 및 신원보증금
⑤ 파산자가 악의로 채권자명부에 기재하지 아니한 청구권

한편 면책결정이 내려져도 파산자의 보증인 등은 면책되지 않고 채무를 부담해야 하며, 파산채권자는 이미 확보해 둔 담보에 대해서는 권리를 행사할 수 있다. 면책결정이 확정되면 복권되어 파산선고를 받기 전과 같은 상태로 돌아가며 파산선고로 인공사법상 불이익이 배제된다.

그러나 면책을 받은 후라도 사기파산자로 유죄 판결이 확정되거나 부정한 방법으로 면책을 얻은 경우에는 파산채권자의 신청 등에 의하여 면책이 취소될 수 있으며, 파산 이전의 채무를 모두 부담해야 하며, 복권의 효력도 상실된다.

제 3 장

판례로 본 소비자보호

1 자동차

현대 사회에서 자동차는 일상생활에 편리함을 주는 필수적인 운송 수단이다. 동시에 교통사고, 대기오염 등의 역기능도 심각하다.

상품으로서의 자동차는 공간적 자유의 확대, 시간적 자유의 확대, 지배감과 소유감의 충족, 이동과정에서의 충실감 확대 등의 특징을 가지고 있는 한편 자동차 중심의 생활은 이기심의 비대화, 외부에의 무관심, 운전자와 보행자의 관계의 불공평성, 공감의 상실 등의 문제점을 가지고 있다. 최근에는 소득 수준의 향상에 따라 내구소비재로서 자동차의 안전성과 품질에 대한 소비자의 불만 및 피해도 증가하고 있다.

자동차 관련 피해구제사례를 보면 차종별로는 신차가 가장 많고, 그 주된 유형은 소음·진동, 시동 꺼짐, 작동 불량 등 자동차의 품질·기능과 관련한 제조업자에 대한 불만 및 피해구제 요청사례이다.

자동차와 관련된 대표적인 피해사례는 품질·기능에 관한 것으로 소음·진동과 관련된 품질상의 하자가 심하다는 피해가 가장 많고, 주행을 하다가 신호대기나 잠시 정차하는 경우 또는 주행중에 시동이 꺼진다는 피해도 많다. 이것은 운전자의 생명이나 재산상의 피해를 낼 수 있는 직접적인 품질상의 하자로 볼 수 있으나 실제 하자가 확인되지 않는 경우가 많다. 이 밖에 조향장치, 변속기 등의 작동 불량, 시동 불량 등도 있다.

한편 최근 들어 자동차 오래 타기 운동 등 중고자동차에 대한 인식의 변화와 더불어 중고자동차매매시장이 급신장하면서 일부 중고자동차매매업자(또는 중개업자)의 부당거래행위 또는 위법행위로 인한 중고자동차 관련 소비자 피해도 증가하고 있다. 중고자동차 관련 피해구제현황을 유형별로 보면 '하자 내지 사고차량을 판매'한 경우가 가장 많고, 이 밖에 '성능점검기록부 미교부', '주행거리조작' 등이 있다.

1. 원인불명의 차량화재와 제조물책임의 적용 여부

원인불명의 화재 차량 자체에 대한 손해는 제조물책임의 적용대상이 아니라는 대법원판례를 소개한다.

1993년 4월 8일 21시 40분경, 빌딩 지하주차장에 승용차를 주차시켜 두었습니다. 그런데 23시 50분경에 운전석쪽에서 발생한 화재로 차가 전소되어, 자동차종합보험계약에 의해 S보험사로부터 보험금을 받았습니다.
S보험사는 저를 대위하여 S자동차제조사를 상대로 화재 차량의 제조상 결함으로 인한 손해배상의 청구소송을 제기하였습니다.

서울지방법원은 사건 차량의 엔진 부위 또는 이와 관련된 동력 전달장치나 전기장치 등에 내재하여 있는 비정상적인 결함에 의하여 전기적 과부하가 발생하여 일어났을 개연성이 높다고 할 것이고, 이러한 제조상의 결함은 특별한 결함이 없는 한 S자동차제조사의 제조상의 과실에 의한 것으로 추정되므로 S자동차제조사는 그로 인하여 발생한 화재로 말미암아 이 사건 차량이 전소되어 수리불능의 상태에 이름으로써 그 소유자인 소비자가 입은 손해를 배상할 책임이 있다고 판단하였다.

그러나 대법원은 차량의 결함 부위 및 내용이 특정되지 않았고 차량의 외부에서 발화하여 그 내부로 인화되었을 가능성도 배제할 수 없는 점 등에 비추어 차량의 제조상의 결함(하자)으로 화재가 발생하였다고 추정하기 어렵다고 하고, 또한 화재 차량은 전기배선 등의 하자로 인하여 발생하였고 제조물책임에서의 결함과 하자담보책임에서의 하자는 그 책임영역을 달리함에 따라 용어를 달리할 뿐 실질은 동일하다고 하더라도 이 사건 차량 자체의 전소로 인한 손해만을 구하는 경우 하자담보책임으로서 손해배상을 구하여야 할 것이라고 제조물에 상품적합성이 결여되어 제조물 그 자체에 발생한 손해는 제조물책임의 적용대상이 아니라고 판견하였다.

2. 자동차의 급발진과 개발위험

제조물책임법은 "제조업자가 당해 제조물을 공급한 때의 과학·기술 수준으로는 결함의 존재를 발견할 수 없었다는 사실"(제조물책임법 제4조 제1항 및 제2항)을 제조물책임의 면책사유로 규정하고 있다. 이것은 제조자가 제조물을 유통시켰을 당시의 과학·기술 수준으로 해당 제조물에 내재한 결함을 발견하지 못했을 때의 위험성에 대하여 그를 항변사유로서 예외적으로 손해배상책임이 없음을 인정한 것으로 이를 개발위험의 항변이라고 한다.

이와 관련하여 자동차의 시동을 건 후 가속페달을 밟지 않았는데도 그에 내재한 결함 등으로 인하여 엔진에서 비정상적인 굉음 등이 발생하면서 자동차가 급발진하였고 이를 멈추려고 브레이크 페달을 밟았는데도 정지하지 않는 소위 '급발진사고'가 논란이 되고 있다. 자동차의 급발진으로 인한 소비자피해에 대해 제조물책임을 인정한 1심 판례와 2심 판례를 소개한다. 향후 급발진사고에 대한 대법원의 판결이 주목된다.

S씨는 자동차의 시동을 걸고 변속기의 선택 레버를 주차(P)에서 전진(D)으로 이동하였다. 그러자 자동차는 앞으로 진행하여 구두수선점포를 조수석쪽 앞 부분으로 충격한 후 그대로 진행하여 횡단보도상을 보행하던 행인 2명을 들이받은 다음, 계속 앞으로 진행하여 다른 방향에서 운행하던 승용차를 충돌한 후, 건물기둥을 들이받고서 정지하는 사고가 발생하였다.

S씨는 자신의 의도와 달리 굉음과 함께 갑자기 앞으로 튀어 나갔고 브레이크 페달을 밟아도 자동차가 멈추지 않는 '급발진사고'였다고 D자동차회사를 상대로 손해배상청구소송을 제기하였다. S씨는 하자담보책임, 급발진사고를 야기한 자동차의 제조·설계상 결함, 엔진제어장치의 제조·설계상 결함, 제조·설계상 결함추정, 경고상 결함, 자동차의 액셀러레이터와 브레이크 페달 간격의 설계상 결함, 시프트 로크 미장착의 설계상 결함 등을 그 이유로 주장하였다.

판결 인천지방법원은 급발진사고의 원인이 차량의 직접적인 결함에 기인한 것으로 보기 어렵다는 국내외의 조사결과를 토대로 급발진사고의 원인이 "현대의 과학·기술 수준으로는 그 결함을 밝힐 수 없는 경우라고 볼 수밖에 없다."며 결함추정을 부정하였다. 그러나 "일반적으로 설계상 결함 여부를 고려함에 있어, 제조업자는 사용자의 제조물에 관한 예견가능한 오사용까지 고려하여 그에 대한 안전장치를 설계할 주의의무가 있다."며 시프트 로크를 장착하지 않은 설계상 결함이 존재한다고 인정, 300만원의 위자료를 판결하였다.

이에 반해 고등법원은 1심을 뒤집고 원고패소를 판결했다. "시프트 로크는 시동을 켜둔 채 운전석을 비운 사이 어린이들이 변속레버를 조작해 자동차가 움직이는 것을 막기 위해 고안된 것"이라며 "시프트 로크는 원래 급발진사고 방지장치가 아니라는 점을 감안할 때 차량에 시프트 로크가 장착되지 않았다는 이유로 차량 설계상 결함을 지적할 수 없다."고 밝혔다. 재판부는 또 "시프트 로크가 페달 오조작에 따른 급발진을 방지하는 점이 있음은 인정되지만 이는 시프트 로크의 부수적 효과일 뿐 시프트 로크로 예방할 수 없는 급발진사고도 발생할 수 있으며 실제로도 관계기관에 여러 긴 접수된 점 등에 비춰 시프트 로크 미설치를 기계설계상 결함으로 볼 수는 없다."고 덧붙였다.

2 가전제품

1. TV 폭발사고와
제조업자의 제품 무결함 입증책임

제조물책임법은 입증책임에 관해 아무런 규정을 두고 있지 않아, 입증책임의 일반원칙에 따라 소비자는 결함 및 인과관계에 대해 입증해야 하는 부담이 있다.

그러나 제조업자가 해당 제품의 결함이 아닌 다른 원인으로 발생했다는 것을 입증하지 못하면 제조물책임을 질 수밖에 없다는 대법원 판례를 소개한다.

제 딸이 2층 안방에서 S회사가 제조한 16인치 비디오비전 (VTR 겸용의 텔레비전)을 시청하고 있던 중, 갑자기 텔레비전 뒤편에서 검은 연기가 피어올라 동작스위치를 끄고 전원플러그를 뽑았습니다. 그러나 곧이어 '펑' 하는 폭발음과 함께 텔레비전에서 불길이 솟아오르면서 커튼에 옮겨 붙어 급기야 2층 내부와 그 안의 가재도구가 전소하였습니다.

이 사고는 텔레비전 수상관 내의 전자총 부분이 누전으로 인하여 폭발하면서 발생한 것으로 추정될 뿐, 그 누전이 발생하게 된 경위에 관하여는 규명되지 않았습니다. 제가 산 텔레비전은 S회사가 1988년 말경부터 1990년 초경까지 사이에 제조한 것으로 약 6년 전에 구입하여 사고가 일어나기까지 사용하여 오면서, 한 번도 수리를 하거나 내부 구조에 변경을 가한 바가 없습니다. 저는 장기종합보험계약에 의해 D보험사로부터 5,600만원 정도를 지급 받았고, D보험사는 S회사를 상대로 소를 제기하였습니다.

판결 대법원은 "고도의 기술이 집약되어 대량으로 생산되는 제품의 경우, 그 생산과정은 대개의 경우 소비자가 알 수 있는 부분이 거의 없고, 전문가인 제조업자만이 알 수 있을 뿐이며, 그 수리 또한 제조업자나 그의 위임을 받은 수리업자에게 맡겨져 있기 때문에, 이러한 제품에 어떠한 결함이 존재하였는지, 나아가 그 결함으로 인하여 손해가 발생한 것인지 여부는 전문가인 제조업자가 아닌 보통 사람으로서는 도저히 밝혀 낼 수 없는 특수성이 있어서 소비자측이 제품의 결함 및 그 결함과 손해의 발생과의 사이의 인과관계를 과학적 · 기술적으로 완벽하게 입증한다는 것은 지극히 어렵다."고 하며, "텔레비전이 정상적으로 수신하는 상태에서 발화·폭발한 경우에 있어서는, 소비자측에서 그 사고가 제조업자의 배타적 영역에서 발생한 것임을 입증하고, 그러한 사고가 어떤 자의 과실 없이는 통상 발생하지 않는다고 하는 사정을 증명하면, 제조업자측에서 그 사고가 제품의 결함이 아닌 다른 원인으로 말미암아 발생한 것임을 입증하지 못하는 이상, 이와 같은 제품은 이를 유통에 둔 단계에서 이미 그 이용시의 제품의 성상이 사회통념상 당연히 구비하리라고 기대되는 합리적 안전성을 갖추지 못한 결함이 있었고, 이러한 결함으로 말미암아 사고가 발생하였다고 추정하여 손해배상책임을 지울 수 있도록 입증책임을 완화하는 것이 손해의 공평·타당한 부담을 그 지도원리로 하는 손해배상제도의 이상에 맞는다고 할 것이다."라고 판결하였다.

2. 세탁기 어린이 익사와 결함 여부

'세탁기 어린이 익사'는 제조사에 책임이 없다는 판례를 소개한다.

김 양(당시 5살)은 2000년 5월 부모가 집을 비운 사이 물을 받아 놓은 세탁기에서 운동화를 꺼내기 위해 의자를 디디고 올라서서 세탁기에 손을 넣었다가 세탁기 속으로 떨어져 익사했다. 이에 김 양의 부모는 세탁기 제조사를 상대로 제조물책임소송을 냈다.

판결　대법원은 판결문에서 "세탁기가 작동중이 아니었으므로 세탁기의 뚜껑을 열면 작동을 정지하는 인터로크(INTERLOCK) 장치나 작동 중 세탁기의 뚜껑을 열면 경고음이 울리고 강제 배수시키는 차일드로크(CHILDLOCK) 장치 등이 되어 있지 않은 점 및 세탁 공정 선택시 배수기능이 존재하지 않은 점은 망인의 사망과 인과관계가 없다고 한 원심의 판단에 잘못이 없고 이 사건 세탁기와 같은 와권식 세탁기의 경우 사용의 편의와 효율을 위하여 세탁기의 뚜껑이 쉽게 열리고 세탁기의 입구도 비교적 넓게 제작하는 방식을 택하고 있는데, 이 사건과 같이 어린이가 의자를 놓고 올라가 세탁기 속에 떨어져 익사하는 이례적인 상황까지 고려하여 세탁기를 제작할 의무가 없다는 판단에도 제조물책임에 관한 법리 오해 등의 위법이 없다."고 판결했다. "또 이 사건 세탁기의 사용설명서와 라벨에 어린이가 받침대에 올라가면 사고가 날 위험이 있다는 점 등을 경고하고 있어 지시ㆍ경고상의 결함이 없다고 한 판단도 수긍이 간다."고 밝혔다.

3 식품

의 식주의 소비생활에서 소비자에게 가장 중요한 것은 먹는 문제이다. 그러나 소비자는 먹거리의 안전지대에 있는가, 더 나아가 먹는 것을 소비자 개인의 선택 문제로만 보아야 하는가를 생각해보자.

1. 알레르기성 두드러기와 햄버거의 제조물책임

"싸고 빠르며 맛있다."는 패스트푸드는 젊은층을 중심으로 수요가 늘어 소비자의 입맛을 장악해 가고 있다. 패스트푸드 이용 실태조사에 의하면 조사 대상의 80%가 1주일에 한 번 이상 패스트푸드점을 찾고, 이틀에 한 번씩 패스트푸드를 먹는 사람도 13%나 된다고 한다. 이와 같이 패스트푸드를 즐기는 사람들이 크게 늘면서 패스트 푸드의 유해성에 대한 비판의 목소리도 높아지고 있다.

미국에서 판매되는 유명 패스트푸드 업체의 제품에서 다이옥신, 퓨란 등 발암물질이나 환경호르몬이 다량 검출된 바 있고, 한국소비자보호원의 조사결과 식중독을 일으키는 대장균이 기준치 이상 검출되기도 했다. 문제는 패스트푸드가 열량이 높고 지방질 함량이 많아 운동량이 적은 현대인들의 비만을 부추기는 데에 있다. 이에 미국에서는 패스트푸드 문화의 상징인 햄버거를 자주 먹어 당뇨병, 고혈압, 비만 등으로 고통을 겪는 사람들이 관련 업체들을 상대로 손해배상소송을 잇따라 내고 있다. 패스트푸드 회사가 패스트푸드와 관련된 건강상의 위험에 대해 소비자들에게 적절하고 유효한 정보를 제공하지 않아 패스트푸드가 담배만큼 위험할 수 있다는 것이다.

패스트푸드점에서 '치즈와퍼' 햄버거를 사다 먹고 알레르기성 두드러기 증상을 일으킨 소비자에 대해 햄버거 제조·판매사의 제조물책임을 인정한 판례를 소개한다.

S씨는 2001년 4월 26일 오후 6시 30분쯤 B패스트푸드점 동숭동점에서 다른 사람이 사온 치즈와퍼와 콜라를 저녁식사로 먹은 지 약 20분 후 온몸에 반점이 생기고 가려운 알레르기성 두드러기 증상을 나타냈다. 이에 S씨는 미국의 B사와 프랜차이즈 계약으로 치즈와퍼 등 패스트푸드류를 제조·판매하는 (주)D사를 상대로 1,000만원의 손해배상의 소를 제기하였다.

 서울지방법원은 "소비자가 치즈와퍼를 사온 즉시 먹었다는 점에 비춰볼 때 치즈와퍼가 피고의 지배영역을 떠난 후 원고가 이를 먹었을 때까지 사이에 피고와 무관한 다른 원인에 의해 비로소 부패하였다거나 그 운반과정에서의 취급 부주의로 세균 등이 침투하였을 가능성은 희박하다."는 점을 전제하고 "이 치즈와퍼에는 사회통념상 당연히 구비하리라고 기대되는 합리적 안전성을 갖추지 못한 결함이 있었고, 이러한 결함은 피고의 제조 및 관리과정상 과실에 기인한 것이라고 추정할 수 있으며, 또 그렇게 추정함이 상당하다."며 "원고가 먹은 치즈와퍼를 제조·판매한 피고는 그로 인하여 원고가 입은 손해를 배상할 책임이 있다."고 300만원을 배상하라고 원고일부승소 판결을 내렸다.

4 학교 · 도서 · 학습지 · 신문

1. 부실한 대학 교육환경과 손해배상책임

리 사회는 지금 교육 위기로 몸살을 앓고 있다. 교육 위기에 관해서는 다양하게 논의되고 있지만, 그 원인과 해법은 소비자의 권리라는 관점에서도 찾을 수 있다.

교육서비스의 소비자는 학생과 학부모이다. 그린데 교육소비사의 권리는 보장되고 있는가? 공공교육에 있어서 교육서비스를 선택할 권리는 전무하고, 부실한 교육환경과 교육서비스의 내용에 대한 피해구제를 받을 권리는 상상할 수 없다.

그 동안 교육서비스의 특성상 교육관계 기관과 학교에 위임되었던 교육 부실문제를 이제는 소비자문제로 접근하여 해결해야 할 것이다. 특히 일부 교육기관의 부실한 교육환경은 학생은 물론 학부모들에게 커다란 피해를 주고 있다. 선진국은 이미 이런 문제를 '교육과오'라 하여 학생과 학부모들이 학교나 교육관계 기관을 대상으로 손해배상을 청구하여 교육서비스로 인한 피해를 구제 받고 교육서비스의 개선에 기여하고 있다.

부실한 대학환경에 대한 대학생들의 손해배상청구를 인정한 판례를 소개한다.

> 학교법인 S학원은 1995년 교육환경완비 등 일정한 조건 아래 H산업대학교의 설립인가를 받고 9개 학과에 신입생과 편입생을 받아왔다. 그런데 일부 학과의 경우 교육에 필요한 실험실습실이 미비되었고, 실험실습기자재의 종류와 수가 매주 부족하는 등 실험실습을 위한 설비가 부족하여 학생들은 재학기간 동안 실험실습 교육을 정상적으로 받지 못했다. 이 밖에도 관련 도서의 부족, 강의실의 부실공사, 학사행정지원의 미흡 등 부실한 대학환경 속에서 재학하였거나 졸업하였다.
>
> 이런 부실한 대학환경의 원인에는 S학원의 설립자인 L이 현재 S학원의 임원도 H산업대학교의 교직원도 아니면서 실질적으로 H산업대학교의 운영에 개입하여 불법전용, 공금횡령 등의 불법행위를 하였고, H산업대학교 총장 S는 L의 관여행위를 막지 못하고 오히려 동조하여 등록금전용 등의 위법한 행위를 하였으며, S학원 임원들은 임무수행을 완전히 포기하는 등 L의 불법행위를 조장하였다는 점이 밝혀졌다.
>
> 이에 섬유화학공학과와 환경공학과의 졸업생, 재학생, 편입생 등 20명의 학생은 설립자, 총장, H학원을 대상으로 손해배상청구의 소를 제기하였다.

판결 광주지방법원은 설립자 L, 총장 S, H학원의 불법행위로 말미암 아 학교 운영에 필요한 재원이 제대로 사용되지 못하여 실험실 습을 위한 기자재 및 실험실습실 등이 마련되지 못하였고 도서 실에 전문도서 등이 전혀 비치되지 않아 원고들이 정상적인 학습을 받지 못 하였으므로 졸업생, 재학생, 편입생에게 정신적 고통을 위자할 의무가 있다 고 하며, 설립자 L, 총장 S, H학원로 하여금 연대하여 졸업생 17명에게는 500만원, 재학생 1명에게는 450만원, 편입생에게는 300만원의 위자료를 지 급하라고 판결하였다.

2. 자격시험 교재의 부당광고와 소비자의 손해배상청구권

부당광고로 인한 소비자의 피해를 예방하고 구제하는 방법은 표시 · 광 고의 공정화에 관한 법률에 의한 공정거래위원회의 행정제재와 경 · 검찰 에 의한 형사처벌이 있지만, 소비자 스스로 부당광고로 인한 손해배상을 청구하는 방법이 가장 실효성이 있다.

자격증 수험교재의 허위 · 과장 광고에 대해 소비자가 위자료를 청구한 하급심판례를 소개한다.

 K사장은 1997년 9월부터 1998년 4월까지 5개 중앙 일간지에 자신의 회사가 편찬한 국가자격시험교재판매 광고를 하면서 회사 표시를 '주식회사' 부분을 빼고 '국가고시중앙회'라고만 표현해 회사가 단순한 수험교재 제작 및 판매업체가 아니라 국가자격시험을 주관하는 국가 기관 또는 공공 기관인 것으로 오인케 할 우려가 있는 광고를 했다. 운전면허기능검정원 및 강사 자격시험 광고에서는 '국가고시중앙회 부설 교통안전교육연수원'이라고 표현해 마치 회사 산하에 시험에 대비한 교육연수원이 설치되어 있는 것처럼 광고했다. A는 1997년 10월 이런 국가고시중앙회의 신문 광고를 보고 회사를 찾아갔다. 이때 담당 직원 J는 운전면허기능검정원 및 강사 자격시험은 1997년 5월 실시된 시험에서 수요보다 많은 인원을 선발했기 때문에 1∼2년 안에는 시험 계획이 없음에도 이를 제대로 확인하지 않고 1998년 3월경에 시험이 시행될 계획이라고 설명했다.

덧붙여 출제 위원인 경찰청 간부가 회사에서 공급하는 책자를 감수하므로 그 책을 구입해 시험을 준비하면 합격이 용이하고, 합격하면 100% 취업을 보장한다고 했다.

또한 월수입은 120만원 이상이며 1997년 12월부터 시험에 대비한 강좌를 개설할 것이라는 취지로 설명하면서 회원으로 가입할 것을 권유했다. 이에 A는 같은 날 회원 가입 신청서를 제출하고 다음날 집으로 배달된 교재·테이프·회원증을 받고 358,000원을 지급했다.

시험 공부를 하던 중 1998년 2월 3일 경찰청에 문의한 결과 운전면허기능검정원 및 강사 자격시험이 실시되지 않는다는 사실을 확인했다. 이에 A는 사장 K와 직원 J를 상대로 허위·과장 광고에 따라 시험이 실시될 것이라고 믿고 공부해 입은 손해에 대해 소송을 제기했다.

서울지방법원은 "피고들이 허위 · 과장 광고 및 시험 실시 등에 관한 허위 안내를 함으로써 이를 믿은 소비자로 하여금 회사의 회원으로 가입하여 도로(徒勞)에 가까운 시험 공부를 하게 한 행위는 민법상 불법 행위가 성립하는 것으로 보아야 한다."며 피고들은 각자 A에게 위자료 200만원을 지급할 의무가 있다고 판결했다. 그러나 시험 준비를 위하여 운영하던 보험 회사 대리점을 6개월 가량 폐쇄해 생긴 손해, 각종 비용 등 재산상 손해는 인정하지 않았다.

3. 신문구독 강요와 신문사의 책임

1997년 7월 신문판촉살인사건으로 불거진 신문판촉전쟁이 최근에 다시 자전거경품으로 불거지고 있다. 그 동안 공정거래위원회의 타율규제와 신문협회의 자율규제를 통해 신문업계의 부당한 구독강요행위를 통제하여 왔지만, 신문구독계약을 둘러싼 소비자분쟁은 지속적으로 발생하고 있어 소비자의 입장에서는 실질적인 보호장치가 되지 못하고 있다.

신문사의 구독경쟁이 치열해지면서 신문구독계약으로 인한 소비자 피해는 성립단계의 부당한 권유행위는 물론 종료단계의 부당한 계약해지거절행위 등 계약단계별로 다른 모습을 나타내고 있다. 신문구독경쟁으로 인한 실질적인 피해자는 경쟁당사자인 신문사가 아니라 계약당사자인 신문구독자라는 점에서 소비자 스스로 나서야 할 때이다.

구독을 원하지 않은 신문이 배달되기 시작한 직후부터 끊임없이 배달중지를 요청했는데도 6개월 여 동안 계속 배달되어 정신적 고통을 겪었던 사람이 신문사를 상대로 한 손해배상청구소송에서 승소한 사건을 소개한다.

S일보 M지국은 C씨의 구독 요청이나 구독 승인 없이 C씨의 집에 신문을 배달하였다. 신문배달이 시작된 직후부터 C씨는 'OO 사절'이란 글귀를 써서 문에 붙이고 신문사지국에 여러 번 전화를 걸어 신문배달을 중지해 줄 것을 촉구했다. 그리고 거주지 관할파출소에도 전화를 걸어 강제배달로 인한 C씨의 고통을 호소하며 도와줄 것을 요청하는 등 계속적으로 노력했지만 신문이 계속 배달되자 본사에도 전화를 하여 담당직원에게 신문배달 중지를 약속 받아 신문배달이 한동안 중지되었다. 그러나 며칠 후에 다시 배달되기 시작해 신문사 회장실과 본사 판매국 등에 전화를 걸어 신문의 배달 중지를 촉구하였다. 그럼에도 불구하고 계속되는 신문배달에 견디지 못한 C씨가 신문사를 상대로 법원에 3,900만원 손해배상청구소송을 제기하자 신문사는 지국이 별도의 책임하에 운영하고 있으므로 지국장에게 신문을 배달시키거나 중단시킬 권한이나 의무가 없다고 주장했다.

판결   서울지방법원은 C씨가 신문사의 담당직원에게 신문배달의 중지를 요청하자 그 직원이 배달중지를 약속하였고, 그에 따라 한때 신문배달이 중지되기도 하였던 점에 비추어 … 신문사는 이들 지국을 통해 신문을 판매하고 그 대금을 수금하며, 구독자를 확보하고 파악한다고 볼 것이고, 따라서 신문사는 이들 지국을 관리 및 통제할 권한과 의무가 있으므로 이들 지국의 행위에 대하여 관리책임을 부담한다고 할 것이고, 애초부터 구독을 원하지 않은 신문이 거듭된 배달중지요청에도 불구하고 계속하여 배달됨으로 인하여 심한 정신적 고통을 받았을 것임을 인정하여 신문사로 하여금 C씨가 거주하는 아파트에 신문을 넣어서는 안 되고, C씨에게 위자료로 200만원을 지급할 의무가 있다고 판결하였다.

5 주택 · 부동산중개

1. 입주아파트의 화장실 소음피해와 분양업자의 하자담보책임

분양 받은 아파트에 입주한 사람이라면 누구나 내 집을 가졌다는 기쁨은 잠시뿐이고 시설공사의 하자로 인한 불편을 겪어 보았을 것이다.

공사상의 잘못으로 인한 균열, 처짐, 비틀림, 침하, 파손, 누수, 누출은 물론 시설물의 기능상, 미관상 또는 안전상 지장을 초래할 징도의 하자 등 소비자의 피해 및 불만은 다양하고, 하자보수과정에서도 소비자분쟁이 끊이지 않는다.

최근에 입주아파트의 화장실소음으로 인한 피해에 대해 하자보수비용을 집단적으로 청구하여 분양업자의 하자담보책임이 인정된 판례를 소개한다.

S도시개발공사가 분양한 아파트에 입주한 767세대는 1993년 입주 초기부터 위아래로 인접한 층의 화장실에서 변기를 사용하거나 급·배수를 하는 경우 그 소리가 차단되지 않고 인접 가구에 거의 그대로 전달되어, 그 소음으로 인하여 입주자들이 생활에 큰 불편을 겪어왔다. 이에 입주자들은 선정당사자를 통해 분양업자는 물론 시공업자에게 하자를 보수하는데 드는 비용을 청구하였다.

판결 서울지방법원은 이 사건 아파트 중 8세대를 표본으로 삼아 조사한 결과 입주자들이 평소 화장실의 사용이나 야간의 숙면에 큰 방해를 받아왔고, 이는 아파트의 건축구조상의 하자에 기인한 것이므로 분양업자는 집합건물의 소유 및 관리에 관한 법률 및 민법에 따라 입주자들에게 하자를 보수하는데 드는 비용 상당액을 배상할 의무가 있다고 인정하였다.

현재 아파트 등 집합건물 내부의 소음 등을 규제하는 법률이 따로 마련되어 있지 않다고 하더라도, 분양업자는 분양계약에 따라 주어진 외부적 조건, 사회·경제적 여건 및 기술적 제약하에서 입주자가 필요최소한의 쾌적한 생활을 유지하여 분양계약의 목적을 달성할 수 있게끔 조치할 의무가 있다고 할 것이므로, 건물의 구조적 하자로 인하여 소음이 발생하거나 발생한 소음이 적절한 수준으로 차단되지 않는다면 이는 분양업자가 담보책임을 지는 하자로 보아야 할 것이라고 판결하였다. 그러나 시공업자에 대해서는 입주자와는 아무런 계약관계가 없으므로 하자담보책임을 지지 않는다고 했다.

구체적으로 하자보수에 소요되는 비용은 화장실에서 나는 소음 등을 감소시키고 차음시공하는 데 드는 것으로 10평, 12평, 15평형별로 중간층 및 최상층에 따라 342,000원, 229,140원, 364,000원, 244,000원, 275,000원, 184,250원 등으로 차별화하였다. 그러나 입주자들이 입은 정신적 고통에 대하여 청구한 위자료 100만원에 대하여는 재산적 손해를 배상해 줌으로써 정신적 손해 또한 전보되었다고 보고 인정하지 않았다.

2. 분양공고와 다른 공유지분과 아파트건설업자의 책임

아파트는 다른 상품과 달리 선분양이라는 특성상 분양단계에서 입주단계에 이르기까지 다양한 소비자문제를 발생시키고 있다. 분양단계에서는 분양광고시의 표시면적과 실제 분양면적과의 다름, 교통 및 주변여건에 대한 허위과장광고, 불공정한 분양약관 등의 소비자문제가 있고 시공단계에서는 부실시공, 입주단계에서는 불성실한 하자보수 등의 소비자문제가 있다.

분양과 관련하여 아파트 분양공고보다 공유대지면직이 감소된 경우 주택건설사업자는 감소된 공유지분에 상당하는 대금을 반환할 의무가 있다는 판례를 소개한다.

주택건설사업자 K씨는 1986년 9월 아파트 8개 단지 17,123 세대에 대한 사업계획승인을 받은 후 1987년 6월 일간신 문에 입주자 모집공고를 하면서 분양대상 아파트의 평형별 세대당 면적, 공유지분 및 분양가격 등의 사항을 기재하였고, 주택소비 자들의 공급신청 및 추첨에 의한 분양당첨자 선정을 거쳐 같은 해 7월 에 분양계약을 체결하였다.

그 후 입주자들이 입주하여 1989년 3월부터 5월 사이에 등기를 경료 받았다. 그런데 일부 단지의 경우 공공시설용지의 확대에 따라 분양공 고 및 분양계약 당시 계획면적보다 축소되어 각 세대별 공유대지면적 이 일부 감소되었다.

이에 662명의 입주자들은 주택건설사업자를 대상으로 그 부족분의 비 율로 감액을 청구하는 소를 제기하였다.

판결

제1심은 청구를 기각하였고, 제2심은 청구를 인정하였다.

대법원은 주택건설사업자의 상고를 기각하여 제2심의 판결에 따라 입주자들의 손을 들어 주었다. 즉 공유대지면적에 관하여 분양공고의 내용을 계약내용의 일부로 흡수시키기로 하는 묵시적인 합의가 있었다고 보고, 분양공고 및 분양계약 당시보다 면적이 감소한 평형별 공유 대지면적을 공급한 경우, 아파트 분양계약에 따른 공유대지지분이전의무는 감소된 지분 범위 안에서 이행불능이 된 것으로 보아야 하므로, 분양계약자 들의 해제의사표시로써 감소된 공유지분범위 안에서 분양계약의 일부 해제 가 가능하고, 주택건설사업자는 원상회복으로써 입주자들에게 감소된 공유 지분에 상당하는 대금을 반환할 의무가 있다고 판결하였다.

3. 아파트 공사로 인한 TV 수신장애와 건축주의 손해배상책임

현대 사회에서 TV는 쾌적한 문화생활을 영위하기 위해 필수불가결한 현대 소비문화의 상징물이므로 TV를 양호한 상태로 수신하는 이익은 법적으로 보호할 가치가 있다. 따라서 이에 대한 침해인 TV 수신장애는 소비자에게 재산적 또는 정신적 손해를 끼치는 현대적 소비자 문제의 하나이다.

건물의 신축이나 재건축시 발생하는 TV 수신장애를 둘러싼 주민과 건축주와의 분쟁이 끊임없이 발생하고 있다.

아파트 공사로 인한 TV 수신장애에 대해 건축주의 손해배상책임을 인정한 고등법원의 판례를 소개한다.

P씨는 1985년 5월 14일부터 서울시 D동에 지상, 벽돌조, 슬래브지붕, 2층의 근린생활시설 및 주택을 소유하고 이곳에 살고 있었다. P씨의 주거지는 4개 공중파 TV 방송국(KBS 1, 2, MBC, SBS)의 송신소가 있는 남산 방면이 직선으로 연결되어 있고 그 동안 TV 수신에는 문제가 없었다.

그런데 인근에 K아파트가 재건축되면서 TV 수신장애가 발생하였다. 5층짜리의 K아파트가 있을 당시에는 P씨는 위 거주지의 옥외에 설치된 안테나를 이용하여 TV 방송을 수신하는데 아무런 장애가 없었다. 그러나 K아파트 재건축조합으로부터 5층짜리 3개 동을 철거하고 15층 내지 20층짜리 아파트 4개 동을 재건축하는 공사를 도급 받은 S건설이 13층 이상으로 건축공사를 진행하던 1994년 3월경 이후로는 위 4개 공중파 TV 방송 중 3개 또는 전부의 방송수신 상태가 좋지 않아 시청하기가 매우 어렵게 되었다. 그래서 1994년 4월 20일부터는 유선방송을 통하여 TV를 시청하고 있다.
이에 P씨는 건축주인 K아파트 재건축조합을 상대로 손해배상청구의 소를 제기하였다.

 서울고등법원은 "현대 사회에서 텔레비전은 쾌적한 문화생활을 향유하기 위하여 필수불가결하므로 텔레비전을 양호한 상태로 수신하는 이익은 법적으로 보호할 가치가 있으며, 이에 대한 침해는 피해자에 대한 불법행위를 구성하게 된다고 할 것이다."라며 건축주는 그 건축으로 말미암아 기존의 인근 단독주책 소유자인 P씨가 텔레비전 방송을 제대로 수신할 수 없게 된 데 대한 모든 손해를 배상할 책임이 있다고 판결하였다.

그리고 건축주가 P씨에게 배상해야 할 금액에 대해서는 "P가 1994년 4월 20일부터 현재까지 유선방송을 통하여 텔레비전을 시청하고 있고 앞으로도 텔레비전 방송의 수신장애를 해소하기 위해서는 유선방송을 이용하여야 하는데 텔레비전 수상기 1대당 유선방송 이용료가 매월 금 4,000원인 점과 재건축아파트의 존속기간이 적어도 20년이라는 점에서 1994년 4월 20일부터 2015년 5월경(아파트의 완공일인 1995년 5월로부터 기산하여 20년이 끝날 때임)까지 매월 금 4,000원의 유선방송 이용료를 지불하여야 하는 손해를 입게 되었다."고 하며 S건설에 이미 지급한 24개월간의 유선방송 이용료를 제외한 1996년 4월 20일부터 입게 된 손해에 한하여 호프만식 계산법에 따라 1996년 4월 20일 당시의 현가로 계산하여 금 638,091원을 지급하라고 판결

하였다.

그러나 서울고등법원은 'P의 주택에 유선방송시설이 설치되기 전까지 텔레비전을 제대로 시청하지 못한 기간이 1개월에 불과하고" 또한 "텔레비전 방송의 수신에 장애가 있다는 사정만으로 주택가격이 하락한다고 보기 어렵다."며 P씨가 주장하는 위자료는 인정하지 않았다.

4. 아파트 내력벽 사기와 손해배상책임

아파트 거실에 내력기둥이 튀어나와 있는데도 마치 기둥이 없는 것처럼 평면도를 그려 아파트를 눈속임 분양한 건설업체에 대해 법원이 손해를 배상하라고 한 판례를 소개한다.

K씨 등은 D건설의 아파트 모델하우스에서 34평형 모델하우스와 유사하다는 직원의 설명을 듣고 39평형을 분양 받아 입주했으나 분양 받을 당시 설명되지도 않았던 내력기둥이 거실과 부엌 사이에 있는 것을 발견했다. 이에 K씨 등 D아파트 입주자 16명은 "입주하고 보니 분양 당시 설명되지도 않았던 내력기둥이 거실에 튀어나와 있었다."며 D건설을 상대로 손해배상청구소송을 냈다.

 서울고등법원은 "피고는 원고들에게 350만원씩 지급하라."고 원고 일부승소를 판결했다. 재판부는 판결문에서 "피고가 지은 34평형 모델하우스에는 내력기둥이 없어 39평형 입주자인 원고

들은 자신의 아파트에도 내력기둥이 없는 것으로 착각할 가능성이 높았다."
며 "피고는 아파트 실제구조와 모델하우스 분양안내서가 다를 경우 미리 설
명하고 알려줘야 함에도 이를 지키지 않은 책임이 있다."고 밝혔다. 또 "모
델하우스에 비치된 39평형 투시도에는 내력기둥이 표시돼 있긴 하나 기둥
옆에 장식장을 그려 기둥의 존재를 알기 힘들게 만들었다."며 "더욱이 투시
도 옆에 걸려 있던 평면도에는 아예 기둥이 표시조차 되어 있지 않았다."고
덧붙였다.

5. 허위 · 과장 상가분양광고와 계약책임 여부

투자대상으로 등장하고 있는 상가분양과 관련하여 최고의 품질, 최고의
위치, 특급상가 등의 용어를 사용하여 상가의 특징과 분양조건 등에 대해
사실과 다른 분양광고를 하여 이를 믿고 거래한 소비자의 피해가 빈번히
발생하고 있다.

예를 들면, 외곽에 위치하면서 대로변 중심지에 위치하는 것처럼 광고
하거나 건물 규모가 단지 내 상가 수준이면서 백화점 수준인 것처럼 표시
한 경우, "단지 내 유일한 상가", "100% 고객흡수" 등과 같이 주변에 경쟁
상가가 전혀 없으므로 독점적 지위를 누릴 수 있는 것처럼 표현한 경우,
"엄청난 유동고객", "유동인구 10만" 등과 같이 상주인구 및 유동인구에
대해 과장한 경우, 지가상승이나 수익성보장, 분양기회 등 엄밀한 의미에
서 투기를 유도하는 표현 등이 있다.

이와 같이 허위 · 과장 광고로 인해 피해를 입은 경우 소비자가 손해를
배상 받거나 분양계약 자체를 취소할 수 있다면 소비자 피해구제는 수월

할 것이다.

그런데 허위 · 과장 분양광고와 관련하여 소비자는 손해배상을 받을 수도, 계약을 취소할 수도 없다는 대법원판례를 소개한다.

J씨는 첨단 오락타운을 조성 · 운영하고 전문경영인에 의한 위탁경영을 통하여 분양 계약자들에게 월 100만원 이상의 수익를 보장한다는 D회사의 상가분양광고와 설명을 믿고 상가분양 계약을 체결하였다. 그런데 상가 개장시기도 지연되고, 입주 후 임대운영 결과 당초 광고했던 내용대로 되지 않았다.

이에 J씨는 D회사를 상대로 첨단 오락타운으로 조성 · 운영하거나 수익을 보장할 의무를 부담하고, 더 나아가 분양계약의 중요부분에 관하여 착오를 일으켰으므로 분양계약을 취소해달라는 소송을 제기하였다.

대법원은 "상가를 분양하면서 그 곳에 첨단 오락타운을 조성 · 운영하고 전문경영인에 의한 위탁경영을 통하여 분양 계약자들에게 일정액 이상의 수익을 보장한다는 광고를 하고, 분양계약 체결시 이러한 광고내용을 계약상대방에게 설명하였더라도, 체결된 분양계약서에는 이러한 내용이 기재되지 않은 점과 그 후의 위 상가 임대분양경위 등에 비추어 볼 때, 위와 같은 광고 및 분양계약 체결시의 설명은 청약의 유인에 불과할 뿐 상가분양계약의 내용으로 되었다고 볼 수 없고, 따라서 분양회사는 위 상가를 첨단 오락타운으로 조성 · 운영하거나 일정한 수익을 보장할 의무를 부담하지 않는다."고 하고, 이어 "상품의 선전광고에 있어서 거래의 중요한 사항에 관하여 구체적 사실을 신의성실의 의무에 비추어 비난

받을 정도의 방법으로 허위로 고지한 경우에는 해당한다고 할 것이나, 그 선전광고에 다소의 과장·허위가 수반되는 것은 그것이 일반 상거래의 관행과 신의칙에 비추어 시인될 수 있는 한 기망성이 결여된다고 할 것이고, 또한 용도가 특정된 특수시설을 분양 받을 경우 그 운영을 어떻게 하고, 그 수익은 얼마나 될 것인지와 같은 사항은 투자자들의 책임과 판단하에 결정될 성질의 것이므로, 상가를 분양하면서 그 곳에 첨단 오락타운을 조성하고 전문경영인에 의한 위탁경영을 통하여 일정 수익을 보장한다는 취지의 광고를 하였다고 하여 이로써 상대방을 기망하여 분양계약을 체결하였다거나 상대방이 계약의 중요부분에 관하여 착오를 일으켜 분양계약을 체결하게 된 것이라 볼 수 없다."고 판결하였다.

6. 허위의 무상거주각서와 임차인의 책임

주택임대차 문제의 하나로 임대인의 부탁으로 허위의 무상거주각서 또는 임대차내용확인서를 써준 임차인이 주택임대차보호법에 의한 보호를 받지 못하거나 손해배상책임을 지는 경우가 발생하고 있다.

임대인의 대출을 위해 금융기관에 허위의 무상거주각서를 써준 임차인에게 대출기관이 입은 손해를 배상케 한 하급심판례를 소개한다.

L보험사는 임대인 A씨가 자신의 소유 빌라를 담보로 6,000만원의 대출을 신청하자, 감정평가사를 통해 빌라의 실질적인 담보가치에 중대한 영향을 미치는 임대차관계를 조사하였다. 조사과정중 임차인 B씨가 8,000만원의 보증금에 주택임대차보호법상의 대항력과 우선변제권을 취득하였음에도 임차인의 처가 임대인의 부탁을 받고 임대인의 사촌동생으로서 빌라를 무상으로 사용하고 있다는 취지의 임대차내용확인서를 작성해 주었다는 사실을 알게 되었다. 그 후 L보험사는 임차인 B씨에게도 무상거주하고 있다는 각서를 받은 후 이를 토대로 빌라에 채권최고액을 8,400만원으로 하는 근저당권을 설정받고 임대인에게 6,000만원을 대출하여 주었다.

그 후 임대인이 변제기에 대출금을 상환하지 못하자 1순위 근저당권자인 L보험사가 부동산임의경매를 신청하여 경매절차가 개시되었다. 그런데 경매절차에서 임차인 B씨가 대항력 있는 임차권자로서 권리신고함에 따라 낙찰가격이 저감되어 6,100여 만원에 낙찰되었다.

이에 L보험사는 빌라의 담보가치 부족으로 회수하지 못한 대출금의 손해에 대한 배상청구의 소송을 임차인 B씨를 상대로 제기하였다.

판결

서울지방법원은 임차인이 임대인으로부터 빌라를 임대차보증금 8,000만원에 임차 받아 사용하고 있음에도 불구하고, 마치 빌라에 무상으로 거주하고 있는 것처럼 허위의 무상거주각서를 작성하여 줌으로써 L보험사로 하여금 빌라에 임대차가 없는 것으로 믿게 하였고, 그 후 빌라에 대한 경매절차에서 임차인이 대항력 있는 임차인권자로서 권리신고함에 따라 낙찰가격이 저감되어 결국 L보험사의 채권액에 비하여 담보가 부족하게 되는 결과를 초래하였다고 할 것이므로, 임차인은 L보험사가 빌라의 담보가치 부족으로 대출금을 회수하지 못함으로써 입은 손해를 배상할 책임이 있다고 판결하였다. 그리고 구체적인 손해액은 (대출원금 60,000,000＋연체이자 23,192,860) － 낙찰대금 61,657,005＝21,535,855원이라고 결정하였다.

7. 부동산중개업자가 다른 점포를 매매 목적물로 잘못 소개한 경우와 착오에 의한 계약 취소

주택 또는 점포의 중개를 업으로 하는 부동산중개업자의 역할이 중요하다. 그런데 최근의 부동산 열기에서 보는 바와 같이 소비자의 부동산거래 지식이 적음을 이용한 부동산중개업자의 부당거래행위가 증가하면서 사회문제가 되고 있다.

예를 들면, 다른 점포를 매매 목적물로 잘못 소개하거나 소정의 수수료를 초과하여 금품을 요구하는 경우이다. 이런 경우 피해를 입은 소비자가 계약을 취소하거나 부동산중개업자가 형사처벌을 받는다는 판례를 소개한다.

상가 복도 건너편에 있는 C점포를 매수하려는 J씨는 부동산중개업자의 말만 믿고서 서둘러 K씨와 매매계약을 체결하였다. 그런데 J씨는 나중에 부동산중개업자가 C점포가 아닌 다른 점포를 소개하여 계약을 체결한 것을 알게 되었다. 이에 J씨는 K씨를 상대로 착오에 의한 계약취소를 청구하였다.

대법원은 J씨가 직접 점포의 위치를 확인하지 아니한 과실이 있지만, 거래 당사자 사이의 권리의 득실변경에 관한 행위의 알선을 업으로 삼고 있어 고도의 직업적인 주의의무를 부담하고 있는 부동산중개업자의 지위나 중개행위를 함에 있어 고의 또는 과실로 거래 당사자에게 재산상의 손해를 받게 할 때에는 그 손해를 배상하도록 한 부동산중개업법 제19조의 규정에 비추어 보면, 부동산중개업자에게 중개를 의뢰하여 매매 등의 계약을 체결하는 일반인으로서는 부동산중개업자가 전문적인 지식과 경험을 가진 것으로 신뢰하고 그의 개입에 의한 거래조건의 지시, 설명에 과오가 없을 것이라고 믿고 거래하는 것이라는 점, 매수인이 중개업자의 말을 믿어 착오에 빠지게 되었지만 중개업자가 차오에 빠지게 된 과정에 명확하게 당해 점포를 지적하지 아니하였던 매도인의 잘못도 개입되어 있는 점, 중개인을 통하여 하는 부동산 매매거래에 있어 언제나 매수인 측에서 매매 목적물을 현장에서 확인하여야 할 의무까지 있다고 할 수 없을 뿐만 아니라 매매 당사자에게 중개업자가 매매 목적물을 혼동한 상태에 있는지의 여부까지 미리 확인하거나 주의를 촉구하는 의무까지는 없다고 할 것인 점 등 매매 중개와 계약 체결의 경위 및 부동산 매매 중개업의 제반 성질에 비추어 볼 때, J가 다른 점포를 매매계약의 목적물이라고 오인한 과실이 중대한 과실이라고 단정하기는 어렵고, J씨와 K씨 쌍방을 위하여 중개행

위를 한 부동산중개업자 스스로 매매계약의 목적물을 다른 점포로 오인한 채 J씨에게 알려준 과실을 바로 J씨 자신의 중대한 과실이라고 평가할 수 없다고 하며, 착오에 의한 매매계약취소를 인정하였다.

한편, 부동산중개업자가 매도인과 매수인 사이의 부동산매매계약을 중개하면서 임야에 대한 매매대금 6,500만원에 대한 중개수수료조로 대전광역시 조례로 정하는 한도액 30만원을 초과하여 매도인으로부터 200만원을 교부받은데 대해 대법원은 부동산중개업자가 소정의 수수료를 초과하여 사례비나 수고비 명목으로 금원을 받은 것은 부동산중개업법 위반으로 형사처벌을 받아야 한다고 판결했다.

6 쇼핑

1. 쇼핑 안전사고와 공작물책임

"쇼핑한다. 고로 존재한다"는 말처럼 현대인은 쇼핑하는 인간이다. 대량 소비사회에서 다양한 상품들 가운데서 물건을 고르는 작업인 쇼핑은 즐거운 일이지만 한편으로 고욕이기도 하다. 무엇을 선택할 것인가의 고민은 쇼핑의 묘미일 것이다. 그러나 즐거워야 할 쇼핑이 불쾌하게 끝나거나 시직도 하기 진에 좌질되는 경우가 많다. 백화점, 할인점, 일반매장 할 것 없이 비좁은 쇼핑 공간, 불친절한 사원들, 할인기간 동안의 아수라장 등으로 인한 불만, 에스컬레이터 · 엘리베이터 등 안전하지 못한 시설로 인한 사고, 카트 사고, 바나나나 포장지로 인한 미끄럼상해사고 등 쇼핑과정에서 소비자가 피해를 입는 일이 발생한다.

계약도 체결하기도 전 쇼핑중에 입은 소비자의 상해는 누구에게 책임을 묻고, 어느 정도까지 배상을 받을 수 있을까?

백화점 또는 할인점 사업자는 소비자가 안전하게 쇼핑을 할 수 있도록 안전배려의무를 부담한다. 만일 소비자가 시설물의 하자로 상해를 입은 경우 사업자는 공작물하자로 인한 손해배상의무를 부담한다. 이때 소비자의 과실이 있는 경우 민법상 과실상계에 의해 손해배상액이 감액된다.

백화점 관광식당가에 설치된 돌다리를 건너다 골절상을 입은 소비자가 재산상 손해는 물론 위자료까지 받은 판례를 소개한다.

J씨는 L백화점 12층의 L호텔 소속인 관광식당가를 걷던 중, 인공개울 위에 설치된 돌다리를 건너다가 돌다리 끝부분 경사면에서 미끄러지면서 발을 삐어 우측 경골 및 비골 골절상을 입었다. L호텔 측에서 치료비를 부담할 수 없다고 하자 J씨는 자비로 수술을 받았다. 이후 한국소비자보호원의 합의권고 및 분쟁조정 절차를 거쳤지만 L호텔 측에서 응하지 않자 J씨는 백화점을 상대로 공작물 설치의 하자에서 사고가 비롯된 것이라고 주장하며 법원에 수술비, 치료비 등 손해배상청구의 소송을 제기하였다.

판결 서울민사지방법원은 돌다리가 끝부분이 약간 급한 경사를 이루고 있어 미끄러지기 쉽게 되어 있었으며 그 위에 붙어 있던 미끄럼 방지용 테이프도 거의 마모되어 그 구실을 제대로 하지 못함으로써 발생하였다며 L호텔이 공작물인 돌다리의 점유자로서 돌다리의 설치, 보존상의 하자로 인한 손해를 배상할 책임이 있다고 하였다. 손해배상의 범위는 일실수입, 치료비, 향후치료비, 개호비 등 재산상 손해액(3,766,336원)과 상해를 입음으로 인한 정신적 손해액(500,000만원)이다. 그러나 J씨가 몸의 균형을 잘 잡고 미끄러지는 일이 없도록 주의해야 함에도 불구하고 이러한 주의를 제대로 기울이지 않고 다리를 건너다가 미끄러지게 되어 사고를 당한 사실을 인정하여 소비자의 과실비율을 40%로 정하여 총 2,759,802원(3,766,336×0.6+500,000)을 손해배상액으로 확정하였다.

2. 백화점의 변칙 세일과 소비자의 정신적 손해

백화점에 대한 소비자의 신뢰와 기대는 매우 크다. 따라서 백화점 세일은 대대적인 광고에 의해 창출된 신뢰와 기대로 소비자가 엄청나게 몰린다. 그런데 백화점이 이런 고도의 사회적 신뢰를 이용하여 이득을 챙기는 경우가 있다. 바로 백화점의 변칙 세일이다. 소비자들이 할인판매를 선호하는 경향이 있다는 점에 착안하여 허위의 할인율을 내세우거나 이를 과장하는 것이다.

백화점의 변칙 세일로 인하여 고객이 입은 정신적 손해에 대한 위자료를 인정한 백화점 변칙 세일 판례를 소개한다.

소비자들은 평소 L, S, M 등 국내 대형 백화점에서 그들이 표시한 종전 가격 내지 정상가격에 대해 특별히 세일기간에 한하여 할인율로 할인되어 가격이 낮게 책정된 것으로 알고 상품을 구입하였다.

그러나 백화점의 의류입접업체는 이미 시중에 출하된 상품의 경우에는 종전 판매가격을 실제보다 높게 표시하여 할인판매를 가장한 정상판매를 기도하거나 할인율을 기망하고, 새로이 출하하는 신상품의 경우에도 당초 제품을 출하할 때부터 당해 상품의 가격표에 제조업체에서 실제로 판매를 희망하는 가격을 일단 할인판매가격으로 표시하고 여기에 제조업체가 임의로 책정한 할인율을 감안하여 역산, 도출된 가격을 위 할인판매가격과 나란히 표시함으로써 마치 위와 같이 역산, 도출된 가격이 종전 판매가격 내지 정상판매가격인 것 같은 외관을 꾸민 다음 백화점 등 각 매장에 진열하고 매장의 광고대에 위 두 가격을 비교한 할인판매율을 표시하여, 당해 상품들이 종전에는 높은 가격으로 판매되던 것인데 할인특매기간에 한하여 특별히 대폭 할인된 가격으로 판매하는 것처럼 광고를 하고, 할인판매기간이 끝난 후에도 판매가격을 환원하지 않고 할인특매기간 중의 가격으로 상품판매를 계속하는 등의 변칙적인 방법을 이용하여 판매하였다. 또한 백화점 업무담당자들도 이런 변칙 세일이 행해지고 있다는 사실을 직접 업무처리상 결재과정에서 또는 간접적으로 들어서 알고 있었다.

이런 변칙 세일은 1988년 12월 공정거래위원회의 실태조사 결과 드러났다. 이에 소비자 52명은 L, S, M 등 국내 대형 백화점을 상대로 손해배상청구소송을 제기하였다. 제1심은 위자료를 인정하지 않았다. 그러나 서울고등법원은 원심판결을 취소하고 위자료를 인정하였다.

서울고등법원은 "원고들은 평소 피고 등 백화점이 고도의 사회적 신뢰를 바탕으로 정찰제와 품질보증제를 시행하고 있는 것으로 알고 피고들의 할인특매에 관한 광고를 전적으로 믿고 거래하였는데 피고들이 표시한 가격이 실제보다 높여서 표시된 것으로 자기들이 구입한 상품이 자기들이 믿었던 가치보다 못 하다는 사실을 알게 됨으로 인하여 백화점과의 거래에서 누리게 되는 안정감과 만족감 그리고 자랑스러워하는 마음 등이 무참히 훼손되었다 할 것이므로 이는 단순히 재산권의 침해에만 해당되지 아니하고 인격적 법익의 침해도 된다고 보아야 할 것이어서 이로 인하여 상당한 정신적 고통을 받았을 것임은 경험칙상 명백하다고 할 것이다."라고 하며 소비자들에게 각각 100,000원, 50,000원, 10,000원의 위자료를 지급하도록 판결했다.

대법원도 대형 백화점의 이른바 변칙 세일이 기망행위에 해당한다고 판결하였다.

7 여행 · 회원권 · 레저

1. 여행업자 및 국외여행 인솔자의 주의의무

여행에 대한 소비자의 욕구가 높아지면서 전문여행사를 통한 여행 서비스가 증가하는데 반해, 일부 여행사의 부당행위로 인해 소비자의 피해는 증가하고 있다. 이것은 여행상품이 항공좌석, 숙박시설 등의 다양한 요소들로 구성되어 있고 여행 후에 비로소 평가가 가능한 무형의 상품이라는 점에서 기인한다.

피해유형을 보면 관광일정 · 숙박지 임의변경, 기타 여행조건에 대한 계약불이행 등 여행사의 계약위반으로 인한 피해가 가장 많고, 항공권 미확보, 참가자수 미달 등 여행사의 귀책사유로 인한 여행계약취소, 여행요금의 부당청구, 여행중 상해나 질병, 가이드 불성실 등이 있다. 특히 일부 여행사의 덤핑 관광으로 인한 소비자의 피해는 심각하다. 여행중의 피해는 물론 구제단계에서 배상약속이 이행되지 않아 또 다른 피해의 원인이 되고 있다. 여행 도중 상해를 입어 즐거워야 할 여행이 불쾌하게 끝난 경우

여행소비자가 여행업자 또는 여행인솔자에게 손해배상책임을 물을 수 있
다는 판례를 소개한다.

L씨 부부는 여행사를 통해 5박 6일 동안 태국 · 싱가포르 ·
말레이시아를 관광하는 패키지 여행에 참가하였다. 여행 5
일째 태국의 파타야 시에서 가까운 산호섬 해변에서 휴식
및 자유시간을 가지는 동안 여행안내원들의 권유에 따라 모터보트에
매달린 바나나보트 앞쪽에 앉았는데 일행 여행자 K씨가 운전하는 모
터보트 앞부분에 들이받쳐, 2개월 이상의 치료를 요하는 상해를 입었
다. 이에 L씨는 여행업자와 국외여행 인솔자에 대해 손해배상을 청구
하였다.

판결   대법원은 여행업자는 물론 국외여행 인솔자에게 여행자의 안
전확보를 위한 주의의무가 있다고 하며 손해배상책임을 인정
하였다.

"여행업자는 여행자에 대하여 기획여행계약상의 부수의무로서 여행자의
생명 · 신체 · 재산 등의 안전을 확보하기 위하여 여행목적지 · 여행일정 ·
여행행정 · 여행서비스기관의 선택 등에 관하여 미리 충분히 조사 · 검토하
여 전문업자로서의 합리적인 판단을 하고, 또한 그 계약내용의 실시에 관하
여 만날지 모르는 위험을 미리 제거할 수단을 강구하거나 또는 여행자에게
그 뜻을 고지하여 여행자 스스로 그 위험을 수용할 지 여부에 관하여 선택
의 기회를 주는 등의 합리적 조치를 취할 신의칙상의 주의의무를 진다.

또한 여행업자가 내국인의 국외여행시에 그 인솔을 위하여 두는 국외여행

인솔자는 여행업자의 여행자에 대한 안전배려의무의 이행보조자로서 당해 여행의 구체적인 상황에 따라 여행자의 안전을 확보하기 위하여 적절한 조치를 강구할 주의의무를 진다."

따라서 "국외여행 인솔자들은 그 주의의무의 일환으로 여행자 일행으로 하여금 위험한 놀이기구인 제트스키나 바나나보트를 이용하게 하는 경우, 먼저 여행자 일행에게 사고발생의 위험성에 관하여 고지함으로써 그들 스스로가 그 이용 여부를 결정할 수 있게 해야 할 뿐만 아니라 이를 탑승하기로 결정한 자에 대하여는 그 기기조작법, 안전수칙 등에 관하여 철저한 사전 교육을 시켜 이용상의 잘못으로 인하여 위험한 상태를 일으키지 아니함은 물론 위험을 조우한 경우에도 이에 대처할 수 있도록 합리적 조치를 취할 주의의무가 있음에도, 이러한 의무를 해태한 채 제트스키를 타도록 권유하여 가해자 K씨로 하여금 운전미숙으로 사고를 발생하게 한 과실이 있다."고 했다.

2. 덤핑 해외여행 상품에 대한 여행사의 책임

해외여행 상품을 과장광고해 여행객을 모집, 현지 가이드를 통해 쇼핑 관광 등을 강요했던 여행사에 대해 손해배상책임을 인정한 판례를 소개한다.

 J씨 등 여행객 16명은 2002년 7월 신문에 게재된 '방콕, 파타야 3박 5일 488,000원, 가이드 노팁'이라는 광고를 본 후 성수기임에도 불구하고 저렴하게 나온 여행상품이라고 판단, K여행사와 여행계약을 체결했다.

그러나 문제는 출발부터 도착 때까지 발생하였다. 같은 달 25일 '선착순 30명'이라던 광고와는 달리 공항에는 200여 명의 여행객이 모여 있었고 인천공항에서 출발하는 외국 항공사의 비행기가 단종된 지 10년도 넘어 기내에서 불쾌한 냄새가 나고 기체가 낡아 불안했다.

또한, 관광지에서 이들은 원치 않은 쇼핑은 물론 뱀농장 견학 등 자비가 들어가는 이른바 옵션코스를 강요받았다. 그리고 귀국길에는 비행기의 기체결함으로 이륙이 지연되어 이에 안전에 위협을 느낀 일부 여행객이 비행기에서 내리겠다고 항의했고 비행기 기장이 승객 39명을 활주로 인근에 내려놓고 떠나 버리는 일까지 발생했다.

결국 이들 승객들은 여행상품값보다 더 비싼 740,000원씩을 별도로 내고 다음날 다른 항공편으로 돌아와 여행사를 상대로 1인당 200만원씩의 손해배상청구소송을 냈다.

 서울지방법원은 여행사가 과장광고를 게재한 사실, 여행 도중 가이드들을 통해 옵션관광을 강요하고 현지 상인들을 통해 수수료를 지급 받아온 사실, 옵션관광문제로 여행객들에게 불쾌감을 준 사실, 비행기가 낡아 안전에 위협을 느낄 정도인데도 전혀 문제가 없는 새 비행기인 양 상담한 사실 등이 인정된다며 여행사에 대해 여행지에서 소비자들이 여행을 통해 느끼려는 즐거움을 침해한 잘못이 있다고 판결했다. 그러나 여행객으로서도 여행일정이 태국, 파타야 등에서 5일에 걸쳐 있다는

사실을 알고 있었고 그에 대한 여행경비가 통상의 비행기 운임 정도도 되지 않은 사실을 충분히 알 수 있었던 사실을 인정할 수 있는 점에 비춰보면 여행객들에게도 옵션관광에 이르게 된 점에 대한 잘못이 일부 있다며, K여행사로 하여금 성인에게는 20만원씩, 미성년자에게는 10만원씩 위자료를 지급하라며 원고 일부승소 판결했다.

3. 망친 신혼여행과 위자료

여행사의 허술한 패키지 상품을 이용했다가 신혼여행을 망친 3쌍의 신혼부부들이 여행사를 상대로 소송을 제기, 위자료를 받아낸 조정사례를 소개한다.

L씨 부부 등은 1인당 110만원의 A여행사가 제공하는 태국 신혼여행 상품을 이용했다. 그러나 방콕에 도착하자 여행사 소속의 가이드는 "돈을 내지 않으면 일정이 빡빡해진다."고 은근히 위협하며 계약에도 없던 1인당 250달러의 '가이드료'를 요구했다. 게다가 원치 않는 현지 쇼핑을 하게 만들고 일정에 들어 있던 쇼 관람과 수상 오토바이 타기는 일방적으로 생략해 버렸다. 이에 L씨 부부 등은 현지에서 A여행사에 항의전화를 걸어 가이드 교체를 요구했다.

그러나 가이드 교체가 늦어지면서 숙소에서 '금쪽 같은' 시간을 보내야 했다. 귀국 후 L씨 부부 등은 "신혼여행을 망쳤다."며 "1인당 200만원의 위자료를 지급하라."고 A여행사를 상대로 소송을 제기했다. 여행사 측은 "과실은 인정하지만 여행사들간의 과다경쟁으로 1인당 남는 수익이 20만원밖에 안 돼 그 이상은 지급할 수 없다."고 맞섰다.

 서울지방법원은 "여행사는 부부당 100만원씩 위자료를 지급하라."며 강제조정 결정을 내렸다. 판사는 "원고들이 일생에 한 번 뿐인 신혼여행을 망치게 된 점, 여행사에 징벌을 가하는 의미 등을 고려해 이 같은 금액을 결정했다."고 말했다.

4. 인터넷 여행계약의 미이행과 여행계약자의 정신적 손해

인터넷으로 여행계약을 맺었으나 계약시 여행경비의 전부 또는 일부를 지급하거나 계약서류를 작성하지 아니했다 하더라도 여행사가 비행기좌석을 확보하지 못해 여행을 가지 못하게 됨에 대해 여행사는 여행계약자에게 정신적 손해를 배상할 책임이 있다는 판례를 소개한다.

K씨는 어머니의 회갑을 기념으로 어머니, 아내, 아이와 함께 해외여행을 가기로 결정하고, 2002년 1월 3일경 괌여행상품 광고를 보고 Y여행사에 전화를 걸어 2002년 2월 9일부터 2002년 2월 12일까지의 괌여행을 어른 3명과 어린이 1명이

가겠다고 하였다. 이에 여행사 직원은 그렇게 하겠다고 하면서 K씨의 이메일 주소를 물어 그 날로 "저희 Y여행에 예약을 해주셔서 대단히 감사드리며 요청하신 일정표를 보내드리오니 문의사항이 있으시면 연락주시기 바랍니다."라는 메일을 출발일시, 장소, 집결지, 여행일정, 입금계좌번호 등이 기재된 여행일정표를 첨부하여 송부하였다. 그러나 당시 여행사 직원은 여행경비의 전부 또는 일부를 언제까지 입금하여야 한다거나 비행기좌석이 확보되지 못할 경우 여행을 가지 못할 수도 있다는 등의 내용을 알려 주지 않았다. 이에 K씨는 계획한 여행이 차질 없이 진행될 것으로 예상하고 여권을 발급 받는 등 여행을 가기 위한 준비를 하면서 기다렸다. 그런데 2002년 2월 2일 여행사 직원은 K씨에게 전화를 걸어 항공사로부터 비행기좌석을 확보하지 못하여 여행을 갈 수 없게 되었다고 하였다. K씨는 다른 여행사를 통해 계획한 여행을 가고자 하였으나 이미 모두 예약이 되어 있어 여행을 갈 수 없게 되었다. 이에 K씨는 Y여행사를 상대로 위자료청구소송을 제기하였다.

판결 서울지방법원은 인터넷으로 합의된 여행계약이 반드시 여행경비의 전부 또는 일부를 지급하거나 계약서를 작성해야만 성립되는 계약이라고 볼 수 없으므로, K씨 등과 Y여행사 사이에는 K씨 등에 대하여 약정한 일시에 약정한 곳으로 여행을 다녀올 수 있도록 해야 할 의무를 부담하고 그 대가로 여행경비를 지급하기로 하는 내용의 의사합치가 있었다고 봄이 상당하며, 계획한 해외여행을 가지 못하게 됨으로 인하여 상당한 정신적 고통을 입었을 것으로 인정하여 위자료의 금액을 K씨와 처는 각각 20만원, 어머니는 30만원, 자녀는 10만원으로 판결했다.

5. 항공기의 운항취소와 항공사의 위자료배상책임

1989년 해외여행이 완전히 자율화되고 국민소득 및 여가시간이 증가함에 따라 항공기의 이용이 보편화되고 있으며 소비자들의 항공기 서비스에 대한 욕구도 다양화되고 있는 추세이다. 그러나 항공기를 이용하는 과정에서 소비자의 불만과 피해는 줄어들지 않고 있다.

대표적인 소비자 피해는 항공사의 과실로 예정 항공편을 이용하지 못하거나 항공기 지연으로 발생하는 경우이다. 이때 운임의 일부를 환급 받거나 체제 필요시 적정숙식비 등의 경비를 받을 수 있다. 그러나 더 나아가 운송지연에 따른 정신적 손해, 즉 위자료도 청구할 수 있는가가 관심사이다.

항공기의 운항취소에 대한 항공사의 위자료배상책임을 인정한 판례를 소개한다.

K씨 외 24명은 Y대학교 행정대학원 고위정책과정에 재학중인 사람들로 1996년 10월 19일에서 1996년 10월 20일까지 이틀 간 제주도 합숙세미나에 참석하기 위하여 K항공사로부터 왕복항공권을 70,400원에 매입하였다. 이들은 1996년 10월 19일 서울발 항공기의 출발 예정시간인 10 : 40에 맞추어 탑승예정승객 261명과 함께 10 : 20분경 탑승절차를 밟고 있었다. 그런데 K항공사의 정비본부가 같은 시간 해당 여객기의 레프트 랜딩기어 브레이크에 이상이 있어 안전운항을 위한 추가점검이 필요하다는 이유로 종합

통제실에 여객기의 운항취소를 요구하였고, 중앙통제실은 운항스케줄 통제규정에 따라 해당 여객기의 운항을 취소하고 대체기를 투입하기로 결정하였다. 일단 탑승가능인원이 109석인 대체기에 일부 승객을 탑승시켜 먼저 출발시키고 나머지 승객은 같은 날 12 : 30에 다른 여객기 편으로 출발시키려고 했다.

그러나 이들을 비롯한 승객들이 분승을 거절하자, 일단 승객 48명을 탑승시켜 출발시킨 다음 이들을 포함한 나머지 승객을 12 : 59경에 탑승시켜 출발하여 제주국제공항에 예정시각보다 2시간 25분이 지연된 상태로 도착하였다. 이로 인하여 세미나 일정 중 1996년 10월 19일자 행사 일부가 변경되고 취소되었다. 이에 K씨 외 24명은 K항공사에 대해 위자료청구소송을 제기하였다.

판결 서울지방법원은 "사고 당일 위 여객기가 정상적으로 운항할 수 없는 만약의 경우도 예상하여 위 여객기에 탑승할 예정인 승객을 모두 탑승시킬 수 있는 대체기를 예비적으로 준비하고 사전에 예정탑승객에게 이를 고지하는 등 되도록 운항지연을 방지하고 부득이 운항이 지연되어도 그 지연시간을 줄이려는 노력을 기울일 의무가 있음에도 불구하고, 만연히 위 여객기가 정상적으로 운항할 수 있음을 전제로 대체기도 마련하지 않은 상태에서 예정된 시각에 위 여객기가 출발할 수 있는 것처럼 원고들을 비롯한 탑승객의 탑승절차를 밟고 있다가 뒤늦게 위 여객기의 운항취소를 통보 받고는 이때서야 비로소 탑승인원이 위 여객기의 탑승예정 인원에 훨씬 못 미치는 대체기를 준비하는 등 피고 회사의 운항일정 관리상의 미필적 고의 또는 중과실이 있다."고 하면서 K항공사로 하여금 K씨 외 24명 각각에게 위자료로 100,000원씩을 지급하라고 판결하였다.

6. 회원초과모집과 회원계약의 해제

소득수준의 향상 및 여가시간의 증가와 더불어 레저에 대한 소비자의 욕구가 높아지면서 골프장, 헬스, 콘도미니엄 등 회원계약을 통해 이용할 수 있는 회원제 시설 및 용역은 소비생활에 없어서는 안 되는 보편적인 소비대상으로 자리를 잡아가고 있다.

이때 회원계약(Time Share 또는 시분할부동산이용계약)이란 회원제 사업자가 회원에 대하여 골프장, 헬스, 콘도미니엄 등 특정시설을 일정기간 우선적으로 이용하게 할 것을 약정하고, 회원은 이에 대하여 입회금 등 금전을 지급하는 것을 약정하는 계약을 말한다.

그런데 회원계약을 둘러싼 사회적 여건과 법 제도적 정치가 미처 따르지 못해 회원계약의 소비자문제가 증가하고 있다.

대표적인 소비자 피해의 유형으로 가입단계에서는 영업사원의 허위 · 과장 설명 및 광고, 콘도미니엄 준공지연에 따른 분양계약 해제, 청약철회권 회피 등이 있다.

또한 이용단계에서는 골프 및 콘도미니엄 이용 예약의 불이행, 시설 미흡에 따른 헬스회원권 해제, 골프연습장 이용 중 분실한 골프장비, 스포츠센터 이용 중 도난 당한 소지품, 사업자의 변경에 따른 계약해지, 명의개서에 따른 권리회복 등이 있다. 끝으로 종료단계에서는 회원권의 양도 · 양수에 따른 사업자의 부당한 자격박탈, 정당한 사유에 의한 회원 탈퇴 요구의 거부, 입회금 또는 보증금 반환 등이 있다.

골프장 회원모집 광고와는 달리 회원을 과다하게 모집해 골프장 이용에 제한을 두었다면 계약해제사유에 해당, 중도금은 물론 계약금도 돌려줘야 한다는 판례를 소개한다.

P씨는 1996년 5월 '국내 회원 700명, 해외 회원 200명의 정통회원제' 라는 D골프장 회원모집 광고를 보고 회원가입 계약을 체결했다. 그러나 D사가 자금사정 악화를 이유로 2100여 명의 회원을 추가로 모집하고 부킹을 제대로 시켜 주지 않자, P씨는 골프장 운영사인 D사를 상대로 손해배상청구의 소송을 제기하였다.

판결 서울지방법원은 "골프장의 회원수는 부킹의 원활 정도, 회원권의 시세 등에 영향을 미치는 중요한 요인인데 D사가 계약당시 '국내 회원을 700명으로 한정한다' 는 운영방침을 팸플릿에만 광고하고 회원 가입신청서나 약관에 기재하지 않았더라도 이는 거래상 중요한 사항으로 회원가입계약"이며 "약정 회원수를 초과해 2100여 명의 회원을 모집한 것은 계약해제사유가 된다."고 판결했다.

그러나 P씨의 '계약금 상당액을 손해배상해야 한다' 는 주장에 대해서는 "계약금을 냈더라도 이를 위약금으로 하기로 하는 특약이 없는 이상 손해배상액의 예정으로서의 성질을 가진 것으로 볼 수 없다."며 받아들이지 않았다.

7. 여관 주차장 이용시
주차 차량의 도난과 손해배상청구

2000만 자동차 소유시대에 들어선 우리나라에서 자동차의 주차를 둘러싼 분쟁은 끊임없이 발생하고 있다. 이웃간 폭력사태는 물론 주차장 이용에 따른 주차 차량의 도난 또는 훼손으로 인한 숙박업자 또는 주차장업자의 책임 여부가 논란이 되고 있다.

주차장 이용시 주차 차량의 도난으로 인한 책임 여부에 관해 소비자의 입장에서는 손해배상을 청구할 수 있는 경우가 제한되는 대법원의 판례를 소개한다.

① 여관에 투숙할 때 여관측에서 여관부설 주차장에의 출입과 주차시설을 통제하거나 확인할 수 있는 조치가 되어 있거나 숙박업자에게 차량 시동 열쇠를 보관시키는 등의 방법으로 주차 차량의 관리를 맡긴 경우에만 주차 차량의 도난이나 훼손으로 인한 손해배상을 여관입자에게 청구할 수 있다.

A씨는 운전하던 차량을 차량출입을 통제할 시설이나 인원을 따로 주지 않은 여관부설 주차장에 주차시켜 놓고 차량 시동 열쇠를 맡기지 않은 채 여관에 투숙했다가 차량을 도난 당했다. 이에 A씨는 여관업자에게 여관부설 주차장 내에서 발생한 차량의 도난에 대한 손해배상청구소송을 제기하였다.

판결　대법원은 여관업자가 책임 없다고 판결했다. 다시 말해 여관업자가 투숙객의 차량을 주차할 수 있는 주차장을 설치하면서 그 주차장에 차량출입을 통제할 시설이나 인원을 따로 두지 않았다면, 그 주차장은 단지 이용액의 편의를 위한 주차장소로 제공된 것에 불과하고, 숙박업자와 이용객 사이에 통상 그 주차 차량에 대한 관리를 여관업자에게 맡긴다는 의사까지는 없다고 봄이 상당하므로, 숙박업자에게 차량 시동 열쇠를 보관시키는 등의 명시적이거나 묵시적인 방법으로 주차 차량의 관리를 맡겼다는 등의 특수한 사정이 없는 한, 숙박업자에게 선량한 관리자의 주의로써 주차 차량을 관리할 책임이 있다고 할 수 없다고 한 것이다.

② 주차장 이용시간이 정해진 경우에는 주차장 이용시간 중에 발생한 자동차의 멸실·훼손에 한하여 주차장 관리자에게 손해배상책임을 청구할 수 있다.

문제의 주차장은 한 명의 주차관리요원을 두고 주간(오전 9시부터 오후 9시까지)에만 주차장을 관리하고, 야간(오후 9시부터 다음날 오전 9시까지)에는 개방되는 주차장으로 월 단위 이용자에게 주차공간의 확보를 위해 주차 차량의 예비열쇠를 교부받아 이를 보관하여 왔다. 그런데 A씨가 퇴근 후 술자리 때문에 주차장에 차를 주차시켜 두고 퇴근하게 되었는데, 마침 주차관리요원이 퇴근한 후에 도둑이 열쇠보관함을 열고 예비열쇠를 훔쳐 승용차를 절취하였다. 이에 A씨는 주차장관리자에게 승용차에 대한 보관책임을 묻는 소송을 제기하였다.

판결 대법원은 주차장관리자가 책임이 없다고 판결했다. 즉 주차요금을 월단위로 지급하기로 하였다고 하여 당연히 해당 월 내내 정해진 이용시간 외에도 보관 · 감시 의무를 인수하기로 하는 주차장 이용계약이 성립되었다고 할 수 없다고 한다.

8. 비회원의 절도와 스포츠센터의 손해배상책임

회원제 스포츠센터에서 비회원이 탈의실 옷장에서 도난범행을 하는 것을 방지하지 못한 경우 그로 말미암은 회원의 손해에 대해 클럽의 배상의무를 인정한 하급심판례를 소개한다.

H스포츠클럽의 정회원으로 1992년 7월부터 스포츠클럽을 이용하여 온 K씨는 같은 해 12월 23일 15 : 20경 H스포츠클럽에 도착하여 탈의실 제127번 옷장에 소지품을 보관하고 자물쇠를 잠근 다음 약 15분간 수영을 한 뒤 샤워실에서 샤워를 끝내고 16시경에 스포츠클럽에서 나왔다. 그런데 K씨가 수영과 샤워를 하는 동안에 신원이 파악되지 않은 여자가 탈의실 제127번 옷장을 비정상적인 방법으로 열고 그 속에 있던 K씨의 핸드백에서 K씨 명의의 S은행 저축예금통장과 인장, 신용카드 등을 절취하여 갔다.

K씨는 그 날 스포츠클럽에서 나온 뒤 한참 후인 18 : 50경에야 핸드백을 열어보면서 이 사실을 발견했지만 은행 개점시간이 마감된 관계

로 그 날 19 : 30경에 S은행 반포지점에서 우선 신용카드에 대한 분실 신고만 한 뒤 다음날 09 : 30쯤에 S은행 반포지점에서 예금통장에 대한 도난신고를 하였다. 그러나 이미 K씨의 소지품을 훔친 여자가 그 전날 15 : 43 ~ 16 : 09 사이에 9차례에 걸쳐 A씨 명의의 신용카드와 예금통장을 이용하여 K씨의 예금계좌에서 모두 1,378만원을 인출해간 뒤였다.

H스포츠클럽은 등록을 한 회원만이 출입할 수 있는 회원제 스포츠클럽임에도 불구하고, 절도사건 직전에 신원 미상의 여자가 자신의 어머니를 만나러 왔다고만 말하고 회원 확인 절차를 거치지 않았는데도 스포츠클럽 여직원이 이 여자를 그대로 탈의실에 들어가게 허락하고 전혀 감시하지 않았고, 그 여자는 다른 회원들이 보지 않는 틈에 위와 같은 절도를 하였다는 점이 추정되었다.

이에 K씨는 H스포츠클럽 운영자를 상대로 손해배상의 소송을 제기하였다.

 서울민사지방법원은 "피고는 위 스포츠클럽을 운영하는 자로서 그 회칙과 세칙에 따라 회원 또는 회원과 동반한 비회원만을 그곳에 출입시켜야 하고 또한 항상 도난사고 등을 방지하기 위하여 철저한 감시 · 감독을 해야 할 계약상의 의무가 있다."며 K씨의 손해를 배상할 책임이 있다고 판결하였다. 다만, K씨가 귀중품인 예금통장과 인장 등을 회원을 위한 개인사물함에 보관하거나 안내원에게 따로 보관하지 않은 과실 60%를 인정하여 5,512,000원의 배상을 인정하였다.

이와 유사하게 골프장에서의 골프채 분실에 대한 골프장업자의 손해배상책임을 인정한 판례가 있다.

판결 골프장이 많은 이용객으로 항시 붐비는 상태인데도 이용객의 소지품 도난 등을 방지하기 위하여 경비원 수를 늘리거나 현관에 있는 골프가방 거치대에 지정조치를 하지 않은 잘못으로 이용객이 거치대에 놓아 둔 골프가방을 도난 당한 경우, 골프장이 대중 골프장(퍼블릭코스)으로서 일반 골프장과 달리 이용객이 보조자(캐디) 없이 스스로 운반용 카트에 골프가방을 싣고 다니도록 되어 있고 그 이용요금도 현저히 저렴하며 골프장의 현관 등에 골프가방의 보관 · 관리는 본인이 해야 하고 분실시 책임지지 않는다는 안내문을 게시하였다 하더라도 골프장 경영자는 상법 제152조 제2항, 제3항에 따라 이용객이 골프가방을 도난 당함으로써 입게 된 피해를 배상할 책임이 있다고 판결했다. 이때 이용객의 과실을 50%로 산정했다.

9. 스케이트장에서의 충돌사고와 시설 운영회사의 책임

① 스케이트장에서 스케이트를 타다가 역주행자와 충돌하여 상해를 입은 사고에 대하여 스케이트장 관리운영자에게 손해배상책임을 인정한 판례를 소개한다.

P(43세)씨는 1996년 10월 20일 17시경 L회사가 운영, 관리 하는 아이스링크에서 안전수칙에 따라 시계 반대방향으로 활주하던 도중 얼음판에 생긴 홈에 스케이트 날이 걸려 멈추는 순간 안전수칙을 무시하고 맞은 편에서 시계 방향으로 활주해 오던 어린이와 충돌하여 얼음판에 넘어졌다. P씨는 이때 넘어지면서 우측 대퇴골 경부복잡골절 등의 상해를 입게 되었다.

그런데 L회사 아이스링크는 사고 당일이 일요일이라서 이용객이 급증하였는데도 입장 인원을 적정한 수준에서 통제하지 않고 이용을 원하는 사람을 모두 입장시켜 총 1500여 명이 입장하였고(평일 400～500명 수준임), 사고 당시에 아이스링크를 이용하는 인원만도 약 600여 명에 이르렀다. 또한 과다한 인원으로 인해 2시간 단위로 30분 동안 실시되는 정빙작업만으로는 빙질이 양호한 상태로 유지될 수 없었고, 배치한 안전요원도 3명뿐이어서 안전수칙을 무시하고 시계방향으로 활주하는 이용객을 통제하거나 안전사고에 신속히 대처할 수 없는 상태였다.

이에 P씨와 그의 가족은 L회사를 상대로 손해배상을 청구하였다.

서울지방법원은 L회사가 충돌사고를 미리 방지해야 할 업무상의 관리감독 및 주의의무가 있음에도 불구하고 이를 소홀히 한 과실이 있으므로 P씨가 입은 손해를 배상할 의무가 있다고 보았고, 반면에 P씨도 사고 당시에는 아이스링크에 과다한 인원이 입장하여 질서가 잘 지켜지지 않는 상황이었으므로 특히 다른 입장객과의 충돌을 방지하기 위하여 안전한 속력으로 전방을 잘 살피며 활주했어야 함에도 이를 게을리 하여 반대 방향에서 활주해 오는 어린이와의 충돌을 방지하지 못한 잘

못이 있다고 하며 과실비율 40%를 인정하였다. 따라서 법원은 L회사로 하여금 피해자 P씨에게 일실수입, 치료비, 위자료 등으로 2,600만여 원, 부인에게 위자료로 200만원, 딸에게 위자료로 100만원을 지급하도록 판결했다.

② 스키장 사업자의 불법행위책임을 부정한 판례를 소개한다.

판결 스키 초보자가 중급자용 코스에서 스키를 타다가 슬로프 이탈 후 전나무에 충돌하여 사망한 사고에 대해 서울고등법원은 초급자가 중급자용 코스에서 스키를 타다가 코스를 이탈하여 11m 떨어져 있는 나무에 부딪혀 사망한 데 대하여 위 사고는 전적으로 망인의 과실에 의한 것으로서 스키장을 소유, 운영하는 회사에게는 그 시설물의 설치 내지 보존에 있어서 요구되는 주의의무 또는 이용자에 대한 안전배려의무위반으로 인한 손해배상이 없다고 판결했다.

판결 서울지방법원은 스노 보드 경력 1주일의 피해자가 스키장 금지 규정에 위반하여 스노 보드를 착용한 채 싱급자 및 중급자용 스키 슬로프를 활강하다가 보호펜스 철재기둥에 충돌하여 상해를 입은 사고에 대하여, 피고로서는 이용객들이 위 슬로프를 활강하다가 미끄러져 코스를 이탈하는 경우 추락을 방지하기 위하여 보호펜스를 설치한 점에 비추어 이용객들이 위 보호펜스를 지탱하는 철재기둥에 충돌하는 경우도 충분히 예상할 수 있었다 할 것이고, 그렇다면 피해자의 위 상해는 위 철재기둥에 충돌하는 경우 그 충격을 완화하는 장치를 설치하여 사고발생을 미연에 방지할 방호조치를 다하지 못한 위 보호펜스의 설치 · 보존상의 하자로 발생한 것이라 할 것이므로, 특별한 사정이 없는 한 피고는 원고들이 입은 손해를 배상할 의무가 있다고 할 것이다. 그러나 스노 보드 경력이 1주일밖에 되지 않는 원고가 착용이 금지된 스노 보드를 착용한 채 활강하다가 그 속도를 이기지 못하고 미끄러져 일어난 사고로서 위 원고의 중대한 과실에 의하여 발생한 사고라 할 것이고, 위 원고의 위와 같은 중대한 과실은 피고의 책임을 면하게 할 정도에 이른다고 판결하였다.

③ 골프장에서 뒤 팀이 친 골프공에 눈을 맞아 다친 사고에 대한 판례를 소개한다.

판결 서울지방법원은 능선으로 인하여 전방이 잘 보이지 않는 이른바 블라인드 코스에서 앞 팀의 경기자가 뒤 경기자의 타구에 맞아 눈을 다친 사고에 대하여, 위와 같은 블라인드 코스에서는 앞 팀의 경기자가 뒤 경기자의 타구에 맞을 위험성이 많으므로 골프장을 운영하는 회사는 별도의 경기진행자를 두거나 각종 신호방법으로 통제하여 앞 팀이 안전거리에서 벗어났는가를 확인하여 경기를 하게 해야 함에도 불구하고 이러한 조치를 취하지 않은 과실이 있고, 경기자로서는 앞 팀이 안전거리에서 벗어났는지를 확인하고 타구해야 할 것임에도 이러한 조치를 취하지 않은 과실이 있으므로 피고들은 각자 원고가 입은 손해를 배상할 책임이 있다고 판결하였다.

10. 비행강습 사고에 대한 고객모집 레저업체의 책임

주5일제에 따른 여가시간의 확대는 패러글라이딩 등 새로운 레저활동에 대한 소비자의 욕구를 높여 이와 관련한 강습계약의 수요도 늘어나고 있다. 레저 강습은 강습 도중 사망이나 신체상의 손해를 입는 등 위험성을 내포하고 있기 때문에 소비자는 신뢰할 수 있는 레저업체를 선택하게 된다. 그런데 일부 레저업체는 고객모집만을 하고 계약체결시 서비스를 제공하는 자가 다른 업체임을 명확히 밝히지 않은 채 계약이행시 다른 업체로 하여금 레저강습을 하도록 한다. 소비자는 당초 고객모집 업체만을 믿고 계약을 체결한 뒤 전혀 예상하지 못한 업체로부터 또는 전혀 다른 업체라는 것을 모르는 채 레저강습을 제공받는 과정에서 피해가 발생했을 때 손해배상책임의 주체를 둘러싼 분쟁이 발생한다.

이때 계약을 체결한 레저업체가 고객모집만 하고 다른 업체로부터 레저강습을 제공받는 과정에서 서비스의 하자나 불완전이행으로 피해를 입는 경우 누구에게 손해배상책임을 물을 수 있는가가 문제이다. 물론 1차적인 손해배상책임은 서비스 제공업체가 부담해야 하지만 서비스 제공업체가 영세하여 고액의 손해배상액을 부담할 수 없는 경우 일이 난감해지게 된다. 따라서 피해소비자가 직접 강습하지 않았다는 점을 들어 책임을 회피하려는 고객모집 업체에 대해 안전을 확보할 신의칙상의 주의의무의 위반을 근거로 손해배상책임을 물을 수 있는가는 중요한 법적 판단이다.

레저업체가 인터넷을 통해 패러글라이딩 고객을 모집하기만 하고 비행 강습은 다른 업체에 용역을 주더라도 사고에 대한 책임을 져야 한다는 판례를 소개한다.

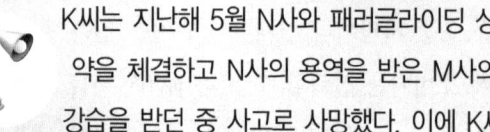

K씨는 지난해 5월 N사와 패러글라이딩 상품에 대한 이용계약을 체결하고 N사의 용역을 받은 M사의 강사로부터 비행 강습을 받던 중 사고로 사망했다. 이에 K씨의 상속인인 S씨 등 4명이 비행 강습한 M사가 아닌 인터넷 레저업체 N사를 상대로 손해배상청구의 소송을 제기하였다.

서울지방법원은 "피고회사가 패러글라이딩 전문업체를 지배하에 두고 지속적인 거래관계를 맺어 왔으며, 피고회사를 믿고 구매한 이용자의 신뢰를 보호하고 위험으로부터 보호할 필요성이 있으므로 제공된 용역의 하자 내지 불완전이행으로 인해 발생한 손해를 배상할 책임이 있다." 하고 특히 "피고회사가 패러글라이딩 전문업체의 이용에 관한 안내, 계약체결의 대리 내지 중개만 하고 스스로 용역을 제공할 수 없는 지위에 있었다 할지라도 이용자의 생명·신체 등에 대한 안전을 확보할 신의칙상의 주의의무가 있다."고 했다.

그러나 "초보자인 K씨도 경솔하게 단독비행에 동의한 점의 잘못이 있으므로 피고의 책임을 60%로 제한한다."며 N사로 하여금 1억 9,700여 만원을 지급하라고 판결했다.

11. 국립공원 이용과 문화재 관람료의 부당징수

국립공원 이용시 부당하게 징수 당한 문화재 관람료에 대해 부당이득반환청구소송을 제기하여 승소한 판례를 소개한다.

 J씨는 2000년 4월 30일 지리산 국립공원구역을 횡단하는 도로를 이동하는 도중 국립공원매표소에서 국립공원 입장료와 문화재 관람료를 포함한 금액 2,000원을 납부하고 통과한 뒤, 자신은 도로를 이용하여 다른 곳으로 이동하기 위하여 매표소를 통하여 국립공원에 입장한 것이지 국립공원 내에 소재하고 있는 문화재인 사찰을 관람할 의사가 없었고 실제로 관람하지도 않았음에도 문화재 관람료를 통합징수한 것은 부당하다고 1,000원의 반환을 구하는 부당이득반환청구소송을 제기하였다. 이에 대해 사찰은 관람료 징수방법의 선택에 관한 일정 범위의 재량권이 부여되어 있고 실제로 도로 이동과정에서 문화재를 자연스럽게 감상하였을 것이므로 문화재보호법상 관람자에 해당한다고 주장하였다.

 서울지방법원 민사항소 10부는 제1심 판결을 뒤집고 피고인 사찰로 하여금 "문화재 관람료 1,000원을 돌려주라."며 J씨의 손을 들어주었다.

법원은 "국립공원 입장료와 문화재 관람료를 한꺼번에 징수하는 것 자체가 부당하다고 볼 수는 없다."면서도 "J씨는 문화재 관람에 대한 의사나 행위가 없었음은 물론 문화재 관람에 대한 외부적인 의사표시를 한 것으로도

인정할 수 없어 문화재보호법상 관람료 징수의 대상자인 관람자로 보기 어렵다."고 하고, 또한 관람지역에 입장한 사람들에게 일단 일괄적으로 관람료를 징수한 다음 정해진 시간 안에 이 지역을 벗어나는 사람들에게는 관람료를 환불하는 등 단순한 도로이용자와 문화재 관람자를 구별할 수 있는 징수방법이 있음에도 도로가 사찰의 경내지를 통과한다는 사실만으로 그 도로이용자를 예외 없이 관람자로 취급하여 관람료를 징수하는 것은 과도한 부담이라며 J씨로부터 문화재 관람료로 징수한 1,000원은 법률상 원인 없는 부당이득이라고 판결하였다.

8 지하철

지하철은 국민생활에 필수적인 대중 운송수단으로 일반 국민들은 상대적으로 저렴한 운임으로 이용하고 있다.

그러나 그 시설이나 운행횟수가 제한되어 있으며, 특히 출·퇴근 시간에는 지하철의 전동차 내 혼잡도가 승객 정원의 200%를 초과하여 그 불쾌지수가 한계를 넘고 있다.

또한 지하철의 돌발적인 고장으로 인해 일시적으로 운행이 중지되거나 예정시간보다 지체되는 경우도 자주 발생한다. 따라서 지하철시설의 충분한 관리와 보수는 중요한 의무이다.

더 나아가 전동차가 운행중 고장으로 인하여 운행이 지연되는 경우 지연사정을 알리고 대체 운송수단을 선택할 기회를 부여해야 할 의무가 있다.

1. 지하철의 장시간 정차와 승객의 정신적 피해

출근길에 선행 열차가 고장으로 정지하였음에도 불구하고 후속조치 의무를 게을리 하여 후행 열차를 30분 이상 역과 역 사이에 정차시켜 승객들의 하차를 불가능하게 하고 승객들에게 장시간 동안 불쾌감과 불안감에 빠지게 한 것에 대해 승객의 정신적 손해배상(위자료)을 인정한 판례를 소개한다.

1998년 12월 7일 오전 8시경 지하철 전동열차가 전력반도체의 이상으로 서행과 정차를 반복하다가 8시 20분경 정상적인 운행이 불가능하게 되어 일단 승객 전원을 역에 하차시키고 지하철 기지로 회송중 역과 역 구간에서 출력 부족으로 멈춰서게 되었다.

그 후 9시 52분이 되어서야 고장 전동열차가 견인을 끝내고 선로정비를 마치면서 지하철의 운행이 정상화되었다. 그런데 지하철공사의 종합사령실에서는 고장난 전동열차에 대한 수리가 완료되어 지하철 운행이 곧 정상화될 것으로 믿고 고장난 전동열차를 뒤따르던 전동차에 대하여 역구내에서의 정차를 지시하지 않고 운행하도록 해 많은 열차들이 역과 역 사이의 구간에 정차하게 되었다.

그 후 열차의 운행불가 판정이 내려지고 열차들을 가까운 역에 이동시켜 승객들이 하차할 때까지 많은 승객들이 정차한 열차 안에서 30~50분간 갇히게 되었다.

이에 승객 19명은 당시 정차된 전동열차 내에는 많은 승객들이 밀집해 있어 정차시간 동안 승객들의 불안감과 불쾌감이 높았다며 지하철공사를 상대로 위자료청구의 소송을 제기하였다.

판결 서울지방법원은 "열차의 정상운행 불가가 확정되어 위 열차를 견인하기로 한 상황하에서는 그 회송에 필요한 시간과 함께 돌발상태로 장시간 열차가 정차할 경우에 대비하여 위 후행 열차들에 대하여 사고조치가 완료될 때까지 가까운 역에 정차할 것을 지시하고 아울러 승객들에게 열차의 지연사정과 그 이유를 충분히 알리고 승객들의 개별적인 판단에 따라 다른 운송수단을 선택하거나 일시적인 혼잡상태를 벗어나도록 하는 등의 조치를 취해야 함에도 만연히 열차의 고장으로 인한 사태수습이 조기에 마무리될 것으로 믿고 후행 열차의 운행을 자동제어기에 의존하도록 하여 역과 역 사이의 좁은 공간에 많은 열차들이 밀집되게 하였고 그 결과 많은 승객들의 하차를 불가능하게 함으로써 이들이 혼잡도가 심한 전동차 안에서 장시간 갇혀 불쾌감과 불안감에 빠지도록 하고 대체 운송수단을 선택하게 할 기회를 상실하게 하였다."며 19명의 승객들이 입은 정신적 손해배상액을 각각 10만원으로 판결하였다.

9 이삿짐

IMF 및 부동산 경기침체로 이사물량이 감소하면서 업체간 과당 경쟁으로 인한 서비스의 질적 하락으로 소비자의 불만 및 피해구제가 증가하고 있다. 대표적인 예로 당초 계약과 달리 추가비용을 요구하거나 정리·정돈을 해주지 않고 그냥 가버리는 경우 또는 이사 도중이나 이사 후 이삿짐을 확인해보니 물품이 파손되거나 분실된 사실을 발견하는 경우 등이 있다. 이때 작업원의 잘못에 대해 이삿짐센터 사장에게 손해배상을 요구하는 경우 작업원이 정식직원이 아니라는 점을 들어 배상을 거부하는 경우가 발생한다.

1. 포장이사 화물의 파손과 이삿짐센터 사장의 사용자책임

정식직원이 아닌 작업원의 잘못으로 인한 이삿짐의 파손에 대해 이삿짐 센터 사장의 사용자책임을 인정한 대법원판례를 소개한다.

H씨는 이삿짐센터 사장 S와 포장이사를 계약했다. 그런데 이사 당일 이삿짐센터의 이삿짐 운반에 종사하는(정식직원이 아닌) 작업원 K씨의 잘못으로 이삿짐이 파손되었다. 이에 H씨는 K씨에게 손해배상을 요구하였으나 배상을 받지 못해 S를 상대로 민법 제756조의 사용자책임을 물어 손해배상청구의 소송을 제기하였다. 그런데 S는 K씨와 자신의 관계는 사용자와 피용자의 관계가 유효한 고용관계가 아니기 때문에 책임을 질 수 없다고 하였다.

판결 대법원은 "민법 제756조의 사용자와 피용자의 관계는 반드시 유효한 고용관계가 있는 경우에 한하는 것이 아니고, 사실상 어떤 사람이 다른 사람을 위하여 그 지휘 · 감독 아래 그 의사에 따라 사업을 집행하는 관계에 있을 때에도 그 두 사람 사이에 사용자, 피용자의 관계가 있는 것"이라고 하며, S가 경영하는 이삿짐센터에서는 오랫동안 이삿짐 운반에 종사해 온 이른바 '고정직' 이라고 불리는 작업원들의 이름표를 이삿짐센터 내에 걸어두고 대부분의 화물운반 작업을 작업원들에게 담당시키고 있었고, 작업원들이 이삿짐센터에 항상 대기하면서 화물운반의뢰가 들어오면 S의 지시로 화물운반작업에 나가고 있었던 점 및 K는 고정직이라고 불리는 작업원이었던 점 등에 비추어 이삿짐센터 사장의 사용자책임을 인정하였다.

10 예식 · 장례

1. 결혼식장에서 입은 정신적 고통과 위자료

결 혼식은 일평생에 한 번 있는 좋은 일이나, 예식장 사용과 관련하여 소비자의 불만 및 피해는 어제, 오늘의 이야기가 아니다.

일부 예식장의 악질 상술에 의해 드레스 이용이 강요되거나 사용하지도 않은 부대품이나 부대시설 등에 대해 비용을 징수 당하고 또는 사진관의 잘못으로 결혼식 장면이 녹화되지 않는 등 소비자의 피해는 다양하다.

이러한 피해를 입었을 때 소비자의 정신적 고통을 인정하여 예식장업자 또는 사진관 경영자로 하여금 소비자에게 위자료를 지급하라는 판례를 소개한다.

① 예식시간을 일방적으로 줄여 하객들을 제대로 맞이하지 못한 신랑에게 예식장측은 위자료를 주라는 판례

B씨는 63빌딩 내 예식장에서 오후 1시 30분에 예식을 진행하는 것으로 수개월 전에 예약을 마쳤으나 결혼식 10일 전에 예식장측이 1시간 30분으로 정해진 예식시간을 1시간으로 단축시켜 진행함에 따라 그 전 결혼식 하객과 B씨의 하객이 뒤섞이는 등 혼란스러운 가운데 예식이 진행되어 자신의 체면이 손상됐다며 소송을 제기하였다.

판결

법원은 "결혼식장과 그 부대시설을 제공하는 피고 회사는 예식시간의 시간간격을 충분히 확보해 줌으로써 결혼 당사자와 그 가족 및 하객들이 불편을 겪는 일이 없도록 해야 함에도 불구하고 1시간 30분이 소요되는 예식시간을 1시간으로 단축함에 따라 B씨가 예식 전에 하객을 접대할 여유조차 갖지 못하고 서둘러 식장에 입장하게 되고 그 전 결혼식의 하객과 B씨의 하객이 서로 뒤섞여 혼란스러운 가운데 결혼식이 거행되어 B씨와 그 가족의 체면이 손상되는 등 정신적인 고통을 받았을 것이 경험칙상 인정된다."며 "예식장측은 B씨에게 위자료로 700만원을 지급하라."고 판결했다.

② 결혼식 장면의 녹화를 의뢰 받았으나 녹화기 또는 녹화테이프의 하자로 결혼식 장면을 제대로 녹화하지 못한 사진관 경영자에 대하여 위자료 지급의무를 인정한 판례

 K씨와 L씨는 M스튜디오라는 사진관을 경영하는 C씨에게 자신들의 결혼식 장면에 대한 사진촬영을 456,000원에, 녹화를 120,000원에 의뢰하였다. 그런데 결혼식 당일 사진촬영은 제대로 되었으나 녹화는 녹화기사의 잘못으로 약 50분간의 녹화시간 중 처음 약 10분간의 식전 야외에서의 녹화부분만 정상적인 영상으로 재생이 되었을 뿐 그 이후 결혼식 장면부터 폐백에 이르는 녹화 종료까지의 영상은 횡선이 위에서 아래로 내려오는 현상(이른바 트랙킹 현상)이 계속적으로 나타날 뿐만 아니라 화질이 선명하지도 않아, 소송을 제기하였다.

판결 법원은 "C씨는 K씨와 L씨에게 자신의 녹화작업 이행보조자인 녹화기사가 결혼식 장면을 제대로 녹화하지 못함으로 인하여 그들이 입은 손해를 배상할 책임이 있고, 나아가 결혼식 장면의 녹화가 제대로 되지 않아 그들이 정신적 고통을 받았을 것임은 경험칙상 명백하므로 그들 각각에 대하여 1,000,000원의 위자료를 지급하라."고 판결했다.

③ 신혼부부가 신혼여행을 다녀온 뒤 맡긴 필름을 사진사가 분실했다면
손해배상책임이 있다는 조정사례

H씨는 지난해 10월 A씨가 근무하는 청담동 J스튜디오에 인
도네시아 발리 섬에서 찍은 신혼여행 사진 필름 5통의 현
상을 맡겼으나 A씨가 필름을 분실하여 신혼여행 자체를 망
쳤다. 이에 H씨는 "신혼여행 사진을 잃어버린 사진사는 여행 경비
600만원을 전부 보상해야 한다."며 사진사 A씨를 상대로 손해배상청
구소송을 냈다.

서울지방법원은 "A씨는 여행 경비의 절반인 300만원을 지급하
라."는 강제조정 결정을 내렸다. 양측은 이 결정에 모두 동의,
조정 결정은 그대로 확정됐다. 재판부는 "사진사는 H씨 부부가
사진을 보며 신혼여행의 추억을 떠올릴 행복의 기회를 박탈한 점이 인정된
다."며 "신혼여행 사진의 가치는 여행 자체에 대한 반추의 개념으로서 여행
경비의 절반 가량이 적당하다."고 밝혔다.

2. 뒤바뀐 시신과 장례업자의 책임

도시화에 따른 집단 주거의 증가와 핵가족화의 확산, 의료시설 증가 및
의료보험제도의 전면 확대로 인한 병원 사망자의 증가 등으로 과거 가정
에서 치르던 장례가 점차 가정 밖의 장례식장에서 치뤄지는 추세이다.

그런데 장례는 장례식장별 서비스 및 물품 가격 등 관련 정보가 부족한 상태에서 가족이 고인의 사망 충격 속에 경황없이 이루어지고, 고인에 대한 예의 때문에 부당행위가 있더라도 따지지 않는 실정이다.

더욱이 이를 악용한 일부 장례식장의 그릇된 영업 행태는 비탄에 잠긴 유가족들에게 더 큰 슬픔을 안겨주고 있다. 수의, 관 등 장의용품의 외부 반입 금지 및 병원 물품 구입 강제, 고가의 장의용품과 장의서비스 비용, 노자 등 웃돈 요구, 비좁은 장례식장 등 장례식장 이용에 따른 소비자의 피해와 불만은 다양하게 나타나고 있다.

병원 장례식장에서 직원의 실수로 모친의 시신이 뒤바뀌어 화장된 데 대한 장례업자인 병원의 손해배상책임을 인정한 판례를 소개한다.

장남 C씨 외 5명의 형제 자매는 모친이 사망하자, 지방공사 J 의료원이 운영하고 있는 영안실 중 제1분향실에 빈소를 차려 놓고 장례를 치르고 있었다. 하지만 제1분향실이 협소하여 제2분향실을 이용하고 있던 S씨 유족들이 출상을 한 뒤에 제2분향실을 이용하기로 했다. 이에 영안실 시신안치소에서 C씨 등 유족들이 지켜보는 가운데 입관하고 제2분향실을 이용하기 위해서 입구쪽에 옮겨 놓았는데, 영안실 직원이 명정을 잘못 덮어 두어 S씨 유족들이 C씨 모친의 관을 운구하여 나간 뒤, 화장을 하게 되었다.

이런 사실을 모른 채 C씨 등 가족들은 영안실 직원이 내어준 관을 운구하여 선영에 하관을 하려고 하던 중 맏상주인 C씨가 입관할 당시의 관과 다른 것 같다며 시신을 확인해 본 바 시신이 뒤바뀐 사실을 알게 되었다. 이에 C씨 등 유족들은 같은 날과 전날 출상한 유족에게 연락하여 분묘를 다시 파헤치고 관을 열어 확인하는 등 노력하였지만 모친의 시신을 찾지 못했다.

이에 C씨 등 유족들은 J의료원을 상대로 시신이 바뀐 것으로 인한 정신적 손해를 배상할 책임이 있다고 소송을 제기하였다.

판결 창원지방법원 진주지원은 J의료원 영안실 직원들이 시신을 인계하는 과정에서 시신이 바뀌지 않도록 안전하고 철저하게 관리하여야 함에도 불구하고 이를 게을리 하여 시신이 바뀌는 사고가 발생한 것으로 보고, J의료원이 사용자로서 위 사고로 인하여 유족들이 입은 정신적 손해를 배상할 책임이 있다고 판결하였다. 그리고 위자료액의 범위에 대해서는 영안실에서 어머니의 시신이 다른 상가의 남자시신과 뒤바뀌었고 장사 직전에야 그 사실을 발견하고 혼비백산하여 어머니의 시신을 찾아 헤맸으나 그때는 이미 다른 상가의 장사방식에 따라 화장되고 이제는 어머니의 유골조차 수습할 길이 없어진 유족들로서는 어머니가 돌아가신 후에 다시는 씻을 수 없는 불효를 저질렀다는 자책감과 허탈감 때문에 망연자실할 수밖에 없어, 이는 가령 사람이 비명에 죽었을 때 느꼈을 것에 버금 가는 엄청난 정신적 충격과 고통으로 다가와 어머니를 여읜 슬픔이 배가되었을 것으로 보이는 점 등이 고려되어 장남인 C씨에게는 1,500만원, 그 외 유족 5명의 형제 자매에게는 각 700만원씩 총 5,000만원을 지급하라고 결정하였다.

11 신용카드 · 할부판매

신용카드는 현재의 소비와 지불 사이에 시간이 개입된 소비자 신용제도 중 하나로서 현대 소비문화의 상징물이다.

신용카드는 '언제든지, 어디서든지, 무엇이든지' 현금 없이도 물품 또는 용역을 구입할 수 있는 '알라딘의 요술램프' 또는 '도깨비 방망이'로 인식되고 있다. 신용카드는 명실공히 소비자의 소비생활 속에 없어서는 안 되는 보편적인 지급수단으로 자리를 잡았다. 소비자라면 누구나 제한된 자원으로 욕구를 충족시켜 만족하기 위해 신용카드를 소지하고 있다. 신용카드를 소지하고 있으면 소지하지 않을 때에 비해 경제적인 측면에서의 안도감 외에도 심리적으로 우월한 느낌을 갖게 되는 것도 부정할 수 없다. 그러므로 신용카드는 경제적 기능 외에 사회적 자원으로 활용될 수 있다.

그러나 신용카드 이용의 급작스런 양적 증가와 단기간에 걸친 신용카드 산업의 경이적인 성장발전에도 불구하고, 사회적 여건과 법제도적 장치가 미처 따르지 못해 신용카드의 소비자 문제는 끊임없이 발생하고 있다.

휴면카드의 증가, 연체회원의 증가, 불법 고리대금업, 매출전표 위 · 변조 등 신용카드 범죄, 신용카드의 도난 · 분실에 따른 부정사용, 할부거래 관련 철회권 및 항변권규정의 미흡, 부당한 추심행위, 소비자신용정보의 불법사용 등 언론에서도 신용카드의 소비자 문제에 대한 보도가 끊이지 않고 있다. 더구나 일부 소비자의 무계획적인 신용카드 이용에 따라 수입과 상응하지 않는 과소비가 조장되고 있으며 과잉구매와 충동구매로 파산에 이르러 사회적, 가정적, 심리적으로도 치명적인 결과를 초래하고 있다.

1. 부모의 동의 없이 체결한 미성년자의 신용카드 이용계약 취소

신용카드사들의 무분별한 카드 발급으로 인한 사건이 줄을 잇고 있다. 신용카드 빚이 늘어나자 이를 비관한 사람이 자살하거나 얼마 전 시민들의 간담을 서늘하게 했던 택시 위장강도 살인사건 등 강도 · 강간 · 살인 등 강력 사건이 줄을 잇고 있다.

급기야 미성년자들마저 신용가드 빚으로 학업을 포기하고 직입전선에 나서는가 하면, 성매매와 강력범죄를 일으키는 경우가 속출하고 있다. 심지어 상당수 미성년자들이 신용불량자에 등재돼 금융거래를 제한받는 등 어려운 상황에 처해 있다.

이 같은 일은 이미 예견된 것으로 민법과는 달리 여전법시행령과 금융감독원 감독규정에 18세 이상 소득이 있는 자에 대해서는 카드 발급을 할 수 있도록 되어 있어, 신용카드사들이 부모의 동의 없이 소득이 없는 미성년자들에게 무차별로 카드를 발급했기 때문이다.

　무분별한 신용카드 발급이 사회문제가 되고 있는 가운데 미성년자에게 부모의 동의 없이 신용카드를 발급해준 국내 대형 카드회사들을 대상으로 집단소송이 제기되어 법정대리인의 동의 없이 체결한 미성년자의 신용카드 이용계약은 취소할 수 있다는 판례를 소개한다.

작년 4월, 부모의 허락 없이 신용카드를 발급 받은 미성년자 K군 등 44명이 "수입이 없는 미성년자들에게 편법으로 발급해준 카드와 사용대금 청구는 무효임을 확인해 달라." 며 국민, 비씨, 삼성, LG, 신한 카드 등 9개 카드사를 상대로 모두 4억여 원의 '채무 부존재 확인소송'과 '카드대금 반환 청구소송'을 서울지방법원에 냈었다.

서울지방법원은 판결문에서 "만 18세 이상이더라도 미성년자인 이상 신용카드 이용계약을 체결함에 있어서는 법정대리인의 동의가 있어야 한다."며 "법정대리인의 동의 없이 체결된 신용카드 이용계약은 취소할 수 있다."고 밝혔고, "일정한 소득이 있는 미성년자라 하더라도 법정대리인의 동의가 없는 미성년자의 법률행위를 취소할 수 있도록 민법에 규정돼 있다."며 "미성년자를 보호하려는 민법의 취지에 비춰볼 때 신용카드 이용계약은 취소할 수 있다."고 덧붙였다. 또한 카드 이용계약에 따라 카드사가 회원에게 받은 할부 수수료와 현금서비스 수수료는 부당이득에 해당하므로 이를 반환해야 한다고 판결했다. 하지만 미성년 회원이 사용한 카드대금 원금은 부당이득으로 간주했고, 카드사가 다른 법적절차를 통해 미납대급을 반환 받을 수 있다고 덧붙였다. 다시 말해 카드 이용계

약이 취소되더라도 가맹점과 회원과의 거래나 카드사의 가맹점에 대한 변제
의무까지 무효가 되는 것은 아니라는 점을 분명히 했다.

결국 신용카드사들은 이미 납부 받은 각종 수수료를 돌려줘야 하며, 미
성년 회원은 미납한 수수료 역시 납부하지 않아도 된다. 하지만 미성년 회
원이 사용한 카드대금의 원금(수수료를 제외한 금액)은 납부해야 하며, 납부
를 하지 않는 회원에 대해서는 카드사들이 부당이득반환 청구소송을 통해
원금을 받을 수 있다.

2. 명의가 도용되어 발급된 신용카드와
　 카드사의 책임

정보사회에 들어서면서 성명, 주소, 주민등록번호, 비밀번호 등 자신을
증명할 수 있는 개인정보는 중요한 자산이다. 소비자는 개인정보를 토대
로 본인임을 증명하고 자신의 명의로 핸드폰, 웹사이트, 신용카드 등 계약
을 체결하거나 회원에 가입하게 된다. 그러나 공개 또는 침해된 개인정보
로 인해 자신도 모르는 사이에 자신의 명의를 도용 당해 회원에 가입되거
나 계약이 체결되어 피해를 입는 소비자가 늘어나고 있다. 그 중 하나는
사업자가 본인 확인 여부에 대해 충분한 주의를 다하지 못해서 발생하는
것이다. 특히 명의가 도용되어 발급된 신용카드는 신용정보사회를 위협하
고 있다. 문제는 명의 도용되어 발급된 신용카드의 이용대금과 관련하여
신용카드사가 명의를 도용 당한 소비자를 대상으로 신용불량자로 등록하
는 등 부당한 방법으로 카드대금 납부를 독촉한다는 점이다.

본인 확인을 소홀히 하고 카드를 발급한 후 대금이 연체되자 신용불량 자로 등록해 버린 신용카드사에 대해 손해배상의무를 인정한 판례를 소개 한다.

서울에 사는 대학생 C군은 2001년 발급 신청조차 하지 않 았던 S카드사에서 뜬금 없이 290만원의 신용카드 이용대 금을 당장 내라는 통보를 받았다. 그래서 확인해본 결과 자 신의 명의가 도용되어 신용카드가 신청되었으나 S카드사가 신청인의 신분증 등을 제대로 확인하지 않고 카드를 발급했던 것이다. 신청서에 C군의 직업은 총무부경리이고 주소는 지방으로 허위기재되어 있었다. C군이 카드대금을 내지 않자 S카드사는 C군을 신용불량자로 등록하 고, 신용카드 이용대금 청구의 소송을 제기하였다. 이에 맞서 C군은 명의가 도용되어 발급된 신용카드로 피해를 봤다며 S카드사를 상대로 위자료청구의 소송을 제기하였다.

판결 서울지방법원은 S카드사가 확인절차를 거치지 않고 C군의 명의 도용인에게 신용카드를 발급해주고 카드대금이 연체되자 카드 대금 납부를 독촉하면서 2001년 12월경부터 현재까지 신용불량 자로 등록했다며, S카드사는 신용사회구현을 위해 노력해야 할 사회적 책임 에도 불구하고 이윤획득을 위해 불법영업을 하고 C군의 항의가 설득력이 있는 것이었음에도 자신의 잘못을 시정하기는커녕 신용불량자로 등록한 만 큼 위자료 300만원을 지급해야 한다고 판결하였다.

또한 개인의 신용정보를 안전하고 체계적으로 관리하고 그것이 부당하게 훼손되지 않도록 법적인 보호를 하는 것이 시대적 요청이라며 잘못된 신용 불량자 등록은 재산상 손해가 없더라도 인격적 가치가 침해되며 수치심 내지 모욕감을 느끼게 하고 일상생활의 평온을 깨뜨리는 등 정신적 고통을 초래했다고 덧붙였다.

3. 신용카드 부정 발급 사용과 부부간 책임 범위

부인에 의해 부정 발급된 남편 명의의 신용카드 이용에 따른 연체 책임을 남편에게 추궁했지만 인정되지 않은 판례를 소개한다.

B씨는 1993년 3월, 남편 K씨 모르게 K씨 명의의 은행 신용카드를 신청·발급 받아 사용했다. 그러던 중 1994년 5월부터 1995년 8월까지의 신용카드 대금이 연체되자, 은행은 K씨에게 연체 신용카드 대금 청구소송을 제기했다. 은행은 B씨가 K씨 모르게 K씨를 대리했다 하더라도 B씨가 신용카드를 발급 받아 사용한 행위는 K씨와 B씨가 식당을 공동 운영하면서 부부 공동 경제 활동의 일환으로 이루어진 것이므로 K씨와 B씨 사이의 일상의 가사 범위 내에 속한다고 보아야 하고, B씨가 아무런 권한 없이 K씨를 대리해 신용카드를 발급 받아 사용했다 하더라도 카드 사용에 따른 대금 채무가 발생한 이후 K씨는 은행으로부터 신규 대출을 받아 그 대출금으로 카드대금을 변제할 의사를 은행에 표명함으로써 B씨의 무권 대리행위를 명시적으로 추인했다고 주장했다.

판결 서울지방법원은 민법상 부부간의 일상가사대리권이란 부부가 공동체로서 가정생활에서 항시 행해지는 행위에 한한다는 것이라 하며, B씨가 남편 K씨의 이름으로 은행 신용카드를 발급 받아 이를 사용한 행위가 이에 속한다고 보지 않았다. 또한 B씨의 신용카드 발급 및 사용에 관한 무권대리행위를 명시적으로 추인했는가에 대해서도 인정할 만한 증거가 없다고 판결, 은행의 남편 K씨에 대한 신용카드 대금 청구를 인정하지 않았다.

4. 신용카드 결제거부행위와 가맹점의 책임

가맹점카드 수수료인하를 목적으로 한 백화점의 특정신용카드결제거부행위에 대해 손해배상책임을 인정한 판례를 소개한다.

P씨는 B카드의 가맹점인 L백화점 6층 냉·난방 코너에서 417,000원 상당의 김치냉장고를 구입하기 위하여 물건을 선택한 후, 그 대금지급을 위하여 L백화점 직원 J씨에게 B카드를 제시하였다. 그런데 J씨는 P씨에게 "손님 죄송합니다. 저희 백화점은 B카드사와의 가맹점 계약문제로 인해 당분간은 L카드 또는 다른 카드로 계산하여 주시면 감사하겠습니다. L카드가 없으시면 B카드와 신분증을 가지고 L카드센터로 가시면 바로 L카드를 발급 받으실 수 있습니다."라고 응대하며 B카드의 결제를 거부하였다. 결국 P씨는 L카드를 발급 받으려 했으나 대기자가 너무 많아 포기하고 평소 사용

하지 않던 S카드로 대금을 결제할 수밖에 없었다.

그 후 P씨는 L백화점을 상대로 자신이 B카드의 거래에 관하여 일정한 신용을 형성하고 있었는데도 불구하고 B카드에 의한 대금결제를 거절함으로써 그 신용이 훼손당하였다고 10,000,100원의 손해배상청구의 소송을 제기하였다. 이에 대하여 L백화점은 시민단체들이 수수료인하에 동의를 하였다는 점 또는 수수료 인하의 혜택이 소비자에게 돌아간다는 점을 들어 수수료 인하를 위한 B카드에 대한 결제의 거절은 사회적 상당성이 있는 행위로서 위법성이 조각된다고 주장하였다.

판결 서울지방법원은 "신용카드 회원은 신용카드 가맹점에 의하여 자신이 소지하고 있는 신용카드로 결제할 수 있다는 신용 내지 신뢰가 훼손되지 말아야 할 정당한 권리를 갖는다." 하며 B신용카드의 결제를 거부한 L백화점은 P씨의 신용카드 거래에 관한 정당한 신용 내지 신뢰를 침해한 불법행위자로 손해배상책임이 있다고 판결하였다. 그리고 구체적인 손해배상액은 신용 내지 신뢰의 침해에 대한 정신적 손해로 100,000원을 인정했다. 그러나 판견문을 일간신문에 게재하도록 한 주장과 B카드사의 카드 가맹점에 대한 관리소홀 책임은 인정되지 않았다.

5. 제3자에게 자신 명의의 할부판매
계약승낙과 계약책임

일반적으로 소비자는 자신의 이름으로 사업자와의 소비자계약을 체결한다. 그러나 불량거래자 등재, 절세 등 필요에 의해 제3자의 명의를 빌려

계약하거나 제3자를 위해 본인의 명의로 계약을 체결하기도 한다.

물론 자신도 모르는 사이에 자신의 명의로 계약이 체결되는 경우도 있지만 자발적으로 또는 불가피하게 제3자에게 자신의 명의로 계약토록 승낙하는 경우가 있다.

그런데 불가피하게 제3자에게 자기 명의로 계약토록 승낙한 소비자는 제3자가 당초 약속한 것과 달리 물품대금지급을 지체하거나 물품의 인수를 거부하는 경우 손해배상 등 계약책임을 부담해야 하는가의 문제가 발생한다.

제3자에게 자기 명의로 할부판매 계약토록 승낙한 경우의 책임소재에 관한 대법원판례를 소개한다.

A는 사채업을 하던 B로부터 50만원을 이자 25만원에 차용하였다. 변제기일이 다 되어 B가 A에게 자동차 1대를 할부 구입하려고 하는데 자신은 금융거래 부적격자이어서 자동차를 할부 구입하기 어려우니 A의 명의로 자동차를 구입할 수 있도록 해주면 이자 25만원을 받지 않겠다고 제의하여, A는 이를 수락하여 B에게 자동차 구입에 필요한 인감도장, 인감증명 6통, 주민등록등본 4통 등을 교부하였다. 다음 날 B는 C를 통하여 D회사 부산지점 판매원인 K에게 자동차를 실제로 인도 받을 사람은 자신임을 밝히고 매수인 명의를 A로 하고 S를 연대보증인으로 하여 프린스1.8 1대를 총 대금 1,250만원, 계약금 30만원, 인도금 170만원으로 하고, 나머지 대금 1,050만원에 대하여 36개월 동안 매월 357,840원씩 할부로 납부하기

로 하는 자동차매매계약을 체결하였다. 또한 A는 대한보증보험과의 사이에 보험계약자를 자신으로 하는 자동차할부대금지급을 보증하는 내용의 할부판매보증보험계약을 체결하였고, 그 청약서상에 직접 서명날인하였다.

그 후 D회사는 C를 통하여 제출한 자동차 구입에 관련된 서류와 할부판매보증보험증권을 확인한 후 2주일 뒤에 부산지점에서 C와 함께 온 B에게 자동차를 인도하였다.

그런데 할부금이 납부되지 않자 D회사는 계약에 따른 채무자인 A에게 할부금 지급을 청구하였다. 이에 대해 A는 자신에게 자동차가 인도되지 않았다는 것을 이유로 계약해제 또는 동시이행을 주장하였다.

대법원은 전체적으로 A가 B에게 자신의 명의로 자동차할부매매계약을 체결할 수 있도록 승낙하고, 또한 자동차를 인도 받을 권한도 부여하였다는 점을 인정하고 "제3자에게 자기 명의로 계약을 체결하도록 승낙하여 그에 따라 계약이 체결되었다면 그 계약체결에 따른 법률상의 효과를 자신에게 귀속시키지 아니하겠다는 의사로 승낙을 하였고, 그 계약의 상대방도 그와 같은 점에 대하여 양해하고 계약을 체결하였다는 등의 특별한 사정이 없는 한 그 계약의 법률상 효과는 승낙을 한 본인에게 귀속된다."고 판결하며 A가 매수인으로서 계약에 따른 대금지급채무를 부담해야 한다고 하였다.

12 은행 · 증권 · 보험

1. 폰뱅킹에 의한 부당인출과 은행의 주의의무

우리나라에서도 전화단말기를 통하여 은행업무를 처리할 수 있는 폰뱅킹 또는 텔레뱅킹이 1993년부터 시작되면서 가입자 및 이용금액이 늘어나고 있다.

폰뱅킹은 은행을 방문하지 않고도 각종 조회, 자금이체 등을 은행 개점시간과 관계없이 이용할 수 있고, 수수료 등이 저렴하다는 이점을 가지고 있다.

하지만 한편으로는 다른 사람이 본인 모르게 폰뱅킹을 등록하거나 비밀번호, 주민등록번호 등 보안정보를 해킹하여 예금을 편취하는 등의 피해가 발생하고 있다. 이때 권한이 없는 자가 폰뱅킹에 의하여 불법적으로 예금을 인출한 경우에 그 피해를 누가 부담하는가의 문제가 있다.

폰뱅킹에 의한 부당인출과 관련한 은행의 책임에 관한 대법원판례를 소개한다.

S는 가계수표를 개설하여 준다는 광고를 냈고, 이를 보고 찾아온 A로부터 가계수표를 개설하려는 K의 주민등록증과 도장 등을 교부받아 1996년 2월 10일 T은행 지점에서 마치 자신이 K인 것처럼 가장하여 K의 주민등록증을 제시하면서 그 명의의 예금계좌의 개설을 요구하였다. 당시 그 업무를 담당하는 은행 직원 B는 예금개설 명의인이 K 본인인지의 여부를 제대로 확인하지 않고 K 명의로 입금계좌를 개설해 주는 동시에 그 계좌를 폰뱅킹이 가능한 계좌로 등록하여 주었다. 그 후 S는 K가 B를 통하여 K명의로 개설한 별도의 저축예금(출금계좌)에 입금한 100,900,000원의 예금을 폰뱅킹 방법으로 입금 계좌 및 다른 예금 계좌로 계좌이체신청을 한 다음, 위조한 주민등록증을 이용하여 미리 개설하여 둔 다른 사람 명의의 각 예금 계좌에 다시 계좌이체시켜 위 예금 계좌들에서 현금카드로 수십 회에 걸쳐 금 100,200,000원을 인출하였다.

한편 K는 1996년 7월 1일 저축예금채권을 L에게 양도하였고, 같은 날 위 양도 사실을 T은행에 통지하였다. 그리고 L은 저축예금채권의 양수에 터잡아 T은행에 편취된 금액을 청구하였다.

이에 대해 T은행은 저축예금약관에 예금채권의 양도를 금지하는 조항이 포함되어 있다는 사실과 K가 그의 주민등록증을 S에게 교부한 잘못을 들어 L의 청구를 거부하였다.

대법원은 "양도금지의 특약은 예금주의 이해관계와 밀접하게 관련되어 있는 중요한 내용에 해당하므로, 은행으로서는 고객과 예금계약을 체결함에 있어서 이러한 약관의 내용에 대하여 구체적이고 상세한 명시·설명 의무를 지게 된다."고 하며 본 사건의 경우 예금

채권에 관한 양도금지의 특약에 대해 설명하여 주지 않았기 때문에 그 양도금지의 특약을 예금내용으로 주장할 수 없다고 하였다. 그리고 "만일 실제로 거래행위를 한 상대방이 주민등록상의 본인과 다른 사람이었음이 사후에 밝혀졌다고 한다면, 특별한 사정이 없는 한, 은행으로서는 본인확인의무를 다하지 못한 과실이 있는 것으로 사실상 추정된다."고 하며 본 사건의 경우 입급계좌의 개설 및 폰뱅킹의 등록이 계좌명의인인 K를 사칭한 S의 신청에 의하여 이루어졌고, 이는 개설인이 본인인지의 여부에 대한 확인을 게을리한 T은행 직원의 과실에 기인한 것이라고 판단하였다.

2. 제3자 명의의 대출약정과 명의대여자의 책임

금융의 자율화·개방화와 더불어 대출제도의 다양화, 금리인하, 인터넷뱅킹 등으로 인해 금융기관의 문턱이 점차 낮아지면서 대출서비스를 쉽게 이용할 수 있게 되었다. 그러나 신용불량자 또는 동일인에 대한 대출액 한도를 제한한 법령이나 금융기관 내부규정의 적용을 회피하는 편법도 늘어나고 있다. 특히 금융기관의 양해 아래 주 채무자로서의 책임을 지지 않을 의도로 다른 사람을 위해 주 채무자로서 대출관계 서류를 작성하였으나 결국 금융기관으로부터 주 채무자로서 대출금 변제책임을 추궁 당하는 명의대여자의 피해가 증가하고 있다.

금융기관의 양해 아래에 형식상 명의를 빌려 준 사람은 대출약정으로 인한 변제책임을 지지 않는다고 판시한 판례를 소개한다.

동일인에 대한 대출한도로 대출을 받지 못하는 H씨는 O축산업협동조합 지소장 K씨로부터 타인 명의로 대출 받을 것을 권유받아 L씨의 명의를 빌려 대출을 받았다. 이때 L씨는 대출금채무의 부담의사 없이 H씨에게 형식적으로 주 채무자로서의 명의만을 빌려준 것이고, O축산업협동조합도 실질적인 주 채무자가 H씨임을 알고 이를 양해하며 L씨에 대하여는 채무자로서의 책임을 지우지 않을 의도하에 형식적으로 이루어졌다. H씨는 대출 당시에는 담보여력이 충분하였기 때문에 명의대여자가 책임지는 일은 생각하지도 못했으나, 사정이 나빠져 대출금을 연체하게 되었다. 이때에도 O축산업협동조합은 L씨에게 원리금상환이나 기한의 연장 또는 재대출 등의 조치를 취하지 않은 채 H씨의 해결만을 기다리다가 결국 L씨에게 대출금변제책임소송을 제기하게 되었다. 이에 L씨는 이 사건 소비대차계약은 비진의 의사표시에 해당하거나 통정허위표시로서 무효라고 하며 변제책임을 부정하였다.

판결 인천지방법원은 L이 금전소비대차계약서에 서명 날인함으로써 O축산업협동조합에게 자신이 이 사건 소비대차계약의 주 채무자임을 표시한 것이고, 조합도 L을 소비대차계약상 주 채무자로 삼을 의사였다고 봄이 상당하다고 피고의 항변을 배척하였다.

그러나 대법원은 "동일인에 대한 대출액 한도를 제한한 법령이나 금융기관 내부규정의 적용을 회피하기 위하여 실질적인 주 채무자가 실제 대출 받고자 하는 채무액에 대하여 제3자를 형식상의 주 채무자로 내세우고, 금융기관도 이를 양해하여 제3자에 대하여는 채무자로서의 책임을 지지 않을 의도하에 제3자 명의로 대출관계 서류를 작성 받은 경우, 제3자는 형식상의 명의만을 빌려 준 자에 불과하고 그 대출계약의 실질적인 당사자는 금융기관과 실질적인 주 채무자이므로, 제3자 명의로 되어 있는 대출약정은 그 금융기관의 양해하에 그에 따른 채무부담의 의사 없이 형식적으로 이루어진 것에 불과하여 통정허위표시에 해당하는 무효의 법률행위"라고 하며 L에 대하여 채무자로서의 책임을 지지 않아도 된다고 판결하였다.

3. 부당한 소송으로 인한 피해와 금융기관의 손해배상책임

소비자는 소비생활을 위해 사업자와 거래하는 과정에서 원하든 원하지 않든 다양한 분쟁에 직면할 수 있다.

이러한 소비자 분쟁은 당사자 사이에 원만하게 해결되거나 소비자단체 및 소비자보호원에 의해 소비자 피해구제를 받을 수 있으나, 그렇지 않으면 소송절차를 통해 분쟁을 해결해야 한다.

이때 사업자든 소비자든 소송을 제기하여 증거를 제출하는 것 자체는 헌법에 의하여 보장된 국민의 권리실현이나 권리보호를 위한 수단으로서 원칙적으로 적법해야 한다.

그러나 간혹 일부 사업자가 허위의 증거를 제출하는 등 부당한 소송을 제기하여 소비자를 곤혹스럽게 하거나 재산상 손해를 입히는 경우가 있다. 금융기관이 부실채권을 회수하는 과정에서 소비자가 자신도 모르는 사이에 연대보증인이 되어 부당소송에 연루된 사건이 있다.

부당한 소송에 대한 금융기관의 책임을 인정한 서울지방법원판례를 소개한다.

J신용금고 채권관리부장 C는 1993년 초 부실채권자 A에 대한 대출관련 서류를 검토하던 중 담보로 제공된 약속어음에 K가 연대보증인으로 서명 날인되어 있는 것을 발견하고 K를 상대로 약속어음금의 지급을 구하는 소송을 제기하였다.

이에 K는 관련 서류상의 K의 서명 날인이 위조된 것이라고 항변하였다. 그러자 C는 당시 대출업무를 담당한 직원 B로 하여금 허위 증언을 부탁하였다. B는 A와 어음거래약정을 체결할 당시 K를 만난 사실이 없고 K로부터 직접 관련 서류에 대한 서명 날인을 받은 사실이 없음에도 불구하고 K가 회사를 방문하여 서명 날인하고 교부하였다고 허위 증언하였다.

이를 토대로 1심에서는 J신용금고가 승소판결을 받았으나, 항소심에서는 K가 승소하여 확정되었다.

K는 J신용금고를 상대로 위증교사로 인한 손해배상을 청구하였다.

서울지방법원은 C의 위증교사가 공서양속에 반하는 행위로 불법행위를 구성하고, C의 위증교사행위는 J금고의 직원으로서의 직무행위와 밀접한 관련을 갖고 있거나 적어도 외형상으로는 그 직무범위 내에 속하는 것이라고 하며 C의 사용자책임을 인정하였다.

그런데 구체적인 손해배상의 범위에 있어서는 재산상 손해와 부당한 가압류집행으로 인한 손해배상은 인정하지 않았지만 고액의 위자료를 인정하였다. 즉 부당 소송으로 인한 정신적 고통은 통상 당해 소송에서 승소하는 것으로 회복된다 할 것이나 위 소송에서 위증을 교사하고 이에 따른 허위증언이 결정적인 증거가 되어 패소, 항소하여 5년간 재판 끝에 승소한 데 대해 위자료 3,000만원은 물론 변호사 비용 1,890만원의 지급도 명하였다.

4. 착오에 의한 연대보증계약의 취소

자신도 모르는 사이에 보증인이 되어 피해를 입는 사례가 많아지고 있다. 이에 은행이 연대보증계약의 내용과 의미를 설명이나 고지도 하지 않은 채 연대보증서명을 받은 경우 보증인에게 착오에 의한 연대보증계약의 취소를 인정한 하급심판례를 소개한다.

J씨는 특별한 친분 관계도 없는 무역업자 W로부터 담보를 잠시만 빌려주어 신용장을 개설할 수 있도록 도와주면 3개월 안에 담보를 해제해 주겠다는 부탁을 받고 K은행앞으로 자신의 부동산을 담보로 근저당을 설정해 주기로 했다.

J씨는 K은행 본점 영업2부에 찾아가 근저당권 설정에 필요한 서류를 작성하여 주게 되었다. 그런데 은행 직원은 근저당 설정에 필요한 서류에 서명 날인을 받으면서, J씨에게 별도의 연대보증계약서까지 제시하였다. 이때 J씨는 이 서류들이 모두 근저당권 설정에 필요한 서류인 줄 알고 은행 직원이 가리키는대로 연대보증인란에 서명하였다. 그리고 은행 직원은 J씨의 인장을 건네 받아 J씨가 서명한 곳과 필요한 부

분에 직접 날인하였다.

그 후 W가 대출금을 결제하지 못하자 K은행은 J씨에게 연대보증하였음을 전제로 W의 채무금 및 지연손해금의 청구소송을 제기하였다.

그러나 J씨는 자신은 K은행에게 근저당권만을 설정해 줄 의사로 각종 서류에 서명한 것으로 연대보증의 의사표시는 법률행위의 중요 부분의 착오에 의한 것이므로 이를 취소한다고 항변했다.

 서울지방법원은 K은행의 여신규정에 의하면 물상보증인으로 하여금 인보증까지 겸하여 서도록 하는 것은 물상보증인에게 그와 같은 분명한 의사가 있는 때에 한하여 가능하도록 되어 있으므로 K은행이 J에 대하여 근저당권 설정의 의사뿐만 아니라 일반적인 연대보증인이 되고자 하는 분명한 의사가 있는지 여부를 확인한 연후에 비로소 J로 하여금 연대보증을 하도록 해야 함에도 불구하고 위 규정에 위배했다고 판단하였다. 즉 K은행이 J에게 연대보증계약을 체결한다는 사실을 명시적으로 고지하지 않고, 또한 다른 연대보증인들로부터 징구한 서류는 J에 대하여는 요구하지도 않은 채, J로부터 근저당 설정에 필요한 서류에 서명 날인을 받으면서 이와 함께 연대보증 서류에도 서명 날인을 받은 사실을 인정하였다.

그리고 위와 같은 착오에 빠지게 된 것은 결국 K은행이 J에 대하여 연대보증계약의 내용과 의미를 설명하고 고지해야 할 의무를 해태하였기 때문이라고 인정하고 착오에 의한 연대보증계약의 취소를 판결하였다.

5. 부당권유 및 과당매매와
증권회사 및 직원의 책임

2002년 말 이후 한동안 계속된 주가 폭등으로 대학생부터 농어촌의 사람들까지 주식투자에 빠져들면서 증권시장의 투기 장세는 위험수위에 이르렀고 그 후유증도 심각하다.

증권시장의 외형적 성장에도 불구하고 업계 일각에서는 아직도 불법일 임매매나 임의매매와 같은 잘못된 증권거래관행이 이루어지고 있어 투자자와 증권회사 간에 분쟁이 끊이지 않고 있는 실정이다. 특히 증권회사 직원들의 무리한 영업과 불건전한 거래로 인해 투자자가 원금을 손실하는 경우가 많다.

이제는 주식투자자보호를 현대적 소비자 보호문제의 하나로 인식하고 그 해결책을 마련할 때이다.

증권회사 직원의 강행규정에 위반한 투자수익보장약정을 내세운 투자권유로 투자한 투자자가 손실을 본 경우, 불법행위책임 및 사용자책임이 성립하는가의 여부에 대해 견해가 나뉜 판례를 소개한다.

개인투자자 L씨는 여유자금을 높은 이율로 운용할 곳을 찾던 중 평소 거래하던 은행의 차장으로부터 H증권 S지점장인 K를 소개받아 1년을 계약기간으로 하여 연 30%의 비율에 의한 수익금을 보장해 주기로 하는 내용의 이행각서를 교부받은 후, 주식매매 거래계좌 설정약정을 체결하고 여유자금을 주식예탁금으로 예치하였다.

K는 L씨의 주식예탁금을 가지고 일임매매를 하였는데 2개월쯤 매입주식의 가격이 급등하게 되자 L씨가 이를 전량 매도하여 정산해 줄 것을 요구하였다. 그러나 K는 계약관계를 들어 정산요구를 거절하였고, 오히려 추가 예치하면 1개월 안에 20%의 수익금을 보장한다는 제안을 하였다. 이에 L씨는 주식예탁금을 추가로 예치하고, K는 1개월 뒤 추가 예탁금 및 그 수익금과 예탁금에 대한 3개월 동안의 수익금을 지급할 것을 확약한다는 내용의 이행각서를 작성하여 주었다.

그런데 K가 집중 매입한 주식들이 갑자기 큰 폭으로 하락하여 L씨는 크게 손실을 보게 되어 결국 L씨는 K의 불법행위책임 및 H증권의 사용자책임을 묻는 소송을 제기하였다.

판결

고등법원은 K는 물론 H증권의 책임을 인정하지 않았다. 그 이유는 "K가 이례적인 고율의 투자수익 보장을 약정 받고 포괄적인 일임매매를 위탁하였던 점에 비추어 보면, 상당한 투자 위험을 수반하는 투기에 가까운 공격적인 투자 또는 다소 빈번한 주식매매를 예상하고 이를 용인하였다고 봄이 상당하다."고 했고, "K가 나름대로 수집한 주식정보에 의하여 집중투자한 것인데, 예상과는 달리 이들 주식의 주가가 갑자기 하락하는 바람에 투자원금에도 못 미치는 손실이 발생케 된 것이지,

그 주가의 급락을 예견하였거나 예견할 수 있었다고 볼 수 없으므로 선량한 관리자의 주의의무를 반하는 위법이 있다고 할 수 없다."고 했다. 이에 L은 상고하였다.

대법원은 고등법원과 달리 K의 불법행위책임은 물론 H증권의 사용자책임을 인정하였다. 그 이유는 "L과 K의 주식매매 거래계좌 설정약정은 투자수익 보장약정과 포괄적 일임매매약정을 바탕으로 한 것으로서 그 거래 경위와 거래방법, 고객인 원고의 투자 상황 거래에 따르는 위험성 및 이에 대한 설명의 정도 등을 함께 고려해 보면, L에 대한 K의 투자권유행위는 증권 거래행위에 수반되는 위험성에 관한 올바른 인식형성을 방해하고, 나아가 L의 투자상황에 비추어 과대한 위험성을 수반하는 거래를 적극적으로 권유한 경우에 해당하다고 볼 소지가 충분하다."고 보았기 때문이다.

6. 잘못된 보험계약과 보험회사 및 보험모집인의 책임

현대는 위험 사회이다. 현대인은 교통사고, 화재, 질병 등과 같은 여러 가지 위험에 봉착하게 되는데 이에 대비하기 위한 제도로 보험이 있다.

소비자라면 누구나 반강제 또는 필요에 의해 생명보험과 손해보험에 들게 된다. 보험상품은 그 특성상 약관을 통해서만 그 내용 파악이 가능한데 약관의 내용이 고도로 전문적이어서 소비자가 이를 제대로 이해하기가 어렵고 상품간의 비교도 곤란하여 대부분 보험모집인을 통해 보험계약을 체결하게 된다.

그런데 보험상품 설명의 불충분, 모집 후 약속 불이행 등 일부 보험모집인의 부당한 행위로 인해 소비자의 불만이 높아지고 피해가 발생하고 있다. 이는 보험모집인의 실적을 올리기 위한 무리한 판매활동, 보험모집인의 보험상품에 대한 지식부족 등으로 인한 보험 소비자 문제의 대표적인 유형이다.

보험모집인이 보험약관에 대한 설명을 소홀히 해서 발생한 피해에 대해 보험회사와 보험모집인에게 책임이 있다는 판례를 소개한다.

L씨는 S보험사 M영업소의 보험모집인인 K의 권유로 1997년 10월 계약자는 본인, 피보험자는 B로 하고, 보험기간 중 평일에 발생한 차량 탑승중 교통사고로 인하여 사망할 경우에는 1억 5,000만원의 보험금을 지급하되, 휴일에 위와 같은 보험사고가 발생할 경우에는 위 금액의 1.5배를 지급하기로 하는 내용의 보험계약을 체결하였다. 그런데 L씨는 보험계약 청약서상의 표준약관 주요 내용란에 기재된 피보험자의 서면에 의한 동의가 없는 타인의 사망을 보험사고로 하는 보험계약은 무효라는 내용을 확인해 보지 않아 이를 알지 못한 채 B의 서면에 의한 동의 없이 K가 보는 앞에서 보험계약 청약서의 피보험자 동의란에 자신이 피보험자인 B의 성명을 대신 기재하고 서명을 하여 이를 K에게 교부하였고, K도 B의 동의가 있었는지를 확인하지 않았고 L에게 B의 서면 동의가 없으면 보험계약이 무효로 된다는 것을 고지하지 아니하였다. 그 후 B는 일요일인 1998년 11월 15일 운전중 사망하였다. 상속인들은 S보험사를 상대로 보험

계약에 기한 보험금청구의 소송을 제기하였으나 B의 서면에 의한 동의가 없다는 점으로 인해 청구가 기각되었다.

이에 상속인들은 K가 보험전문가로서 타인의 사망을 보험사고로 하는 보험계약에는 피보험자의 서면에 의한 동의를 얻어야 하는 사실을 보험계약자인 L에게 설명하고 피보험자의 서면 동의를 받아 보험계약을 체결하도록 조치를 취할 주의의무를 다하지 못해 보험금이 지급되지 않게 되는 손해를 입게 되었다는 이유로 S보험사를 상대로 항소를 제기하였다.

 서울고등법원은 S생명보험회사가 보험사업자로서 보험업법 제158조 제1항에 의한 손해배상책임이 있다고 하면서 L의 과실을 40% 참작하여 상속인들에게 총 1억 3,000여 만원을 지급하도록 판결하였다.

한편 S보험사는 보험모집인 K를 상대로 구상금청구소송을 제기하였다. 이에 대해 서울지방법원은 보험청약서의 심사과정 및 추후 보험료의 납입과정에서 피보험자의 서면 동의에 관하여 전혀 문제삼지 않았을 뿐만 아니라 보험모집인에게 피보험자의 서면 동의를 받도록 사전에 충분히 교육·감독하지 못한 과실이 있다는 점을 들어 보험모집인에게 40%의 과실만을 인정하였다.

13 의료 · 의약품

인간에게 건강하게 살아가는 것만큼 소중한 것은 없다. 그렇기 때문에 인간의 건강을 유지 · 회복시켜 주는 의료서비스는 중요하다. 그러나 의료인으로부터 제공받은 의료서비스에 대한 환자, 더 나아가 의료소비자의 피해와 불만이 끊임없이 발생하고 있다. 예를 들면, 진단, 주사, 수술, 투약, 수혈, 마취, 예방접종 등 다양한 영역에서 의료 과실로 인한 피해는 물론 과잉진료, 진료비의 과다청구 등 불만이 제기되고 있다.

1. 부당한 진료비 청구와 부당이득 반환

의약분업 이후 일부 의료인이나 의료기관의 부당한 진료비 청구는 의료인이나 의료기관에 대한 인식에 변화를 주고 있다. 의료서비스 문제가 환자의 차원이 아닌 소비자 문제의 관점에서 접근되고 있다.

의료인이나 의료기관의 부당행위에 대해서는 보건당국은 물론 검 · 경찰이 나서서 뿌리를 뽑아야 하지만, 근본적으로는 의료소비자의 적극적인 대응이 필요하다.

진료행위가 없었으면서 외래진료비를 수령한 의료기관에 대해 의료소비자가 부당이득 반환을 청구하여 인정된 판례를 소개한다.

H씨는 A재단 산하 S병원의 심장내과에서 1998년 3월 24일 고지방혈증으로 진단을 받은 뒤 계속적인 관찰과 지질감소제제의 투여를 필요로 하여 2000년 2월 25일까지 2~3개월에 1번씩 문진, 혈압감소 등의 진료를 받고 지질감소제제의 투약을 받아 왔다. 필요한 경우에는 지방관련 혈액검사를 받았다. 그 후 H씨는 예약 진료일인 2000년 8월 25일 S병원에 내원하였으나 의약분업으로 인한 파업으로 진료를 받지 못하였고, 외래진료비 3,700원, 원외처방료 17,914원 중 본인부담금 9,850원, 합계 13,550원을 납부하고 90일 분의 지질감소제제의 원외처방전을 교부받았다.
H씨는 S병원이 자신에 대해 진료급부를 제공하지 않고 외래진료비 및 원외처방료를 수령한 것은 법률상 원인 없는 부당한 이득이므로 13,550원 반환의 소송을 제기하였다.

판결 서울지방법원은 진료비는 의사의 진단 및 치료에 대한 대가이므로 의사가 그러한 진료 급부를 제공하지 않고 수령한 외래진료비는 부당이득으로서 반환할 의무가 있다고 인정하였다.

그러나 원외처방료는 H씨가 종전에도 계속 지질감소제제의 투약 처방을 받아 왔으며, 처방이 대면진료 없이 작성 · 교부되었더라도 이로 인하여 H

씨에게 어떤 손해가 발생하지 아니한다고 이 부분의 청구는 인정하지 않았다. 더 나아가 H씨가 진료비에 포함된다고 주장한 외래병원관리 및 진찰권 발급에 소요되는 비용에 대한 청구도 인정하지 않았다.

결국 A재단은 H씨에게 금 3,700원 및 이에 대한 지연손해금을 반환할 의무가 있다고 판결하였다.

2. 환자에 대한 관리감독의무 소홀과 병원의 책임

"의료 행위가 있는 곳에 의료 분쟁이 있다."는 말처럼 소비자가 의료인 또는 의료기관으로부터 의료서비스를 제공받는 과정이나 결과에 있어서 불만과 피해는 피할 수 없을 것이다.

그 동안 의료 분쟁은 소비자 문제로 부각되지 않았지만 1990년대부터 누적되는 의료 사고 판례를 보면 그 피해가 심각해짐을 알 수 있다.

의료 사고는 고의나 불가항력적인 원인에 의하기보다는 의료인 또는 의료기관이 주의의무 내지 설명의무 등을 태만히 해 발생하는 경우가 더 많다. 이에 의료소비자의 권리를 실현하기 위한 사전적 예방 방안과 사후적 구제 방안이 필요하다.

특히 의료 사고 해결에 있어서 의료인 또는 의료기관의 과실을 밝혀 내는 것이 중요한 일이다. 그러나 의료인이나 의료기관에 어느 정도의 주의의무와 책임이 있는가 하는 문제는 판단하기가 어렵다.

자살할 우려가 있는 환자에게 일 주일 치의 치료약을 과다 조제해 줬다면 병원은 음독 자살에 대한 손해를 배상해야 한다는 판례를 소개한다.

L은 1999년 교량 건설 현장에서 사고를 당해 입원했다가 외상 후 신경증이라는 질환을 얻어 통원 치료를 받았다. L은 1년 후 교통사고를 당해 다시 병원에 입원해 정형외과 치료를 받으며 주 1회 정신과 통원치료를 병행하다가 정신과에서 조제해 준 일 주일 치 약을 한꺼번에 복용해 음독 자살했다. 이에 L의 유족들은 L이 근무하던 공사장의 건설사인 L건설사와 교통사고 차량의 보험사인 R보험사, K병원 등을 상대로 손해배상청구 소송을 제기했다.

판결 서울지방법원은 K병원이 유족들에게 3,800여 만원을 배상하라는 원고일부승소 판결을 내렸다. 그 논거는 K병원이 L의 정신과 담당 의사가 자살할 우려가 있다는 소견을 냈는데도 과다 복용할 경우 목숨이 위태로운 약을 일 주일 치나 한꺼번에 조제해 줘 환자에 대한 관리감독의무를 소홀히 한 잘못이 있다는 점에 두고 있다. 하지만 L이 정신질환을 앓고 있었다 하더라도 자신에 대한 위험 등은 판별할 수 있는 정도의 의사 능력은 있었고, 자신의 병세를 호전시키도록 노력해야 될 것인데도 자살을 선택한 잘못이 있다며 병원의 책임을 50%로 제한했다. 그리고 L의 정신질환은 공사 현장에서 얻은 산업재해에 대한 비관으로 생긴 것이지만 재해의 피해가 그리 크지 않았고 1년 이상 기간이 경과한 후 생긴 교통사고로 입원하게 된 점 등을 고려할 때 산업재해와 자살 사이에는 상당한 인과 관계가 없고, L이 교통사고로 입원했지만 상해 정도가 2주 치료를 필요로 하는 경미한 것이고 교통사고 이전에 이미 정신질환이 있었던 점을 고려할 때 교통사고와 자살간에 상당한 인과 관계가 없다며 L건설사 및 R보험사에 대한 청구는 기각했다.

3. 감기약의 조제와 약사의 설명의무

우리나라 사람들에게는 예로부터 "약을 좋아하는" 의식이 뿌리깊게 자리하고 있어 의약품의 오·남용이 심각한 수준이다.

가벼운 감기 증세나 조그만 염증에도 항생제를 사용하고 있고, 여성들은 몸매 관리를 위해 이뇨제를 사용하기도 하며, 어린 청소년들조차 기침약을 과량으로 복용하여 환각제로 사용하고 있다.

이와 같이 불필요하거나 잘못된 투약을 방지하고, 무분별한 약의 오·남용을 예방하여 약으로 인한 피해를 줄이기 위해 의약분업이 실시되고 있다. 따라서 모든 의약품은 의사의 진단과 처방이 있어야 약국에서 조제할 수 있다.

그러나 일부 불법적인 의약품 조제로 인해 사망 등의 약화사고가 발생하고 있다. 물론 이런 행위는 무면허 의료행위가 되어 형사처벌을 받지만 구체적으로 어떤 근거로 어떤 범위까지 손해배상을 청구할 수 있는가의 문제가 남는다.

약사가 조제해 준 감기약을 먹고 사망한 사건에 대해 약사의 설명의무와 위자료를 인정한 판례를 소개한다.

약사 K씨는 약국 조제실에 있으면서 종업원에게 A씨의 증상과 특이체질 여부를 물어 문지카드에 그 증상 등을 체크하여 가져오게 했다. 그리고 그 문지카드를 받아 보고 증상으로 열, 두통, 한기, 인후통, 인후염이 있고 특이체질은 아닌 것으로 표시되어 있음에 따라 별도의 문진 없이 감기라고 판단하고 2일분의 약을 조제하여 주었다.

그 후 A씨는 집으로 돌아와서 1첩을 복용하고 약국에서 구입한 주사약인 영양수액제를 정맥주사 받은 후 저녁식사 후 1첩을 더 복용하였다. 그런데 다시 열이 오르고 상태가 좋아지지 않아 인근 병원의 응급실에 갔으나 스티븐스 – 존스 증후군이 의심된다는 진단을 받아 다시 대학병원으로 전원되었다. 이후 3개월간 진료를 받았으나 사망하고 말았다. 검진 결과 제조된 감기약 중 일부 약물에 의해 발병한 것으로 추정된다고 감정하였다. 이에 A씨의 부모는 약사를 대상으로 무면허 의료행위 및 설명의무의 위반에 근거한 손해배상청구 소송을 제기하였다.

 대법원은 약사가 종업원을 통해 문진을 한 후 진단하고 감기약을 조제한 행위는 무면허 의료행위라고 했으나 그 자체가 의료상의 주의의무 위반행위는 아니라고 하며 그것만으로 불법행위 책임을 부담하지는 않는다고 했다. 그러나 약사가 의약품을 조제하여 판매함으로써 환자로 하여금 복용하도록 하는 경우에도 의사에 준하는 설명의무가 있다고 판결하였다. 즉 약사가 환자를 문진의 방법으로 진단하여 감기약을 조제하여 줄 당시 그 조제약의 부작용의 발생가능성에 관한 설명을 할 시간적 여유가 없는 긴급한 상태가 존재하지 않았고, 그 조제약의 복용시 스티븐스 – 존슨 증후군과 같은 부작용이 발생할 수 있다는 사실 자체는 이

미 의학계에 널리 알려져 있었으며, 그 부작용은 회복할 수 없을 정도로 중대한 반면 그에 관한 사전검사 방법이 알려져 있지 아니하였다는 것이므로 약사로서는 사용설명서에 부작용에 대한 경고가 표시되어 있는 의약품을 단순 판매하는 경우와는 달리 감기약을 조제함에 있어 조제 전에 부작용의 발생가능성을 미리 설명하여 부작용의 존재를 알 길이 없던 환자 측의 승낙을 받아야 하는 것이라고 했다. 그런데 구체적인 손해배상의 범위와 관련해서는 스티븐스 – 존슨 증후군이 특이체질인 사람에게만 발생하는 점, 이를 사전에 검사하는 방법이 없는 점, 그 발생 빈도가 극히 낮은 점을 고려하여 위자료 외에 재산상 손해에 대해서는 인정하지 않았다.

14 변호사

각종 법률문제 때문에 변호사의 법률서비스를 이용해 본 소비자라면 한 번쯤 변호사의 과오로 인한 불만과 피해를 당해 보았을 것이다. 사회가 복잡해짐에 따른 법적 분쟁의 증가 현상으로 변호사의 역할에 대한 사회적 기대가 크다.

그러나 변호사의 책임에 대한 강조에도 불구하고 알선 비리, 수임료 과다, 횡령 등 법률소비자의 이익을 침해하는 변호사의 직무상 과오가 발생하고 있다.

특히 변호사가 위임받은 사건에 관하여 소송 수행과정에서 단순한 착오나 법률 지식의 부족 또는 불성실 등으로 사건의뢰인에게 손해를 끼친 경우에 의뢰인이 변호사를 상대로 손해배상청구소송을 제기하는 사례가 증가하고 있다.

1. 변호사의 불성실한 변론과 손해배상책임

변호사의 불성실한 변론에 대해 위자료를 인정한 하급심판례를 소개한다.

K 변호사는 1991년 7월 5일 간통죄로 고소를 당한 Y로부터 이혼청구소송의 소송대리를 위임받고 수임료로 300만원을 지급 받았다. 그러나 K는 소송을 수행함에 있어서 Y로부터 부정행위를 청구원인으로 하여 제기된 이혼청구소송의 소송대리를 위임받고도 청구원인사실을 모두 부인하는 내용의 형식적인 답변서를 1회 제출하고 5차례의 변론기일 중 1차례만 출석하여 그 답변서만을 진술하였으며 나머지 4차례의 변론기일을 송달 받고도 출석하지 않아 그로 인하여 위 이혼청구소송에서 결정적인 증언을 한 상대편 증인에 대하여 반대신문도 행하지 않아 패소 확정되었고, Y는 이혼 당하였다. 이에 Y는 K에게 이 이혼으로 인하여 입은 정신적 손해를 배상할 책임이 있다고 소송을 제기하였다.

서울민사지법은 "소송대리를 업으로 하는 변호사가 일반인으로부터 가사사건 등의 소송대리를 위임받은 경우 그 직무의 전문성에 비추어 그 위탁받은 사무를 수행함에 있어서 당해 사건을 면밀히 숙지하고 소송에 성실히 임함으로써 의뢰인의 공정한 재판에 대한 기회나 기대를 보호하고, 또한 의뢰인의 손해를 방지하는 등 전문적인 지식과 경험을 갖춘 자를 표준으로 한 선량한 관리자로서의 주의의무 내지 성실하게 직무를 수행할 의무가 요구된다."고 하면서 "K가 선량한 관리자로서의 주의의무에 위반한 소송 수행을 한 이상 이로 인하여 소송 결과와는 상관없이 Y가 정신적 고통을 받았을 것임은 명백하다 할 것이므로 K는 이를 금전으로 위자할 의무가 있다."고 하였다. 그리고 위자료의 범위는 의무위반의 태양, 수임료의 수액, 이혼에 따른 재산분할결과 등을 고려하여 450만원을 배상하라고 판결하였다.

15　인터넷 거래

인터넷의 급속한 보급으로 소비자들이 인터넷 쇼핑몰을 이용하는 비중이 나날이 증가하고 있다. 인터넷 쇼핑몰은 과거의 거래형태와 달리 거래상대방을 직접 대면하지 않고 인터넷 온라인상에서 거래하는 새로운 거래형태라는 본질적인 특성 때문에 새로운 소비자 문제가 발생하고 있다.

소비자 피해의 유형은 배송 지연, 배송비 부담 전가, 반품 및 환급 거부, 일방적인 계약 취소 또는 해제, 계약조건의 변경, 계약 불이행, 개인정보의 도용·유출·남용, 허위·과장 광고 및 표시, 사이버몰 폐쇄, 사은품 제공 지연, 시스템 오류 등 점점 다양해지고 있다. 그러나 인터넷 쇼핑몰과 관련한 소비자 피해는 대부분이 소액거래이고 법률적인 부분 외에 인터넷 특유의 기술적 문제까지 내재하고 있어 그 해결이 어렵다.

특히 가격이나 상품명, 수량 등 물품의 중요 부분에 대한 오기 등의 사유로 인터넷 쇼핑몰이 일방적으로 계약을 취소하는 경우 판단해야 할 사항이 많다. 물품의 인도를 청구하거나 보상을 받을 수 있는가, 보상을 받는 경우 어느 정도의 보상금을 받을 수 있는가 등이 문제이다.

1. 90% 할인가격 게시와
인터넷 쇼핑몰 계약의 취소

인터넷 쇼핑몰이 부주의로 정상가의 90% 할인된 가격을 게시해 소비자가 물품을 구입한 경우 쇼핑몰은 법률행위 내용의 중요 부분 착오를 이유로 계약을 취소할 수 있다는 판례를 소개한다.

K씨는 지난해 10월 Y쇼핑몰에서 355,000원 하는 개인정보단말기가 35,500으로 게시돼 있는 것을 보고 2대를 청약했으나 Y사가 가격이 잘못 게시됐다며 계약취소 통보를 했다. 이에 K씨는 24시간 이상 오류를 발견하지 못한 채 방치해 둔 Y쇼핑몰의 중대한 과실이 있는 만큼 물건을 인도하라며 Y사를 상대로 물품인도청구의 소송을 제기하였다.

서울지방법원은 "이 사건 상품이 게시돼 웹페이지의 다른 상품들은 할인판매를 하지 않거나 10% 이내의 범위에서 할인판매를 하는 점 등을 감안하면 90% 할인은 법률행위 내용의 중요 부분에 착오가 있는 경우에 해당하므로 피고는 의사표시를 취소할 수 있다."고 판결하였다.

그리고 "30만 가지 정도의 상품을 판매하고 있는 점, 담당 직원이 수작업으로 가격을 입력하면 할인율, 판매, 대금결제 등이 자동으로 컴퓨터 프로그램에 의해 실행되는 점 등에 비추어 보면 잘못된 판매가격을 적시에 발견하지 못했다고 해서 중대한 과실이 있었다고 보기 어렵다."고 덧붙였다.

16 개인정보 · 프라이버시

최근 급속도로 발전하는 컴퓨터 및 정보통신기술에 따른 초고속 인터넷 가입자, 휴대폰 가입자, 무선인터넷 사용자, 인터넷뱅킹 가입자 등의 증가는 우리나라를 산업사회에서 정보사회로 빠르게 전환시키고 있다. 그러나 정보기술 사용이 일상화되면서 사이버 범죄, 사이버 중독, 개인정보 침해 등 정보화의 역기능에 대한 우려도 그만큼 높아지고 있다. 특히 금융정보, 신용정보, 회원정보, 납세정보, 진료정보, 인사정보, 학업정보 등 국민 또는 소비자로서의 개인에 관한 정보가 유출되거나 오 · 남용됨으로써 개인의 재산적 손해는 물론 명예와 프라이버시(privacy)를 심각하게 위협하고 있다.

개인정보 침해는 정보 주체의 동의 없이 개인정보에 접근하거나 수집하는 행위, 고객에게 알리지 않고 고객의 개인정보를 다른 기업들에게 넘겨주는 행위, 인터넷 사용자의 동의나 허가 없이 상품광고 메일, 즉 스팸 메일을 보내는 행위 등이 있다. 사업자에 의해 자신의 개인정보가 침해될 때 소비자는 관련 법규에 따라 행정조치나 형사처벌을 요구할 수 있고, 의무위반에 따른 손해배상도 청구할 수 있다.

1. 개인정보 유출 및 스팸 메일과
사업자의 손해배상책임

인터넷 포털 업체가 네티즌의 이메일 주소 등 개인정보를 제휴 업체에 알려줘 광고성 이메일을 받게 했다면 손해배상책임을 져야 한다는 판례를 소개한다.

 J씨는 1999년 11월 인터넷 검색포털 업체인 N사가 S사 등의 제휴회사들과 함께 개설한 인터넷 서비스 사이트인 마이비즈에 회원으로 가입하였다. J씨는 회원가입 신청을 하면서 회원가입신청서에 자신의 성명, 주민등록번호, 주소, 직업, 이메일 주소, 비밀번호 등을 입력하였다.

서비스 안내문과 회원가입신청서에서는 회원으로 등록되면 회원의 비밀번호와 이메일 주소는 제휴회사들에게 제공되지 않는다고 되어 있었고, 이용약관에는 이용자의 사전동의 없이는 이용자의 개인정보를 공개하지 않는다고 기재되어 있었다. 그런데 N사는 J씨 등 회원의 동의를 받지 않은 채 이메일 주소정보를 S사에 전송하였고, S사는 J씨 등 회원의 동의를 받지 않은 채 N사로부터 전송 받은 J씨 등의 이메일 주소를 이용하여 자사의 제품을 광고하고 판매를 촉진하기 위한 영리 목적의 광고성 이메일을 전송하였다.

이에 J씨는 개인정보를 유출해 광고성 이메일을 받아 손해를 봤다며 N사와 S사를 상대로 손해배상청구소송을 제기했다.

판결 서울지방법원은 J와의 약정과 정보통신망법 소정의 정보통신서비스제공자의 개인정보보호의무에 위반하여 N사가 J의 동의 없이 J의 개인정보인 J의 이메일 주소를 S사에 제공하고, S사는 J의 동의 없이 이를 이용하여 J에게 광고성 메일을 전송함으로써, 정보통신서비스의 이용자인 J의 사생활의 비밀과 자유의 침해에 대한 위험 등이 발생함에 따라 J가 상당한 정신적 고통을 받았음이 경험칙상 분명하므로 N사와 S사는 각자 이를 금전으로 위자할 의무가 있다고 판결하였다.

J에게 지급해야 할 위자료의 액수는 개인정보 보호에 대한 고도의 신뢰성, 개인정보 유출로 인한 이용자의 사생활의 비밀 및 자유의 침해 가능성, 광고성 메일의 유해성 등을 고려하여 각각 100만원으로 정했다.

2. 전화번호부에 전화번호 잘못 기재와 손해배상책임

사회생활에서 전화번호는 한 개인의 주민등록번호만큼이나 중요한 개인 및 기업에 관한 정보이다. 따라서 좋은 전화번호는 비싼 가격에 매매되기도 하고, 전화번호를 둘러싼 개인 및 기업 간의 경쟁은 치열하다.

이와 같이 사회생활상 긴요한 정보인 전화번호를 둘러싼 소비자 피해가 발생하고 있다. 전화번호를 조회하는데 사용되는 매체는 유료 114나 전화번호부인데, 대표적인 소비자 피해는 잘못된 전화번호를 알려주거나 전화번호부에 전화번호가 잘못 기재된 경우이다.

전화번호부에 전화번호가 잘못 기재된 경우 위자료를 인정한 하급심판례를 소개한다.

B는 1982년 6월부터 서울시 구로구 소재의 S상사라는 상호로 전기자재 등의 도소매업에 종사하는 사람으로 전화 4대를 사용하고 있다. 그런데 1992년 11월경 한국전화번호부주식회사는 한국전기통신공사에 납품할 1992년도 서울판 전화번호부(상호편, 업종편) 220만 부 중 1차분 86만 부를 제작함에 있어, 출판계획부 소속 담당직원의 과실로 직업상담 안내란의 전화번호가 B가 업무상 사용하는 전화번호로 잘못 기재되어 발행되었다. 잘못 인쇄된 전화번호부 86만 부 중 적어도 733,794부가 그대로 전화가입자들에게 배부되었거나 공중전화부스에 비치되었다. 이후 잘못된 전화번호로 인해 잘못 걸려온 직업상담 문의전화로 인해 B는 업무에 지장이 생겼다. 여직원은 잘못 걸려온 전화가 매일 100 내지 150통에 달한다고 증언하였다.

이에 B는 한국전화번호부주식회사를 상대로 손해배상청구의 소송을 제기하였다.

서울민사지방법원은 "전화번호부는 사회생활상 극히 긴요한 정보이니 전화번호를 조회하는데 사용되는 것인 만큼 이를 제작하는 담당 직원들로서는 그 편집 및 교정, 인쇄 등에 관하여 각별히 주의를 기울여 잘못된 전화번호가 게재되는 일이 없도록 최선을 다해야 할 업무상의 의무가 있다고 할 것이다."라고 하며 담당 직원의 과실을 인정하였다.

그리고 잘못 인쇄된 전화번호부가 전화가입자들에게 배부되었거나 공중전화부스에 비치된 이후 잘못 인쇄된 전화번호의 1일 전체 착신량은 평균 약 26통인데, 이 중 상당수는 제대로 걸려온 전화일 것으로 추정되고, 그 나머지 일부는 잘못 인쇄된 전화번호부를 보고 직업안내소의 전화번호인 줄로 잘못 알아 걸려온 직업상담 문의전화인 것으로 추정할 수 있다고 하며 "잘못 걸려온 직업상담 문의의 전화들로 말미암아 이에 응답하느라고 B가 경영하는 S상사의 업무에 지장이 생기고 그로 인하여 그 경영주인 B가 다소간의 정신적 고통을 받았을 것임은 경험칙상 인정할 수 있고, 이를 금전으로 위자할 의무가 있다."고 판결하였다.

그러나 구체적으로 그 배상할 위자료의 액수는 50만원으로 한정하였다. 그 논거는 "우리 경제, 사회의 비약적인 성장으로 말미암아 전화번호부에 수록될 전화번호의 수는 기하급수적으로 팽창하고 있는 상황이어서 전화번호부에 수록되는 개개 전화번호의 완전무결한 정확성을 유지하기란 사실상 매우 어려운 일이 아닐 수 없다 할 것이다. 이러한 점으로 볼 때 전화번호부의 제작과정에서의 그리 크지 않은 과오에 대하여 그 제작자인 피고회사에게 지나치게 엄중한 책임을 묻는다면, 위와 같은 중요성을 갖는 전화번호부의 제작과정이 위축되거나, 적어도 원활히 이루어지지 못하게 될 우려가 있다."는 점을 들고 있다.

17 애완동물

국민소득의 증가와 함께 애완동물을 기르는 가구가 늘어나 현재 전국적으로 약 300만 가구에서 애완동물을 기르고 있는 것으로 추정되고 있다.

소비자들은 애완동물을 이웃이나 친지로부터 받는 경우도 있으나, 대부분 애완동물 판매업자(애견센터, 동물병원, 개인판매업자, 분양업자 등)를 통해 구입하여 기르고 있다. 그런데 애완동물 판매업자가 '건강하지 않은 애완동물'을 자주 판매하여 병이 나거나 폐사 하는 사고로 소비자 피해가 발생하고 있다.

애완동물과 관련한 소비자 피해는 구입 직후 질병 발생 및 폐사에 따른 문제가 가장 많은데, 생물의 특성상 발병원인이나 사인의 객관적인 입증에 관하여 소비자와 사업자간의 다툼으로 합의가 이루어지지 않는 경우가 많다.

현재 애완동물 관련 소비자 피해에 대해서는 별도의 법규가 없고 민법과 소비자 피해보상규정의 애완견 관련 조항에 의해 처리되고 있다.

1. 폐사한 강아지와 손해배상책임

애견센터에서 구입한 강아지가 병에 걸리고, 교환한 강아지마저 죽어버리는 등 마음고생을 톡톡히 한 어느 소비자가 소송을 내 결국 애완견 구입비와 치료비를 모두 받아낸 판례를 소개한다.

P씨는 서울의 모 애견센터에서 60만원에 요크셔테리어를 구입했다. 그러나 이틀이 지나자 이 강아지는 고열 및 기침의 증상을 보여 동물병원에서 치료를 받았다. 2주일이 지나도 증상이 나아지지 않자 P씨는 애견센터에 교환을 요구해 미니핀으로 교환 받았다.

그런데 두 번째 강아지 역시 다음날부터 기침과 설사, 식욕부진 증상까지 보였다. 일 주일 후에 병원에 홍역검사를 의뢰해 양성반응이 나왔고 결국 강아지는 죽었다.

이에 P씨는 환급을 요구했으나 애완견센터 주인은 '애견보상약관' 조항에 해당되지 않는다며 보상을 거부, 소비자보호원의 피해구제마저 결렬됐다. 결국 P씨는 개 구입비와 치료비 청구소송을 제기하였다.

서울지방법원은 애완견센터 주인으로 하여금 개 구입비 60만원과 치료비 424,000원 총 1,024,000원을 P씨에게 지급하라고 원고승소판결을 내렸다.

부록 : 소비자보호기관

1. 중앙정부

명 칭	주 소	전 화	F A X
재정경제부 국민생활국 소비자정책과	경기도 과천시 중앙동 1번지 정부과천청사 (www.sobija.go.kr)	(02)503-9061	(02)504-2510
공정거래위원회 소비자보호국	경기도 과천시 중앙동 1번지 정부과천청사 (www.consumer.go.kr)	(02)504-4161～2	
한국소비자보호원	서울특별시 서초구 염곡동 300-4 (www.cpb.or.kr)	(02)3460-3000, (02)529-0408	(02)3460-3180

2. 지방정부

명 칭	주 소	전 화	F A X
서울특별시 소비자정보센터	서울특별시 중구 을지로 1 서울시청	(02)733-9898, (02)739-9898	(02)731-6998
부산광역시 소비생활센터	부산광역시 연제구 연산5동 1000 부산시청	(051)888-3841	
인천광역시 소비생활센터	인천광역시 남구 구월1동 1127 한미은행 빌딩8층	(032)442-9872	
대전광역시 소비생활센터	대전광역시 서구 둔산동 1420번지 대전광역시청 2층	(042)600-2398	
울산광역시 소비자보호센터	울산광역시 남구 신정3동 589-1 울산상공회의소 1층	(052)260-9898	(052)229-2889
광주광역시 소비생활센터	광주광역시 동구 계림1동 505-900	(062)606-5546	
경기도 소비자보호정보센터	경기도 수원시 권선구 매산로 3가 35-15 강산빌딩 4층	(080)215-9898, (031)251-9898	
경상남도 소비자보호센터	경상남도 창원시 사림동 1번지 경남도청 4층	(055)211-3195	
충청남도 소비자보호센터	대전광역시 중구 선화동 287	(042)221- 9898	(042)220-3216
전라남도 소비생활센터	광주광역시 동구 서석로 21 전남도청	(062)234-9898	(062)607-6017
강원도 소비생활센터	강원도 춘천시 봉의동 15번지 강원도청	(033)249-3045	(033)249-4095

3. 소비자단체

1) 한국소비자단체협의회 및 회원단체

명 칭	주 소	전 화	F A X
한국소비자단체협의회	서울특별시 용산구 한강로3가 40-427 (www.consumernet.or.kr)	(02)793-8081 (02)790-4050~2	(02)793-8052
녹색소비자연대	서울특별시 용산구 효창동 5-393 (www.gcn.or.kr)	(02)3273-7117 (02)3273-4998	(02)3273-1544
대한YWCA연합회	서울특별시 중구 명동1가 1-3(www.ymca.or.kr)	(02)774-9702~7	(02)774-9724
대한주부클럽연합회	서울특별시 중구 남창동 1-2 상동빌딩 6층(www.jubuclub.or.kr)	(02)779-1573~5	(02)752-4225
소비자문제를 연구하는 시민의 모임	서울특별시 종로구 신문로2가 89-27 피어선빌딩 603호(www.cacpk.org)	(02)739-5441 (02)739-5530	(02)736-5514
전국주부교실중앙회	서울특별시 중구 충무로5가 19-3(www.nchc.or.kr)	(02)2266-5870 (02)2273-6300	(02)2279-9341
한국소비생활연구원	서울특별시 용산구 한강로2가 325 양우빌딩 4층	(02)749-9643~6	(02)749-9645
한국소비자교육원	서울특별시 서초구 양재동 103번지 유남빌딩 302호	(02)579-0603 (02)579-3331	(02)578-3779
한국소비자연맹	서울특별시 용산구 한남동 272-1 (www.consumersunion.or.kr)	(02)795-1042 (02)794-7081	(02)798-6564
한국여성단체협의회	서울특별시 용산구 한강로3가 40-427	(02)794-4560	(02)796-4995
한국YMCA전국연맹	서울특별시 중구 소공동 11 YMCA빌딩 8층(www.ymcakorea.org)	(02)754-7891~5	(02)774-8889

2) 전국 소비자고발센터

서울특별시	녹색소비자연대	(02)3273-7117, 4998
	소비자교육원	(02)579-0603, 3331
	소비자연맹	(02)795-1042, 794-7081
	시민의 모임	(02)739-5441, 5530
	주부교실	(02)2273-2485, 6300
	주부클럽	1588-0050
	YMCA	(02)733-3181, 734-3904
	YWCA	(02)3705-6060~1
	소비생활연구원	(02)749-9643~6
부산광역시	소비자연맹	(051)515-5343~4
	주부교실	(051)469-9898
	주부클럽	1588-0050
	YMCA	(051)440-3354
	YWCA	(051)441-2221~5
	소비생활연구원	(051)864-5858
대구광역시	녹색소비자연대	(053)428-4972
	소비자연맹	(053)745-9107~9
	주부교실	(053)424-7262
	YMCA	(053)257-3635
	YWCA	(053)472-2280~2
인천광역시	녹색소비자연대	(032)421-6112
	소비자연맹	(032)434-4124~5
	주부교실	(032)865-9898
	YWCA	(032)424-0524

광주광역시	주부교실	(062)232-0643
	주부클럽	1588-0650
	YMCA	(062)234-0077, 232-6133
	YWCA	(062)524-6511~3
대전광역시	주부교실	(042)535-4480~2
	YMCA	(042)472-3399
	YWCA	(042)254-3035
	시민의 모임	(042)222-5000
울산광역시	주부교실	(052)245-4376
	YMCA	(052)222-1899
	YWCA	(052)247-3520~2

● 경기도

수원	주부교실	(031)231-9898
	YMCA	(031)273-8311
	YWCA	(031)252-5111~4
부천	YMCA	(032)325-3100
	YWCA	(032)668-9700
의정부	소비자연맹	(031)877-6112~3
	주부교실	(031)829-9988
	YMCA	(031)877-4235
	YWCA	(031)877-6332
안산	시민의 모임	(031)482-9898
	주부교실	(031)485-9898
	주부클럽	1588-0050
	YMCA	(031)410-6294
	YWCA	(031)483-6536
성남	시민의 모임	(031)756-9898
	YWCA	(031)701-2501
안양	YMCA	(031)384-2311
	YWCA	(031)456-6543
과천	주부교실	(02)504-9898
광명	주부교실	(02)681-1149
	YWCA	(02)895-1966
파주	주부클럽	1588-0050
평택	녹색소비자연대	(031)618-1545
	주부교실	(031)667-9898
	YWCA	(031)651-7701
이천	주부교실	(031)637-9898
	YMCA	(031)638-9898
오산	주부교실	(031)375-9898
여주	주부교실	(031)883-9898
용인	YMCA	(031)283-8279
	주부교실	(031)338-3303
고양	녹색소비자연대	(031)911-6641
	주부교실	(031)965-5858
	YWCA	(031)919-4040

구리	주부교실	(031)556-9898
	YMCA	(031)557-6531
하남	소비자교육원	(031)793-3131~2
	YWCA	(031)793-7771
남양주	주부교실	(031)592-4979
안성	주부교실	(031)673-9898
의왕	주부교실	(031)458-4871
군포	YMCA	(031)453-8614
시흥	YMCA	(031)315-4310

● 강원도

춘천	소비자연맹	(033)242-9898
	YWCA	(033)254-4878
원주	시민의 모임	(033)748-3277
	YWCA	(033)742-6090
강릉	주부클럽	1588-0050
	YWCA	(033)643-0304
속초	YMCA	(033)631-8998
	YWCA	(033)635-8663
태백	시민의 모임	(033)552-1505
동해	YWCA	(033)532-6070

● 충청북도

청주	주부교실	(043)252-6740
	주부클럽	1588-0050
	YMCA	(043)253-6103
	YWCA	(043)268-3700
충주	주부교실	(043)851-5858
	주부클럽	1588-0050
	YWCA	(043)848-3240
제천	주부클럽	15880050
음성	주부교실	(043)873-9898
	주부클럽	1588-0050
증평	주부클럽	1588-0050
	YWCA	(043)836-6558
단양	주부클럽	1588-0050

● 충청남도

천안	녹색소비자연대	(041)578-9898
	주부교실	(041)556-9898
	YMCA	(041)575-9898
	YWCA	(041)577-9898
보령	소비자교육원	(041)934-1909
	주부교실	(041)935-9898
논산	주부교실	(041)736-9898
청양	주부교실	(041)942-6338
공주	녹색소비자연대	(041)858-8979

	주부교실	(041)854-9898
조치원	YWCA	(041)865-2432
서산	주부교실	(041)664-9898
서천	주부교실	(041)953-9895
홍성	주부교실	(041)634-9898
	주부클럽	1588-0050
	YMCA	(041)634-3371
예산	주부교실	(041)335-3456
아산	주부클럽	1588-0050
당진	주부클럽	1588-0050
태안	주부교실	(041)675-9898

● 전라북도

	주부클럽	1588-0050
익산	YMCA	(063)832-9400
	주부클럽	1588-0050
군산	YMCA	(063)446-4122
	YWCA	(063)462-4491
남원	주부클럽	1588-0050
김제	주부클럽	1588-0050
진안	주부클럽	1588-0050
전주	주부교실	(063)272-4430
	주부클럽	1588-0050
부안	주부클럽	1588-0050
완주	주부클럽	1588-0050
고창	주부클럽	1588-0050
정읍	주부클럽	1588-0050
무주	주부클럽	1588-0050
임실	주부클럽	1588-0050
장수	주부클럽	1588-0050

● 전라남도

	소비자연맹	(061)274-9961~2
목포	YMCA	(061)243-8331~2
	YWCA	(061)242-1611~2
순천	YMCA	(061)745-0601~2
	YWCA	(061)744-7990
여수	YMCA	(061)642-0001
	YWCA	(061)654-5161
나주	주부교실	(061)333-9898

● 경상북도

	YMCA	(054)743-2888
경주	YWCA	(054)772-8141
안동	주부교실	(054)857-0030
	YMCA	(054)854-0177
	녹색소비자연대	(054)273-2227

포항	YMCA	(054)246-1711~3
	YWCA	(054)274-4444
구미	주부교실	(054)453-9898
	YMCA	(054)452-2321
군위	주부교실	(054)383-9893
영천	주부교실	(054)335-9898

●경상남도

거제	YMCA	(055)633-1313
	YWCA	(055)681-7708
거창	YMCA	(055)942-6986
김해	YMCA	(055)328-3303
	YWCA	(055)332-6000
마산	주부교실	(055)242-8334
	YMCA	(055)251-4835~9
	YWCA	(055)246-8746
진주	YMCA	(055)747-0833
	YWCA	(055)753-6134
창원	주부교실	(055)293-7636
	YMCA	(055)266-8680
	YWCA	(055)283-9488
사천	YWCA	(055)833-9981
양산	주부교실	(055)382-9898
	주부클럽	1588-0050
진해	YWCA	(055)542-0020
통영	YWCA	(055)641-2537

●제주도

제주	녹색소비자연대	(064)711-9818
	주부교실	(064)743-8058
	YMCA	(064)722-4405
서귀포	YWCA	(064)711-8322
	주부교실	(064)763-3175
남군	YWCA	(064)762-1400
북군	주부교실	(064)794-3458, 795-3098

〈참고문헌〉

제1장 소비자보호 일반

강창경 · 정순희 · 허경옥 : 『소비자법과 정책』. 신정, 2000.

권오승 : 『소비자보호법』 제4판. 법문사, 2002.

김성천 : 『소비자피해보상규정의 개선방안 연구』 연구보고서 2002-02. 한국소비자
　　　　보호원, 2001.

오창수 : 『소비자피해구제의 법률지식』. 청림출판, 1998.

황적인 · 이상정 편저 : 『소비자보호법』 경제법강좌 III. 대학출판사, 1993.

한국소비자보호원 : 『소비자후생측면에서 본 한국경제』 정책연구자료 94-04. 1994.

한국소비자보호원 : 『2002 소비자피해구제 연보 및 사례집』. 2003.

제2장 소비자법에서의 소비자보호

1. 소비자법이란?

김성천 : "우리나라 소비자보호입법에 관한 연구", 「소비생활연구」 제9호. 1992.

김성천 : "소비자보호법제의 개선방안", 「법제연구」 제7호. 1994.

강창경 · 김성천 : 『소비자보호관계법 체계화에 관한 연구』 연구보고서 91-05. 한국
　　　　소비자보호원, 1991.

2. 소비자보호법

강용찬 · 권대우 : 『소비자보호법 해설』 연구보고서 87-02. 한국소비자보호원, 1987.

강창경 · 손수진 : 『개정소비자보호법 해설』 연구보고서 96-04. 한국소비자보호원,
　　　　1996.

김성천 : "21세기 환경변화에 부응하는 소비자보호법의 개정방향". 한국소비자보호
　　　　원 공청회 자료, 2000. 5. 30.

김성천 : "소비자피해보상규정의 의의와 효력". 「소비자시대」, 2001년 1월호.

김성천 : 『소비자피해보상규정의 개선방안 연구』 연구보고서 2002-02. 한국소비자
　　　　보호원, 2001.

한국소비자보호원 : 『소비자보호법과 친구하기』 소비자보호를 위한 법률지식 시리즈

①. 1994.

3. 약관의 규제에 관한 법률

김성천 : "약관상 법령용어 및 문장구조의 문제점과 개선방향", 『법령용어 및 문장구조의 문제점과 개선방안』. 한국법제연구원, 2002.

이상정 · 권대우 : 『약관의 규제에 관한 법률 해설』 연구보고서 87-03. 한국소비자보호원, 1987.

이은영 : 『약관규제법』. 박영사, 1994.

한국소비자보호원 : 『계약 · 약관규제법과 친구하기』 소비자보호를 위한 법률지식 시리즈 ③. 1994.

소비자문제를 연구하는 시민의 모임 : 『약관규제의 입법』. 1986.

4. 표시 · 광고의 공정화에 관한 법률

김성천 : "소비자의 입장에서 본 광고실증제의 발전방향". 「광고심의」 2001년 2월호.

김의성 : "표시 · 광고의 공정화에 관한 법률". 「법제」 1999년 4월호.

박해식 : "부당표시광고에 대한 규제 - 표시광고의 공정화에 관한 법률을 중심으로-", 『경제법의 제문제』 재판자료 제87집. 법원도서관, 2000.

정정길 : "알기 쉬운 표시 · 광고법 해설(1)(2)". 「공정경쟁」 2001년 1월호, 2월호.

5. 방문판매 등에 관한 법률

김성천 : "다단계판매관계법의 검토, 문제점 및 개선방안". 월간 「소비자」 1997년 4월호.

김찬진 : 『(통신판매 · 다단계판매)방문판매법 해설』. 요한사, 1992.

오승철 · 한대룡 : 『방문판매등에 관한 법률』. 국제경영개발원, 1997.

박영규 : "방문판매등에 관한 법률소고". 「법률행정논집」(서울시립대) 제1권, 1993.

이흥무 : 『방문판매에 관한 연구』 연구보고서 88-03. 한국소비자보호원, 1988.

한국소비자보호원 : 『할부거래법 · 방문판매법과 친구하기』 '96 개정판, 소비자보호를 위한 법률지식 시리즈 ④. 1996.

홍천룡 : "할부거래법과 방문판매법에 관한 고찰", 『채권법에 있어서 자유와 책임』(김형배 교수 환갑기념 논문집). 1994.

6. 전자상거래 등에서의 소비자보호에 관한 법률

김성천 : 『전자상거래 등에서의 소비자보호에 관한 법률 해설』 전자상거래상담 피해
　　　　구제매뉴얼2. 한국소비자보호원 전자상거래지원센터, 2003.

정완용 : 『전자상거래법』. 법영사, 2002.

7. 할부거래에 관한 법률

권오승 : "할부거래법의 문제점과 개선방안". 「소비자」 1993년 7·8월호.

김성천 : "할부거래법의 문제점과 개정방향". 「소비자문제연구」(한국소비자보호원)
　　　　제24호, 2001.

신종철 : "할부거래에 관한 연구". 동아대 법학박사학위논문, 1995.

양창수 : "할부매매법의 제정방향". 「저스티스」 제22권, 1989.

엄영진 : 『할부판매의 법률관계』. 대왕사, 1985.

염기부 : 『할부매매와 소비자보호』. 협동연구소, 1985.

이경현·김영원 : 『할부판매법의 제정방향』 연구보고서 88-02. 한국소비자보호원,
　　　　1988.

한국소비자보호원 : 『할부거래법·방문판매법과 친구하기』 '96 개정판, 소비자보호
　　　　를 위한 법률지식 시리즈 ④. 1996.

홍천룡 : "할부거래법에 관한 연구", 「경남법학」 제7집. 1991.

홍천룡 : "할부거래법과 방문판매법에 관한 고찰", 『채권법에 있어서 자유와 책임』
　　　　(김형배 교수 환갑기념 논문집). 1994.

8. 제조물책임법

강창경·최병록·박희주 : 『제조물책임법의 제정에 관한 연구』 연구보고서 94-03.
　　　　한국소비자보호원, 1994.

김성천 : "제조물책임입법과 소비자보호", 「이문논총」(한국외국어대학교 대학원) 제
　　　　15집. 1995.

김성천 : "제조물책임법(1)～(3)", 「기업 소비자정보」 2000년 가을호, 겨울호, 2001
　　　　년 봄호.

김성천 : "'제조물' 개념 확대 등 법개정 필요'", 「나라경제」 2003년 7월호.

이상정·박인섭 : 『제조물책임에 관한 연구』 연구보고서 89-03. 한국소비자보호원,
　　　　1989.

한국소비자보호원 : 『제조물책임법 해설 및 사례』. 한국소비자보호원, 2002.

9. 민법에서의 소비자 피해구제

김성천 : "소비자문제 전문강좌(5)~(13), (15), (17)"「소비자시대」 2000년 11월호~
　　　　2001년 7월호, 9월호, 11월호.

김성천 :『소비자피해보상규정의 개선방안 연구』연구보고서 2002-02. 한국소비자
　　　　보호원, 2001.

김성천 : "민사법상의 청약의 구속력과 철회에 관한 연구". 한국외국어대학교 법학박
　　　　사학위논문, 2001.

이은영 :『채권각론』제3판. 박영사, 1999.

한국소비자보호원 :『계약·약관규제법과 친구하기』소비자보호를 위한 법률지식 시
　　　　리즈 ③, 1994.

10. 파산법에서의 소비자 파산

전병서 :『소비자파산법』. 중앙대학교 출판부, 2001.

제3장 판례로 본 소비자보호

김성천 : "재미있는 판례여행 (1)~(52)",「소비자시대」1999년 5월호~2003년 8
　　　　월호.

김성천 :『의료서비스와 소비자피해구제』연구보고서 99-04. 한국소비자보호원,
　　　　1999.

김성천 :『법률서비스와 소비자피해구제』연구보고서 99-05. 한국소비자보호원,
　　　　1999.

김성천 :『신용카드의 소비자문제와 법제개선방안』연구보고서 99-011. 한국소비자
　　　　보호원, 2000.

김성천 :『회원계약의 소비자문제와 법제개선방안』연구보고서 2000-05. 한국소비
　　　　자보호원, 2001.

가림출판사 · 가림M&B · 가림Let's에서 나온 책들

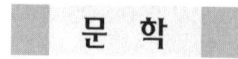

문 학

바늘구멍
켄 폴리트 지음 / 홍영의 옮김

미국 추리작가 협회의 최우수 장편상을 받은 초유의 베스트 셀러로 전쟁을 통한 두뇌싸움을 치밀하고 밀도 있게 그려낸 추리소설. 신국판 / 342쪽 / 5,300원

레베카의 열쇠
켄 폴리트 지음 / 손연숙 옮김

최고의 모험, 폭력, 음모 그리고 미국적인 열정 속에 담긴 두 남녀의 사랑이야기를 독자들의 상상을 뒤엎는 확실한 긴장감으로 마지막까지 흥미진진한 켄 폴리트의 장편 추리소설. 신국판 / 492쪽 / 6,800원

암병선
니시무라 쥬코 지음 / 홍영의 옮김

암병선을 무대로 인간생명의 존엄성을 지키기 위해 불의와 맞서는 시라도리 선장의 꿋꿋한 의지와 애절한 암환자들의 심리가 생생하게 묘사된 근래 보기드문 걸작. 신국판 / 300쪽 / 4,800원

첫키스한 얘기 말해도 될까
김정미 외 7명 지음

이 시대의 젊은 작가 8명이 가슴속 깊이 간직했던 나만의 소중한 이야기를 살짝 털어놓은 상큼한 비밀 이야기. 신국판 / 228쪽 / 4,000원

사미인곡 上·中·下
김충호 지음

파란만장한 일생을 보낸 정철의 생애를 통해 난세를 살아가는 우리에게 삶의 지혜와 기쁨을 선사하는 대하 역사 소설. 신국판 / 각 권 5,000원

이내의 끝자리
박수완 스님 지음

앞만 보고 살아가는 우리에게 자신을 뒤돌아볼 수 있는 여유를 갖게 해주는 승려시인의 가슴을 울리는 주옥 같은 시집. 국판변형 / 132쪽 / 3,000원

너는 왜 나에게 다가서야 했는지
김충호 지음

세상에 대한 사랑의 아픔, 그리움, 영혼에 대한 고뇌를 달래야 했던 시인이 살아 있는 영혼을 지닌 이들에게 전하는 사랑의 메시지. 국판변형 / 124쪽 / 3,000원

세계의 명언
편집부 엮음

위인이나 유명인들의 글, 연설문 혹은 각 나라에서 전해져 오는 속담을 통하여 지난날을 되새겨보는 백과전서로서, 오늘을 반성하는 교과서로서, 그리고 미래를 설계하는 참고서로서 역할을 해줄 것이다. 신국판 / 322쪽 / 5,000원

여자가 알아야 할 101가지 지혜
제인 아서 엮음 / 지창국 옮김

남녀가 함께 살면서 경험으로 터득한 의미심장하면서도 재미 있는 조언들을 발췌한 내용으로 독신의 삶을 청산하려는 이들이 알아야 할 유용하고 상상력 풍부한 힌트로 가득찬 감동의 메시지이다. 4·6판 / 132쪽 / 5,000원

현명한 사람이 읽는 지혜로운 이야기
이정민 엮음

현대를 살아가는 우리들에게 삶의 가치를 부여해주고 자기 성찰의 기회를 갖게 해준다. 신국판 / 236쪽 / 6,500원

성공적인 표정이 당신을 바꾼다
마츠오 도오루 지음 / 홍영의 옮김

자신뿐만 아니라 주위 사람들의 마이너스 사고를 플러스 사고로 바꾸어서 사람의 마음을 움직이며, 그리고 사람의 마음에 남는 최고의 웃는 얼굴을 만드는 비법 총망라! 신국판 / 240쪽 / 7,500원

태양의 법
오오카와 류우호오 지음 / 민병수 옮김

불법 진리 사상의 윤곽과 그 목적·사명을 명백히 함으로써 한 사람 한사람의 인간이 깨달음을 추구하고 영적으로 깨우치기 위한 명확한 방향을 제시하였다. 신국판 / 246쪽 / 8,500원

영원의 법
오오카와 류우호오 지음 / 민병수 옮김

일찍이 설해졌던 적도 없고 앞으로도 설해지지 않을 구원의 진리를 한 권의 책에 이론적 형태로 응축한 기본 삼법의 완결편. 신국판 / 240쪽 / 8,000원

석가의 본심
오오카와 류우호오 지음 / 민병수 옮김

석가모니의 사고방식을 현대인들에 맞게 써 현대인들이 친근하게 석가모니에게 다가설 수 있게 한 불교 가이드서. 신국판 / 246쪽 / 10,000원

옛 사람들의 재치와 웃음
강형중 · 김경익 편저

옛 사람들의 재치와 해학을 통해 한문의 묘미를 터득하고 한자를 재미있게 배우며 유머감각까지 높일 수 있는 일석삼조의 효과 만점. 신국판 / 316쪽 / 8,000원

지혜의 쉼터
쇼펜하우어 지음 / 김충호 엮음

쇼펜하우어의 철학체계를 통하여 풍요로운 삶의 지혜를 얻고
기쁨을 얻을 수 있도록 꾸며 놓은 철학이야기.
4 · 6판 양장본 / 160쪽 / 4,300원

헤세가 너에게
헤르만 헤세 지음 / 홍영의 엮음

순수한 애정과 자유를 갈구하는 헤세의 아름다운 세상을 통한
깨끗한 정신세계를 공유할 수 있는 기회를 제공.
4 · 6판 양장본 / 144쪽 / 4,500원

사랑보다 소중한 삶의 의미
크리슈나무르티 지음 / 최윤영 엮음

금세기 최고의 사상가이자 철학자인 크리슈나무르티가 인간의
정신적 사고의 구조와 본질을 규명하여 인간의 삶에 대한 가장
완벽한 해답을 제시. 신국판 / 180쪽 / 4,000원

장자-어찌하여 알 속에 털이 있다 하는가
홍영의 엮음

동양 사상의 저변에 흐르고 있는 자연에의 경외감을 유감없이
표현한 장자를 통하여 인간 본연의 자세로 돌아가 나를 돌아보
는 계기를 만들어 주는 책. 4 · 6판 / 180쪽 / 4,000원

논어-배우고 때로 익히면 즐겁지 아니한가
신도희 엮음

인간에게 필요불가결한 윤리와 도덕생활의 교훈들을 평이한
문체로 광범위하게 집약한 논어의 모든 것!!
4 · 6판 / 180쪽 / 4,000원

맹자-가까이 있는데 어찌 먼 데서 구하려 하는가
홍영의 엮음

반성과 자책을 통해 잃어버린 양심을 수습하고 선으로 복귀할
것을 천명하는 맹자 사상의 집대성!! 4 · 6판 / 180쪽 / 4,000원

아름다운 세상을 만드는 사랑의 메시지 365
DuMont monte Verlag 엮음 / 정성호 옮김

독일에서 출간 이후 1백만 권 이상 판매된 베스트셀러. 특별히
소중한 사람을 행복하게 만드는 독창적인 사랑고백법 365가지
를 수록한 마음이 따뜻해지는 책.
4 · 6판 변형 양장본 / 240쪽 / 8,000원

황금의 법
오오카와 류우호오 지음 / 민병수 옮김

불법진리의 연구 및 공부를 통하여 종교적 깨달음의 깊이를 더
해 주는 불서. 신국판 / 320쪽 / 12,000원

왜 여자는 바람을 피우는가?
기젤라 룬테 지음 / 김현성 · 진정미 옮김

각계 각층의 여자들과의 인터뷰를 바탕으로 하여 여자들이 바
람 피우는 이유를 진솔하게 해부한 여성 탐구서.

국판 / 200쪽 / 7,000원

건 강

식초건강요법
건강식품연구회 엮음 / 신재용(해성한의원 원장) 감수

가장 쉽게 구할 수 있고 경제적인 식품이면서 상상할 수 없을
정도로 뛰어난 약효를 지닌 식초의 모든 것을 담은 건강지침
서! 신국판 / 224쪽 / 6,000원

아름다운 피부미용법
이순희(한독피부미용학원 원장) 지음

피부조직에 대한 기초 이론과 우리 몸의 생리를 알려줌으로써
아름다운 피부, 젊은 피부를 오래 유지할 수 있는 비결 제시!

신국판 / 296쪽 / 6,000원

버섯건강요법
김병각 외 6명 지음

종양 억제율 100%에 가까운 96.7%를 나타내는 기적의 약용버
섯 등 신비의 버섯을 통하여 암을 치료하고 비만, 당뇨, 고혈
압, 동맥경화 등 각종 성인병 예방을 위한 생활 건강 지침서!
신국판 / 286쪽 / 8,000원

성인병과 암을 정복하는 유기게르마늄
이상현 편저 / 카오 샤오이 감수

최근 들어 각광을 받고 있는 새로운 치료제인 유기게르마늄을
통한 성인병, 각종 암의 치료에 대해 상세히 소개.
신국판 / 312쪽 / 9,000원

난치성 피부병
생약효소연구원 지음

현대의학으로도 치유불가능했던 난치성 피부병인 건선 · 아토
피(태열)의 완치요법이 수록된 건강 지침서.
신국판 / 232쪽 / 7,500원

新 방약합편
정도명 편역

자신의 병을 알고 증세에 맞춰 스스로 처방을 할 수 있고 조제
할 수 있는 보약 506가지 수록. 신국판 / 416쪽 / 15,000원

자연치료의학
오홍근(신경정신과 의학박사 · 자연의학박사) 지음

대한민국 최초의 자연의학박사가 밝힌 신비의 자연치료의학으
로 자연산물을 이용하여 부작용 없이 치료하는 건강 생활 비법
공개!! 신국판 / 472쪽 / 15,000원

약초의 활용과 가정한방
이인성 지음

주변의 흔한 식물과 약초를 활용하여 각종 질병을 간편하게 예
방 · 치료할 수 있는 비법제시. 신국판 / 384쪽 / 8,500원

역전의학
이시하라 유미 지음 / 유태종 감수

일반상식으로 알고 있는 건강상식에 대해 전혀 새로운 관점에
서 비판하고 아울러 새로운 방법들을 제시한 건강 혁명 서적!!
신국판 / 286쪽 / 8,500원

이순희식 순수피부미용법
이순희(한독피부미용학원 원장) 지음

자신의 피부에 맞는 관리법으로 스스로 피부관리를 할 수 있는
방법을 제시하고 책 속 부록으로 천연팩 재료 사전과 피부 타
입별 팩 고르기. 신국판 / 304쪽 / 7,000원

21세기 당뇨병 예방과 치료법
이현철(연세대 의대 내과 교수) 지음

세계 최초 유전자 치료법을 개발한 저자가 당뇨병과 대항하여
가장 확실하게 이길 수 있는 당뇨병에 대한 올바른 이론과 발
병시 대처 방법을 상세히 수록! 신국판 / 360쪽 / 9,500원

신재용의 민의학 동의보감
신재용(해성한의원 원장) 지음

주변의 흔한 먹거리를 이용하여 신비의 명약이나 보약으로 활
용할 수 있는 건강 지침서로서 저자가 TV나 라디오에서 다 밝
히지 못한 한방 및 민간요법까지 상세히 수록!!
신국판 / 476쪽 / 10,000원

치매 알면 치매 이긴다
배오성(백상한방병원 원장) 지음

B.O.S.요법으로 뇌세포의 기능을 활성화시키고 엔돌핀의 분비
효과를 극대화시켜 증상에 맞는 한약 처방을 병행하여 치매를
치유하는 획기적인 치유법 제시. 신국판 / 312쪽 / 10,000원

21세기 건강혁명 밥상 위의 보약 생식
최경순 지음

항암식품으로, 다이어트식으로, 젊고 탄력적인 피부를 유지할
수 있게 해주는 자연식으로의 생식을 소개하여 현대인들의 건
강 길라잡이가 되도록 하였다. 신국판 / 348쪽 / 9,800원

기치유와 기공수련
윤한흥(기치유 연구회 회장) 지음

누구나 노력만 하면 개발할 수 있고 활용할 수 있는 기 수련 방
법과 기치유 개발 방법 소개. 신국판 / 340쪽 / 12,000원

만병의 근원 스트레스 원인과 퇴치
김지혁(김지혁의원 원장) 지음

만병의 근원인 스트레스를 속속들이 파헤치고 예방법까지 속
시원하게 제시!! 신국판 / 324쪽 / 9,500원

김종성 박사의 뇌졸중 119
김종성 지음

우리나라 사망원인 1위. 뇌졸중 분야의 최고 권위자인 저자가
일상생활에서의 건강관리부터 환자간호에 이르기까지 뇌졸중
의 예방, 치료법 등 모든 것 수록. 신국판 / 356쪽 / 12,000원

탈모 예방과 모발 클리닉
장정훈 · 전재홍 지음

미용적인 측면과 우리가 일상적으로 고민하고 궁금해 하는 털
에 관한 내용들을 다양하고 재미있게 예들을 들어가면서 흥미
롭게 풀어간 것이 이 책의 특징. 신국판 / 252쪽 / 8,000원

구태규의 100% 성공 다이어트
구태규 지음

하이틴 영화배우의 다이어트 체험서.
저자만의 다이어트법을 제시하면서 바람직한 다이어트에 대해
서도 알려준다. 건강하게 날씬해지고 싶은 사람들을 위한 필독

서! 4 · 6배판 변형 / 240쪽 / 9,900원

암 예방과 치료법
이춘기 지음

암환자와 가족들을 위해서 암의 치료방법에서부터 합병증의
예방 및 암이 생기기 전에 알 수 있는 방법에 이르기까지 상세
하게 해설해 놓은 책. 신국판 / 296쪽 / 11,000원

알기 쉬운 위장병 예방과 치료법
민영일 지음

소화기관인 위와 관련 기관들의 여러 질환을 발병 원인, 증상,
치료법을 중심으로 알기 쉽게 해설해 놓은 건강서.
신국판 / 328쪽 / 9,900원

이온 체내혁명
노보루 야마노이 지음 / 김병관 옮김

새로운 건강관리 이론으로 주목을 받고 있는 음이온을 통해 건
강을 돌볼 수 있는 방법 제시. 신국판 / 272쪽 / 9,500원

어혈과 사혈요법
정지천 지음

침과 부항요법 등을 사용하여 모든 질병을 다스릴 수 방법과
우리 주변에서 흔하게 접할 수 있는 각 질병의 상황별 처치를
혈자리 그림과 함께 해설. 신국판 / 308쪽 / 12,000원

약손 경락마사지로 건강미인 만들기
고정환 지음

경락과 민족 고유의 정신 약손을 결합시킨 약손 성형경락 마사
지로 수술하지 않고도 자신이 원하는 부위를 고치는 방법을 제
시하는 건강 미용서. 4×6배판 변형 / 284쪽 / 15,000원

정유정의 LOVE DIET
정유정 지음

널리 알려진 온갖 다이어트 방법으로 살을 빼려고 노력했던 저
자의 고통스러웠던 다이어트 체험담이 실려 있어 지금 살 때문
에 고민하는 사람들이 가슴에 와 닿는 나만의 다이어트 계획을
나름대로 세울 수 있을 것이다.
4×6배판 변형 / 196쪽 / 10,500원

머리에서 발끝까지 예뻐지는 부분다이어트
신상만 · 김선민 지음

한약을 먹거나 침을 맞아 살을 빼는 방법, 아로마요법을 이용
한 다이어트법, 운동을 이용한 부분만 해소법 등이 실려 있
으므로 나에게 맞는 방법을 선택해 날씬하고 예쁜 몸매를 만들
수 있을 것이다. 4×6배판 변형 / 196쪽 / 11,000원

알기 쉬운 심장병 119
박승정 지음

서울아산병원 심장 내과에 있는 저자가 심장병에 관해 심장질
환이 생기는 원인, 증상, 치료법을 중심으로 내용을 상세하게
해설해 놓은 건강서. 신국판 / 248쪽 / 9,000원

알기 쉬운 고혈압 119
이정균 지음

생활 속의 고혈압에 관해 일반인들이 관심을 가지고 예방할 수
있도록 고혈압의 원인, 증상, 합병증 등을 상세하게 해설해 놓
은 건강서. 신국판 / 304쪽 / 10,000원

여성을 위한 부인과질환의 예방과 치료
차선희 지음

남들에게는 말할 수 없는 증상들로 고민하고 있는 여성들을 위해 부인암, 골다공증, 빈혈 등 부인과질환을 원인 및 치료방법을 중심으로 설명한 여성건강 정보서.

신국판 / 304쪽 / 10,000원

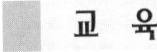

교 육

우리 교육의 창조적 백색혁명
원상기 지음

자라나는 새싹들이 기본적인 지식과 사고를 종합적 · 창조적으로 발전시켜 창조적인 사고능력을 배양할 수 있도록 한 교육지침서. 신국판 / 206쪽 / 6,000원

육아아이디어 263
생활컨설턴트그룹 엮음 / 한양심 옮김

세상에서 가장 예쁘고 소중한 우리 아기에게 언제나 여유로우면서도 무슨 일이든 척척 처리하는 현명한 신세대 엄마가 되기 위한 최신 육아 정보 수록! 신국판 / 318쪽 / 6,000원

현대생활과 체육
조창남 외 5명 공저

각종 현대병의 원인과 예방 및 운동요법에 대한 이론과 요즘 각광받는 골프 · 스키 · 볼링 등의 레저스포츠 총망라한 생활체육 총서. 신국판 / 340쪽 / 10,000원

퍼펙트 MBA
IAE유학네트 지음

기존의 관련 도서들과는 달리 Top MBA로 가는 길을 상세하고 완벽하게 수록. 가장 완벽하고 충실한 최신 정보 제공.
신국판 / 400쪽 / 12,000원

유학길라잡이 I -미국편
IAE유학네트 지음

미국의 교육세도 및 유학을 기기 위해서 준비해야 할 절차, 미국 현지 생활 정보, 최신 비자정보 등을 한눈에 볼 수 있는 유학길잡이. 4 · 6배판 / 372쪽 / 13,900원

유학길라잡이 II - 4개국편
IAE유학네트 지음

영어권 국가인 영국 · 캐나다 · 호주 · 뉴질랜드의 현지 정보 · 교육제도 및 각 국가별 학교의 특화된 교육내용 완전 수록!!
4 · 6배판 / 348쪽 / 13,900원

조기유학길라잡이.com
IAE유학네트 지음

영어권으로 나이 어린 자녀를 유학보내기 위해 준비중인 학부모 및 준비생들이 반드시 읽어야 할 필독서!!
영어권 나라의 교육제도 및 학교별 데이터를 완벽하게 수록하여 유학정보서의 질을 한 단계 상승시킨 결정판!!
4 · 6배판 / 428쪽 / 15,000원

현대인의 건강생활
박상호 외 5명 공저

현대인들의 건강한 삶을 위한 사회체육의 중요성을 강조, 건강과 체력 증진을 위한 기본상식, 노인과 건강 등 이론과 스쿼시 · 스키 · 윈드 서핑 등 레저스포츠 등의 실기편으로 이루어진 알찬 내용 수록. 4 · 6배판 / 268쪽 / 15,000원

천재아이로 키우는 두뇌훈련
나카마츠 요시로 지음 / 민병수 옮김

머리가 좋은 아이로 키우기 위한 환경 만들기, 식사, 운동 등 연령별 두뇌 훈련법 소개. 국판 / 288쪽 / 9,500원

테마별 고사성어로 익히는 한자
김경익 지음

세글자, 네글자로 이루어진 고사성어를 통해 실용한자를 익히고 성어 속에 담긴 의미도 오늘에 맞게 재해석 해보는 한자 학습서. 4 · 6배판 변형 / 248쪽 / 9,800원

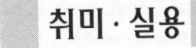

취미 · 실용

김진국과 같이 배우는 와인의 세계
김진국 지음

포도주 역사에서 분류, 원료 포도의 종류와 재배, 양조 · 숙성 · 저장, 시음법, 어울리는 요리와 와인의 유통과 소비, 와인 시장의 현황과 전망, 와인 판매 요령, 와인의 보관과 재고의 회전, '와인 양조 비밀의 모든 것' 을 동영상으로 제작한 CD까지, 와인의 모든 것이 담긴 종합학습서.
국배판 변형양장본(올 컬러판) / 208쪽 / 30,000원

경제 · 경영

CEO가 될 수 있는 성공법칙 101가지
김승룡 편역

또 한 번의 경제위기를 겪고 있는 우리의 현실을 극복하고 일어설 수 있는 리더로서의 역할과 책임에 대한 명확한 해답을 제시해줄 것이다. 신국판 / 320쪽 / 9,500원

정보소프트
김승룡 지음

홍수처럼 쏟아지는 정보를 수집 · 분석하여 효과적으로 활용하는 방법을 총망라한 정보 전략 완벽 가이드!!
신국판 / 324쪽 / 6,000원

기획대사전
다카하시 겐코 지음 / 홍영의 옮김

기획에 관련된 모든 사항을 실례와 도표를 통하여 초보자에서 프로기획맨에 이르기까지 효율적으로 활용할 수 있도록 체계적으로 총망라하였다. 신국판 / 552쪽 / 19,500원

맨손창업 · 맞춤창업 BEST 74
양혜숙 지음

창업대행 현장 전문가가 추천하는 유망업종을 7가지 주제별로
나누어 수록한 맞춤창업서로 창업예비자들에게 창업의 길을 밝
혀줄 발로 뛰면서 만든 실무 지침서!!
신국판 / 416쪽 / 12,000원

무자본, 무점포 창업! FAX 한 대면 성공한다
다카시로 고시 지음 / 홍영의 옮김

완벽한 FAX 활용법을 제시하여 가장 적은 자본으로 창업하려
는 예비자들에게 큰 투자를 필요로 하지 않으면서 성공을 이끌
어주는 길라잡이가 되는 실무 지침서.

신국판 / 226쪽 / 7,500원

성공하는 기업의 인간경영
중소기업 노무 연구회 편저 / 홍영의 옮김

무한경쟁시대에서 각 기업들의 다양한 경영 실태 속에서 인
사 · 노무 관리 개선에 있어서 기업의 효율을 높이고 발전을 이
룰 수 있는 원칙을 제시.   신국판 / 368쪽 / 11,000원

21세기 IT가 세계를 지배한다
김광희 지음

21세기 화두로 떠오른 IT혁명의 경쟁력에 대해서 전문가의 논
리적이고 철저한 해설과 더불어 매장 끝까지 실제 사례를 곁들
여 설명.   신국판 / 380쪽 / 12,000원

경제기사로 부자아빠 만들기
김기태 · 신현태 · 박근수 공저

날마다 배달되는 경제기사를 꼼꼼히 챙겨보는 사람만이 현대
생활에서 부자가 될 수 있다. 언론인의 현장감각과 학자의 전
문성을 접목시킨 것이 이 책의 특성! 누구나 이 책을 읽고 경제
원리를 체득, 경제예측을 할 수 있게 준비된 생활경제서적.

신국판 / 388쪽 / 12,000원

포스트 PC의 주역 정보가전과 무선인터넷
김광희 지음

포스트 PC의 주역으로 급부상하고 있는 정보가전과 무선인터
넷 그리고 이를 구현하기 위한 관련 테크놀러지를 체계적으로
소개.   신국판 / 356쪽 / 12,000원

성공하는 사람들의 마케팅 바이블
채수명 지음

최근의 이론을 보완하여 내놓은 마케팅 관련 실무서. 마케팅의
정보전략, 핵심요소, 컨설팅실무까지 저자의 노하우와 창의적
인 이론이 결합된 마케팅서.   신국판 / 328쪽 / 12,000원

느린 비즈니스로 돌아가라
사카모토 게이이치 지음 / 정성호 옮김

미국식 스피드 경영에 익숙해져 현실의 오류를 간과하고 있는
사람들을 위한 어떻게 팔 것인가보다 무엇을 팔 것인가를 차분
히 설명하는 마케팅 컨설턴트의 대안 제시서!

신국판 / 276쪽 / 9,000원

적은 돈으로 큰돈 별 수 있는 부동산 재테크
이원재 지음

700만 원으로 부동산 재테크에 뛰어들어 100배 불린 저자가 부
동산 재테크를 계획하고 있는 사람들이 반드시 알아두어야 할

내용을 경험담을 담아 해설해 놓은 경제서.
신국판 / 340쪽 / 12,000원

바이오혁명
이주영 지음

21세기 국가간 경쟁부문으로 새로이 떠오르고 있는 바이오혁
명에 관한 기초지식을 언론사에 몸담고 있는 현직 기자가 아주
쉽게 해설해 놓은 바이오 가이드서. 바이오 관련 용어 해설 수
록.   신국판 / 328쪽 / 12,000원

두뇌혁명
나카마츠 요시로 지음 / 민병수 옮김

『뇌내혁명』하루야마 시게오의 추천작!!
어른들을 위한 두뇌 개발서로, 풍요로운 인생을 만들기 위한
'뇌'와 '몸' 자극법 제시.   4 · 6판 양장본 / 288쪽 / 12,000원

성공하는 사람들의 자기혁신 경영기술
채수명 지음

자기 계발을 통한 신지식 자기경영마인드를 갖추어야 한다는
전제 아래 그 방법을 자세하게 알려주는 자기계발 지침서.
신국판 / 344쪽 / 12,000원

CFO
교텐 토요오 · 타하라 오키시 지음 / 민병수 옮김

일반인들에게 생소한 용어인 CFO. 세계화에 발맞추어 기업이
경쟁력을 갖추려면 CFO, 즉 최고 재무책임자의 역할이 지금까
지와는 완전히 달라져야 한다. 이에 기업을 이끌어가는 새로운
키잡이로서의 CFO의 역할, 위상 등을 일본의 기업을 중심으로
하여 알아보고 바람직한 방향을 제시한다.

신국판 / 312쪽 / 12,000원

네트워크시대 네트워크마케팅
임동학 지음

학력, 사회적 지위 등에 관계 없이 자신이 노력한 만큼 돈을 벌
수 있는 네트워크마케팅에 관해 알려주는 안내서.
신국판 / 376쪽 / 12,000원

성공리더의 7가지 조건
다이앤 트레이시 · 윌리엄 모건 지음 / 지창영 옮김

개인과 팀, 조직관계의 개선을 위한 방향제시 및 실천을 위한
안내자 역할을 해주는 책. 현장에서 활용할 수 있는 실용서.
신국판 / 360쪽 / 13,000원

김종결의 성공창업
김종결 지음

누구나 창업을 할 수는 있지만 아무나 돈을 버는 것은 아니다
라는 전제 아래 중견 연기자로서, 음식점 사장님으로 성공한
탤런트 김종결의 성공비결을 통해 창업전략과 성공전략을 제
시한다.   신국판 / 340쪽 / 12,000원

주 식

개미군단 대박맞이 주식투자
홍성걸 (현양증권 투자분석팀 팀장) 지음

초보에서 인터넷을 활용한 주식투자까지 필자의 현장에서의
경험을 바탕으로 한 주식 성공전략의 모든 정보 수록.
신국판 / 310쪽 / 9,500원

알고 하자! 돈 되는 주식투자
이길영 외 2명 공저

일본과 미국의 주식시장을 철저한 분석과 데이터화를 통해 한
국 주식시장의 투자의 흐름을 파악함으로써 한국 주식시장에
서의 확실한 성공전략 제시!! 신국판 / 388쪽 / 12,500원

항상 당하기만 하는 개미들의 매도·매수타이밍 999% 적중 노하우
강경무 지음

승부사를 꿈꾸며 와신상담하는 모든 이들에게 희망의 등불이
될 것을 확신하는 Jusicman이 주식시장에서 돈벌고 성공할 수
있는 비결 전격공개!! 신국판 / 336쪽 / 12,000원

부자 만들기 주식성공클리닉
이창희 지음

저자의 경험담을 섞어서 주식이란 무엇인가를 풀어서 써놓은
주식입문서. 초보자와 자신을 성찰해볼 기회를 가지려는 기존
의 투자자를 위해 태어났다. 신국판 / 372쪽 / 11,500원

선물·옵션 이론과 실전매매
이창희 지음

선물과 옵션시장에서 일반인들이 실패하는 원인을 분석하고,
반드시 지켜야 할 투자원칙에 따라 유형별로 실전 매매 테크닉
을 터득함으로써 투자를 성공적으로 할 수 있게 한 지침서!!
신국판 / 372쪽 / 12,000원

너무나 쉬워 재미있는 주가차트
홍성무 지음

주식시장에서는 차트 분석을 통해 주가를 예측하는 투자자만
이 주식투자에서 성공하므로 차트에서 급소를 신속, 정확하게
뽑아내 매매타이밍을 잡는 방법을 알려주는 주식투자 지침서.
4·6배판 / 216쪽 / 15,000원

역 학

역리종합 만세력
정도명 편저

현존하는 만세력 중 최장 기간을 수록하였으며 누구나 이 책을
보고 자신의 사주를 쉽게 찾아보고 맞춰 볼 수 있게 하였다.
신국판 / 532쪽 / 10,500원

작명대전
성보국 지음

독자들 스스로 작명할 수 있도록 한글 소리 발음에 입각한 작명의
원리를 밝힌 길라잡이서. 신국판 / 460쪽 / 12,000원

하락이수 해설
이천교 편저

점서학인 하락이수를 직역으로 풀어 놓아 원작자의 깊은 뜻을
원형 그대로 전달하고 원문을 공부하려는 사람들에게 도움이
되는 해설서이다. 신국판 / 620쪽 / 27,000원

현대인의 창조적 관상과 수상
백운산 지음

관상학을 터득하여 적절히 운명에 대처해 나감으로써 어느 분
야에서든지 성공적인 삶을 누릴 수 있는 비법을 전해줄 것이
다. 신국판 / 344쪽 / 9,000원

대운용신영부적
정재원 지음

수많은 역사와 신비로운 영험을 지닌 1,000여 종의 부적과 저
자가 수십 년간 연구·개발한 200여 종의 부적들을 집대성한
국내 최대의 영부적이다. 신국판 양장본 / 750쪽 / 39,000원

사주비결활용법
이세진 지음

컴퓨터와 역학의 만남!! 운명의 숨겨진 비밀을 꿰뚫어 보는 신·
녹현사주 방정식의 모든 것을 수록.
신국판 / 392쪽 / 12,000원

컴퓨터세대를 위한 新 성명학대전
박용찬 지음

이름 속에 운명을 바꾸는 비결이 있다. 태어난 아기 이름은 물
론 개명·상호·아호 짓는 법까지 사람이 살아가면서 필요한
모든 이름 짓기가 총망라되어 각자의 개성과 사주에 맞게 이름
을 짓는 작명비법을 수록. 신국판 / 388쪽 / 11,000원

길흉화복 꿈풀이 비법
백운산 지음

길몽과 흉몽을 구분하여 그림과 함께 보기 쉽게 엮었으며, 특
히 요즘 신세대 엄마들에게 관심이 많은 태몽이 여러 가지로
자세하게 풀이되어 있다. 신국판 / 410쪽 / 12,000원

새천년 작명컨설팅
정재원 지음

혼자 배워야 하는 독자들도 정말 이해하기 쉽도록 구성된 신세
대 부모를 위한 쉽고 좋은 아기 이름만들기의 결정판.
신국판 / 470쪽 / 13,000원

백운산의 신세대 궁합
백운산 지음

남녀궁합 보는 법뿐만 아니라 인간관계, 출세, 재물, 자손문제,
건강문제, 성격, 길흉관계 등을 미리 규명할 수 있도록 쉽게 풀
어놓았다. 신국판 / 304쪽 / 9,500원

동자삼 작명학
남시모 지음

최초의 한글 성명학으로 한글의 독창성·우수성·과학성을 운
명철학 차원에서 검증한, 한국사람에게 알맞은 건물명·상
호·물건명 등의 이름을 자신에게 맞는 한글이름으로 지을 수
있는 사녕비법을 제시한다 신국판 / 496쪽 / 15,000원

구성학의 기초
문길여 지음

방위학의 모든 것을 통하여 개인의 일생운 · 결혼운 · 사고운 · 가정운 · 부부운 · 자식운 · 출세운을 성공적으로 이끄는 비법 공개. 신국판 / 412쪽 / 12,000원

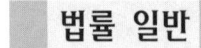

여성을 위한 성범죄 법률상식
조명원(변호사) 지음

성희롱에서 성폭력범죄까지 여성이었기 때문에 특히 말 못하고 당해야만 했던 이 땅의 여성들을 위한 성범죄 법률상식서. 사례별 법적 대응방법 제시. 신국판 / 248쪽 / 8,000원

아파트 난방비 75% 절감방법
고영근 지음

예비역 공군소장이 잘못 부과된 아파트 난방비를 최고 75%까지 줄일 수 있는 방법을 구체적인 법적 근거를 토대로 작성한 아파트 난방비 절감방법 제시. 신국판 / 238쪽 / 8,000원

일반인이 꼭 알아야 할 절세전략 173선
최성호(공인회계사) 지음

세법을 제대로 알면 돈이 보인다.
현직 공인중계사가 알려주는 합법적으로 세금을 덜 내고 돈을 버는 절세전략의 모든 것! 신국판 / 392쪽 / 12,000원

변호사와 함께하는 부동산 경매
최환주(변호사) 지음

새 상가건물임대차보호법에 따른 권리분석과 채무자나 세입자의 권리방어기법은 제시한다. 또한 새 민사집행법에 따른 각 사례별 해설도 수록. 신국판 / 404쪽 / 13,000원

혼자서 쉽고 빠르게 할 수 있는 소액재판
김재용 · 김종철 공저

나홀로 소액재판을 할 수 있도록 소장작성에서 판결까지의 실제 재판과정을 상세하게 수록하여 이 책 한 권이면 모든 것을 완벽하게 해결할 수 있다. 신국판 / 312쪽 / 9,500원

"술 한 잔 사겠다"는 말에서 찾아보는 채권 · 채무
변환철 지음

일반인들이 꼭 알아야 할 채권 · 채무에 관한 법률 사항을 빠짐없이 수록. 신국판 / 408쪽 / 13,000원

알기쉬운 부동산 세무 길라잡이
이건우 지음

부동산에 관련된 모든 세금을 알기 쉽게 단계별로 해설. 합리적이고 탈세가 아닌 적법한 절세법 제시.
신국판 / 400쪽 / 13,000원

알기쉬운 어음, 수표 길라잡이
변환철(변호사) 지음

어음, 수표의 발행에서부터 도난 또는 분실한 경우의 공시최고

와 제권판결에 이르기까지 어음, 수표 관련 법률사항을 쉽고도 상세하게 압축해 놓은 생활법률서. 신국판 / 328쪽 / 11,000원

제조물책임법
강동근 · 윤종성 공저

제품의 설계, 제조, 표시상의 결함으로 소비자가 피해를 입었을 때 제조업자가 배상책임을 져야 하는 제조물책임 시대를 맞아 제조업자가 갖춰야 할 법률적 지식을 조목조목 설명해 놓은 법률서. 신국판 / 368쪽 / 13,000원

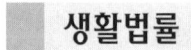

부동산 생활법률의 기본지식
대한법률연구회 지음 / 김원중 감수

부동산관련 기초지식과 분쟁해결을 위한 노하우, 테크닉을 제시하고 권두 특집으로 주택건설종합계획과 부동산 관련 정부 주요 시책을 소개하였다. 신국판 / 480쪽 / 12,000원

고소장 · 내용증명 생활법률의 기본지식
하태웅 지음

스스로 고소 · 고발장을 작성할 수 있도록 예문과 서식을 함께 소개. 또 민사소송에 대해서도 자세하게 설명.
신국판 / 440쪽 / 12,000원

노동 관련 생활법률의 기본지식
남동희 지음

4만 여 건 이상의 무료 상담을 계속하고 있는 저자의 상담 사례를 통해 문답식으로 풀어나가는 노동 관련 생활법률 해설의 최신 결정판. 신국판 / 528쪽 / 14,000원

외국인 근로자 생활법률의 기본지식
남동희 지음

외국인 연수협력단의 자문위원으로 오랜 시간 실무를 접했던 저자의 경험을 바탕으로 외국인 근로자의 체류자격 및 취업자격 등 법적 문제와 법률적 지위를 상세하게 다루었다.
신국판 / 400쪽 / 12,000원

계약작성 생활법률의 기본지식
이상도 지음

국민생활과 직결된 계약법의 기초를 이루는 핵심 기본지식을 간단명료한 해설 및 관련 계약서 작성 예문과 함께 제시.
신국판 / 560쪽 / 14,500원

지적재산 생활법률의 기본지식
이상도 · 조의제 공저

현대 산업사회에서 중요시되고 있는 특허, 실용신안, 의장, 상표, 저작권, 컴퓨터프로그램저작권 등 지적재산의 모든 것을 체계화하여 한 권으로 요약하였다. 신국판 / 496쪽 / 14,000원

부당노동행위와 부당해고 생활법률의 기본지식
박영수 지음

노사관계 핵심사항인 부당노동행위와 정리해고 · 징계해고를

중심으로 간단 명료한 해설과 더불어 대법원 판례, 노동위원회에 의한 구제절차, 소송절차 및 노동부 업무처리지침을 소개.
신국판 / 432쪽 / 14,000원

주택·상가임대차 생활법률의 기본지식
김운용 지음

전세업자들이 보증금 반환소송이나 민사소송, 경매절차까지의 기본적인 흐름을 알 수 있도록 인터넷을 통한 실제 법률 상담을 전격 수록. 신국판 / 480쪽 / 14,000원

하도급거래 생활법률의 기본지식
김진홍 지음

경제적 약자인 하도급업자를 위하여 하도급거래 관련 필수적인 법률사안들을 쉽게 해설함과 동시에 실무에 필요한 12가지 하도급표준계약서를 소개. 신국판 / 440쪽 / 14,000원

이혼소송과 재산분할 생활법률의 기본지식
박동섭 지음

이혼과 관련하여 해결해야 할 법률문제들을 저자의 실무경험을 바탕으로 명쾌하게 해설하였다. 아울러 약혼이나 사실혼과 기로 인한 위자료문제도 함께 다루어 가정문제로 고민하는 사람들에게 길잡이가 되도록 하였다. 신국판 / 460쪽 / 14,000원

부동산등기 생활법률의 기본지식
정상태 지음

등기를 하지 않으면 어떤 위험이 따르고, 등기를 하면 어떤 효력이 생기는가! 등기신청은 어떻게 하며, 필요한 서류는 무엇이고, 등기종류에는 어떤 것들이 있는가 등 부동산등기 전반에 걸쳐 일반인이 꼭 알아야 할 법률상식을 간추려 간단, 명료하게 해설하였다. 신국판 / 456쪽 / 14,000원

기업경영 생활법률의 기본지식
안동섭 지음

사업을 구상하고 있는 사람이나 현재 경영하고 있는 사람 및 관리실무자에게 필요한 법률을 체계적으로 알려주고 관련 법률서식과 서식작성 예문도 함께 소개.

신국판 / 466쪽 / 14,000원

교통사고 생활법률의 기본지식
박정무·전병찬 공저

교통사고 당사자가 쉽게 응용할 수 있도록 단계별 해결책을 제시함과 동시에 사고유형별 Q&A를 통하여 상세한 법률자문 역할을 하였다. 신국판 / 480쪽 / 14,000원

소송서식 생활법률의 기본지식
김대환 지음

일상생활과 밀접한 소송서식을 중심으로 소장작성부터 판결을 받을 때까지 그 서식작성요령을 서식마다 항목별로 자세하게 설명하였다. 신국판 / 480쪽 / 14,000원

호적·가사소송 생활법률의 기본지식
정주수 지음

개명, 성·본 창설, 취적절차 및 법원의 허가 및 판결에 의한 호적정정절차, 친권·후견절차, 실종선고·부재선고절차에 상세한 해설과 함께 신고서식 작성요령 및 구비할 서류 및 재판절차에 대하여 자세히 설명. 신국판 / 516쪽 / 14,000원

상속과 세금 생활법률의 기본지식
박동섭 지음

상속재산분할, 상속회복청구, 유류분반환청구, 상속세부과처분취소 등 상속관련 사건들을 해결하는 데 도움이 되도록 상속법과 상속세법을 상세하게 함께 수록.
신국판 / 480쪽 / 14,000원

담보·보증 생활법률의 기본지식
류창호 지음

살아가다 보면 담보를 제공하거나 보증을 서는 일이 비일비재하다. 이렇게 담보를 제공하거나 보증을 섰는데 문제가 생겼을 때의 해결방법을 법조항 설명과 함께 실례를 실어 알아 본다.
신국판 / 436쪽 / 14,000원

소비자보호 생활법률의 기본지식
김성천 지음

소비자의 권리 실현 보장 관련 법률 및 소비자 파산 문제를 상세한 해설·판례와 함께 모두 수록. 신국판 / 504쪽 / 15,000원

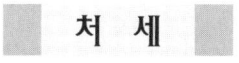

처 세

성공적인 삶을 추구하는 여성들에게 우먼파워
조안 커너·모이라 레이너 공저 / 지창영 옮김

사회의 여성을 향한 냉대와 편견의 벽을 깨뜨리고 성공적인 삶을 이루려는 여성들이 갖추어야 할 자세 및 삶의 이정표 제시!!
신국판 / 352쪽 / 8,800원

聽 이익이 되는 말 話 손해가 되는 말
우메시마 미요 지음 / 정성호 옮김

직장이나 집안에서 언제나 주고받는 일상의 화제를 모아 실음으로써 대화의 참의미를 깨닫고 비즈니스를 성공적으로 이끌기 위한 대화술을 키우는 방법 제시!! 신국판 / 304쪽 / 9,000원

성공하는 사람들의 화술테크닉
민영욱 지음

개인간의 사적인 대화로부터 대중을 위한 공적인 강연에 이르기까지 어떻게 말하고 어떻게 스피치를 할 것인가에 관한 지침서. 신국판 / 320쪽 / 9,500원

부자들의 생활습관 가난한 사람들의 생활습관
다케우치 야스오 지음 / 홍영의 옮김

경제학의 발상을 기본으로 하여 사람들이 살아가면서 생활에서 생각해 볼 수 있는 이익을 보는 생활습관과 손해를 보는 생활습관을 수록, 독자 자신에게 맞는 생활습관의 기본 전략을 설계할 수 있도록 제시. 신국판 / 320쪽 / 9,800원

코끼리 귀를 당긴 원숭이-히딩크식 창의력을 배우자
강충인 지음

코끼리와 원숭이의 우화를 히딩크의 창조적 경영기법과 리더십에 대비하여 자기혁신, 기업혁신을 꾀하는 창의력 개발법을 제시. 신국판 / 208쪽 / 8,500원

성공하려면 유머와 위트로 무장하라
민영욱 지음

21세기에 들어 새로운 추세를 형성하고 있는 말 잘하기. 이러한 추세에 맞추어 현재 스피치 강사로 활약하고 있는 저자가 말을 잘하는 방법과 유머와 위트를 만들고 즐기는 방법을 제시한다. 신국판 / 292쪽 / 9,500원

등소평의 오뚝이전략
조창남 편저

중국 역사상 정치 · 경제 · 학문 등의 분야에서 최고 위치에 오른 리더들의 인재활용, 상황 극복법 등 처세 전략 · 전술을 통해 이 시대의 성공인으로 자리매김하는 해법 제시.
신국판 / 304쪽 / 9,500원

노무현 화술과 화법을 통한 이미지 변화
이현정 지음

현재 불교방송에서 활동하고 있는 이현정 아나운서의 화술 길라잡이서. 노무현 대통령의 독특한 화술과 화법을 통해 리더로서, 성공인으로서 갖추어야 할 화술 화법을 배우는 화술 실용서. 신국판 / 320쪽 / 10,000원

성공하는 사람들의 토론의 법칙
민영욱 지음

다양한 사람들의 다양한 욕구를 하나로 응집시키는 수단으로 등장하고 있는 토론에 관해 간단하고 쉽게 제시한 토론 길라잡이서. 신국판 / 280쪽 / 9,500원

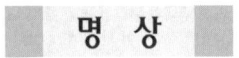

명 상

명상으로 얻는 깨달음
달라이 라마 지음 / 지창영 옮김

티베트의 정신적 지도자이자 실질적 지도자인 달라이 라마의 수많은 가르침 가운데 현대인에게 필요해지고 있는 인내에 대한 이야기. 국판 / 320쪽 / 9,000원

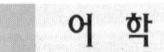

어 학

2진법 영어
이상도 지음

2진법 영어의 비결을 통해서 기존 영어학습 방법의 단점을 말끔히 해소시켜 주는 최초로 공개되는 고효율 영어학습 방법. 적은 시간을 투자하여 영어의 모든 것을 획기적으로 향상시킬 수 있는 비법을 제시한다. 4 · 6배판 변형 / 328쪽 / 13,000원

한 방으로 끝내는 영어
고제윤 지음

일상생활에서의 이야기를 바탕으로 하는 영어강의로 영어문법은 재미없고 지루하다고 생각하는 이 땅의 모든 사람들의 상식

을 깨면서 학습 효과를 높이기 위한 공부방법을 제시하는 새로운 영어학습서. 신국판 / 316쪽 / 9,800원

한 방으로 끝내는 영단어
김승엽 지음 / 김수경 · 카렌다 감수

일상생활에서 우리가 무심코 던지는 영어 한마디가 당신의 영어수준을 드러낸다는 사실을 깨닫게 하는 영어 실용서. 풍부한 예문을 통해 참영어를 배우겠다는 사람, 무역업이나 관광 안내업에 종사하는 사람, 영어권 나라로 이민을 가려는 사람들에게 많은 도움을 줄 것이다. 4 · 6배판 변형 / 236쪽 / 9,800원

해도해도 안 되던 영어회화 하루에 30분씩 90일이면 끝낸다
Carrot Korea 편집부 지음

온라인과 오프라인을 넘나들면서 영어학습자들의 각광을 받고 있는 린다의 현지 생활 영어 수록. 교과서에서 배울 수 없었던 생생한 실생활 영어를 90일 학습으로 모두 끝낼 수 있다.
4 · 6배판 변형 / 260쪽 / 15,000원

바로 활용할 수 있는 기초생활영어
김수경 지음

다양한 상황에 대처할 수 있도록 인사나 감정 표현, 전화나 교통, 장소 및 기타 여러 사항에 관한 기초생활영어를 총망라.
신국판 / 240쪽 / 10,000원

바로 활용할 수 있는 비즈니스영어
김수경 지음

해외 출장시, 외국의 바이어 접견시 기본적으로 사용할 수 있는 상황별 센텐스를 수록하여 해외 출장 준비 및 외국 바이어 접견을 완벽하게 끝낼 수 있게 했다.
신국판 / 252쪽 / 10,000원

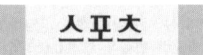

스포츠

수열이의 브라질 축구 탐방 삼바 축구, 그들은 강하다
이수열 지음

축구에 대한 관심만으로 각 나라의 축구팀, 특히 브라질 축구팀에 애정을 가지고 브라질 축구팀의 전력 및 각 선수들의 장단점을 나름대로 분석하고 연구하여 자신의 의견을 피력하고 있는 축구 길라잡이서. 신국판 / 280쪽 / 8,500원

마라톤, 그 아름다운 도전을 향하여
빌 로저스 · 프리실라 웰치 · 조 헨더슨 공저 / 오인환 감수 / 지창영 옮김

마라톤에 입문하고자 하는 초보 주자들을 위한 마라톤 가이드서. 올바르게 달리는 법, 음식 조절법, 달리기 전 준비운동, 주자에게 맞는 프로그램 짜기, 부상 예방법을 상세하게 설명하고 있다. 4 · 6배판 / 320쪽 / 15,000원

레포츠

퍼팅 메커닉
이근택 지음

감각에 의존하는 기존 방식의 퍼팅은 이제 그만!!
저자 특유의 과학적 이론을 신체근육 운동학에 접목시켜 몸의
무리를 최소한으로 덜고 최대한의 정확성과 거리감을 갖게 하
는 새로운 퍼팅 메커닉 북. 4·6배판 변형 / 192쪽 / 18,000원

아마골프 가이드
정영호 지음

골프를 처음 시작하는 모든 아마추어 골퍼를 위해 보다 쉽고
빠르게 이해할 수 있도록 내용이 구성된 아마골프 레슨 프로그
램서. 4·6배판 변형 / 216쪽 / 12,000원

인라인스케이팅 100%즐기기
임미숙 지음

레저 문화에 새로운 강자로 자리매김하고 있는 인라인 스케이
팅을 안전하고 재미있게 즐길 수 있도록 알려주는 인라인 스케
이팅 지침서. 각단계별 동작을 한눈에 알아볼 수 있도록 세부
동작별 일러스트 수록. 4·6배판 변형 / 172쪽 / 11,000원

배스낚시 테크닉
이종건 지음

현재 한국배스스쿨에서 강사로 활약하고 있는 아마추어 배스
낚시꾼이 중급 수준의 배스 낚시꾼들이 자신의 실력을 한 단계
업그레이드 시킬 수 있도록 루어의 활용, 응용법 등을 상세하
게 해설. 4·6배판 변형 / 440쪽 / 20,000원

나도 디지털 전문가 될 수 있다!!!
이승훈 지음

깜찍한 디자인과 간편하게 휴대할 수 있다는 장점 때문에 새로
운 생활필수품으로 자리를 잡아가고 있는 디카·디캠을 짧은
시간 안에 쉽게 배울 수 있도록 해놓은 초보자를 위한 디카·
디캠길라잡이서. 4·6배판 / 320쪽 / 19,200원

대한법률연구회가 만드는 생활법률의 기본지식 18

일 · 반 · 인 · 을 · 위 · 한

소비자보호 생활법률의 기본지식

지은이/김성천
펴낸이/강선희
펴낸곳/가림M&B

등록/1999. 1. 18. 제5-89호
주소/서울 광진구 구의동 57-71 부원빌딩 4층
대표전화/458-6451   팩스/458-6450
홈페이지 http://www.galim.co.kr
e-mail galim@galim.co.kr

ISBN 89-89107-34-2 13360